旭川第七師団に参謀長として勤務していた大正 15 年秋の写真
前列右から斉藤瀏、若山牧水、牧水夫人。後列右が斉藤史、左が瀏の妻キク。

こほろぎのなく聲すみぬ野葡萄のもみぢの露は散りこぼれつつ

大正１５年１０月　　酔　牧　水

もう一人の昭和維新

歌人将軍・斎藤瀏の二・二六

目次

目次

第四章　事件前夜へ

第五章　齋藤瀏と青年将校

第十章　短歌鑑賞の技術

第十一章　齋藤史のかがやき

序章　「焦慮幾度か、思へば老齢七十余」

――二・二六事件と齋藤瀏――

「鳥の将《まさ》に死なんとする、その鳴くや哀し」という。

一人の人間をこれから描こうというときに、彼の人生の最後から書き出すのは甚だイレギュラーと言わなければならない。しかし、齋藤瀏《りゅう》の生涯を追懐してみて思うところ、相応しい言葉は「至純」と「傷み」の二つなのである。

齋藤瀏は昭和二十八年七月五日、七十四歳で生涯を閉じている。その前年に最後の歌集『慟哭』を、前々年には最後の散文の回顧録『二・二六』を書き残して上梓した。両書ともいわば彼の遺言であった。

『二・二六』の序文はとくに、胸奥から声を絞りだして綴られたのだろう。

「焦慮幾度か、思へば老齢七十余歳、死期漸く近づく、今にして稿を整へなければ、記憶益々朦朧化する恐があるので、意を決し筆を励まし、漸く本稿が出来上がつた」と告白している。

昭和史を大きく転換させたクーデター事件、いわゆる二・二六事件からかなり時間が経っていた。彼は、事件の顛末を知り、真相を知り、かつ蹶起した青年将校の真意を知るものとして、このまま放置して生を終えるつもりはなかった。にもかかわらず、筆を渋らせたのは自身が事件の関係者だったからである。「激情自ら湧き来つて、我田引水に陥り、視野は従つて狭められ、曲解に拘泥せられる」。そんなふうに受け取られるものを残すわけにはいかない。瀏らしい節度ではあるが、その自覚がまた自分を苦しめた。

「月日の立つ（ママ）は早い。あの二・二六事件後、早くも十数年を経過した。しかもこの十数年間程、わが國の歴史に転変のあつたことは、恐らく未曾有と言ひ得よう。そして、この歴史転変の中心は、あの事件を起した青年将校を死刑に処し、重罰を与へた所謂軍閥であることを思へば、事件に関係し五年の禁固刑を受け、位階勲功等を褫奪《ちだつ》されて、草莽の一微臣となって野に在つた私の感慨は筆紙に悉《つく》し難いものがある」

歴史における未曾有の転変とは、国家総力戦になだれ込んで敗れた日本の全過程を指しているのだが、事件以後、その軍閥にこの国の運命を担わせてしまった悔恨の深さを嘆いたのである。

したがって、こうも書いた。「あの時、若し吾等があの軍閥を追放し、軍を粛清し得たら、日本の歴史は今の如くではなからうと、今も涙のこぼるるを禁じ得ぬ」と。軍閥の弊を取り除いていたら歴史が変わっていたかどうか、筆者にはそれの判断がつかないが、この問題は今もなお手離さずに考えなければならない。

齋藤瀏は時代の人でいうと明治十二年生の永井荷風と同い年である。前年に与謝野晶子が生まれている。旧松本藩士の家に育ち、幼くして学徳の家の養子となり、軍人を志して中央に出て、陸軍幼年学校、陸軍士官学校、日露戦争従軍、陸軍大学校と進んで、帝国陸軍の枢要な道をまっすぐに歩いた。同期の陸士十二期、陸大二十一期卒は逸材揃いといわれ、最高位の陸軍大臣、参謀総長、教育総監の三長官に就いたものも多く、小磯國昭などは首相にもなった。

齋藤瀏もまた中将大将となり三長官などに任ずべき器と実力の人であった。そうならなかっただけである。瀏は政治的野心というものがなく、また自他比較の上昇志向というものがわからず、ただ自己研磨があったように見える。それだけなら凡庸な几帳面だが、人を見るとき相手の本質をよく捉えた。人間洞察に長け、政治的思考の曲直を理解していた。手練手管の蒋介石の部下が懐柔しようと近づいてきたが、瀏は堂々と巻き返して隙を与えなかったところなど、真面目を発揮している。軍人は、ことに指揮官は清廉で、無垢でというだけでは役に立たないだろう。

ところで、純粋な青年将校が集まってきたのは、瀏の何を見てのことだったただろう。推論でしかないが、思想でもない、国防理論でもない、さらに言えば愛国精神の温度でもない、ひとえに齋藤瀏の人間のもつ空気ではないだろうか。分け隔てなく相手を受け止め、まず耳を傾けてくれたようだ。その上で、どんな事柄についても正面から返してくれる。若者は瀏が開けてくれた懐にいつでも入れたのである。第二章にも触れているが、少尉、中尉時代から彼の部下に対する接し方は、内外一誠の正面の教育だった。齋藤瀏が五十歳前後で予備役となったのは損失である。何よりも現場から本物の教育者を奪ったのは大損失である。

二・二六事件は確かに齋藤瀏が深くかかわった事件ではあるが、事実関係よりも彼の立ち居振る舞いに深く惹かれるものがある。蹶起後に取った彼の行動は、神速果敢な武人のそれであった。とくに陸軍省における収拾努力はすさまじく、重鎮諸氏に対する直言の鋭さは位階を越えて全ての人を身震いさせるほどであった。いざという時の齋藤瀏は全身炎となっていた。

齋藤瀏には事件以外で追憶すべき仕事は少なくなく、その横顔や功績はもっと後世に伝えられるべきである。

軍人で歌を詠んだ人は多々あるけれど、軍人であり、そのまま歌人であったという例はほとんどない。兵卒が趣味で和歌を習っているというのではなく、齋藤瀏は〈歌人将軍〉と呼ばれた希有の存在だった。歴史の上で探索するなら鎌倉幕府三代将軍の源実朝を思い浮かべるが、時代も立場も境遇も比肩すべき何かがあるわけではない。ただ、実朝の印象的な万葉調叙景歌は、やはり万葉歌に傾倒した瀏が味わっていたにちがいないと思うのである。

詳しくは本論で行うが、近代短歌の歴史に齋藤瀏の名は必ず刻まれなくてはならない。日露従軍後、若くして佐佐木信綱の門を叩いて休みなく作歌活動を続け、独自の歌境を開いていった。同時に、万葉集研究の領域で秀でた仕事を数多く残した。その仕事の大きな部分は事件の罪で拘禁された獄中での執筆であった。おそるべき専念である。歌集の出版を重ねたほか、短歌鑑賞の世界で独特の審美技術を提示した。こうした業績の高さは、「軍人」と「歌人」とを兼ねて片手間にやった仕事だと思う人がいたら大きく間違う。

忘れてはならないのは、長女の歌人齋藤史の存在である。齋藤瀏は一度も歌を勧めたことはなかったが、この父にしてこの娘。短歌史に父娘で名を刻んだ。

筆者が初めて齋藤瀏の名前を知ったのは、三島由紀夫の「『道義的革命』の論理」の次の一文であった。「この事件に関して終始一貫青年将校の味方であり、節を変へなかつたただ一人の人物齋藤瀏は、予備役少将にすぎなかつた」。最後まで節を持した人という表現が妙に忘れがたくあったのだ。それから匆論、工藤美代子氏の名著『昭和維新の朝』を知ってむさぼり読んだ。評伝として既に完成されており、多くをこの先達から学んだ。付け足す何物もないのだが、筆者は齋藤瀏と対話がしてみたかったのだ。

第一章　宏遠なる志操

松本藩小姓の家

齋藤瀏は明治十二年四月十六日、旧松本藩士・三宅家の末子に生まれた。家は代々小姓を勤め、槍術の家としても聞こえていた。徳川幕府の末期、松本藩も例に洩れず進退帰趨の表明をせまられたが、藩論は割れて大きな葛藤を生じた。父・三宅政明は、徳川三百年の恩を忘れて官軍につくなどという選択は論外で、さっさと徳川氏のために起つべきだと主張した。

しかし、徳川氏が帰順の途を選ぶかもしれず、天朝から諭示があったら大義はどちらに存するのかは明らかであり、それなら最初から天朝にしたがうべきだという議論も起きたらしい。結局は、戦争をきらった藩は帰順の方針で固めたという。維新にいたる道程でこうした内紛が全国諸藩に見られたにちがいない。

政明は廃藩後、松本を去ることにした。一家を連れて移り住んだのは北安曇郡の東南端、七貴村。高瀬川、穂高川などと犀川《さいかわ》が合流する地点で、釣魚を愛する父に他に選択の余地はなかったようだ。

地図を辿ると、戦前の中央線（現在はＪＲ篠ノ井線）明科駅から大町に通じる街道を北上し、犀川の長橋を渡ってさらに北へ行った丘の辺りである。瀏はこの丘の上の家で生まれた。後に生家が滅んでその跡に七貴村の役場と小学校が建てられた。幼い頃、犀川に橋はなく舟を並べた舟橋で通行料を取っていた。けれど、それも洪水で度々流されるので人は舟を漕いで渡るようになった。瀏の思い出の中の光景である。

当時、三宅の家は祖父母、父母、兄三人、姉三人で末っ子の瀏を加えると十一人家族になった。瀏には祖母の記憶はない。が、温かい人柄で近隣の幼い子供たちに噺を聴かせてやるなどしたという。高齢の祖父は田畑には出ないで、小鳥を捕獲しそれを飼って楽しんでいた。六、七歳の頃、祖父について裏山に入り、霞網を張るのを手伝ったことを瀏はしっかり憶えている。

帰農といっても、実質は世俗をのがれて閑居したようなものだが、父を村人は丁寧に迎えた。移住した後、戸長（村長）を引き受けて勤め、小学校校長にも就いた。人間的に尊敬されるものを持っていたと瀏は回想している。父の百姓姿は目立って異様だった。鍬《くわ》や鋤《すき》ではなく太刀を振るって「エイ、エイ」と声を張り上げ土塊をくだいた。それでも誰一人笑うものはいなかった。むしろ立派な太刀がもったいないと思っていたのかもしれない。

一個の人間を観るとき、どのような親に生まれ、どのような空気に醸成されたかという点は重要である。瀏という人格と人生に処する態度とを確かめるにはまず、実父政明の生き方を少しでも見ておくことが助けになる。幼少の記憶を綴った『悪童記』にこんな観察がある。

釣りの帰り、殊によく釣れた時はその中の若干を酒に代へて上機嫌で歸つて來た。時には全部人にやつて仕舞つて、からびくでふらりふらりと歸つて来た。大抵遠くから謡曲を謡ふ聲が聞こえるので、私はそら帰つたと駈け出していつた。道は山裾に開いた用水に沿つた一本、あとは上下二段になつて左手にある田圃、犀川の渡場までの間に殆ど人家らしい人家はない。この道を釣竿の三間もあるものを肩に酔歩、蹣跚と謡をうたつて父は来るのであつた。月の明るい夜などとても嬉しさうに見えた。

明治維新によって境涯の変化を悲しんだかというと、それは悲しんだにちがいない。が、この政明という人は善き諦念を知っていた。運命に処する懐の深さがあった。この随想によると、雨の日は父は終日、縁側で釣り鉤造りで暮らしていた。「自分で鋸を焼いてなまにし、之を細く切り鑢で針金のやうに削つて形を造り、そして出来上がつた物に焼きを入れて仕上げて居た」というから釣りでは名人の域に達していたのかもしれない。父の鉤がよく釣れると知って無心に来る人もあった。

釣り糸の「テグス」も自分で造った。栗の葉にたかるテグス蟲から取れるもので、この蟲を父は〝白髪大夫〟と呼んでいた。白髪大夫が巣をつくる時は、恰も蚕のように体が透けてきて腹は糸で詰まってくる。その腹を割いて酢の中で、適当な細さに糸を引き延ばし乾燥させる。瀏もこれを真似てやってみた。毛虫の類はすべて苦手だったが白髪大夫だけは摑めたという。父は通称、逸平次と名乗っていた。また〝六川漁叟〟という号を用いた。「りくせんぎょゆ」とでも読むのであろうか。六川とは犀川、梓川など近辺の河川すべてで釣りをしたからである。

冬の父は村の若者に讀書と習字を教へた。若者は習字より讀書をよろこんだ。父は大抵こたつにあたつて素讀も講義もして居た。若者もあたれるだけ炬燵にあたり、あたれぬものは交代することにしてその周圍に父を囲んで居た。晩酌後の先生は時々、居眠りをする。それでも弟子が誤った讀み方をすると決して聞き落とさなかったやうだ。（同）

つましい寒村は凍てつく夜を迎えながら、家の窓から明かりが洩れ若者の朗らかな声は絶やさなかったのだ。教え子たちは後年、生家の跡に父の筆塚を建てて功績を讃えている。

自然児の記憶

生家は山を背に西向きに建てたものだった。庭先に鯉の泳ぐ大きな池がありその上に葡萄棚が組まれてあった。棚越しに西方を見ると安曇平がひらけ、槍、穂高がほぼ正面に乗鞍の峰が南西方向に望めたはずだ。その頃はまだ景勝の上高地も閉ざされた秘境のまま眠っていたことだろう。家の南側は用水に面し、斜面に桃・梅・ぐみなどが成った。父が釣り竿にする竹はその奥の竹藪で取った。家の北にも池があり、すぐ側から湧き水が出ていた。白濁の水と澄んだ水の二泉あった。お茶をたてるには白濁の水のほうが美味いと近所の人が汲みに来ていた。

少年時代の記憶は、この泉から小径を歩いた先の八幡神社にたくさん詰まっている。村で最も近い距離に住んでいた瀏の遊び場はこの境内が中心だった。お祭は一番の楽しみだった。大人も同じだった。村祭の時は神社の神楽殿が芝居小屋になり、松本から田舎廻りの役者がやってきた。普段は暗い境内が煌々と明るくなった。舞台の照明には洋燈、提灯、裸蠟燭、松明と注ぎ込んで光を贅沢に浴びさせた。役者へのスポットライトは長い竿の先に燭光を立てたもので動きを追った。

「見物人の居場所は露天で芝地へ蓆を各自持参して敷いた。仰げば晴れた秋天に星が冴えて居た。かうした芝居が呼び物で隣村からも見物に来、招待された他村の親類縁者なども押し掛けるので、此露天の見物席の光景も、私には忘れられぬものの一つだつた」(同)

祭で曳かれる山車はこの村では「お船」と呼ばれていた。車の上に四角い框を中心に置いて、二本の長い杉丸太を上開きにして前後に突き出すと扇形になり、船に似ている。この辺りの土地ではどこも山車は皆この形だという。「安曇郡と言ふ名の起り、安曇宿禰《すくね》族が居住した頃の松本平が湖沼であつたのと関連するかも知れぬ」と瀏は推理している。

この「お船」の飾り物の武者人形のために、生家は甲冑や大小の刀、弓や槍を貸し出した。これらは全部本物だったので、村人たちは他の村に対し大いに誇らしく振る舞い威張っていた。瀏の植物の博学ぶりについては別の項に紹介するが、殊に茸の豊かな知識はこの八幡様の山の恩恵に拠るものだ。松茸のほか多様多種のキノコが生えていた。秋茸、夏茸と採れた。故郷を離れて随分経っても、十数種類の食べられる茸を見分けられる能力はこの幼い頃身についたものである。

祖父について野鳥の捕獲に付き合った話を書いた。この山のさらに北に行くと谷があり微かに水が流れている。この沢で「もちひご」を置いて小鳥を採ったことも忘れられず、ずっと後に講演旅行で生家の跡を訪ねた時は、自然とこの谷に足が向いたという。「冬山のこの澤水に浮びたる小鳥の脱け羽見つつ一人を」がその折りの歌である。

幼なじみと一緒に泳いだのは高瀬川の分流、内川だった。人の手が入らぬ自然の中で所々に旧い川跡や沼があった。仲間で釣りもやった。麦わらの縄で筏を組んで水合戦をやったという。

友だちの渡辺君がある時、溺れて流された。僅かにおかっぱ頭が浮いた瞬間、髪の毛を摑んで助けた。けれど、引き揚げるだけの力がないため、大声で泣くしかなかった。久しぶりに訪ね、それらが走馬灯になったのだろう。「私の頭の中はかうした思出の渦巻で混乱し茫然とそこに佇ちつくした」と手記にしている。

瀏の思い出の中に、よく家に泊まりにきた旅芸人たちがいる。どういう関わりなのか知らなかったが、とにかく義太夫、祭文、怪談語りなどが宿にして数日滞在することも珍しくなかった。義太夫は分かるとしても、祭文を知る人は少ない。江戸時代のいつ頃からか、三味線を伴奏に世俗的で娯楽的な歌をうたって読みあげる歌祭文が流行した。修験者や遊芸者が職とした。関西の浪花節の起源ともいわれる。

怪談語りも文化文政の頃に人気を博した。演出は多様で照明、小道具、鳴り物も駆使して幽霊も出す。瀏はある日、夫婦者が使う幽霊のお面を留守中に拝借し、家の中を歩いていて母にひどく叱られたことがある。

教え子たちは後に、生家の跡、村役場と学校のある山裾の一隅に父の筆塚を建てて功績を讃えた。

瀏が実父を詠んだ歌数首を掲げておく。一首目の「まんが」とは馬鋤である。

用もなき刀つぶしてつくりたる鍬まんがぞと笑ひましき父は
釣りし魚酒にかへてはから魚籠のふらりふらりと父は歸りき

月の夜は釣の歸りの遅き父謡曲に道のはかどらぬ父

濁はこの慎ましやかにして慈仁の情のあつき生家をはなれ、十一歳で酒屋へ丁稚奉公にやられる。この転機が生家の家族との実際の別離になった。三人の兄、三人の姉のことを瀏の歩みに先んじて書き留めておきたい。

三人の兄、三人の姉

長兄は久といい家を継いだ。次兄唯は降旗家に、三兄競は川瀬家へそれぞれ養子に入った。次兄は三島塾に学んだ後、故郷に帰って小学校校長、村長、県議会議員にもなったと『悪童記』の中で述べられているが、三島塾とは漢学者・三島中洲が東京・麹町に開いた私塾、二松学舎の前身を指すのであろうか。議員を辞めてからは嘱託を受けて信濃各郡の教育史などを編纂している。「漢詩や書に巧みで、斗酒辞せず頗る奇行に富んで居たので、地方では有名であつた」と瀏の記述にある。

三兄は小学校教員になり給料を割いて家計を助けた上、貯蓄もして慶應義塾に学んだ人だという。理財科を出て日本銀行に就職、函館支店長を経て本行の株式局長までなっている。

兄弟姉妹を回想して手記にした昭和十四、五年頃には兄たち三人ともこの世を去っている。詳しい年譜が手元にないが、長兄や次兄は維新前後の生まれであろう。明治の平均寿命四十代半ばとすると、必ずしも生き急いだ人たちとはいえない。勤勉な父政明の薫陶を受けて仕事を成し遂げた人たちである。

一方、三人の姉のうち二人は有明山下常磐村に、一人は白馬山下北城村に嫁いだ。同じく手記にした頃は皆寡婦になっていた。長い歳月を経て瀏が訪ねている。そのとき詠んだ歌は情愛の溢れた歌である。省かずに連作八首を紹介する。「姉は歳八十に垂れんとす。武家の長女とうまれ、維新の変革により農家へ嫁す」と序してある。

聲ききて早くも吾と知りにしか姉出で来る誰よりも先に
涙たれて吾を見守れり老いし姉は蠶《かいこ》棚柱にすがり立ちつつ
眼底にわが待つ母の彷彿と面影にたつ姉を目守れば
父母のみ墓に遠く別れ住み吾等老いにしよ相逢はぬ間に
家も狭に蠶棚をたてて老いし姉の茶をたく竈は簷下《のきした》にあり
家人等蠶飼ひいそめし老いし姉は焚火守りつつ干瓢《かんぴょう》ひきます
百姓の家のおん婆と老いまして干瓢つくる姉に逢ひつる
「その時別れ」とあきらめて姉の嘆かぬやまた逢ふ時を言に出さざり

瀏少年、奉公に出る

瀏の家は代々、松本藩で主君の側に仕えた三宅の血筋であり、維新によって武門が閉じられ農事に従うことになった運命については書いた。刀を鍬に替えて、という言い方があるが帰農の道は平坦ではなかった。

「私の家は益々貧乏になつたやうだ。そのためか、私は十一歳の時、白馬山下北城村の素封家の造り酒屋へ丁稚奉公にやられた」と境遇の一変を手記に書いているが、少年は旅立ちの朝を迎えても意味をよく理解していなかった。遠足に行くような気分であった。

その日のことを歌にしてこう詠んでいる。「旅行くを吾が珍しみ小さき草鞋はきてよろこび駈けて歩みき」。叔父に連れられ出立した。三歳上の叔父の子と三人は、生家のある七貴村を出て、池田、大町と糸魚川街道を北へ北へと歩いた。青木湖畔辺りまでは平気だったが、佐野の峠を越える頃から歩くのがいやになって叔父を困らせた。それでも何とか騙しすかされて歩き続け、日暮れどきにようやく造り酒屋の門前にたどりついた。〈丸に八の字〉の意匠の看板を掛けた「横澤」という家であった。

昔の人の健脚には脱帽してしまう。安曇の七貴村から白馬の北城村まで地図の縮尺で測ったらたぶん十里は下らない。草鞋の足で起伏の荒い山道をゆくのは、育ち盛りの瀏や従兄でも疲労困憊したことだろう。一日歩き続け、秋深まる白馬連峰を西方に仰ぐ土地に来て、瀏は生きることになったのである。

翌日、叔父が帰ったら丁稚としての心得や任務について下達があった。その日から主人を旦那様と呼ぶようにいわれたが、その人の顔には覚えがあった。父が「本衛」と呼び捨てにしていた人で何度か生家に来たことがある。奥様、大奥様にお目通りをし、番頭さんを紹介してもらい広い家の構内を案内されて、使用人全員に引きあわされた。

丁稚の上着は筒袖という袂のない労働着で下はもんぺである。帳場では大番頭が二人、前に帳面をひろげ、ドラマにあるように筆を耳に挟んで座っている。その後方の横に中番頭が一人居り、彼らが帳場格子の内側の人間。瀏と従兄は格子の外にちょこんと向かい合って正座させられる。

帳場の前に酒の量り売り場があって、樽や瓶を持参した客に酒を詰めてやるのも丁稚の仕事である。客が見えたときだけ席を立ってしばし膝を伸ばせるが、それ以外はほぼ何かの指図がない限り座っていなければならない。「脚がしびれて無感覚となる。今迄自由勝手に野山を駆け廻った野生腕白児に耐へられぬ苦しみだ」と音を上げた。

そのため朝起きて一通りの掃除、雑巾がけをする時間と、客の来訪時を除けば、昼飯を食べても夕飯を食べても午後十時に、床に就くのを許されるまでは座らされていた、というから、今詳しくは知らないが永平寺や延暦寺の苦行にも匹敵するのではあるまいか。ただ、しばらくして瀏にもう一つの仕事が与えられた。それは、この家で使う洋燈全てを集めて掃除し点燈して、元の場所へ設置する任務であった。その数大中小二十基あり、油煙を抑え不完全燃焼させぬよう汚れを拭い去り、芯を上手に切っておかねばならない。要領を得て巧くなっても褒められなかったが、瀏にとっては難行の正座から解放されるありがたい仕事であった。

「手の甲が皸《ひび》あかぎれで腫れたが、寝る時に生味噌をつける丈けであるので、丁度鳥の足のやうに荒れて黒くなつた。鳥の糞かき棒などと言はれた。是は雑布がけの為めだ」

冬、白馬山下のこの村は積雪量がちがう。どこの家にも雪囲いが施されていた。材料は山で刈ってきた萱である。萱を束ねて垣に結わいて風雪を防ぐのだが、冷たい秋風が吹き出す十月半ばには山の中腹の萱場に行かされた。

瀏は奉公にきた日の翌日、裏の丘に登ったのだが、その時村の子供が悪態をついたので、すぐやっつけてやろうとその子供を追いかけている。それほど豪気であったが繊細さも持ち合せていた。「私は丁稚生活がいやになつた、と言ふより父母が戀しくたまらなかつた」と述懐している。十一歳というと、今でいう小学校五年生である。いきなり別れて親の顔も見られず声も聞かれず、ホームシックに罹患してどこが恥ずかしかろう。

何がつらくて丁稚厭ふとなけれども衾《ふすま》かづけば泣けてならざりき

成長してから当時の胸の内を思い出して詠んだ歌にちがいないが、父母に逢いたくても逢えない自然の情があふれだしたのだ。瀏は素直に訴えた。

「番頭に帰宅を申し出てひどく叱られたが、段々馴れると此處の人は皆な親切で、皆な可愛がつて呉れた。『ひねり餅』（酒を造る為めの蒸した米を壓しつぶした餅）を竊《ひそ》かに持つて来て呉れるものや、梨や柿をこつそり麻倉に隠して置いて、用事で行つた時、此處で喰へと呉れたりする人もあつた」

二度目の旅立ち

この職場は善き人ばかりであった。酒の醸造場はいつも賑やかで、洗米のときに調子を取る歌がよく聞こえていた。「何よりも此處で働く者は皆笑顔をみせて居、きび〳〵して居り、明朗であり小僧さんとさんを附けて冗談を言つて相手にして呉れるので、此處がたまらなく好きになつた」

一つ年下のこの家の次男坊が帳場によく遊びに来た。奥から叱られてもまた瀏のそばにやってくる。時折、絵本を持ってきて読んでくれとせがむ。源平合戦、宮本武蔵、田宮坊太郎といった勇武物が多かった。瀏も興味深く、それらを片端からむさぼり読んだ。次男坊にはやさしく解説してやった。学校の教科書を持ってきたら勉強も教えてあげた。

そうしているところを奥様が眼に留めていたらしい。呼び出されて行くと、学校に行きたくないか、と言って下さった。「学校にやると言はれしうれしさにうれしいなと叫び笑はれたりき」。奥様の言葉にあまえ尋常小学校に生かせてもらうことにした。

春夏はともかく、この地方の通学は平穏とはいえなかった。冬は約一里先の学校に着くまで四五尺も降り積もった雪道を歩かねばならない。膝までの半長の藁靴を穿き、頭は大きな毛布をすっぽり被って、頸のところで手拭いか紐で縛る。新雪ならばカンジキを穿かないと雪中に体が埋まってしまう。

「これで凡そ道と思ふ所を踏み分ける。風の強い日など天の雪・地の雪で、呼吸も出来ぬ位だ。それで遂に踏み馴らした道をそれて、深い雪の中へ踏み込んで仕舞つたり、下部が空洞をなして居る積雪の底へ落ちて救助を求める等の大騒ぎをやる。だから単りあるきを戒め合つて、助け合ひ励まし合つて登校する」

温暖な地方に育った者からみれば、学校通いというより殆ど雪中行軍に近かった。瀏はこうして奉公をしながら登校し尋常小学校を無事卒業した。「学業成績が比較的よかつた」と本人は書いているが、実際に優秀だったのだろう。酒造屋の主人はもっと学業を修めさせるべき子だと判断し、丁稚生活にピリオドを打たせたのだった。

この奉公先の旦那様、横澤本衛に指図されるまま、瀏は少年時代二度目の旅立ちの日を迎えた。主人に連れられて北城村を出発し、人力車で大町に出てそこで一泊。翌日は穂高で昼飯を取って、再び人力車で松本へ向かった。二日間の道のりは凡そ十六里。生まれて初めて人力車というものに乗って瀏は感激している。松本の宿は女鳥羽湖畔にある旅館で、旦那様が定宿にしていたところだった。

瀏はここで微笑ましいエピソードを残している。丁稚の行儀が身に付いているため、自分が客であることを認識せず、朝起きた途端、「さあ働かねば」と下働きをはじめた。「私はこの宿で平常の通り掃除や、雑布がけをやる積りで、二階から降り家人に箒の有り場を尋ねて、反って女中から笑はれた」のだった。宿の従業員はさぞ驚いたことだろう、純朴で実直な少年の姿を彷彿させて余りある。

旦那様はこの宿を本拠にして商人を呼び、瀏の着物や袴、靴などを仕立てさせたり、持って来させたりした。そうして幾日か逗留し身支度が整ったところで、松本城下の徒士町にある「晩翠塾」に連れてゆかれた。塾主は齋藤順。星軒と号で呼ばれる医師であり漢学者であった。面会し入塾の手続きを終えると旦那様は北城村に帰っていった。

瀏は塾生としてここで学びつつ起居し高等小学校へも通うのである。塾生はかつて二十人を超えていたが、塾主がやや健康を損なったこともあり抱える人数を減らし、十数人になったらしい。大半が地方の素封家の息子たちで、中学一年から五年までの上級生である。塾の学びは漢籍が中心で、小学・中庸・論語・孟子・詩経の素読で二時間きちんと座らされた。酒屋の帳場で長時間の正座に耐えてはきたが、ここでは緊張が加わり前より足はひどく痛んだ。

新入生は塾の決まりとして「酒掃応対《さいそうおうたい》」を命じられた。来客を招き入れる部屋を常にきれいにしておき、失礼のないよう接待する役割である。当然、事に応じて謙譲、丁寧、尊敬の言葉を以てしなければならない。瀏は十二歳であった。当節は大人でさえ慶事、不慶事の挨拶など正規にやれる人は少なくなった。この種の躾けを十二から受けられるのは寧ろ仕合わせというべきである。

塾の食費は一か月、約二円であった。上級生は裕福に甘やかされて育ったせいか意外と不平が多かった。飯が不味いとか材料が粗悪だとか文句を言い、結局二円五十銭になった。調べてみると、明治三十年前後の一円は今の約一万八千円に相当するというデータがある。小学校教員の初任給が十二円、新人巡査が九円。食料事情も今日とは大いに違うだろうが、ある程度、理解できる食費の相場である。しかし、寮費全般は親元から出してもらっている身分であろう。半人前の子供が三食の飯にクレームをつけるなんぞ、素封家の息子たちの苦労知らずが露呈している。

ところが、瀏一人は例外であった。入塾の身支度から奉公先の主人、横澤本衛の言うとおりに随って過ごし、その後、食費を含めた寮費、高等小学校の学費に及ぶあらゆる費用は、本衛と塾主とがどのように処理し取り決めをしたのか不明である。が、とにかく瀏は身一つを大人たちに委ね、お金に対して心配や不安を抱くことなく、勉学にひたすら勤しめばよいという破格の環境を与えられたのであった。

塾主・齋藤星軒の学殖多識

当時、瀏や同期生には、しばしば話題にのぼる先輩たちがどのような人材であったか知る由もなかったが、晩翠塾には歴代、優秀な青年が揃っていたと聞いていた。塾主は彼らを育てたことを誇りとし、なかでも三人の秀才の将来を期待した。法学者の加藤正治（在塾当時は平林姓）は東京帝大教授を経て、中央大学の初代総長を務めた。吉田静致は倫理学者となり、やはり東京帝大教授。降矢芳郎は電気工学の第一人者で九州帝大教授になった。いずれも塾主が推賞するだけの大器になった。瀏より三歳ばかり年上の田中穂積は塾生ではないが、よく遊びに来ていた。彼は財政学の専門家となり早稲田大学の第四代総長になった。

ところで塾主の齋藤順、やがて瀏の養父となる人物は、地元中学の創立からの教諭であった。漢籍に通じ書も秀でていて、この土地では高名な儒学者として知られていたが、広い教養を湛えていた。教師としては倫理、漢文、作文、歴史、生理衛生、博物学（動物・植物・鉱物）、習字の資格を持っていて全部担当していた。その上、漢詩人であった。自称ではない。彦根藩家老の岡本黄石を師として、岡鹿門、籾原衣洲、原田西疇などの批評を仰ぎ、川田甕江からも見てもらった。詩集一巻を出版している。

書は初め、巻菱湖を学んだ。菱湖とは幕末、越後が生んだ書家で良寛と並び賞される。端麗かつ平明、日本の最上の将棋の駒は菱湖書である。門下生は一万人超。後に彦根の日下部鳴鶴、近江の巖谷一六と知り合い感化されて盛んに文通した。鳴鶴と一六は梧竹（中林）を加えて明治三筆と呼ばれたほどであるから、塾主がその辺の町の習字の先生ではなかったことがわかる。二人は家に遊びにきたこともあり残された書簡も少なくない。

絵は晩年になって造詣を深めたようだが、帝室技芸員の松田霞城から粉本を貰って大切にしていた。書を能くするものは絵にも通ずといわれているから塾主の眼は肥えていただろう。地方を漫遊する画家が立ち寄ると世話をして、松本の文人墨客に斡旋したという。例えば南画家を挙げると滝和亭、奥原晴湖、松岡環翠、小西皆雲といった人たちが訪問客であった。

塾主がどうしてこのような人の知遇を得ていたのか、中には瀏の知らない相手もあった。啓蒙思想家の西村茂樹などはその一人である。西村は道徳振興団体「日本弘道会」の創設者であり、塾主は地元の支部長を引き受けていた。また、実証主義的な歴史学の方法論を主張した重野安繹も松本へ来ると塾主を訪ねていた。重野は児島高徳の実在や楠木正成の逸話を否定するなど〝抹殺博士〟の異名を取った学者であった。また、文部官僚で京都帝大の初代総長木下廣次とは、松本城の旧跡史料の万国博覧会への出品をめぐって意見交換を重ねた間柄であった。塾主・齋藤順には学殖や多識のほかに人間の厚みがあったのだろう。各方面の要路の人たちが彼と接点を持っていた。狭い地方の塾経営者という枠を越えていた。

瀏が草木や花をよく知り昆虫や野鳥の知識も豊富であったことは、歌や手記からも窺えるのだが、加えて鉱物や石にも通じていて、一体いつ如何なる処で身に付けたのだろうと驚かされるのだ。瀏はまさしく博物学的な素養を具えていた。

生家は山紫水明の地にあり裏山を絶好の遊び場にして育った。いろんな茸が生え出て、春夏秋冬、季節のものが採れた。瀏は大人よりも、食えるものと食えないもの、つまり食用と毒キノコを見分ける眼を持っていた。小さいながら〝茸採〟の名人だった。原点はこうした生まれ故郷の懐に見出されるにちがいない。ただ、瀏を体験的な物知りから、さらに博物誌の知識へと高めたのは、養父となる齋藤順の体験的教育と感化によるところが大きい。「私は塾主のお伴で多くの山へ登った。私の植物趣味は恐らくこの頃養はれたのであらう」（「晩翠塾主星軒」）と書いている。

晩翠塾の一室には雷斧《らいふ》、雷槌《らいつい》、石鏃《せきぞく》が並んでいた。縄文時代の石斧、石槌、やじりである。伊那谷、諏訪方面の出土品もあるが、松本付近のものが多かった。近辺の品は塾主自ら拾い集めたもののようだった。

「私は放光寺山（松本城山の續き丘）で、黒曜石や燧石製の石簇（ママ）を可なり多く拾つた。土器の破片もあつた。かうした採集の為めなら、塾主も山野へ遊ぶことを許した」（同前）

余程懐かしかったのだろう、後にこんなふうにも述懐している。

「松本へ出てからは養父につれられて、植物や鑛物の採集、それから石器土器拾ひをやつて土に探す面白みを覚えた。東京に居た間は、修學時代でかうした事に恵まれずに生活したが、大隊長で北海道旭川へ轉任してから、此土に探ぐる癖が眼覺めたのか、茸採り、植物あさり、石拾ひ、そして魚釣りまでも始まつた」（「土に探ぐる」）

後に歌をうたう人間となり、万葉集をこよなく愛するようになると、万葉人が息を吸っていた世界に横たわる自然を、新鮮な眼差しで見つめなおす作業が、瀏の大きな愉しみであった。万葉人の生態を推しはかって綴った文章やメモには、野山を歩いて希少な動植物、鉱物を発見したときの喜びのリズムがある。好きな遊びの宇宙に入ってしまうと子供は疲れを知らない。瀏の場合、ずっとそれが続いた。だから、「自分は上を向いて歩けぬ男かも知れぬ」（同前）と呟いた。

軍人志願

晩翠塾で漢籍を学びながら高等小学校に通い、同じ地元の松本中学に上げてもらった瀏は二年生の時に、軍人志望であることを塾主に申し出ている。少数精鋭が最初に潜る関門、陸軍幼年学校の受験の季節が迫っていたのである。十五の少年の率直な申し出に対して、塾主は驚き、そして逡巡した様子であった。瀏には、それとは違う道を進ませて才能を開花させたいという夢を描いていたのだろう。おそらく塾主自身の後継者、学者もしくは教育者の道を継がせることが本意であったろう。

瀏の意志は固く、その年の暮れに願書を出すことになった。「この願書に私は初めて齋藤の姓を用ひた。齋藤は塾主の姓である。私は塾主の養子になったのであつた」（「晩翠塾主星軒」）

塾主は体の強い人ではなかった。病身の上、神経衰弱にかかることもあった。長年勤めた中学教諭を辞めて家にこもることが多くなった。瀏を寮に迎え入れたさい、それほど遠くない時期に養子にする心づもりがあったと思われる。造り酒屋の横澤本衛も三宅の家から預かった時点では、瀏を後々までも世話し酒屋のあらゆる仕事を覚えさせ、一人前の商人に成長したらそれでよいと考えたであろう。しかし、主人は瀏の資性は商売にではなく学問のほうに向いていると見抜いた。だから、齋藤星軒に委ねたのである。そして、瀏は晩翠塾でも目から鼻へ抜ける利発を見せて、星軒は目を細めたに違いない。子供がいなかった彼に跡取りの候補がみつかった。瀏の成長を眺めていてよろこびと安堵とを与えられたであろう。ただ、それは束の間の平安だった。

軍人になることはいずれにせよ別れを意味する。自分の息子になったばかりの瀏が願書を認めるのを、星軒がどのような気持ちで見守っていたか想像に難くない。この年の六月、東学党の乱をきっかけに日本は朝鮮に出兵し、同じく出兵した清軍と衝突（豊島沖海戦）、八月に宣戦布告した。明治二十七年、日清戦争の年であった。

翌年、瀏は東京の中央幼年学校に入校、寮の一員となった。星軒と号して松本で知られた父齋藤順とはこの時から遠く隔てて生きる親子になったのである。

「私は幼年學校・士官學校を經て将校となり近衛第一聯隊隊付となつたので東京に住んだが、明治三十七八年日露の戦争が起り、私は中尉で従軍をしたが、その後父は九月二日恰も遼陽會戦中に死去されて生別死別となった」（「晩翠塾主星軒」）

瀏が父の死を知ったのは戦後であった。母は万一、軍務に支障を生ずることがあってはならないと何も知らせなかった。葬儀万端終えてから、瀏の滞在する羅太臺に知らせを届けたのだった。「父は遥に詩一篇を餞したのみで、敢て私の新橋驛を立つ際も送りには出なかつた。然し私には父の心持がよく解つて居た」と従軍したときの父の所作を振り返った。

戦場から母に送った瀏の歌には父への思い、母への気遣いがこめられていた。全部掲げたいところだがそうはいかない。連作から随意に数首を抽出する。

一人子を君にさゝげてちゝのみの父はさびしと言はで死にしか
廣き家の夜を寂しみ空燈《からあかし》かゝげいますかただ一人して
夕されば酒あたためし思ひ出に悲しみいまさむ火をおこしつゝ
かくとしても知らせまつるにえ堪へんや老いたる母の我は一人子

ところで、還暦になるかならないかという頃に、齋藤瀏が二人の母を追憶した文章がある。報恩の気持ちで書き留めたのだろう。ごく短い文章だが、熱いものが伝わってくる。

「私の養母は實にえらかつた。むづかしい父によく仕へて涙ぐましいものがあつた。従順で明徹で、喜怒を色に露さなかつた。賢夫人と言ふか、私は日本婦人の典型を養母に見た。私は語るべく多くを持つて居るが他日に譲る」

「生みの母は尨乎《ぼうこ》として大きかつた。世辭もなく、悧巧もなかつた。夫で太陽の如く温く水の如く私の心を浸潤した。村の人々も心からなつかしんで『お母さん』と呼んだ。幼にして家を離れ、他家を繼いだ私は、今も孝養を缺いた事を心に侘びて居る」

養母すなわち、齋藤の母のふるさとは、猿ヶ番場峠の麓、更級郡桑原である。現在の千曲市大字桑原の辺りであろうか。家は眞田藩士であった。眞田藩は勿論、城下に藩士を住まわせていたが、城下の外にも郷士風に農村で田畑を耕して暮らす藩士を置いた。「分住」という方式である。養母の生家は関氏で富裕だったという。また篤学の士が多く、佐久間象山とも親交があり、養母は象山から種痘を施してもらっている。

象山という人は佐藤一斎の薫陶を受けているが、蘭学、兵学、砲術と自ら切り拓いて実学に到達した孤高の天才で、幕末の物語を描くならもっと舞台の中心に立ってしかるべき人物である。吉田松陰密航の事に坐して国許で蟄居を命じられ、その折りにも養母の父に手紙を送っているのだが、要注意人物にされているから匿名である。画幅や象山愛用の茶器など、養母は齋藤家に嫁ぐときに持参し、それらは瀏の家に引き継がれ、愛でられたという。

幼年学校の生活

陸軍幼年学校といっても、初めは東京に中央幼年学校が唯一つあっただけである。瀏は旧学制最後の受験生であった。試験場は東京の本校舎ではなく、その年は長野で行われることになった。

近くて助かると言いたいところだが、松本と長野間は不便で存外に遠いことを信州の人は実感している。当時はまだ直行の汽車はない。猿ケ番場峠、善光寺を経由して信越線屋代まで陸路を歩いて汽車に乗るか、犀川を船で下って新町から歩くか、いずれかだが船は欠航することもあって瀏は陸路を選んだ。明け方に草鞋をはき受験道具、書籍を肩にかけて出発。刈谷原峠は険しくなく楽だったが、立峠で道を間違えて苦しんだ。猿ケ番場峠では振りかけにした書籍が肩に食い込んで捨てたいとまで思った。疲労と脚の痛みに堪えかねて路傍の石にどっかと尻餅をついた。

お百姓風のおじさんが登ってきて親しくしてくれた。歩きながら長野へ行く理由を話すと、疲れているだろうと荷物を持ってくれた。温かい情にふれて瀏は泣いてしまった。お百姓は養父の名を知っていた。また、この峠の向こうの桑原の関が養母の里であることも知っていた。齋藤の家は名を有していたのだった。嬉しくなり瀏は元気が出てきた。そして山上の茶屋でこの人に別れを告げた。後々幾つになっても、この時の事は忘れなかった。

試験場で他の地方から来た受験生と出会った。東京からの人が四人いて、うち三人は成城学校の四年生、五年生だといった。一人は三度目の挑戦だった。瀏のように中学二年を終業、三年在学で受験するという人は他にいなかった。皆が随分と大人で自分だけ子供に見えた。彼らは快活で溌剌としていたが、瀏は気後れして小さくなっていた。学科一科目が終わると、彼らは大きな声で出来具合を語り合って、瀏の事など眼中にないというふうであった。一人が「中学二年修業ぢゃ無理だ」と聞こえよがしに言った。

幼年学校に入るにはそれなりの年季が要るのだと、何度か落ちた年長者が威張っているのは如何にも滑稽だが、全国の優良少年が集結する難関の受験現場なら、それも自然な光景なのかもしれなかった。

そうこうしながら学科試験が終了した。古参の受験生が皮肉っていたが、瀏は気にも留めずさばさばしていた。最善を尽くしたという実感があった。概ね学んできたのでしっかり解答できた。数学だけは、ことに代数は難物だった。不合格になるとすれば数学だと思った。数学が苦手というわけではなかった。受験が差し迫って気づいたのは「中学で学んだ代数幾何の程度では幼年学校の試験が受けられぬ」ということだった。しかし、やるだけのことはやった。松本に帰るとまた中学に通い、合否のことも忘れて夏休みに入った頃、同級生が官報で見たと瀏の合格を知らせてくれた。

日清戦争に勝利し講和条約が結ばれた明治二十八年九月、齋藤瀏は陸軍中央幼年学校予科（東京・市ヶ谷）に入学した。陸軍の教育機関は、この学校と士官学校とがあるのみで地方幼年学校はまだなかった。その後、下級学校として仙台に仙台陸軍地方幼年学校が設けられ、東京、名古屋、大阪、広島、熊本にも設置されたのである。

瀏は中学二年を終業し、三年になってから中途退学し中央幼年学校の生徒になった。軍の学校を受験するのに学歴は問われない。中学で何年在籍してないといけないという決まりもない。同期生には中学の四年五年から入った者がたくさんいた。

当時の幼年学校生徒の生活ぶりは随筆「重営倉――その頃の陸軍中央幼年学校」に生き生き

と回想されている。

校長は谷田文衛大佐であった。徳島に生まれ、佐賀の乱・西南の役を経験した陸軍草創期の人で中将まで進んでいる。その下に大尉が中隊長、少尉が区隊長を任じた。修学期間は三年。卒業すると上等兵の階級で、各兵科の軍隊へ配属された。六か月の後、軍曹階級となって、その年の十二月に士官学校に上がるという規程であった。

ちなみに、地方幼年学校の生徒は、十三歳から十六歳で入校し三年間学んで卒業すると、中央幼年学校に進んで二年間、教育を受けた。士官候補生になるにはそれだけ履修しなければならなかった。

軍の学校は基本的に学費の心配は要らないという通念がある。当時の幼年学校はそうではなかった。自費、半官費、官費の三つのパターンがあった。自費生は富裕な家の子弟である。官費生というのは軍人の子弟で、瀏は半官費生として月額八円を納めた。

区隊長になる人は、優秀な青年将校で殆ど陸軍大学校に進むため勉学に勤しんでいた。金谷範三大将も当時の区隊長で、日露戦争に二軍の参謀として出征している。参謀本部第一部長、第十八師団長、朝鮮軍司令官などを経て、昭和五年参謀総長となった人である。中屋則哲中将も瀏の時の区隊長であった。中屋は土佐の人で、台湾総督府の幕僚参謀、第十四師団司令本部附などを経て、旅順の独立守備隊司令官を務めた。

一区隊は二十三、四名の組織。これを世話するリーダー格は「舎長」と呼ばれ三年生から一人選ばれた。三年生ともなると権威があった。

「自習時間に『整列ッ！』といふ声がかゝると區隊の生徒は舍前に整列、それから舍長の號令で駈歩が始まる。是の縦隊の左右には三年生がいつか集まつて來て、一緒に駈ける。学校の境内を一、二、一、二と駈ける。體を鍛へると言ふのだ。落伍などは面目に關はるので皆な奥歯を嚙んで駈ける。此の一、二が一時間位續いて解散となる。厳冬でも大抵汗だくだ。三年生は一年生を庇つたが、二年生とはどうも折合が悪く、横暴と思ふこともあるが、二年生は然し抵抗などしなかつた」（「重営倉」）

年の離れた下級生をやさしく可愛がり、一級下の後輩には厳しくあたるという傾向は、現代の学校部活でも珍しくない。夕食後は市ケ谷田町を見渡せる台地に出て号令調声を行い、その後、同県出身の各年次の生徒が集まって歓談するというのも習慣となっていた。号令調声とは軍隊用語で「指揮するための号令発声練習」である。これを続けていると、誰にでも太く腹に響く声が鍛練されるという。

「教官殿」と呼ぶ学科の教授には著名な人物がずらりと並んでいた。関東大震災がいずれ襲ってくると予想した地震学者の今村明恒（東京帝大助教授）、教育者として名高い菊池壽人（第一高校教授）、漢文学者で帝国大学史料編纂員を務めた岡田正之（東京帝大教授）、倫理学者で教育者の棚橋一郎等である。

生徒は全員校内に寄宿する身である。日曜、祭日の他は外出がかなわない。外へ出て空気を吸うことが何より楽しみであった。「服装検査が済み、隊を解かれると一目散と言ふも大げさだが、皆な校門を飛び出し下宿へ駆けつけた」

下宿というのは同県人の集合場所と言っていいだろう。同じ県の士官学校生が醵金して、学校に近い便利な家の一間を借りて使用するのである。県によっては出身将校が設置してやるというケースもあった。育ち盛りの食べ盛り。瀏が書いている外出の日の一日が、生徒たちの生態と気持ちとをよく伝えている。

「此處へ駈けつけると、何よりも先に餅菓子を注文して腹の蟲を満足させ、それから思ひ〱の行動に移り、歸校時間前にまた此處に寄つて、後一週間たたねば來られぬことの覺悟で、食いたいものを食つて、出る時の極楽坂歸る時の地獄坂を登つた」

　ところが、学科の点数が悪いと「外出留め」といって休日も門を出ることが許されない。それこそ本当に地獄であった。「『やあ外出留めか』などと点数掲示板を見て歎息を漏した。然しかうして外出留を喰つたものには、こつそり土産物を以て來てやつた」と友誼を厚くして慰めるのである。駐屯地などにある食品雑貨店。これは「酒保」と呼ばれているが、当時は校内になかった。だから土産物は貴重である。ただ、外からの差し入れは緊張を伴った。「かうした密輸入は勿論發見されゝば罰せられるので門衛の眼をかすめての仕事」であった。

　三年の期末になると、生徒に兵科の志望を出させた。歩騎砲工の各科から第一志望、第二志望と書き記して提出する。但し、輜重兵科は、幼年学校生徒からは採らなかったと瀏は記録している。輜重兵とは、作戦軍のために車両・軍需品などの輸送、補給・修理などを行う兵站《へいたん》を担当する後方支援兵である。

　志望は必ずしも通らない。当局には各兵科校の要員の計画がある。志望していない兵科に配属されることはままある。この決定は一大事であった。「生徒からすれば神佛に祈禱してもその志望が叶ふべく懸命に念願した」ということだ。

　験をかつぐという人間の切なる思いに昔も今も差はない。瀏の学校ではここにしかない霊験あらたかな〝御告げ〟の方法が伝わっていた。

「自習室には礦物の結晶模型が備付けてあつた。直径四寸ほどのものだ。此の模型の面々に兵科を書いて、之を轉がし眞上に出た兵科が自分の志望のものであるなら、念願が叶ふと言ふので、ごとんころ〳〵をしっきりなしにやつて騒ぎ、幾度叱られたものか、でも卒業期の三年生に許されたものの如く毎年、此の時期になると始められた」

　幼年学校時代をふりかえったこの随筆には「重営倉」と題を付けている。営倉とは帝国陸軍にあった懲罰房のことだ。罪によって軽重の差が付けられた。幼年学校生活が過酷だったと言いたいわけでなく、この房が思い出の象徴だったのだろう。

その頃の陸軍士官学校

　陸軍の士官とは、尉官以上の階級で部隊を率いる指揮官の職をいう。彼らを養成する学校が陸軍士官学校である。明治元年、京都に設置された兵学校がはじまりとされているが、七年に制定された条例によって、東京・市ヶ谷台に陸軍士官学校が開校、翌八年に第一期の生徒が入校した。

　齋藤瀏は明治三十三年卒業、同三十四年任官の第十二期生である。彼の手記によると、手前味噌でなく「第十二期といふのは士官学校が出来て以来此の位秀才揃ひのことは稀と言はれ」（「臭い話――その頃の陸軍士官学校」）ていた。元帥、陸軍大将を輩出した最後の年代とも呼ばれ、陸軍史に詳しくなくても名前に覚えのある人が多い。たとえば、杉山元、畑俊六は共に陸軍大臣として知られている。

　杉山は宇垣一成の側近として三月事件にも関与しているが、二・二六事件では青年将校の要求を拒否し、鎮圧を指揮する側に回った。事件後に教育総監、陸軍大将、林銑十郎内閣で陸相になっている。本土決戦にまで関与するが拳銃自決した。

　畑は、二・二六事件の年に台湾軍司令官、翌年陸軍大将に昇って、軍事参議官、教育総監を兼任する。支那事変以降、松井石根に代わって中支那派遣軍司令官に就任、武漢作戦を指揮した。天皇の信任厚く、侍従武官長にもなっている。極東軍事裁判で終身禁錮の判決を受けた。

　小磯國昭はこの後の事件前後の舞台に登場する重要人物である。関東軍参謀長、朝鮮軍司令官を歴任し予備役となるが、拓務大臣を経て、東條英機の後継として昭和十九年に総理大臣になっている。中将を務めた同期ならば、稲垣考照、岩越恒一、牛島貞雄、大谷一男、香椎浩平、郷田兼安、瀬川章友、武田秀一、二宮治重、秦真次、深沢友彦、柳川平助と錚々たる顔ぶれになる。一人ずつプロフィールを掲げるゆとりはないが、事件までの道のりで大小の記憶にのぼる人たちがいる。

　香椎は事件の収束に奔走する戒厳司令官であった。二宮は三月事件に深く関与し宇垣一成の側近として知られる。柳川は皇道派の重鎮。陸軍次官、第一師団長、台湾軍司令官を務め、事件後に予備役となる。彼らは度々、瀏の手記に登場する。

齋藤瀏は少将に任官されるも済南事件処理の責任を負わされ予備役編入、さらに二・二六事件に連座して免官される。誰が数奇と言うことはできない。皆、歴史に投げ出されて数奇である。

瀏が体験した学校の風貌を書いておく。

当時、ここには中央幼年学校卒業者と、中学校から受験した者とが、共に士官候補生として隊付勤務を経て入ってくる。十二月一日が入校の日であったが、日を置かず両者の間にしっくり折り合わない処が出てくる。それもその筈で、幼年学校出身者が既に陸軍的生活に慣れているのに対し、中学出身者は凡てにおいて未体験の環境である。前者はわれわれこそ本格の〝将校生徒〟であると威張ってみせてしまう。これはセクト主義などというものでなく、スタート地点の育ちの差である。

他愛のない対立は日常ところどころに露出したようだ。例えば、幼年学校では習慣として入浴しても石鹸は使わない。だが、中学出身者は士官学校の浴場で全員が使っている。これは問題だ。そもそも「入浴時間が短いのに一人ごしごし石鹸など使つて居るのは不都合だと言ふ以外、そんな『おしやれ』をするとは何事だ」（同）と幼年学校組は憤慨した。瀏自身も後で振り返って「随分野暮のやう」と時代の相違を滑稽に見ているが、当時はそんなほのぼのとした悟りには行き着かない。幼年学校組は中学出身者に忠告し、抗ってくる者は撲るという騒ぎに発展した。

幼年学校組にはこんなことも癪の種になっていた。起床から就寝まで、喇叭の号音で直ちに動作をおこすのが常識である。なのに、中学出身者はぼんやりして応じていない。それが「不規律に見え、不軍規に見え『あやつずべらだ』と言つて咎め将校生徒の面目に關はるといきり立つた」という。「ずべら」は「ずぼら」で不精者に他ならない。単なる慣れ不慣れの問題なのだがどうにもならない。

校庭に兜の形をした松の木があった。腹が立って納まらない生徒が、夜の自習時間の休憩時に中学出身組をつかまえて「一寸兜松の下へ來い」と呼び出す。戦後のわれわれの〝体育館の裏〟に相当する。この松の下の暗闇で、撲り合ったり取っ組み合いをしたりして「お互の切磋か砥礪《しれい》か赤手空拳でうんうん呻つて居る黒い影を発見」するという始末となる。

こんなありさまは区隊長も薄々感付いていて、どうと言うことはなかった。当時中隊長、区隊長には豪傑が揃っていた。横地長幹、吉岡友愛、等々力森蔵などいずれも存在感があった。

或る区隊長が全中隊を集めて精神訓話をしていると、何が可笑しかったのか生徒の一人が全身で笑いを堪えていた。が、堪えきれずに尻からプッとやってしまった。当然、全員吹き出さずにはおれない。区隊長は自分の話が笑われたのかと思い、「可笑しいか、可笑しけりや笑へ。俺も笑ふ」とやや不満げに叫んだものだから、再び爆笑が起きてしまった。結局、「所罰録」に記されることになった。「場所柄を弁へず奇声を発する科軽営倉一日に処す」。奇声とは放屁の音のことだが、その場にいない者にはわからない。

手記では懐かしんで、敢えて長閑な学校の事柄を思い出して語っているけれど、陸軍の軍紀、将校の思想精神はこの士官学校で涵養される。「教育訓練は厳烈を極めて居、生徒は自制自粛涙ぐましい修練をやつて居た」と短く書いている部分が、三百六十五日の真実なのである。瀏は後に大尉となり戦術教官として士官学校を訪れている。もう生徒でもないのに、区隊長室に入るのが何だか恐ろしいと感じたそうである。有形無形の教育が身体に沁み込んでいたのである。

　乗馬隊の者でなくとも馬に乗る訓練が士官学校で課される。これも幼年学校出身者はある程度、学校で練成されてきている。言うことを聞いてくれない馬との大変な付き合いが始まるのは初体験の中学出身者のほうである。瀏の経験に基づく観察眼、馬の心理学は妙に深くて説得力がある。

「馬と言ふ奴はよく乗り手の技倆や心を見抜いて仕舞ふ、それで此奴は下手だなどと見くびられたら最後、是を落としてやらうと言つた悪企みをやる。先づ首を前足の間に突き込んで背を丸くして駈ける。そして頃合を計つてお尻をぽんと上げる。こんな時手綱にすがつて乗つて居る騎坐の弱い者は跳ね落とされる。此奴は油断して居るなどと知られると、馬は先づ突然後脚で土を蹴つてお尻をいやと言ふほど上げる。これで落ちぬと、生意氣なと言はぬばかりにこん度前脚を胸に抱くやうにして後脚で立ち上り騎手がこれはたまらぬと前に屈むだ時、反動的に尻を空に浮ばせ同時に前肢を地に着けて首を此の間に突込む。それで騎手は鞍から馬の前へ抛り出されて仕舞ふ」

　乗馬演習とは馬より落ちる演習の事なり。士官学校でよく聞いた定義で、瀏も最初は馬鹿々々しい冗談だと思っていたが、真理を衝いていることを知るに至った。助教の曹長が怒鳴る「落ちて仕舞へ、見つともない」は無慈悲ではなく慈悲の声だそうだ。こうして〈落ち方〉が皆上手になり、卒業までに障碍飛越も出来、大変な急坂も駈けて昇り降りできるようになるとのことである。

第二章　指揮官へのきざはし

愉快な見習士官時代

陸軍士官学校を卒業すると、一定期間、見習士官を命ぜられる。少尉になる前の助走である。階級は曹長だが、将校の見習いであるから週番士官や教官として兵教育に当たることもある。軍服の襟には特別徽章を付け、士官刀を帯革で軍服の上から締めることがゆるされる。そんな姿を誰かに見せびらかしたくて牛込界隈に出かけ帰ってくる。瀏の同級などは大いに近衛連隊の風を吹かせて歩いてきた。毎年、卒業生のやることだという。

瀏は軍服姿を人に見せて誇らしげに振る舞うという感覚が余りなかった。むしろ逆であった。幼年学校時代から外国語はドイツ語を履修し、士官学校を出ても勉強を続けたかったので、勤務に支障のない時間を選び夜学に通いだした。学校は竹橋の連隊から歩いても遠くない飯田橋にあった。生徒のなかで軍服姿は一人目立って恥ずかしい。付近の家に頼み込んで着物を置かせてもらい、ここで着替えて学校に行き、帰りはまた軍服になって兵営に戻った。そこまで身なりに気を遣うことはないと思うのだが、瀏のようなタイプは他にもいた。

少しばかり説明を加えると、われわれ戦後一般には帝国陸軍の組織も役割も、もちろん作戦上用いられる軍隊符合も、よく理解することが出来ず、近衛師団と聞いても一般師団とほとんど等閑視してしまうが、昔は断然そうではない。近衛師団は最精鋭かつ最古参の部隊であり、天皇と宮城をお守りする〈禁闕守護《きんけつしゅご》〉の尊い責を果たす部隊であった。「近歩《きんぽ》」（近衛師団歩兵連隊）だと聞くと、それだけで背筋の伸びる印象もあり、近衛兵になることは大変な名誉であった。当然、誰でもなれるわけではなく厳しい選抜が行われた。家筋だけでなく心身共に優れた能力を持し、成績優秀かつ眉目秀麗という条件まで付されていたといわれる。用もないのに軍服でさっそうと町を歩いてくる気持ちもわからないではない。齋藤瀏はやがて日露戦役への従軍を果たすのだが、近衛師団歩兵第一連隊の中尉。師団の大隊副官として任務に就くのである。

着物を預けた話には、おまけが付いている。瀏はにわかに忙しくなり習志野に出張していた。約三週間ぶりに帰営し夜学に行こうと着替えの家に寄ると、主婦は「家が狭いので他所に着物を預けてしまつた」という。仕方なく軍服で授業に出たが、翌日も主婦の話はどうも要領を得ない。あとで知ったことだが、軍人は異動も頻繁だし、もう来ないだろうと思って一切を質に入れてしまったらしい。

さて、見習士官のとき第八中隊で初年兵教育の見習いをやり、次に第六中隊に転じて少尉に任官している。そこで初年兵教育をやった。瀏は自費を投じて「戦友」という筆写の回覧雑誌を作った。初年兵に所感や希望を書かせて、彼らの心情を知ると共に、「情操を養ひ、作文・習字などの錬磨に役立たせる」というねらいであった。瀏らしい試みである。

新聞は当時、読売新聞と萬朝報《よろずちょうほう》の二紙を取っていた。後者はほとんど今の人は知らないが、黒岩涙香が創刊したれっきとした日刊新聞である。〈よろず重宝〉の洒落から命名した。これに毎週、懸賞の短編小説の募集があった。瀏は戯れ心が湧き、さっさと短編を物して応募してみた。すると、二等賞に選ばれた。勿論、内緒だから筆名を変え、住所も市内某所にしてある。賞金は五円だった。その金で洋食を食いたいと思い神田の三河屋に行った。多少、良心の呵責をおぼえたが、遊び心で応募するとまた入選し賞金をもらった。常連の当選者に佐野天聲、大倉桃郎、赤帽子がいた。バレるはずがないのに、瀏が教育している上等兵候補者たちに知られて「教官殿、私共にも洋食を馳走してください」と言われた。そこでもう応募はやめてしまった。

こうしたエピソードを知るとき、つくづく齋藤瀏の天稟を思わざるを得ない。それは文才に恵まれているとか、性格が忠実《まめ》であるとか、行動力があるとか、そのような諸々の特徴を挙げることも可能だが、しかし、それらをひっくるめて言うなら、天賦の才のゆたかな青年は外から与えられ、課せられた教科以外に、嗜好傾向からも自己を発達させ、よく楽しんで、自らを教育するものなのだということをわれわれに悟らせる。

「私の中少尉時代は愉快だつた」と書いている。受け持った初年兵の出来が良く、連隊長からも誉められた。旅団長の浅田信興少将からは「学科試問の方法及び試問事項がよい、学科試問はまさに斯くあるべきだ」と連隊将校の前で特別の讃辞をくれたものだから、瀏は面目を施した。短期下士制度ができて、検定試験を受けさせると瀏の生徒の上等兵候補者が十番以内に四人も入った。これならよく上官の信任も得られるというものだ。一言でいうと、瀏の教官としての才量が大きかったのである。

指導した兵は紙の試験ばかりでなく、秋季演習など実践でも大いに活躍した。十一月中旬の寒い夜、鬼怒川で仮設の橋を渡っていると、橋桁がはずれて橋の中央が沈みかかった。瀏はすぐに水深を目測するとほぼ胸の辺りだったので、いきなり川に飛び込み橋桁を肩に担いだ。そして、立ち止まっていた大隊の兵に早く渡るよう命じた。そのとき瀏に続いて飛び込んだ者が三人いて一緒に橋桁を担いでいたが、顔を見ると瀏の生徒の上等兵候補ばかりであった。

この情況を見ていた大隊長が一連の動作に感心し非常に誉めた。瀏と部下たちは民家で火を焚いて暖をとり、一日演習を休んでもよいという褒美をもらった。指導者としての面目躍如である。

乃木将軍と焼き芋を喰う

この頃から、陸軍の大先達との思いも掛けぬ出会いが続く。乃木将軍と焼き芋を分け合って食べたというような経験は、陸軍にたくさんのエピソードが転がっていると言っても、そんなにあるものではない。

日露戦争が始まる数年前、齋藤瀏はまだ二十二、三の少尉であった。近衛師団が那須野が原の一帯で秋季演習を行ったとき、瀏は小哨長として露営していた。その夜は、背中から水を掛けられたような寒い夜だったと手記にもあらわしているから、霜月の櫟林はこたえたのだろう、命令で、特別に炭火の使用が許された。敵情偵察を終えた斥候《せっこう》の兵が、帰りのどこかで失敬してきたサツマイモをくれたので、瀏は具合がよいと炭火の中に埋めたのである。

兵たちは日中の任務で疲れていたのか、黙って焚き火にあたっていた。すると、暗闇の林の向こうから落ち葉を踏む音がして誰かが近づいてきた。「こりや小哨ぢやの」という声の主を見ると、白袴に赤裏の外套という姿なので将官にちがいなく、瀏は緊張して敬礼しようと立ち上がった。

「そのまま、そのまま」と制する人はどなたなのか、自分の旅団長や師団長の顔ならすぐにわかるのだが思い出さない。

瀏が炭火の傍の敷き藁を整えると、「少しあたらして貰ふか」と、そこに腰を下ろされた。正直を言うと、予告なしにこういう場に上官がやってくるのは困るのである。露営は休憩ではなく任務の最中であることはわかっていても、上官が隣にいるのは窮屈極まりなく、ほんの僅かな居眠りもできない。

やがて、ほんのりといい匂いがしてきた。「しまつた」と瀏は思った。さっき炭火に埋めていたサツマイモである。将官はというと無頓着に包みから握り飯を取り出して、晩飯を始めようとしている。瀏はますます困ったが、火で温めてあった水筒の白湯を差し上げると、冷たい飯を頬張るのであった。

放っておくと芋は黒こげになる。結局、瀏は炭を掻き分け芋を取り出すことにした。「閣下、こつちのはうが腹が温もります」と御覧に入れると、「よう、こりや上等だ。少尉もやれ」という。瀏は「いただきます」と返事をした。やっとホカホカの焼き芋にありつけると思うと嬉しかったが、こちらが「何だか御馳走になって居るやう」で変だった。

瀏はこの方をどこかで見たことがあると思った。かすかに乃木将軍かも知れぬ、という思いもあったが、取りあえず前哨中隊長に報告を出すことにした。「敵情に関しその後異状なし」と告げた後に、「只今、本小哨へ見学の将官一名来り食事中、今夜ここに露営するといふ。或いは乃木将軍かと思ふも確かならず」と送った。

すると、夜中に人がやってきた。何と師団副官である。「閣下、師団長閣下よりご老体ご苦労と申され、師団司令部に宿舎が設備されていますゆえ、お出で下されとの事です。副官がご案内します」とうながすと、一緒に火にあたっていた将官閣下は返した。「いや、ここが結構ぢや。閣下に言つてくれ。乃木はまだ老体といふほどでもないと」。ここでやっと判明した。やっぱり乃木将軍だった。

ちなみに、このときの師団長は長谷川好道将軍である。同じく長州藩から出た大物ではあるが、乃木将軍から見たらまだ若い後輩であった。

那須野が原に続いて、瀏はもう一度、師団演習で乃木将軍と過ごしている。焼き芋の時より、さらに密着した立場であった。対抗演習があったのは兵庫の摂津平野。以前は将軍が休職中だったが、今度は将軍自ら地理実査しなければならない。瀏が随行し二人だけで行動するのである。

将軍は古い背広に鳥打帽といった出で立ち、瀏も軍服ではなく傷みの目立つ背広だった。素性がわからないことが合格なのだ。やがて難攻不落の旅順を陥落させた名将軍の姿とはかけ離れた格好でないといけない。二人は西宮までは汽車だったが、そこからは「てく」（徒歩）の旅。広田神社の辺りから高地が続いて宝塚にいたる。万が一に備えて人力車を同行させてはいるが、自分の足による踏査である。「途中肥桶を担つた百姓に道を譲られたり、畑のお婆様に声をかけられたり」するのは、将軍がそこいらの村長さんか、ふつうの老爺に見えるからだ。

瀏は言われていた。「今夜泊まるところでも乃木と知らすな。何かと面倒だから」と。有名な乃木さんがその土地にやってきたと人が知ると、賑やかに噂が立つというばかりではない。

演習上では将軍は総裁官であり、その人が何処を通り、何処に泊まったということが漏れるのは不味く、演習の質を下げてしまう。

したがって、随行者である瀏も旅館の予約はせず、なりゆきで見つけた宿に入ったのである。しかし、そこは一流であった。将軍を部屋に送ると、瀏は番頭と女将に「ただ偉い人だから大事にして上げてくれ」とだけ言っておいた。そんなことも言わないほうがいいのだが、かつての「随行者としての苦い経験が言はしめた」と瀏は告白している。

何があったのだろう。たぶん、同じようにボロの洋服をまとって上官に随行したとき、旅館の係に何も告げずに泊まろうとして、単なるあやしげな旅人か訳ありの逃亡者に見られ警察に通報でもされたのだろう。

いくら身分を隠すといっても名無しでは泊めて貰えない。番頭が宿帳を持ってきたとき、瀏は「後で書く」といってその場を凌いだが、女将が「軍人さんですね」と言ってきた。二人の靴に拍車を通す穴が開いていたからである。「どこかでお見かけしたように思へる。どなたさまでいらつしやいますか」とずばり訊いてくる。それでも瀏は明かさない。「誰でもいいぢやないか、大事にしてくれ」と念を押すと、女将は承諾してよく尽くしてくれた。

女将の娘が義太夫をならっているというので所望すると、将軍の前で一席語ってくれた。それは美しい年頃の娘で、将軍もご機嫌だった。

宿帳記入を先に延ばしていたが、限度がある。夜中になって番頭が、警察に宿帳を出さないと叱られるというので、もう諦めて「陸軍大将乃木希典」と書いてわたすと、まもなく女将が瀏の部屋に飛び込んできた。「ほんまにほんまに。あんたはんは……。閣下と知つたら、あんな失礼を」と半分泣き声で責めたてた。

瀏は笑って女将に礼を言った。そして、娘さんが乃木将軍に義太夫を聴いてもらったことは何より光栄だったね、と労ってやった。翌朝、出発前に「ねえ閣下、閣下もあんまりや」と将軍に女将は怨みごとを言ったそうだ。対して将軍はただ高笑いしていたらしい。

静子夫人に世話を焼かせる

瀏にはサツマイモと結びつく話がもう一つある。

知らずに乃木将軍の奥方に世話になってしまっていたという奇遇な話である。陸軍大学の同期に多門二郎、筒井正雄がいる。多門は陸大校長を経て、満洲事変では主力部隊の長を務めてチチハル攻略に携わった人物。一方、筒井は兵学の理論家、外国語にも堪能で東京湾要塞司令官を務めた男である。

陸大三年生の年の大演習に、三人は第八師団の一旅団の審判官につく陪従官《ばいじゅうかん》として加わった。このときの審判官は確か、高柳保太郎大佐である。場所はまた那須野が原であった。初日に、南北両軍が衝突したのだが、北軍はいったん退却し、情況の変化に応じて反転し、南軍を追撃するというもの。瀏たちは追撃部隊と共に道なき道を南下していたが、途中で日没を迎えた。森林と原野が広がって他には何もない。兵隊は携帯の糧秣《りょうまつ》、つまり兵と馬の食糧は持参しているが、審判官や陪従官は宿主の給養を受けなければ空腹に堪えねばならない。

北軍が南下をやめたのは夜の九時頃。そして旅団司令部付近の一軒の家を審判官と陪従官の宿舎に選んでくれた。道がなく暗闇を行くので、先に馬を馬丁に曳かせ、自分たちは歩いて先を急いだが、家に着いてみると馬丁と馬がさっさと到着して玄関前で雑談している。すぐ傍で提灯を掲げて世話をしているのはこの家の老婦人だろうか。門を通って土間に入ると、田舎にしては小綺麗で格調高く、珍しい百姓家だと瀏は感じた。

部屋には大きな囲炉裏が掘られてあり、もう火が焚かれていた。体に堪えた寒い一日、これは有り難いと思っていると、「さあ、囲炉裏へ踏み込んで」と婦人が背中から元気な声をかけてくれた。

挨拶もそこそこに、四人で囲炉裏を囲んでみると、炉端にサツマイモのふかし芋が笊に盛られていた。瀏の腹は今にもぐうと鳴りそうであった。多門や筒井はどうかというと、やっぱり芋を凝視している。我慢できずに「結構なものがありますな、頂いていいですか」と言うと、「さあさあ、今まで子供が多勢来て居たので喰い余しですが、よければ」と勧める。

さすがに瀏は少し変だと思い始めていた。こんな田舎の一軒家に子供たちがたくさん遊びに来るというだけでもおかしい。すると、入ってきた一人の馬丁が「ここは乃木閣下の別荘ですよ」と教えてくれた。子供たちというのは学習院の生徒であった。

演習のさまざまな設定は隠密裏に運ばなければならない。が、審判官らの宿舎だからと言って、一般民家になかば強制的に協力させるというような真似はしない。してみると、旅団はここが乃木将軍の別荘とは知らずに設営を希望し、承諾をもらったのだ。

老婦人は静子夫人である。若い娘さんが手伝って、この夜の食事の世話をしてくれた。一行は恐縮してしまったが、演習の一環であり、ご厄介になるしかなかった。高柳大佐が夫人に「お母さん」と呼んで親しく話しかけるので、陪従官の皆もお母さんと呼びかけることにした。乃木将軍のご令室に、給仕をしてもらい、風呂も焚いてもらい、床を敷いてもらったのである。多門が布団の中で言った。「考へてみると、軍人といふものは厚かましいものだなあ」。静子夫人と若い娘さんはほぼ徹夜で世話をしてくれたという。

瀏は感動していた。翌日は余り身が入らなかった。「私は馬上、演習の事はそつちのけに感慨にふけつた」と白状している。

「小哨で炭火を囲んで将軍と芋を喰つたのが、此の那須野が原であつた。今同じ此の那須野が原で靜子夫人と爐を囲んで同じ薩摩芋を頂戴した。……偶然、偶然とのみ言ひ捨て得ぬやうな氣がした」と書いて、「遠くで銃聲が聞える」と結んでいる。ぼうっとしている馬上の瀏の顔が浮かぶようだ。

瀏がこの記憶を文字に綴ったのは獄中で、支那事変が勃発した後であろう。『奇縁薩摩芋譚』として、副題には「乃木将軍と私」がある。自分がこの話を記録しておかなければ後世に何も残らないという思いも託している。筒井正雄は昭和八年に、多門二郎は九年にさっさと逝ってしまったからである。

日露戦争従軍

日清戦争の勝利で割譲された遼東半島を、露仏独の三国干渉によって返すようなことは堪えがたい痛恨事であった。明治二十八年五月、還付の詔勅を奉読した多くの国民が悔しさのあまり泣いたと新聞にある。半島の一部である旅順、大連を今度はロシアが租借して軍事基地化を進めているのだから日本が座視できないのは当然である。

ロシアは義和団制圧後も満洲に部隊をとどめ、朝鮮への影響力を強め不凍港への布石を打った。日本は交渉しつつも戦争準備に入っていた。明治三十七年二月、ついに両国は決裂し、日本軍は旅順のロシア艦隊を攻撃、朝鮮半島の仁川にも上陸し戦端を開いた。日露戦争である。

近衛師団歩兵第一連隊の齋藤瀏中尉はこのとき二十五歳。師団の大隊副官として先陣を切り遼東半島の遼陽を目指していた。遼陽は黄海と渤海を分かつように突き出す半島の根幹にあたり、先端に向かえば旅順、大連の港湾に、奥地には清朝の国都だった奉天（瀋陽）へとつながる都市で交通の要衝である。地政学的にも戦略的意義が高く、ロシア軍も陣地を築いて日本軍を迎え撃つという態勢を取った。

一方、海軍はロシアの旅順艦隊（いわゆる太平洋艦隊）を旅順口に封じ込める閉塞作戦を成功させる必要があった。これなくしては陸軍の上陸掩護は果たせない。〈閉塞〉というのは敵艦隊の自由を奪い、砲撃をゆるさず湾口に閉じ込めて制海権を確保することである。とはいえ、閉塞船に指揮官、兵士が乗り込み敵艦を襲撃し、或いは水雷によって破壊する。つまり〈決死〉の突撃隊の働きがあってこそである。第一第二の作戦は芳しくなく、三回目にようやく成功を見た。荒天によって八十人近い戦死者を出したが、五月五日からの陸軍第二軍の遼東半島上陸を可能とし、月末までに全軍の揚陸を導いたのである。二回目の作戦で「杉野は何処《いづこ》、杉野は居ずや」の歌にもなった福井丸指揮官の広瀬武夫中佐が戦死している。

陸軍は第一軍、第二軍、第四軍の三つが三方向からそれぞれ遼陽に迫り、その地でロシア軍を包囲殲滅するのが目標であった。齋藤瀏が属する連隊は黒木為楨《ためもと》大将の第一軍に編入された野戦師団の主力部隊。当面の役割は、朝鮮半島北部に上陸して鴨緑江《おうりよくこう》河岸に張りついたロシア軍を排除し北上することである。そして遼東半島中部から上陸し、半島を南北に遮断する作戦の第二軍に呼応して進軍する。

瀏たちは朝鮮半島の西側、大同江の河口にあたる鎮南浦《ちんなんぽ》に上陸を開始したが、氷結の悪条件とあってはかどらず、全軍完了は開戦からほぼ五十日後の三月二十九日となった。その後、平壌を経て新義州へと進軍し、黒木司令官が鴨緑江の渡河作戦を部隊に命令したのは四月二十九日であった。

鴨緑江は朝鮮と満洲を分かつ国境の大河で、白頭山を水源にして八百キロを南西に流れて黄海に注いでいる。この季節でも雪解け水が冷たい。同日、ただちに架橋にかかり翌三十日に渡河を決行。五月一日には主力部隊の渡河を成功させて、九連城周辺のロシア軍の陣地を攻撃した。日露の大規模な陸上戦闘はこれが最初である。

待ち構えて日本軍の北上を阻止するロシア軍は東部兵団の二万四千人。これに対してわが第一軍は四万二千人の兵力で、激しい野戦が展開された。六日間の交戦で日本に千人、ロシアに千八百人の死傷者が出たと記録にある。しかし、これは日露戦争のまだ緒戦に過ぎない。日本軍の実力を低く見積もっていたロシア軍は兵力を分散配置していた。が、その誤りに気づき決戦を避け退却を決めたのである。陸軍はここから苦戦を重ねながら北進することになる。

会戦とは大兵団同士の戦いをいうのだが、遼陽は、それが必至になると両軍は見ていた。大本営から満洲軍総司令官の大山巌元帥に届いた命令は「本戦闘をして日露戦争を勝利に導くよう指導すべし」であった。総参謀長の児玉源太郎も、ここで勝利を得て講和に持っていく覚悟だった。

日本軍は黒木為楨第一軍、これを奥保鞏《おくやすかた》第二軍、野津道貫《のづみちつら》第四軍と戦略予備一個旅団を加えた十三万四千の兵力である。遼陽では南方から圧迫して敵軍を追い出し、東側背から退路を遮断して撃滅するという大胆な作戦を描いていた。第三軍が抜けているのは、乃木希典が率いて難攻不落の旅順要塞を睨んでいたからである。一方、敵将クロパトキンは二十二万五千の兵力を準備し、いずれ疲弊するであろう日本軍を包囲逆襲する作戦だった。

第一軍が遼陽に攻め込むには、その前に立ちはだかる馬蹄山、弓張嶺、寒坡嶺の要害を奪取しなければならない。ロシアは堅塁を築いていた。とくに二万の大軍で固めている弓張嶺を攻めるには常道では困難である。選ばれたのは夜襲作戦だった。黒木司令官も藤井茂太参謀長もそれ以外に打破する道はないと判断した。しかし、その規模は一個師団全員である。戦史にも載らなかった空前の大夜襲は、八月二十六日午前二時に敢行された。暗闇の山岳地帯において肉弾相打つ戦闘がどのような修羅場になるのか、齋藤瀏はこの「死屍野を覆ふ」光景を『無縫録』に残しており、陸軍の攻防のあとに引用しなければならないだろう。夜通しの激闘を経て、翌日午前十一時には敵軍を制圧し、弓張嶺に日章旗が翻ったのである。

黒木第一軍はこうして遼陽の南東部のロシア軍陣地を占領。第二軍と第四軍も遼陽南側から攻撃したが、高地である首山堡に陣取ったロシア軍の反撃は強く損害をこうむった。常に先頭に立ち、敵兵壕に斬り込んできた第一大隊長の橘周太少佐はここで戦死した。長崎・雲仙の橘神社に祀られているあの軍神である。

八月三十一日、第一軍は遼陽近くの太子河を右旋回して渡河し、北方の奉天につながる交通路を遮断する作戦に出た。ロシア軍の退路を絶つためである。しかし、これを察知したクロパトキンは大部隊を東北に移動させ、第一軍を迎え撃つことで優位に展開しようとした。もう日本軍の実力を侮ることはせず、ロシア軍主力を黒木軍の四倍の兵力にして差し向けた。そのため饅頭山の戦いでは第一軍は防戦となり一時全滅しかかったのである。にもかかわらず日本側は少数兵力のまま決して退かない。クロパトキンはこれを深く疑ったとされる。第一軍がこれだけ耐えているのは、ロシア軍の後方に別の日本の部隊が回っているからではないか。ここで急襲されたらロシア軍はもたない。そう判断した彼は九月三日、全軍に退却命令を出して奉天に退却した。これが遼陽会戦の一幕というものであった。日本は追撃をしなかった。将兵の疲弊もあったが何より弾薬が不足していた。

奉天の決戦

遼陽での苦戦、そして退却は首都ペテルスブルグでは極めて不評であった。クロパトキンの評価も下がり、グリッペンベルグ大将を軍司令官とする第二軍を満洲に創設する動きとなった。クロパトキンは創設軍が来る前に、大反撃を行って名誉を挽回しなければならない。態勢を立て直して奉天から大兵力を南下させ、日本軍の正面に展開してきた。これが沙河《さか》会戦と呼ぶ、初めて攻勢に転じたロシア軍との壮絶な戦闘になるのである。

第三軍の作戦指導のため旅順にいた児玉源太郎総参謀長は、十月六日に総司令部に帰ってきた。児玉は、戦力の回復を見るまで攻勢を手控えたいと考えていた。しかし、ロシアの南下進軍の報は続々と入ってき、静穏の猶予を奪ったのである。八日から十八日にかけての戦闘は両軍に大きな損害をもたらした。圧倒的な兵力を擁したロシア東部軍は太子河の東北、日本側から見れば右翼の第一軍が布いた本渓湖の陣地に狙いを定め、攻撃をはじめた。梅沢旅団はこれによく堪えて救援の十二師団、騎兵第二旅団との連繫で敵の意図をくじいた。

一方、第四軍は中央から、第二軍は左翼から進軍したが、平坦地での攻防は勝敗がつけられずにいた。夜襲に賭けた第四軍は要衝をおとしいれたものの多数の犠牲者を出し、第二軍は敵を急襲して野砲複数を獲得するなど戦果を挙げた。沙河の会戦は一大野戦であって、勝利するには「神速を期する」と訓示していたが、戦闘は長引き消耗の度を深めたのである。十三日頃から敵兵は退却を始めたため、総司令部は全軍に追撃準備を命じた。もっとも、その後もロシア軍は反撃巧者であった。第四軍が攻略した万宝山などは占領の保全がむずかしく、後退するとたちまち大部隊が猛攻撃しわが方に損害を与えた。

沙河会戦は、ロシア軍を北方に押しやり攻撃の企図をくじいたことで、日本は勝利したといってもよい。だが、二万五千の死傷者は重大であった。ロシア軍はその二倍だから少数兵力でよく敵軍を打破したことになるが、それでも決定的な勝利は得られず、奉天の決戦に持ち込まねばならなかったのである。ちなみに齋藤瀏がロシア軍の機関銃の優秀さを思い知ったのもこの会戦だった。

沙河をはさんで対峙していた日露両軍は三十八年春、ようやく重要な戦機を迎えた。すでに一月に異変はあった。最左翼に位置していた秋山支隊（秋山好古少将の騎兵旅団に歩兵砲兵を加えた兵団）に向けてロシア軍十個師団が怒濤の攻撃を始めたのである。黒溝台の戦いと呼ばれているが、秋山支隊はこれに果敢に応戦し、予備の弘前第八師団の急派をもって三日三晩の激戦を日本側が制したものである。酷寒の白い荒野を血に染めて、六千三百の損害を出しながら苦境を凌いだ会戦だった。

さらに大きな戦機というのは、旅順要塞の陥落によって第三軍の戦線加入のめどが立ったことである。先手を打つようにロシア軍は沙河陣地、そして奉天周辺に兵力を増強し、三十五万をもって会戦に臨む準備を整えた。

奉天は都市であり、この地をめぐる激突は陸戦中でも最大規模になることは想定されていた。日本は開戦から遼陽、旅順と勝利をおさめてきたが、多くの将兵を失い資材や砲弾の消耗も激しく、長期戦を耐え抜く余力はなくなってきていた。一方、ロシアはシベリア鉄道というインフラを保持し、戦力を増援することができる。日本がやるとすれば一刻でも早くロシア軍の主力を叩いて、戦争継続の困難を思い知らせて講和に持ち込むこと、それ以外に道はない。

二月二十日、大山巌総司令官は各軍首脳を集め「全戦役の決勝戦である」との訓示を行い、日本軍は前進を始めた。ロシア軍の左翼（東側）から攻めて戦端を開くと、日を置かず乃木希典の第三軍が北上を開始、三月一日には総攻撃に移った。六十キロの戦線全域で両軍の衝突となった。一進一退が続くが、退路を立たれることを恐れた敵軍は部隊を移動させ、追撃をするのだが九日にはロシア軍は北方に退却を開始した。

一度は奉天城でロシア軍を包囲するところまで詰めたが、わが軍の兵力不足で退却を阻止できなかった。ロシア兵三十五万人のうち二十六万人の脱出をゆるすことになった。死傷者は日本軍七万人、ロシア軍は捕虜を含めて九万人に上ったのである。大山総司令官は十日戦闘の終結を宣言した。

これも決定的勝利とは言えなかったが、講和への貢献は大きかった。

こんなところで死ぬ運命か

黒木第一軍の近衛師団がロシア軍と衝突したのは勿論、総攻撃初日の三月一日だった。齋藤瀏中隊長は二百五十名の部下をしたがえ、決戦の時に血を湧かせて待っていた。ところが、直前に属している第三大隊が師団の予備隊に廻されてしまった。予備隊は後ろにいて前線の増派が決まれば、あっちへ行け、こっちへ付けと命令される。これまで偵察し把握していた地形の情報などは役に立たぬ。瀏も兵たちも不満だった。

「銃砲聲を前方や左右に聞いて、ぽかんと後方の畑地に日向ぼつこをして居る阿呆さは無い」。下士兵が「つまらぬなあ、みせびらかされて」と言いながら瀏の顔を見る。「中隊長が無能だから予備隊などに廻されるのだと言ふ様に聞える。私は氣が引け、肩身の狭い感をした」（『無縫録』）という瀏の感想が面白い。戦場には様々な時間が流れるのだ。壮絶な肉彈戦の予感に体がすくむこともあれば、武者震いしているのに戦えない情けなさというのもあるのだ。

やっと出発命令が出た。現下の第一旅団から第二旅団へ移れという。暗黒の中を東へ東へと進むと、遠くにあった銃声が段々近づいてきた。瀏は一部落に着くと地図を出して周辺の地形を読んだ。ロシア軍が置土産に残した地図を、参謀本部で改訂したものである。それをわが大隊が偵察して得た要図と照らせば、ロシア軍の地形判断や防御配置、さらには塹壕、重軽火器の配置や射向、障害物の位置などの考え方も見えてくるのである。

しかし、それはここに来るまでの話だ。偵察されない未踏の方面を暗夜に行くのに、研究の材料は何もない。いずれにせよ友軍を掩護するには、夜の明けぬ中に沙河の河原を越えておくのが賢明だ。

そこへ「貴官の中隊は第一線へ増加」と大隊命令が下った。「第一線は何處に居ますか」と訊ねると、「あの火花のする處だ」と沙河の平地の先にある小高い山を指さした。そこに連隊がいるが、それ以上の情況は夜が明けないと入らぬという。目標も地域もわからない。瀏は当惑したが、中隊を率いて沙河を渡った。流彈が多くなったと思うと古参の小隊長が負傷した。

辛うじて敵陣地の位置がわかるが、友軍の場所がわからない。さらに前進するとようやく右方に山頂が見え、激戦中の友軍が把握できた。

瀏は一小隊をその友軍に差し向け、他の二小隊を引いて平地を進んだ。空が白けてくると、畑に中隊を伏せて、斥候を命じて友軍に連絡を取ろうとしたが、前方には友軍がいない。しかし、敵陣地だけはますます明瞭に見えてきた。銃声が激しくなった頃には、すっかり夜は明けていた。こうなると、中隊は単独で敵に向かって直進するしかない。

先に差し向けた一小隊は友軍と共に敵に撃退され、小高い山に到達できず畑に停止してしまった。敵の小銃彈が今度は、わが中隊主力に向かって横殴りに殴ってきた。正面高地の敵は、散兵壕から乱射している。彼らをかこむ鉄条網は友軍がまだ切っていない。よって猛射のし放題である。正面からと斜めから彈を浴び始めた。凍った畑地に彈が跳ねてうなりをあげる。夜の雪が一、二寸積もっている。敵が俯瞰すればわが方の動きは丸見えで、死傷者が続出した。本来ならば壕を掘りながら攻撃もできる。が、この氷の大地は鋤さえ入らぬ。このままでは一歩も敵方に近づけない。瀏は一策を講じた。散兵線に命じたのは死んだふりをすることだった。「死んだまねをしろ。死んだまねだ」。その上で、敵にさとられないように絶えずじりじりと一寸でも匍匐前進することだ。敵下の鉄条網を切らない限り突撃はできない。だが、ふつうに動けば機関銃の餌食になるだけである。他に方法はないかと思った瞬間、シュッシュッと銃彈が掠めた。傍らの伝令が「動いちゃいけません」と叫んだ。瀏はそのとき、何か強く脚を抉られた気がした。しかし痛むところがない。右脚を動かしても何ともない。左脚を動かすとピリりと痛みを感じた。見ると左の靴の後部が破れている。足首がずきんと痛んだ。静かに膝をかがめて足先を振ってみたが、足首の関節が自由にならない。アキレス腱が切れたのだ。

瀏は土に伏したままわが中隊の死傷者を思った。おそらく百名は出ているだろう。担架係が一向にやってこない。後方に二中隊がいるはずだが、増派に来る形勢も見えない。夜を待つしかないが、このままでは助かる傷兵も死ぬ。死なぬ者も凍傷になる。冷たくて瀏の左足の感覚はもうなかった。早く夜が来ればよい。だが、まだ正午にもならない。

敵陣地の丘に突き出た壕が静かである。ここからは左翼方面である。引き揚げたものか人の気配がない。小隊長にはかると、時機を見てあの高台を取ってくるという。暮れ方に小隊は高地に突進し、敵の捨てた堡塁の一角を占領した。積み重ねた土嚢に立てた日章旗が瀏のいる畑からも見えた。

俺も山に行くのだと言い出すと、バラバラと銃弾が周辺に落ちた。「あぶのうございます」と従卒が瀏の体を覆って守った。瀏はケガをするぞと叱ったが、涙がはらはらと流れた。小銃弾を見舞われながら思った。「それも運命だ。こんな中途半端な所で死ぬ様な、運命に出来て居るのだ」。夜になっても衛生兵は来なかった。力自慢の従卒が瀏を背負って野戦棟に運ぼうとしたが、彼には歩く体力は残っていなかった。不甲斐ないとお思いでしょうと彼は瀏に謝った。瀏はまた泣いてしまった。結局、病院には支那人の苦力（クーリー）の担架で運ばれてきた。重傷者で溢れていて悪臭と薬のにおいが鼻を突いた。

近衛師団は敵の逆襲に遭いながら、夜襲を再三かけて山頂を奪還した。膠着によって互いに死傷者をやりとりした時間もあったという。そして遂にロシア軍は潰乱し奉天に逃げたのである。

齋藤瀏中隊長はその後、病床で会戦の大勝利の報を聞いて嘆声をはなった。ただ、その瞬間に自分が戦場にいなかったことが悔しくてならなかった。

日露戦役最大の陸戦と呼ばれた奉天会戦について、勝利に到る詳しい戦況報告をここに綴る余裕がない。二十五万人の兵力でロシア軍三十五万人を奉天城で包囲し、大半のロシア兵を北方に追いやった奇跡的勝利は戦史にくっきり刻まれることとなった。

瀏はこの戦争で武功を称えられ金鵄勲章を賜わっている。そして終戦翌年の明治三十九年、陸軍大学校に進んでいる。二十七歳になっていた。陸大は参謀将校を育成する最高機関であり、陸軍士官学校卒業生にだけ受験資格が与えられる。また隊附勤務を二年以上、また三十歳未満の大尉、中尉のみといった条件も付されている。全てが従軍した日露戦争の間、陸大は閉校になっていた。戦後再開して初めて受験したのが齋藤瀏たち陸士卒十二期生の面々であった。今一度、同期生の顔ぶれを整理しておく。

瀏は陸士十二期卒業、陸大二十一期卒業。陸士陸大ともに同期だったのは香椎浩平、秦真次である。陸士同期でも、陸大卒業が一期遅れた人に小磯國昭、二宮治重、畑俊六、杉山元がいる。また、陸大同期生でも陸士卒業が瀏より一年早い人物は寺内寿一、多聞二郎で、西義一は二年早く陸士を出ている。例外は陸士を首席で卒業した十四期生の古荘幹郎で、彼も瀏の陸大同期生である。いずれも二・二六事件はじめ動乱の舞台に登場する重要な人たちである。

ちなみに陸大に入った年に瀏は結婚している。佐佐木信綱の弟子となり歌の道に入ったのもこの年で、人生の転換期だった。新妻は先輩の紹介で出逢った旧丸亀藩士の娘、村瀬キク。師団宿舎を出て四谷区仲町に新居を構えている。

死屍野を覆う

戦場は彼我ともに崇高な使命を帯びているが、地上における極限の修羅場である。

齋藤瀏が従軍した日露戦争は、ベルジャイエフが戦争論で説いた「戦争はしばしば人を高貴にする」という世界にまだ留まっていた。個人も国も崇高さのなかで戦い得た。それ以降の戦争や事変がどうかはわからない。日露戦争の勝利は多大な犠牲の上に築かれた勝利であった。その犠牲に対して、国民はしめやかな祈りをもって迎えた。このしめやかな祈りがあるかぎりこの戦争の勝利は文化的勝利でもあったと或る人が言ったが、筆者はそうした感性が重要だと思っている。

昭和の戦争も気高く立派だった。しかし終戦の日からの武力戦ではない精神戦で根こそぎやられた。異論も噴出しようが、総じてそのように言えると思う。が、今ここにおけるテーマではない。それより瀏が日露戦争をどう捉えていたか、という点は重要である。日米開戦の翌年の作、『防人の歌』で次のように書いている。

「實際、彼の日露戦は國家の興亡に關すると、平凡に言ひ得ぬ戦であつた。それは、戦勝の見込みを以て開かれた戦争ではなく、『戦つても亡び』――『戦はずしても亡びるとせば、寧ろ戦つて亡びるの潔きに如かず』といふどたんばの開戦であつたからだ」

それならば、しめやかな祈りというものに繋がらざるを得ない。

瀏の従軍記と経過をあらわした日露戦史とを照らし合わせると、幾度となく死処に立たされたであろうことは情況から見えてくる。この地上の激闘、この会戦でよく生命を落とさずに帰陣できたものと思うばかりである。しかし、それは瀏について言っているのであって、将兵の幾百名は斃れている。甲が生きて乙が死ぬという必然的理由を誰も説明することはできない。皆、死の淵にあるのみだった。

「われわれのように戦争を体験してきた人間は……」という年輩者の常套句を、筆者の戦後世代は聞かされてきたはずである。が、臍曲がりの自分は「本当か?」と心中で切り返していた。戦争を体験することは容易ではない。戦争を知るということも容易ではない。本当の人もいるのだが、本当でない人も多いのだ。後者の人たちには存在の悲痛が感じられない。

　齋藤瀏の戦場の手記には、それがある。長い文章だが省略を加えながら『無縫録』に収録された「蛤蟆洞の一夜」を引用したい。戦争の理念とか思想とかをいったん捨てておいて、この文章を人は読むべきである。

「こゝは丘陵の上で日本軍が三方から包圍して敵の歩兵二連隊を殆んど全滅に陥し入れた處だ。此の夜、隊は此の新戦場に露営することになつたので、私は警備地を偵察する為めに、この附近を歩き廻つた。此のたゞれた地を踏んで行くと足に觸るゝものは敵兵の死骸だ。一度や二度ではない。私の電燈の丸い限界には顔面の打ち砕かれたものや、胴體の無いものやが映し出される。銃をその手から離さずに死んで居るものもある。

われにつまされて涙が出た。拜んでやつた。そこにはまだ死にきらぬと見え、ぴく〳〵と動くものもある。明るい周圍は殊に暗いものだ。躓くこともあるが、斯うした死骸を踏みつけることもある。何しろ此處で三千人以上の敵が全滅したのだ。死屍野を覆ふと言ふのも誇張ではなかつた。

此の死屍累々たる新戦場の冷えたゞれた土にわが隊は假り寝の夢を結ぶことになつて、飯を焚く為めに谷川を求めて出て行つた。夜半過ぎだ。眞暗の其處此處にぽうつと赤く露営火が上つて居る。兵の多くは疲れて眠りに陥つたのだらう。闇はしん〳〵と更ける。此の闇にそれは何とも言へぬ聲が幽かに聞える。天からでもなく地からでも無いやうな、力の無い聲だ。とぎれては續く。一處からでは無く、あちらからもこちらからも聞える。むゝうと言ふやうにも、ひい〳〵と言ふやうにも聞える。それが耳にたち心にひゞいて何とも言へぬ気持だ。もし地獄からでも聞える聲があつたらかうしたものだらう。私は立ち上つて歩まずには居られなんだ。その妙な陰惨な聲は此の死骸から起る所を見ると、まだ息があるのだらう。夜の冷気に或は蘇生したのかも知れないこの死骸が私の眼の前でむつくと立ち上り、ふら〳〵と歩んでばつたり倒れる。それが一人ではなく、闇になれた私の眼には彼處此處でふら〳〵と立つて聲なく歩む黒い姿がうつる。助からんとする一念とでも言ふのだらう。此の露営火を焚いて居るのは敵の日本兵なのだ。中には漸く這ひ寄つて日本兵から水筒の水を飲ませて貰ひ、繃帯をして貰つて居るものもある。日本兵の膝に息をひきとつたと思はれる敵兵もあつた。

私は妙な心地で露営火の側へ歸つた。そこへ當番が飯盒を持つて來た。腹がすいて居るので急いで蓋を取ると、何とも言へぬ臭氣が鼻をつく。湯気を上ぐる飯盒の表を見ると赤黒いものだ。私が變な顔をしたので當番は心配して言つた。随分探してやうやく其處にちよろ〱流れると言ふよりたまつて居る谷川を見付けて焚いて來たのだと。實際未知の所で暗夜水を捜し飯を焚くのは困難の事だ。黙つて私はそれを食べた。翌朝知つたことだが、此の谷川は殆んど敵兵の死骸で埋まり、そこの溜り水は眞赤だつた」

助産夫になった斥候

ここで一転して、壮絶な戦場にもあった気持ちの温まる話も書いておきたい。それは沙河の会戦に入った頃だった。十月十日の夜、煙台炭鉱を東に進んで大隊が露営することになった。第一線にあって敵情は不明。当然、やるべきことは斥候による周到な偵察である。少人数一組の将校斥候、下士斥候とそれぞれ役割を異にする。これらを出した上で、この夜は上等兵を長とする斥候も送り出して、綿密な偵察を行わせた。しかし、前方の一里以内には敵軍が見当たらないという報告であった。

ほぼ全員が帰って来たのに、古田上等兵グループだけが帰還していない。明日の移動の準備があるのに、帰って来たのは午前三時頃だった。上等兵は「同地方に敵兵なし。土着人も避難しありて訊問を得ず」と、はなはだ平凡な報告する。どこか不自然だ。「それだけの事を知るのに、なぜこんなに長時間かかつたのか」と問うと、顔を見合せ黙っている。さらに鋭く問い詰めると、ようやく上等兵は口を開いた。

それによると、吉田斥候が命ぜられた無名の部落に到着したのは夜の十時頃。危険なのでまず部落の外を巡回したが、犬と豚がいるだけで人気はなかった。山田一等兵が監視をし、古田、中野両一等兵が部落に入ると、どこかで微かなうめき声が聞える。それは女の声で、ある一軒の家であることがわかった。両名は山田に連絡を取り異状なきを確かめた上で戸をこじ開けた。うめき声の主に近づき懐中電灯を照らすと、年増の女が横たわっていた。しかも腹ぼてであった。臨月の女を放って薄情にも、中国人は逃げてしまったのである。

女は勿論、斥候を見て驚いた。目を釣り上げて歯を食いしばりきりきりと鳴らした。古田は様子を知ったので帰ろうとすると、中野が可哀そうだという。今にも破裂しそうだし、そのまま放置すると母子とも死ぬかも知れぬ。古田も中野も赤ん坊のことはわからない。山田は予備役で子供がいるので、中野と交代して来させた。山田は「かかあの奴が、子を産むときに産婆のやるのを見て居た」という。

湯を沸かしてやりたいが、火を使うと敵に炎の光が漏れてあぶない。水でやることにした。そして女はとうとう破水し山田がわけなく産ませ、さっさととりあげた。水は冷たかったが支障なかった。おぎゃあという第一声が大きくて困ったが、山田は嬉しそうだった。女は黙ってされるがままにしていた。抵抗する力がないというのでなく、日本兵を信じきって、一切をゆだねるという態度だった。赤ん坊を体の側に添えてやると、母は嬉しそうにうなずいた。

交代していた中野も赤ん坊を見に来て、それから一同、引き揚げたという顚末である。「任務外の事で時間を喰つたことは良くありませんでした」と古田は謝ったが、「よし分かった」とだけ返事して、瀏は何も咎めなかった。

軍事探偵秘話

陸軍大学に学び、教育総監部に勤めたあと、齋藤瀏は特殊で困難な任務を数多くこなしている。少佐参謀として旭川第七師団に赴いたのは大正四年。シベリア出兵が七年に始まっているから、軍事探偵の命を受けて満洲を駆けずり回っていたのはその三年ほどの間のことだ。

支那東北部を流れる松花江はアムール川最大の支流である。その松花江に遠く南東から流れ込むもう一本の川がある。長白山のカルデラ湖を発して吉林省の北西に下り、長春（後の新京）の北部、飲馬河を取り込んで嫩江をも合流させている。それは満洲時代から〈第二松花江〉と呼ばれていたはずだが、瀏が重要任務の舞台として回顧録「軍事探偵挿話」（『獄中の記』追憶編）に示している〈南松花江〉も同じ河川なのだろう。

当時、南松花江の流域は日本にとってロシア防衛の第一線であった。日露戦争によって日本は長春以南の東清鉄道支線の権益を獲得し、南満洲鉄道株式会社（満鉄）を設立。長春という交通の要衝を得たが、ロシアもその近郊から北方へと鉄道をハルビンまで敷いて兵営を築いていた。

満洲駐劄《ちゅうさつ》の日本軍はこの南松花江流域の生命線を守り、ロシアの駐屯軍を駆逐して北進し、流域南岸の陣地を拡大していくという役割を担っていた。

南松花江は冬、結氷する。その時期に限り渡河できるが、季節が移ると上下流域とも困難となる。対岸には陣地を作ってロシア守備兵が配置されており、鉄道の通過点の警戒はきわめて強固である。列車には兵を乗車させ、鉄橋を通過する時などは車窓を固く閉じて走る。万一の場合、露軍はいつでも爆破できるように橋脚に装薬孔を空けておくほどの態勢を取っていた。

瀏は対露作戦の計画策定に必要な現地の調査、及びロシア軍の情報収集という大任を受けていた。具体的には南松花江の両岸の地形、河川の流れ、鉄橋施設の確認、兵力、警備情況などを偵察してくることである。

三菱物産の豆買商人に変装して遼陽を出発した彼は、「身の丈は高し、色は黒し、それに態度とて妙にゴツゴツした」あまり様にならない商人であることを自覚していた。捕らえられた時、軍事探偵の証拠となる物はいっさい身に付けてはいないが、空拳だと馬賊に対抗できない。そこで上衣の下に拳銃を忍ばせた。

現金の持ち方にも方法がある。日本円を長春の町でロシア通貨のルーブルに替えると、大金は紙に包んで無造作に上衣の内隠しに仕舞っておく。その日使うであろう分だけ出して、「一番見事な財布」に入れて歩くのである。馬賊は行く先々の街の有名な商店の店員たちと通牒している。客が買い物をするときの支払い情況をちゃんと彼らは見ている。大金が財布から見えたとなると、馬賊に知らせ、馬賊は客を襲撃するという手順である。一番見事な財布を使うのはなぜだろう。余りにみすぼらしい財布はまず大会社、三菱物産の商人が持たないからであろう。

長春の隣にある韓城子駅で切符を買って列車の二等に乗り込んだ。二等といっても日本の一等寝台のように部屋で仕切られ、中から錠がかけられ戸が開かない。仕方なく車掌に少し握らせたら、さっさと一つの車房の戸を叩いてくれた。戸が開くと、支那人が下の座席にすわっていた。したがって瀏は上の席ということになるが、向こうが話しかけてきた。「何處まで行くか」「ハルビンまで。途中豆を買ひに下車する」「急ぐのか」「急ぐ」というやりとりになり、男は「上段では窮屈だ、俺の座席を売ろうか」と言ってきた。

瀏はとっくに読んでいた。あらかじめ車掌と支那人は結託して座席をふさいでいるのだ。乗客が困惑していると、こうして座席を譲って金を取り、車掌と分け合う約束である。支那人は乗客ではなく、これが商売なのだ。

豆を買いに途中下車すると会話をしたその駅は「老哨溝」である。瀏が手記に示したこの地名は現在、簡易な地図では見つからない。長春とハルビンを結ぶ中間地点、南松花江の畔である。

老哨溝には露軍守備兵を配置した陣地があり、瀏は可能な限り調査しておかねばならなかった。夕刻に列車が到着すると、まず商人を訪ね麦や豆の相場の話をして、この町に一軒しかない理髪屋で髭を剃り、支那人の宿舎に入った。真ん中に土間を通して両側に戸のない部屋を並べた単純な間取りは一般の支那民家によくある。そこで客がわいわいと食事をしていた。瀏もそこに入り「支那酒を酌み、にんにくに生味噌をかんで大に支那通を見せびらかし、舎主とボーイにチップをはずんで翌日滞在する旨を告げた」

商人と穀物の話をし、理髪屋に行ったのはカムフラージュの意味もあるが、万が一の際の逃亡計画を立てるためだったという。町の情報や構造を頭に入れず、いきなり宿に向かったら、いざという時には動けない。瀏はすでに宿を脱走し得る方法を見つけているので、悠々と酒を飲んでいられるのだ。

夜九時頃、外が騒がしくなり主人がやってきた。ロシア兵だという。宿舎はすでに包囲されている様子だが、瀏は別に驚きもしなかった。杯を手にしていると一分隊十人くらいの兵を連れた下士官が現われた。瀏が日本人だと知ると身分、用向き、明日の行き先などを訊いた。シナリオどおり物産商人として説明をすると、「身体検査及び携帯品を調べてよいか」というので許可した。彼らは手提げカバンの隅々、洋服の裏表ポケットを全部調べたが、出てくるのは帳面など商人用の持ち物だけだった。拳銃は別のところにあらかじめ隠しておいた。瀏は主人に声をかけ、兵隊さんにあげてくれと金子を渡し、酒も一緒にやらないかと勧めた。すると、金だけは受け取り「公務がある」と酒は断って出ていった。

宿は静かになった。しかし外にある便所に向かうと、物陰にまだ監視の歩哨が潜んでいた。手洗いが戸外にあることで助かったのだ。無闇に歩きまわり探りを入れると危ない。

翌朝、主人にも確かめたが、ロシア兵は全員引き揚げていた。顔を洗ってくると告げて、歯ブラシを口に加えて外に出た。周囲を見回しても気がかりな点はない。瀏は大胆になった。歯を磨きながら南松花江畔に辿りつき、鉄橋下へと降りて行った。

この時のことを手記で、「私の頭の内、眼の働きを想像してほしい」と瀏にしてはめずらしく読者に呼びかけている。差し迫る危険を乗り越え着々と仕事をしてきた。ことに前夜からの首尾の良さはどうだ、と誇らしげな気持ちになったのかもしれない。こういう健気な表現を齋藤瀏はあまりしないのに。

前夜、ロシア兵にもう一日滞在する予定だと言ったが、午後に出発することにした。疑われていないときは大胆に行動する。これも大事な機転である。

老哨溝の停車場に着くと、駅員室がいやに賑やかだった。覗いてみると駅員とロシア兵二人が賭トランプに興じている。賭けているのは一銭二銭程度の郵券（切手）である。瀏は窓際で葉巻をくゆらし、わざと烟を部屋の中に吹き込んでやった。彼らは振り向いたが、すぐまたカードに集中した。そこで瀏は入口に廻り葉巻をくわえながらずかずかと入って行った。すると一人の兵が「煙草」と瀏に手を差し出した。隣の兵が「俺にも」とせがんだ。気前よく二人に煙草を与えると、火をつけておいしそうに吸った。

ここで瀏はもっと相手の懐に入ることにした。

「何だ、ケチな賭けだな」と聞こえよがしに言うと、ポケットから一ルーブル（留）紙幣を取り出してテーブルに投げた。「これを賭けろ」「うむ、一留だ」と、また彼らの気持ちがはずむ。そして、再び煙草を要求するので「もう煙草は切れた。売店はないのか」と聞くと、「近くにある。一緒に行こう」ということになった。ロシア兵のあとを歩きながら「何処へいくのか」と訊いてみると「酒保」だという。

駅を出て向かったのは、ロシア軍が駐屯する兵営の売店だったのだ。瀏はあきれ、かつ驚いた。しかし、こんなに巧く事が運ぶというときは却って怖いものだ。「陥穽《おとしあな》に堕ちるか」という疑念が一瞬よぎったと告白している。こいつは人のよさそうな振りをして俺を嵌めているのではないか。けれど、それは杞憂だった。道すがら、彼は世間話に乗せて兵卒としての身分を語り、兵力の配置、兵営の設備なども明かして、瀏には何の警戒心を持たなかった。酒保には酒もある。一緒に飲もうかと誘うと露兵は満足げにうなずいた。「可愛いく無邪気な露兵よ」と瀏は思った。大変な収穫の日であった。

清らかな売春婦

齋藤瀏が勉めて息まない行動家であることは、二・二六事件の前後によくその面目をほどこし知られているところである。だが、ふつう〈歌人将軍〉などという渾名で呼ばれると人々は往々にして誤解をする。歌を詠む分だけ風雅だとか無常だとか、先入見をまじえて花や名月を愛する静的な人物を頭に描くからであろう。軍事探偵に出かけた彼はこのとおり手練も使え、商人にも浪人にも遊び人にも成れるオールラウンドのプレイヤーであった。筆者はこうした芸当はどれほど偉くとも吉田松陰にはむずかしく、弟子の高杉晋作にしてようやく出来るもので、しかもこれは学んで身に付けられる才能ではないと考えることが多い。齋藤瀏には天与の応用力があったようだ。昔から「丈夫は機を知るを尊ぶ」というそれだ。

話を戻すと、瀏は兵営までずかずかと入り込んで相当な情報を入手することができた。

だが、認識は少し甘かった。調子に乗りすぎたことは確かであった。瀏と同じ任を受け敵情を探ってきた二人とも合流できたのだが、ロシアから追跡される身となったようだ。とにかく止まっていてはならない。駅に戻り今夜の汽車に乗って、ここを離れることだ。かのトランプ仲間のロシア人三人、つまり駅員も駅にいた兵も、酒保に連れだった兵隊も皆、瀏に早く逃げろと忠告してくれたのは有り難かった。勿論、金は握らせてあった。

夜汽車に乗り込めたのは幸運だったが、すべて先々の駅に通報は届いているだろう。駅で降りてはならず、逃げきるには飛び降りの一手しかない。「ロシアの常套手段の投獄、無調放置、病餓死を待つやり方が恐ろしい」と言っている。無調放置とは聞き慣れない言葉である。軍隊用語などではなく、収容所にぶち込んで何も世話をせずに囚人が弱るのを待つという行為を指すのだろう。

そんな目に遭わないために、瀏たちは列車が駅に近づき徐行しはじめると、一気に飛び降りて暗闇の畑を遮二無二に駆け抜けた。方角は線路と星座で判断するより方法はない。人家の明りが見えても安易に近づけない。しばしば振りかえって誰かが追ってきていないかと確かめねばならない。三、四里も彷徨っただろうか、腹が減って腹が減ってもう限界というところまで来た。

結局、人目を避けながら進んできたが、人が住んでいる場所に出なければ食べ物にありつけない。飢えは行動を大胆にする。三人は用心しつつも図太くなって住居の灯が点々と見える集落に出た。周囲は荒野が広がっているが、駅にも近い距離に二、三十軒の民家があった。息をひそめて一軒の土塀の蔭に身を寄せると家の中から女の声が聞こえる。支那語であった。三人はどっかと腰を下ろし会話に耳を傾けていた。すると、日本語が聞こえた。空耳かと思って耳を澄ませたが、やはり日本語である。次いで朝鮮語も聞こえた。思うに彼女たちは、互いに異国人と自国語を融通しながら器用な会話を成り立たせているのだ。

「どうする」とわが方の一人が言った。姿を見せて食料をねだってみるかどうか。こんなに流暢に国語を織りまぜてしゃべるのは日本人だ。しかし、支那人、朝鮮人と一緒にロシアの勢力下で生活している人間を信用していいのか、瀏たちは逡巡した。

こうしていても仕方がない、一か八か当たって砕けることにした。ただし大事を取って拳銃に手をかけておく。ロシア語が堪能な一人が土塀の外から声をかけると、「なに？」とロシア語で返してきた。声はさっきの日本語の女だ。「姉さん、姉さんは日本人でしょう」と、今度は日本語で言うと、相手は黙ってしまった。明らかに驚いて疑っているのだ。押し入ることを強行するしかないと思ったが、まずは正直に掛け合うのがよいと判断し、こう語りかけた。

「姉さん、ちよつと日本人の姉さんなら頼みがあるんだ」。これで空気が変わり、彼女が窓辺に寄ってきた。警戒はしている様子だが「どうしたの」と冷静に応じてくれた。瀏はロシア兵に追われていること、飲まず喰わずで逃亡していることを説明した。すると、戸惑いながらも、家屋の隣にある物置小屋の存在を低い声で教えてくれた。しかし一切人に見られてはいけない、わずか目と鼻の先の小屋に入るまで三十分以上かかった。

ここは朝鮮人が経営する主にロシア人、支那人客相手の飲み屋だということがわかった。女はいつものように自然に振る舞い、外の空気を吸ってくるという動作で出たのだろう。暗がりで黙って小屋に導き、黙って帰っていった。もし、彼女が密告したら終わりである。瀏は何とも言えぬ気持ちだった。疑ってはならない、疑わなくてはならない、いや運命にまかせるしかない。最悪の瞬間が来れば拳銃で逃げ道を切り拓く。光のない小屋でその準備だけはしていた。

また三十分が経った。女がやってきた。鶏のもも肉を焼いたもの、卵三個を黙って置いていった。顔もわからない、年齢もわからない、有り難くて涙がこぼれた。礼を言いたいが、他の店員に露顕して経営者の朝鮮人の耳に届けば彼女も無事ではいられない。セオリーからすると、夜が明ける前に人里離れた森か墓場に行って隠れることが上策だ。とくに平坦な地形ではそうした場所を選べと研究書などの上でも教えている。そろそろ動こうというときに、騒がしい人声がした。

ロシア語である。複数の男女の声も聞こえる。捜索の手が回ったのだろうか。今はなおさら行動してはならない。息を押し殺して小屋で身を縮めていると、やがて男たちの声がしなくなった。一時間ほどして足音がした。彼女であった。

戸口で深呼吸して語るには、さっき声がしたのは、駅長の案内でやってきたロシアの守備兵で、この辺に三人の日本人が逃げてきたはずだが見なかったかと訊いてきた。三人はスパイの疑いがあり必死で追っているようだと。そして、念を押すように「貴方がたは、日本の軍人ですか」と聞いた。

ここまで来れば彼女に隠しても仕方がない。「そうだ」と答えた。

彼女はさらに続けた。ロシア兵はあなたたちがこの村から外にまだ逃れていないと踏んでいること、日本人のお前が匿《かくま》っているのではないかと詰問されたこと、もしそうなら「お前の命はないぞ」と言われたこと、朝鮮人のオーナーも彼女を少し疑ってかかっていることなどを打ち明けた。そして、こんなふうなことも語った。「私は運がいい。駅長さんに可愛がられて居たのです。取りなしてくれたお蔭で兵隊は引き揚げていつた。でも油断はなりません」と。動揺を抑えて応対していたが、「踏み込んで捜されたらどうしよう」と心配していた。

瀏は何度も「有難う」と返事した。ロシア兵もしばらくしたら探しあぐねて兵営に引き返すだろう。それを見計らって他へ逃げてください、と彼女は言った。

実を言うと、齋藤瀏が〈探偵秘話〉を残した意義は、満洲の片田舎にひっそり生きていたこの日本人女性の〈無垢〉に触れたということに尽きるのである。瀏は感動していた。時を置かず立ち去らねばならない自分の境遇を少しだけ恨んだであろう。おそらく廉潔とか可憐とか恬淡とか、いずれも目前の彼女に当て嵌まる何かに揺さぶられて一種の慕情を抱いたのだ。恋というのならば、齋藤瀏は恋をしたのだろう。行きずりの日本人というほかは名も来し方も知らない女に瀏は心が洗われ胸が締めつけられたのだ。

いわゆる彼女は酌婦であった。魂の清らかな売春婦であった。それだけでもう詩人がうろたえる存在として十分であった。このときのゴツゴツした文章は見事に下手である。

誠意がこもつて居た。これは北満流浪の賣笑婦であると嘲を以ては見られぬ。否なかうした理智的な反省でなく、わが生命を救つて呉れた人と言ふ功利的な立場でなく、お國の軍事探偵と言ふ祖國愛から吾等を憐んで呉れたと思ふ時、尊敬の念さへ起つたのだ。

私が若干金を摑み出して彼の女に渡さうとしたが、彼女は直に之を拒絶した。

大切な任務を以てお働きになる方だ、その軍用金の一部でも受け取れぬと言ふのだ。然し金の他に私の心をあらわすべく、彼女に贈る何物もなかつた。


瀏はこの旅で仕事の妨げになる物は携帯していなかった。探偵としても商人としても不似合いな歌集一冊は持っていた。敬愛する歌人宇都野研から贈られた『十姉妹』だった。緊張が避けられぬ行動の中で心癒せる慰め品であった。その一冊を彼女に贈ることにした。

瀏は暗がりから気持ちを伝えた。好意に報いる物が一つもないがこの歌集を受け取ってほしい、と。本の著者から糸を手繰れば自分の所在や本名もわかる。また他日、機会を得てここに来る、名は何というのだ、今の境遇から貴方を救いたいと。

彼女はそれには黙って答えなかった。が、「私はかうした淪落の女です。御縁がありましたらまたお眼にかかります。お気をつけてお國のために……」と静かに、しっかりとした口調で返事をした。

瀏は手記に自分のことを「泣いて居たかも知れぬ」と書いている。こうして恩人の顔も知らず、名前も知らずに物置小屋を後にしたのである。

瀏はその後、シベリア出兵の計画を策定し貨車数十台の炊事設備を整えるなどしていたが、中佐昇進が決まり日本の留守師団に帰らなくてはならなくなった。彼女のことは満洲に残った友人に頼み、もし新天地を望むのなら相談に乗ってやり救出するようにと含んでおいたが、その後、北満一帯は混乱の地となり、彼女の消息はわからなくなったと連絡があった。

「異境、荒涼たる一寒驛に在つて、祖國愛から私を救つて呉れた淪落の日本の娘よ。私はその顔も名も知らぬのだ」と瀏は書いたが、生涯に何度か胸の中で呼びかけたことであろう。

軍隊の夜逃げ

大正九年三月に起きた尼港《にこう》事件は、きわめて残酷な住民虐殺事件であった。ボリシェビキによるソビエト政権樹立から三年、アムール川河口のニコライエフスク（日本語表記で尼港）を赤軍パルチザンに襲撃され占領していた日本軍が降伏、将兵、居留民が捕虜になった。約三か月にわたって住民に対する略奪、処刑を行ったが、日本軍守備隊が決起すると将兵三百五十人、居留民三百八十人を殺し、町を焼き払って逃走した。殺害された住民は総人口の半分の六千人にのぼる。

ソビエト政府は事件責任者を死刑にし事件とは無関係であることを表明したので、日本政府は北樺太を保障占領した。虐殺に対する日本の憤りは強く、シベリア出兵を長引かせた。

齋藤瀏は四年から中佐として旭川師団の参謀職に就いていた。露西亜沿海州、北樺太地域の不穏な空気は十分、把握していた。事件前のある冬の日の午前二時に樺太尼港出兵の命令が下された。

こうした状況での瀏の任務は、少佐参謀と共にまず命令に基づいて処置すべき概要を決定し、夜明けまでに出動に関する編成の大要を定めて、早朝に各部隊に伝達するというものである。尼港に向けて出動するには小樽港が起点となるので、「何月何日何時までに小樽にかくなる支隊を編成し集合すべし」という指示となり、そこまでで初動の任務は一区切り。その後の行動については「追って訓令する」という具合になる。

旭川地方の未明の気温は零下十数度。尼港付近の海面は凍っていようし、作戦地も雪におおわれているはず。そこで支隊は橇《そり》を五百基、馬五百頭のほか、結氷や積雪環境に応じた器材の準備もしなければならなかった。瀏と少佐参謀は小樽までの輸送を受け持ち、列車の編成及び、人馬の給養（生存に必要な物資の供給）に関して手配した。全ては首尾よく整い編成支隊は続々と小樽に集結し、また馬も小樽海岸の埋め立て地につなぎ留めた。あとは器材を運び支隊と馬が乗船するだけである。

これほどの規模の出兵はあまりないので、市議会や市民が協力し小樽市をあげて部隊を歓待した。将兵はこの夜、一般市民の家に割り当てられ宿泊。海軍の運送船、護送船も到着した。瀏は師団長から命を受けて市内のホテルに宿泊が決まり、参謀本部の外山中佐も派遣されてきた。命令を待つばかりである。

ところが、朝になると様子がおかしい。やがて届いた電報は「別命あるまで乗船を見合はすべし」というものであった。

一同、唖然として声が出なくなった。何があったのか、外山中佐もさっぱり訳がわからないという顔である。当然、彼は参謀本部に具申したけれども返事はない。

さすがに瀏は困った。今さら小樽市民に「中止になりました」などと発表することはできない。外山中佐も本部に対し、「一度は乗船させせなければ収まりがつかない」と電報で掛け合うと「乗船は止むを得ざるも出帆は許さず」と返電してきた。

命令が全てである。軍隊はその背景にある事情を細々と説明しない。「俺たちも出兵させたいのはやまやまだが、上陸予定の地では現在、こんな難問があるので……」などと言わない。それは当然だとして、瀏も外山中佐も困り果てた。

「斯うなつては仕方がない。と云つてあの騒ぎを乗船までした部隊が晝日中小樽市民の眼の前で上陸し、衛戍地へ歸還するなど眞平だと部隊長が駄々をこねる。殊に驛へでも送りに來られてはたまらぬ。何とかしろと私に無理を言ふ」

何とかしろといわれて、何ができるものか。しかし、齋藤瀏はこういう時は存外に頼もしい。万策尽きているが窮余の一策があった。それは大いなる方便というべきか、芝居を打つことだった。それをやる以外に体面を保つ術はなかった。夜逃げである。

瀏は札幌の鉄道局に相談して大部隊の将兵が乗れる列車を手配。夜更けを待って、暗闇のうちに乗船していた部隊を上陸させ、整然としかも静かに列車に乗り込ませて去らせた。穏やかな天気にも助けられて、大規模な撤退行動は滞りなく進められ、「夜が明けた時、小樽市の海面にも市内にも軍隊の影はなかつた」というほどの手際であった。

困ったのは軍馬の処理である。できるだけ元の持ち主に返すことにしたが、無理をいって供与してもらった五百頭。買上げ時の値段の二割引で引きとってもらった。しかし、五百基の橇はもう雪解けの季節も近くなり買い手がなかなかつかない。仕方なく旭川に持ち帰り、次の冬のために保管した。

尼港への出兵はしかし、同様の手筈で再び命令が下り実施されている。陸大同期の多門二郎が支隊長として救援を果たした。

齋藤瀏を買収しにきた支那軍

話は前後するが、これはまだ済南事件が勃発する前のことである。

当時、北軍の張作霖にとって、齋藤瀏率いる日本軍が済南で頑張ってくれることは朗報であった。なぜなら南軍、蒋介石の北上を阻害してくれる大きな壁となるからだ。だが、もしも日本軍が蒋介石と親しくなれば北軍はいっぺんに不利になる。この心配は南軍とても同じことで、日本軍が張作霖を助けたなら蒋介石は北伐などとは言っていられない。

それぞれの運命を左右する要に齋藤司令官がどっしりと座っていた。となれば、策謀を本能的に身に付けた支那人のやることは決まっている。司令官の意向を探り、司令官に取り入って、自軍に有利となるよう日本軍を操ることである。

北軍、南軍の交渉役が入れ替わり立ち代わり瀏に面会を求めてきた。

まず南軍の交渉使の一人がやってきては、「わが軍は居留民に危害を加へたりしない。兵を引き揚げたらどうか」と言う。「加へぬのが当然である。しかし、過去の事実をみても信用できぬ。よってあらかじめ出動して事なきを期したのだ」と瀏は答えた。

これに対する相手の反論が面白い。

「それは嘘だらう。済南居住の日本人には子供婦人も老者病者もある。この生命を守る為めに男子の而も働き盛りの若者を犠牲にする。そんな馬鹿な不利なことをやる筈がない。土地を占領に來たのだらう。これだけの軍隊を動かすには多大の経費を要する。そんな経費を遣ひ、護る価値のない者の生命を護るなんて信じられることでない。収支が償はぬ」

　子供や女性、老人や病人を、若い青年が命懸けで守ってやろうとすること自体がおかしい、馬鹿げた考えだというのである。支那人である。土地がもらえたり財宝を手にしたりするのであれば理解できるがと、いみじくもこれは支那人の本音である。

「思ふのは勝手だ。目的は在留邦人生命保護より他にない」と瀏は返してやったが、相手は信じなかっただろう。九十年前の昭和初期の話ではあるが、現在の中国人はどうであろう。さして変わらぬ他者の生命軽視は受け継いでいるのではないか。

　また或るときには、蒋介石の意を受けた交渉使というのが会いにきた。彼の場合は半分脅しを入れてきて、「南軍は数十万の大軍だ。日本軍は強く武器が精鋭だと言つても二千を越えぬやうだ。勝敗は失禮だが判つて居る」と言った。今のところ、日本軍を敵とする気はない、だから早く撤退したほうが身のためだというのだ。

　瀏にはちっとも効かない。たとえ二千でも日本軍は負けはしない、五月蠅いからさっさと帰れと促した。すると、日本軍は張作霖を援助するつもりだろうと疑ってかかる。日本軍はどちらにも与しない。しかし南でも北でも日本人に危害を加えたときは徹底的に膺懲《ようちょう》するから、と覚悟を言い渡しておいた。

蒋介石の使いはにわかに慇懃になった。

「南軍は此處を通過しなければ北伐実施が困難だ。吾々は速に北伐を完成し、支那を統一し、日支親善の上、東亜の平和を実現したい。それが為めには日本軍は我々を援助しこの理想を實現させて欲しい。是が又日本の求むる日支親善であり、東洋の平和である」

随分と立派な口上をしてくれた。だが、次がいけない。

「蒋介石は是が為めに必要の經費を準備して居る。日本軍がこの日支親善に努力し北伐の完成を速進（ママ）させ尚ほかうした方面へ國論を導くに必要となれば五十萬百萬の金は貴下の使用に供する。是は私が責任を以て申し上げる」

この手の話をするために、蒋介石側からも張作霖側からも頻繁に面会希望者が現われた。しかし、さすがに澀は心得ていて「この中には本物と思はれるものもあるが、私設交渉使もある」ことを明かしている。私設交渉使とはいわゆるブローカーである。手順としては、まず日本軍に交渉に行く。金額を提示して話がつけば、それを蒋介石、または張作霖に売りに行く。マージンを上乗せしておいて鞘を取ればいい儲けになる。

だいたい、引っ掛かるほうが馬鹿なのだと澀は書いているが、その頃の支那では「常用の手段で弾丸に代ふるこの金銭を以て敵軍を買収するを、孫子の兵法ではないが戦はずして、勝つ上の上策とされて、盛に行はれて居た」とも記している。それにしても、買収交渉の話に出てくる金額は、すなわち齋藤澀の首にかけられた賞金の値段である。五十万円とか百万円とか言われて「少し安價すぎるやうだ」と瀏は寂しく、少し腹立たしく思ったにちがいない。

済南へ出動を命ず

昭和三年五月の済南事件は、支那と関わって日本が災厄をこうむった悩ましい事件の一つである。その困難に対処した齋藤瀏は他の将官と共に待命となり軍職を解かれることになったが、青年将校はいたく憤激し、処断をした軍を恨んだ。降格解任処分は政党政治家、政権に色気のある高級軍人、陸軍の朋党的派閥の産物である。本来、責を負うべき人間が痛痒を感ぜず、外地の日本人保護のために戦った指揮官らを裁断したことは、やはり禍根となった。

済南事件がどのようにむずかしい事件であったのか、ざっと検証してみる。

山東省の済南は黄河流域の交通の要衝に当たる中心都市であり、古い史跡は殷の頃からのものである。昭和三年当時、国民革命軍を率いていた蒋介石の目標は、一日でも早く北伐を完成させることであった。しかし彼らは約一年前、南京に入城した際に、日本をはじめ各国領事館や居留地を襲撃し、多大な犠牲を出している。このままでは彼らの進軍の通路となる済南でも同様の襲撃事件が発生し、兵士や中国人による掠奪、暴行は避けられない。日本は居留民の保護を理由として、四月下旬に山東省出兵（第二次）に踏み切ったのである。

出動を命じられたのは熊本第六師団で、第十一旅団長の齋藤瀏は主力部隊に先んじて済南に乗り込むことになった。兵力は平時の編成に準じており、一中隊が百十数名、一大隊は三中隊、一連隊は二大隊と大きくはない。加えて一大隊は離れて博山に分駐した。ただし小泉中佐が率いる天津駐屯軍の四中隊大隊が指揮下に入り、混成旅団が結成された。齋藤瀏はこの旅団を指揮する現地の警備司令官である。

福田彦助師団長率いる第六師団の主力は、北軍に肩入れしているという誤解をさけるため青島に留まっていたが、南軍が鉄道や電線を破壊しながら進んだことから青島を出発し、五月二日午前には済南に到着した。齋藤瀏の部隊と併せて日本軍は三千五百名の兵力となった。

危機が迫っていても、議会では状況を理解する素地を欠いた議論が行われていた。「日本のこの出兵は日本國内に於てさへ賛否區々で、政黨でも、民政黨は之を絶對に否とし、政友會は之を可とする」（「支那軍が私を買ひに來た話」）という具合でまったく分裂していた。世論に出兵やむなしという声は強まっていたが、主要新聞は内政干渉を心配する社説を書いたりしていた。ちなみに前年の南京事件の時も、政府は邦人救出や保護には消極的で〈幣原外交の軟弱〉をひどく糾弾されていたはずであった。

齋藤司令官が「臨時済南派遣隊警備計画」を作成し、これに基づいて居留民保護に乗り出したのは四月二十一日。現状を精察して一週間後には修正を加えた。まず、東西に分かれた商埠《しようふ》地《ち》全域を警備区域としていたが、対象を商埠地の八割に縮小。その代わり歩哨線を守備区域として拡大し、このエリア内へは南軍、北軍とも支那軍兵士の進入は禁止とした。商埠地というのは、日本では聞き慣れないが、清国が交易の利便を考慮し外国人居留地として開放してきた地域である。

ちょうどその頃に北軍退却兵が商埠地内外を通過していたし、南から蒋介石の国民革命軍（南軍）が迫ってきていた。齋藤司令官が命じていた守備区域の工事、すなわち土嚢、散兵壕《さんぺいごう》、拒《きょ》馬《ば》、鉄条網などの設置は二十九日に取り掛かり、すみやかに整備された。

異変が起きたのは五月一日である。

北軍がいなくなり南軍が入城すると、市街に青天白日旗がいっせいに掲げられ、電柱に「国民政府万歳、歓迎蒋介石総司令」などの宣伝ビラがべたべたと貼られた。これらは「支那人一流の勢力迎合主義によるのは勿論だが、早く既に済南に入り込んだ蒋軍便衣の政治工作部隊が市民を脅迫し、強要し」て行われたパフォーマンスであった。

南軍はしばらく済南城を包囲する態勢でいた。司令官は彼らにあらかじめ警告していた。「支那軍が旧城内に入ることは日本軍の関知するところではないが、商埠地の警備線の外を通過することを要す。また警備区内に進入した場合は、日本軍は本来の任務に基づき断固、行動する」。したがって彼らは商埠地を避けるようにして東・西・南の各方面から続々と入城した。その数は十万にのぼったが、まだ静穏であった。蒋介石はその日の夜になって済南城に入り旧督弁公署に落ち着いた。

五月三日午前九時半には、西田畊一済南総領事代理が連絡将校の佐々木到一中佐の案内で蒋介石を公署に訪ねている。日本に留学したことがあり齋藤瀏の旧知でもある黄郛外交部長らも同席していた。西田は山東出兵の趣意をくわしく説明し、派遣軍警備の実情を伝えた。これまでのところ日支双方は互いに理解を深め、意思疎通を欠くところはなく、心配される暴行や略奪なども起きてはいないと語ると、南軍の幹部たちも安心して聞き入れ互いに喜び合ったという。

蒋介石もすこぶる打ち解けた様子で歓談を続けた。自ら構想する政府の要職に側近の誰を任命し、何を任せていくかといったことを包まずに披露した。また軍事部に関しては時を移さずに北伐に向かわなくてはならないので、日本とは益々親密でありたいと語り、政治委員を福田師団長に会わせてやってほしいと要望した。

同じ頃、齋藤司令官は済南に到着したばかりの福田師団長に状況経過を報告し、現地視察も終えて、領事館で西田の帰りを待っていた。そのときであった。商埠地の東部に突如、銃声が響いたのである。一発、二発、三発というようにまばらだったが、その後は豆を煎るごとく激しくなり、銃撃の範囲もさらに広がるように思われた。時計の針は十時を指していた。

不穏な銃撃やまず

激しく鳴った電話は天津大隊からの報告だった。

「只今南軍（蒋軍）暴兵が麟祥門外邦人家屋を掠奪し、之を制止せんとする日本兵に対して發砲し、救援に赴いた小隊を包囲したので目下我部隊に於て武装解除を強行中……」

その間に商埠地東部はほとんど銃声に満たされてしまった。別の小隊からは「わが警備部隊の寡少なるを見て至るところで攻撃を始めた」という報告も届いた。瀏は椅子を立って副官に「命令受領者集まれ」と号令をかけさせた。鎮圧にかかる瞬間であった。

以上が、済南事件の発火点に至る経緯ではあるが、すでに不審な点が多々あった。その疑問は、収束を見るまでの派遣部隊の相当な忍耐と果敢な戦いを紹介してから投げかけたい。

ところで西田領事代理は、蒋介石との会談を終えて帰途、城門付近で銃声を車中で聞き、弾丸が自動車をかすめる市街戦の中を疾走してきた。領事館に帰るやいなや、たった今会ったばかりの蒋介石の軍幹部に電話し、射撃を停めさせるよう訴えた。

先に撃ってきた側がなおも射撃を続けている。撃たれた側の日本軍から「我が方は撃ちませぬ」ということにはならない。「断固、行動する」と司令官は南軍に告げてある。

しかしながら、停戦はすべての下士兵卒まで徹底させてはじめて停戦である。

瀏は書いている。「この停戦は蒋軍側に於て徹底せず、従つて我のみ戦闘を中止することは出来ぬので依然各處に激戦を續けた」。師団では南軍の政府戦地委員会参議とかいう肩書の康明震を呼んで、蒋介石に射撃中止命令が不徹底であることを通報させた。同時に、あらゆる方法を講じて停戦の実をあげるべく努力をした。しかし、支那軍は一向に我が軍を射撃することをやめないので、「師団の命令で更に威力掃蕩《そうとう》に従つた」と瀏は述べている。反撃はまだゆるめなかった。

ようやく午後七時に至って蒋介石が動き出した。西田領事代理に申し入れがあり、南軍主席参謀の熊式輝を派遣して交渉に当たらせるので、師団もこれに応えてほしいというものである。師団長は黒田参謀長を代表として交渉に応じる旨を伝え、両代表は商埠地で会談することが決まった。交渉は午後十一時から四日午前一時にかけて行われ協定は成立した。

だが、平服を着て攪乱する便衣兵や民家に潜伏した支那軍は、その後も日本軍に対する銃撃をやめず、四日午後まで不穏な状況が続いた。

蒋介石はこの衝突前後にどのように振る舞っていたのか。東部で銃声が聞こえるまでは、領事代理が督弁公署で会談しており、『昭和三年支那事変出兵史』（参謀本部編）などでは仲介した佐々木中佐のほか、小泉中佐、酒井少佐、河野参謀なども同席していたとされる。前述のように友好的な会見に終始しており、領事代理も帰り道に銃撃を受けるなど予想もしていなかった。

西田領事代理を送り出して後、蒋介石は、商埠地のまばらな銃声から両軍の銃撃戦に広がり日本軍が攻撃に移った、という報告を受けて愕然としていたらしい。しばらくして日本軍の砲弾が公署に落下し始めると、「周章狼狽、その椅子に安んじて居れず、何か頻りに室内を歩き廻つてつぶやいた」というのは、蒋介石の左右にある劉の友人の目撃談である。

蒋は叫んだという。「日本軍が本気で起ったら、最早や、北伐は挫折し革命遂行も不可能だ。早く日本軍に何とかしてその攻撃を中止させよ、之は不取敢《とりあへず》、日本軍と交渉するのだ」。劉は支那軍を撃退してからこの督弁公署の被弾跡を見に行った。友人が報告したとおり、屋根には大きな穴が開いて床には土砂や瓦の破片が散乱していた。劉の指揮下にあった砲兵中隊が落としたものだった。

蒋介石はその後、便衣に姿を変えて済南城を抜け出し、南方山地を奉安に逃げたというが、日本軍には行方を伏せている。

劉のいう〈蒋介石の左右にある友人〉が誰を指すのかわからないが、蒋介石に常に密着していた南京政府顧問の佐々木到一中佐であろうか。当日、督弁公署にいた一人だが、佐々木のようなほぼ支那人の思考を持つ蒋崇拝者が齋藤瀏の友人であるとは思えない。目撃者が誰であるかは、さほど意味はないが、友人というから気になったのである。

衝突はいったん回避されたが軍事当局の交渉は決裂し、五月八日早朝に日本軍は済南城攻撃を開始し、十一日には済南を占領した。日本軍はさらに増派を決定し、翌年の昭和四年三月の合意に到るまで駐留した。蒋介石の南軍が済南を抜け出せたのは、師団が安全地帯と避難路を指定していたからである。

参謀本部によると、日本人居留民十二名（男性十名、女子二名）が死亡。負傷者三十から四十名、掠奪被害百三十六戸、被害人員は合計四百名にのぼる。また日本軍の死者は二十六名、負傷者は百五十七名という数字が発表されている。

掠奪と凌辱

殺された民間人の姿は描写するのも厭わしい。外務省公電には「腹部内臓全部露出せるもの、女の陰部に割木を挿し込みたるもの、顔面上部を切り落としたるもの、右耳を切り落とされ左頬より右後頭部に貫通突傷あり」などという報告がありもっと詳細な惨殺記録も残っているが、酸鼻の極みというほかはない。

齋藤司令官が検分した被害も相当に残酷である。

「済南での實例は殊にひどい、その家の使用ボーイと家主とが先立ちで蒋軍の部隊を誘導して闖入《ちんにゅう》し、家内の目星き物を悉く掠奪した上、病臥中の妻女のたぶさを摑んで引き起し、衣類から腰巻までも引き剥いで素裸とし、周圍を取捲きよつてたかつて蹴る擲《なぐ》る。そして今度は之を裏の納屋へ擔ぎ込み凌辱を恣《ほしいまま》にし、人事不省に陥らせた上、之を殺して仕舞つたのだ」

瀏の知っている別の支那軍隊では、兵士の給料が上官から常に天引きされていた。天引きというと、ふつう一定の額を引いて本人のために貯金してやるというようなときに使うが、彼らのはピンハネである。ひどいのになると数か月間給料を渡さないことがある。「こんな軍隊でも兵の逃亡を防ぐ為めに食料だけは給した。多くは支那パンであつた。（略）これをむしゃくく食つて居た。それでも食ひはぐれぬので軍隊を逃げぬらしいが、一方、兵士には前に言つた役得があつて甘く行けば掠奪が出來、無銭飲食が出來、そして又婦女の凌辱も出來る」というもので、彼らには何の良心の呵責もない。

戦争の悲惨さを語り継ぐことが大切だという人がたくさんいるが、そんなものはだめだ。この世には、地上には、凌辱ということがあるのだ、ということを語り継ぐ大切さを筆者は思う。総じて日本人は凌辱というものを知らない。よって、それをしてきた近隣の人間たちにすり替えられ、覆い被せられ、発明せられた濡れ衣事件によって責め立てられて、呆然と立ち尽くすのだと思っている。瀏が〈役得〉と言っているように凌辱は彼らの楽しみなのだ。

事件のあらすじは、齋藤司令官に入った天津大隊からの報告がほぼ正しく、南軍正規の兵士数十人がまず、麟祥門外の日本人の家を襲撃し掠奪したのである。家は邦人紙販売店で主人が暴行され、通報を受けて駆けつけた巡査にも暴行したため、日本軍数十名が現場に急行。兵舎に逃走した掠奪兵を追跡すると、南軍の歩哨が発砲したためこれを射殺して戦闘となったという経緯である。こうして掠奪、暴行は一気に市中全体に広がった。

しかしながら、掠奪行為は一部の支那兵士の衝動的犯意によるものではなく、午前十時を期していっせいに始まっていること、日本人だけに掠奪被害が及んでいること、南軍の小隊にまで手榴弾が配られていることなどから、組織的で計画的な掠奪、暴行、殺戮行為であったと第六師団は確信している。加えて前年の南京事件を煽動した賀燿組の第四十軍が済南に入っていた事実を知りながら、日本軍が警戒を怠ったという指摘もある。

蒋介石はすべてこの策謀を知悉していたかというと、それはわからない。南軍には親日的心情の将校もいれば、排日的意識を根強く抱く将校もいる。共産主義者も混合していて、高級将校の命令にしたがわない中級以下の兵卒もあるという。精鋭であっても日本軍はわずか三千数百人の兵力。その十倍の兵力をもって北進する南軍が、少々手荒いことをしても、総力で反撃してはこないだろうと判断して仕掛けた可能性もある。

中国側の資料では、南軍兵士と支那民間人に死者三千人から六千人、負傷者千四百人から千七百人の被害が出たとされている。が、日本の研究家の見解では、支那人の軍民死者は三千六百人、また負傷者は千四百人から二千四百人という数字になっている。

戦闘で旧山東交渉公署の蔡特派交渉員ら十六人が死亡したことを非難し、支那側はこれを「無抵抗の外交官殺害」であると国際社会に宣伝したが、南軍正規兵、便衣兵との銃撃戦で流れ弾に当たったにすぎないという事実を齋藤瀏司令官は明らかにしている。

第三章　日本の晩鐘が聞こえる

陸軍部内の軋轢

回顧録『二・二六』で「陸軍部内の派閥」という一項を設けている。齋藤瀏が書きたかったのは陸軍組織に生じたやっかいな対立についてである。

「陸軍部内青年将校中、國家改造を念願し希求する者が、経歴や職務や、感情などが錯綜して漸次分裂し離反し、そして派閥的對立にまで発展したことは、心あるものを嘆かせた」と告白している。分裂の要因は一つや二つではなかったということである。

如何なる時代、如何なる組織においても、必ず付きまとうのが人間集団の葛藤にちがいないが、危急存亡の秋を迎えようとする時世の、陸軍内部の乱れと不一致は、国難に対して立ち向かう力を削ぐどころか、国難を深めて針路を狂わせる。

瀏は芳しくない現実も、それを直視しようという忍耐と冷静は携えていた。加えて現状の不備は何処にその原因が存するのか、徹底して遠因近因を含めて分析しようとする人間であった。高級指揮官たりうる軍人なら当たり前ではないかと言われるかもしれないが、その明哲と忍耐とを誰もが兼ね備えていたら苦労はないのだ。また厳密にいえば、知恵や才能も学んで身に付くものと、学んでも身に付けられないものとが、この世にはある。

国家改造を念願とするものたちが陸軍部内で軋轢を生んでいる。その原因というのは実は意外ではない、何處にでもありがちな人間の倨傲や憎悪からも発しているのであった。些事とも言えるが瀏はそれを気にかけていた。

「從來、陸軍大学出身者と、然らざるものとは、そこにしつくり行かぬ點があつた。殊に陸大出は多く陸軍省とか参謀本部とか、教育総監部とかに勤務し、地方に於ても師団参謀といつた要職を奉じ、偶々《たまたま》隊附となつても多くは二三年の後、更に要職に転じたのに、然らざるものは、殆ど隊附として終始した。従つて世間も陸大出を見て優秀将校とし、隊附の将校を軽蔑する観があつた」

士官学校と陸軍大学校は、もとより養成しようとする軍人の職能が異なる。差異はあってよい。しかし、対他的自負や倨傲はどのような組織も硬直化させてきた。

「胸に陸大出の徽章を附し、金モールの装緒をかけて、肥馬を驅る颯爽たる風姿と、背に背嚢を負ひ、塵埃を被り、汗にまみれて下士兵卒と、山野にあへぐ風姿とは外觀からも優劣の觀を明にした。それに何よりも陸大出の将校には自負自任があり、矜持があつた。殊に職務が、この隊附将校を指導する如き性質であり関係で、そこに、隊附将校から見れば、尊傲にも感じられて不快を覚えしめた」

〈天保銭組〉がプライドを持つこと自体、文句をいわれる筋合いはない。プライドに見合うだけ責任を負う。隊附将校にも誇りがある。使命・職務が違うのである。国情の実際をつぶさに、しかも体験的に把握しているのは高級将校ではなく隊附将校の青年たちであると言ってよかった。何よりも彼ら自身の多くが地方の農村の子弟であり、中小商工業の子弟であった。そのうえ各地の演習行軍で人々の生活状況、経済的苦難を肌で感じている。演習の日程に織り込まれる民家宿泊では、割引のない地方の実情を農民、商工業経営者から聞かされ、「悲憤の涙をしぼらされて」帰ってくるという経験をしてきた。そのため「何とかせねばならない」という危機意識と焦燥感はおのずと隊附将校の間に高まるのであった。その思考は現状打破的であり、生活救済的であった。

一方、陸軍大学出の将校はその多くが幕僚であり、幕僚的思考の方法をたどる。瀏の言葉をなぞれば「その中の高級者は、実務の中枢をなして居る。その掌る所は多くは指導的性格のものであり、接する所は高く廣い。從つて、國家革新を考へ、政治の方面に及ぶと、そこに俺にやらせたらと言ふ心持が起る。かうして幕僚将校の國家革新には、政治掌握欲望が混入する」ということになる。

瀏のいう「俺にやらせたら」が人間社会の永遠の弊であろう。この心理が無くなるわけはない。

陸大出身を全員一括りにして人間評価をするのは妥当とは言えない。が、国防に指導的役割を担っているという自負から導かれるものがある。高級幕僚が抱く〈政治掌握欲〉というやつで、注目しておく必要はある。欲望をもって策を弄する者も現れるので〈政権欲策謀〉という言葉を瀏は使っているが、そのような宰相が実際に存在したわけだ。

山県有朋や桂太郎は「軍人でなくても総理大臣たる人」とこの二人は別格にしている。しかし、田中義一大将は政権欲策謀の成功の結果、首相になった典型であるというのだ。この長州軍閥の重鎮は輝かしい戦歴を背にしてタカ派的政策を緩めなかった。張作霖爆殺事件で天皇に叱責されて辞任し、まもなく死去した。二年三か月の田中内閣の遺産は大きかった。負の方である。政治評論家の馬場恒吾は「田中義一の死と政界」の中でこう書いた。

「田中には政策はなかった。口でこそ国家のためにおおいに経綸を行わんといっていたが、実は政策はどちらでもよかった。張作霖でも蒋介石でもよかった。地租を委譲しても、しなくてもよかった。金解禁はしても、しなくてもよかった。彼の目的は堂々、天下の権を握つているということにあった。そして死ぬる間際まで、捲土重来をいっていたところをみると、彼自身はまだ功名の夢が醒めなかったか。あるいは醒めても、その境遇から抜けるに抜けられない事情があったかである」（『文藝春秋』昭和九年四月十一日号）

山梨半造大将も不成功に終わったが政権欲的策謀で宰相をめざした人物であった。ちなみに山梨の場合、田中義一の後押しがなければ地位を築けなかった。朝鮮総督に就任してまもなく、米穀商が京城に取引所を開設しようと、山梨の側近を通じて賄賂を贈った総督府疑獄が起きている。商人と側近が有罪、山梨は無罪だったが、他にも横領・汚職事件が付きまとい、陸軍大臣としては大正末期に〝山梨軍縮〟と呼ばれる二度の軍備縮小を行って、何に貢献したのかわからない軍人であった。

時代が下って、瀏が現前に見た宇垣一成大将などはまるまるこの策謀の士であり、「あまりにも明にこれなど幕僚将校の眼に映つて居」たと言い、士官学校時代の教官、南次郎大将も策謀を貯えて地位に昇ったことは、皆知るところであったと言っている。

先入見のない瀏であったから、敢えて悪印象の人を挙げたというわけではなく思ったままの人物評であろう。特に宇垣については二・二六事件に至るいくつかの局面をふりかえってみたとき、幕開けに登場すべき重要な配役の一人である。瀏は〈宇垣一成観〉も綴っているので後述することになる。

堕ちた政党政治家の信頼

政権掌握の欲望というと、古今を通じて変わらぬ権謀と野心のせめぎあう舞台に、軍人があらぬ権力欲を起こして上がり込んだと思いがちだが、必ずしもそうではない。現実には政党政治家の信頼はほとんど失墜していた。議会の堕落はひどく、政党の腐敗は止まらず、政治に対する国民の信は著しく低下していたのである。瀏はその情況をまとめて「政争村閭に及ぶ」を書いている。あからさまで、わかりやすい徳の崩壊が、昭和初年頃からこの国に起きていたことを描写したものだ。

「選挙は財閥から得た金で各党公認候補に八千圓乃至五千圓の軍資金を分配したと言ひ、選挙は買収が常習手段となり、選出された代議士は國民の代表でなく、一部特権層の代弁者に堕した観を呈した」

情けない話だが、そのとおりの節操のない粗野な利権政治の姿があった。

政権を奪い返したら、組閣後直ちに地方長官、朝鮮・台湾の総督を全て更迭し、我が党の人士に総入れ替えする。それはまあ仕方のないことだろう。選挙に負けて内閣を明けわたすさいには「置土産に勅選議員を奏請し、他日の為めを図り、また、自己政党に対する功労に報いた。この中には資金関係の実業家が加へられた」という。勅選議員とは、明治憲法下の貴族院議員で皇族華族のほか、国家に勲功があり学識のある三十歳以上の男子の中から勅任された議員を指す。任期は終身だから、政党の利益につながる有効な人材は必ず置いておくというわけだ。瀏はさらに嘆いて書いている。

「政治は我党の党利党略を図る為め、不徹底と混沌とを免れず、従つて国策遂行は得て望めぬ状態であり、外交は萎靡《いび》振るはず、甚だしきは媚態さへ見えたのみか、国内政争に忙殺されて、海外に施さねばならぬ事さへ、手遅れとなり勝ちであり、手の周りかねる有様であつた」

外交が萎靡するとき、いよいよ国難の深さを思わねばならないが、「甚だしきは媚態さへ見えた」ということになれば由々しき事態である。戦後、日本の国益のために働いているとは到底思えない外交官が時折出没したが、昭和一桁の昔を思えばさほど驚くことではないのかもしれない。瀏の指摘は彼自身の痛切な経験からきている。

昭和三年五月、山東省の済南に居留していた日本人に対し革命軍が略奪、凌辱、殺人行為を繰り広げたため、齋藤瀏少将率いる混成第十一旅団が出動。市街戦ののち停戦協定を結んだ。いわゆる「済南事件」である。このとき民政党の議員は何を言ったかというと、残虐な事件に遭遇した邦人の命よりも、齋藤旅団の砲撃によって傷ついたのではないかと済南の文化財を心配し、傷つけたなら日本政府が弁償しなければならないと国会で主張したのだった。

政党政治家に対する不信については、二・二六事件の序奏の部分で触れることになるだろう。こうした気流で高級幕僚たちが「自家の仏尊し」で軍人内閣を夢見るようになったのは確かであった。幕僚将校は「國家改造は吾等の仕事」という意識がある。「吾等が筆を執り命令を作れば軍隊を駆使出來る。隊附将校の如きは吾等の意の儘に動かねばならぬ」と考えている。

一方、隊附将校は「彼等幕僚は口の人、筆の人で、実行の人ではない。いざ実行といふ時、どれだけの、実行力があるか。第一手足がないではないか。命令、命令といふが、彼等の不純な命令を誰が服行するか」と高級幹部の不実を責める気持ちがある。そして「吾等には指揮権があり、下士以下がある。即ち手足がある。吾等を度外して彼等に何ができるか」と心中で言い返した。

これらが瀏の行った両者の感情分析である。勿論、このような図式だけで陸軍内部のきしみが説明できるものではなく、不統一を深刻にする要因はまだ複雑にからみあっていくのである。

国情停滞の深刻

昭和論壇の重鎮、三宅雪嶺は昭和五年を「陰暗を突き進んだ」年とし、翌六年を「国難に直面するに至れる」年と名づけ、さらに昭和七年は「非常時としての」一年と呼んだそうだが、激動の明けがたにあたる時代を刻々とうつす変化を言いあらわして妙である。

昭和五年はロンドン海軍軍縮会議で幕を開けている。日本が求めた対米七〇％の補助艦保有率に対して米側は六二％を提案。隔たりは埋められずに交渉が難航。結局、日本が六九・七五％で妥協してまとまったが、主力の重巡洋艦が約六割に抑えられたため、最低でも七割を主張していた海軍軍令部が猛反発。反対を押し切って調印した濱口雄幸内閣は、議会において統帥権干犯問題で糾弾されることになった。

前年十月にニューヨークの株式市場が暴落し大恐慌の波が世界に及んでいた。日本も不況のどん底に陥った。史上最悪のいわゆる昭和恐慌に導いた原因がもう一つあった。時の蔵相、井上準之助が一月に断行した金解禁である。長く為替相場の乱高下に悩まされてきた経済を建て直すため、金本位制復帰をとなえる声も高まっていたのも事実だが、あまりにもタイミングが悪い。大恐慌の中の金解禁は「嵐の中で雨戸を開ける」ようなもので、一気に金と正貨が海外に流出した。欧州各国は日本より早く解禁をはかろうとしていたが再び輸出禁止を打ち出した。井上は日銀出身。理論家としての自負もあったに違いないが、かたくなに金解禁の経済政策にこだわり、正貨の流出は止まらなかった。そこで打った手は公定歩合の引き上げである。金融引き締めで挽回しようとしたのだが、弱っている体力をさらに傷めつける緊縮政策で深刻な事態となった。

この頃、ひとつの流行語が生まれたことを『文藝春秋』（昭和五年五月五日号）が「不景気の真相」として書いている。景気のよくない顔をしていると「なんだ、おまえも濱口内閣か」と言われ、食卓のおかずを倹約して出すと「わが家も濱口内閣か」と家族は歎いてみせるらしい。しかし、こんな自虐を含んだユーモアはまだ少しはゆとりのある都会の産物であった。

農家の悲惨さは想像を超えるもので、青年将校の義憤と行動につながっていく。農作物の暴落は激しく収入にならない。それでも汗と努力で所得を獲得するために増産すると、かえって野菜・穀物の価格低下を招いて貧窮した。その頃ニュースになった価格比較は「キャベツ五十個で敷島（タバコの銘柄）一つ」という、これもそのまま流行語になった。数年後、深刻な冷害が東北地方を襲うのだが、すでに娘の身売りは始まっていた。

昭和五年十一月、濱口首相が東京駅で狙撃される。一命はとりとめたが、この時の負傷によってまもなく没した。目に見えない不穏な空気が漂いはじめた時代であった。

齋藤瀏が済南事件の責任を取らされたかたちで軍職を離れたのがこの年で、辞令は三月六日付である。とりあえず東京に引っ越し、渋谷区大和田町の家で新しい生活を模索していた。予備役も命が下れば復帰できるが、この年をもって彼は戦陣に戻ることはなかった。

昭和六年の最大の出来事は満洲事変であり、それを措いて時代を語れないともいえるが、物事は水の流れのように表面の様子だけを見ていてはわからない。水面のくだけちる浪は水底から生じた運動の多端の一部かもしれない。この年から昭和二十年の終戦までを数えて「十五年戦争」と呼ばれることが多い。それにこだわる人は「日中戦争」「太平洋戦争」と呼んで、まとめて昭和史の暗黒と失敗につなげたいという傾向が強い。満洲事変と盧溝橋事件とを直接、歴史の因果律で説明することには無理があるのではないか。

ともあれ昭和六年九月十八日、奉天郊外の柳条湖における鉄道爆破事件は、満蒙をわが国の生命線として勢力下におかねばならない戦略の重要な第一歩となった。同時に、国民には知らされずにいたが、半年前に内地で発覚した「三月事件」は、その後の陸軍の行方を暗示する無気味なクーデター未遂事件であった。「幕末の日本はペリーの来訪を契機に暁の鐘が撞かれたが、日本の晩鐘は三月事件によって鳴りはじめた」(岩淵辰雄『軍閥の系譜』)というのは大仰ではなく的を射た表現といってよい。

この年の秋、再びクーデターを画策した未遂事案である「十月事件」(錦旗革命)が起きている。二つの事件は、川面は穏やかでも大小の岩石を押し流す急流が川底近くにはたらいているもので、後戻りできない意志と直結していた。

闇に葬られた三月事件

青年将校運動のきっかけとなった三月事件の顚末から語っておきたい。事件の中心となったのは参謀本部ロシア班長の橋本欣五郎をはじめとする中堅将校で、いずれも秘密結社「桜会」のメンバー。軍務局長の小磯國昭、参謀次長の二宮治重、参謀本部第二部長の建川美次といった幹部の賛同を得て、国家改造に向けた謀略を企てた。小磯、二宮は齋藤瀏の士官学校同期、建川は陸大同期である。政党政治の堕落はこのまま放置してはおけないとして、ついに宇垣一成大将が政界に乗り出す機運も熟し、右翼の大物、大川周明の協力も得て具体的な破壊計画を策定した。

一、昭和六年二月に、無産三派連合の内閣糾弾大演説会を日比谷で開き、倒閣の気勢をあげて、議会にデモ行進を行う。これは大事決行のときの瀬踏みでもある。

一、三月二十日、労働法案上程日に民間側は一万人を動員して、政党本部、議会を襲撃する。

一、一方で、軍隊は非常集合を行い、議会を保護するとしてこれを包囲し、内外一切の交通を遮断する。

一、指導者が数名の将校を引き連れて議場に乗り込み、各大臣に対して「国民は現内閣を新任せず、宇垣大将を首班とする内閣のみを信頼す。宜しく善処せらるべし」と宣言して、幣原首相代理以下内閣の総辞職を行わせる。

一、大命は宇垣大将に降下するく、あらかじめ閑院宮殿下、西園寺公に使者を出して準備しておく。

こうした手筈を決めておき、橋本中佐は殺傷能力のない模擬弾三百発を用意しておいた。以上が、大規模デモ及びクーデター計画の大略であった。ところが、三月十日頃になって最も決行に熱心だった小磯軍務局長が「この計画は中止する」と言い出した。理由は、小磯が宇垣に最後のはらを聞きに行くと「馬鹿な事をいうな、陛下の軍隊をそんな事に使えると思うか」と怒り出したことである。計画は一切吹き飛んでしまった。これを聞いた大川周明とその周辺は「都合が悪くなって宇垣が変心したのだ」と憤慨した。宇垣だけでなく、当初、宇垣乗り出しに期待を寄せていた補任課長の岡村寧次、軍事課長の永田鉄山、そして麻布三連隊長の山下奉文らも強く反対したということである。これらは『宇垣日記』にも綴られている〈事実〉だが、しかし、宇垣も自分が首班になれる道筋を書いたこの計画に山気を出していたことは否定できず、小磯たちの話にどちらとも取れる返答で期待させたのかもしれない。宇垣の変心に憤った民間右翼の或るものが、下関に立ち寄る宇垣の命を狙っていたという話も聞こえてきた。

小磯の取った態度について、一般に流布されているものとは微妙に異なる解釈と主張も存在する。これは真崎甚三郎の人物像の項でも触れるが、小磯は大川周明と宇垣一成の間に入った〈取次人〉に過ぎず、クーデター計画の決行に最も熱心だったわけではないと本人は言うであろう。むしろ、大川周明の計画書の粗雑と稚拙に閉口していたという経緯がある。宇垣のはらを聞きに言って決断したことは事実だろうが、それ以前に、穴だらけの計画を見抜いており、「計画中止」の号令のタイミングをはかっていたふしがある。すると、この取次人はたいそう消極的だったことになる。

それからもう一つ、はかりごとには必ず成し遂げてやるという意志に反して、それを途中で曲げたり破ったり折ったりする反動や妨害の力が必ずはたらくものである。しかし、この大掛かりな計画を云々する以前に、参画した誰もが首班となるべき人の選定に何ら疑うことなく、おめでたいほどの賛意をもって皆が宇垣一成を支持し信用していたことはある種、奇観と言えるのではないか。

齋藤瀏が書いている。

「この宇垣大将が四月事件（ママ）を敢へてするに就き、一時陸軍上層部の支持を得たのは、寧ろ不思議である。これは参謀次長の二宮治重が同県出身で、宇垣大将が天下を取れば、二宮は枢要の位置に就き得ると云ふ功利的な考から、他の者よりは熱心に賛同したらしいが、小磯や建川は野心的ではあつたらうが、この場合二宮とは違ふから、二宮の野心が明かになれば、それと共に動くのは面白くないであらうし、成功に疑を生じては、寝返りを打つのも当然のやうでもある。二宮は、あの事件が問題となつた時、何處で酒を飲んだか、酔歩蹣跚、責任を問はれても、不得要領な答辨をして、これを回避したので、他の局課長の怒を買ひ第五師團長へ追はれることになり、遂には中将で待命になつたが、小磯とは陸士同期、陸大同期、そして悪縁もあるので、後小磯内閣で文部大臣に拾ひ上げられたのであらう」

こういう人事洞察の眼を齋藤瀏がしばしば光らせて、物事の核心を突いてゆくところには正直、驚かされる。瀏の短歌は何処までも素直であり時にはかよわい少年の感受性を含む。世間の人事百端から欲望うずまく政治的住人の心理に出入しての批判精神とは別の才能なのである。この違和は、清濁併せ呑める人物という在りきたりの言葉ではしっくりこない。動静によっては齋藤瀏なら陸相にも他の閣僚にも就けたであろう。彼は不思議な人であった。

いずれにせよ、計画は挫折し闇に葬られた。しかし、このクーデター未遂事件の衝撃は大きく、計り知れない影響をもたらした。もとより明治天皇の軍人勅諭で軍人は政治への関与が禁じられている。こともあろうに陸軍の中枢、参謀本部の幹部が計画を策定し、政府転覆を謀ったのである。もう軍紀違反というだけではすまないのだが、事件の関係者は誰も処分されなかった。中堅以下の将校たちも思ったことである。「陸軍首脳や参謀懸章を吊ったエラい人たちも国家改造を望んでいて、あんなこともやるのだから」と、今後、自分たちの行動も官許的な意味で押し通せるのではないかと踏んだであろう。

その安易さは、長く国家の明をやぶる危機につながっていくのだが、まだ三月事件の意味を知る人は少なかった。

途轍もない十月事件のスケール

同じ年に起きた「十月事件」は計画が挫折したのが十月だったからこの名が付いているが、

別名「錦旗革命」とも呼ばれた。もしも、この計画が実行されていたら、規模において「三月事件」など比較にならない大兵力で、陸海の将校に民間人が加わり、全軍の同志将校にもわたりが付いていたというから、「二・二六事件」を上回るスケールになっていた。

満洲事変に対応して国家改造をなしとげる内閣を樹立しようと、陸軍の桜会の急進派分子らが策定した。中心となったのは三月事件と同様、参謀本部の橋本欣五郎ら少壮の将校たち。これには隊附青年将校グループも参加し、大川周明、北一輝、井上日召、西田税、橘孝三郎ら右翼の大物が加わった。計画では決行の日を十月二十一日とし、桜会の将校が率いて在京の十数個中隊の兵力を動員し、首相官邸の閣議の席を急襲し、若槻首相、幣原外相ら全閣僚を暗殺し、同時に政党幹部、財界人も殺害して、戒厳令を布告。荒木貞夫中将を首相とする軍部政権の樹立を予定していた。計画は事前に発覚し、橋本ら首謀者十三人が憲兵隊に検挙され、クーデターは未遂におわった。

事件のあらましを述べると以上のようなことになるのだが、緻密さを欠いた策定、大雑把な行動計画、動機や理念の齟齬、統率力の欠如など、ほとんど内部から綻びが生じてあえなく頓挫してしまった。新政権の首班に担ぎ上げようとした荒木貞夫は謀議に関与していなかった。鉄壁の情報統制をもってしなければクーデターは遂行できないが、首謀者の動きにはいきあたりばったりの流儀が目立っていた。

三月事件の轍を踏まないためにはどうすべきか。陸軍上級将校が牽引しても実行に移すのはむずかしいと、桜会の主要メンバーは案じていた。しかし、大勢を導いて集結させ、その上で上級将校を引き入れることが出来れば、成功の見込みはある。橋本、長、馬奈木、和知ら佐官組を中心に本拠となった料亭に参集した。憲兵隊にさとられないよう、赤坂、新橋、四ツ谷、大森、京橋、新宿と転々と料亭、待合を変えて利用したのである。予約の際は西田税が付けた「郷詩会」という叙情味のある同好会を名乗ったりした。注目すべきは、後に二・二六事件を起こした隊附青年将校が会合に参加したことである。この事件を境にして陸軍内部に大きな亀裂がはしるのだが、原因はここに集結した隊附青年将校たちの幕僚幹部に対する決定的な不信感ということになる。

十月十二日に示された極秘計画では、参加将校は在京約百二十名。参加兵力は近衛と第一の両師団の下部である歩兵十中隊、大川周明など部外の民間指導者のグループ、横須賀からの海軍将校抜刀隊、霞ヶ浦の海軍爆撃機十三機、下志津の飛行機三、四機であった。

新政権の内閣の主だった布陣は次のとおりだった。

首相兼陸相　荒木貞夫
内務大臣　橋本欣五郎
外務大臣　建川美次
大蔵大臣　大川周明
警視総監　長　勇
海軍大臣　小林省三郎（霞ヶ浦航空隊司令）

絵に描いた餅は空腹を満たすことができない。壮大な兵力と安易な組閣名簿を披瀝すると、一部から強烈な反対の声があがった。同時に、隊附青年将校の憤懣は一気に吹き出した。彼等が集められたのは、同志として共に起とうということではなかった。計画を策定し実行に際して指揮をするのは、自分たち桜会の中枢と参謀本部の幕僚であって、君らは会議に出なくてもよいし機密を知らなくてよいというところがあった。呼びかけたのは士気を鼓舞してもらうのが目的で、隣の宴席で酒でも呑んでいてくれという態度がだんだん見えてきた。

隊附青年将校は満洲問題に直面して、それでなくても昂奮している。世情に憤激して維新に奉公する意志を持っていた彼らを利用できることは首謀グループにとって甚だ好都合であった。十月十五日の夜、渋谷の『銀月』に集まった時は青年将校が誓約の血判状まで差し出している。戸山学校に入校していた末松太平少尉は、やがて桜会の会合にも顔を出すようになり、そこで熊本幼年学校以来の親友だった四十一期（士官学校）の片岡俊郎や後藤四郎とも旧交を温める機会を得た。集合する青年将校は皆同じ心情を抱いているのではない。〈革新〉という思想に初めて触れて感激したという新顔もいた。片岡は末松と同様、橋本中佐の革新イデオロギーに同調しているわけではなかった。幕僚の〈上からの革新〉には動機の不純をみていた。

変な話も聞こえてきた。「このクーデターが成功したら、二階級昇進させる」と参謀本部の人間が言っているらしい。後藤も直接、その行賞の話をされた一人だった。末松太平は聞き捨てならないので、躊躇はあったが親友に自分の正しいと信ずるところをぶつけることにした。

「ちょっと待った。それはおれの考えとはちがう。おれは革新イコール死だとおもっている。たとえ斬り込みの際死なずとも、君側の奸臣とはいえ、陛下の重臣を斃した以上は、お許しのないかぎり自決を覚悟していなければならない。失敗もとより死、成功もまた死だとおもっている。生きて二階級昇進などして功臣となろうとはおもっていない。連夜紅灯の下、女を侍らして杯を傾けて語る革新と、兵隊と一緒に、汗と埃にまみれて考える革新とのちがいだよ」

ハッと気づかされたのか、後藤少尉は姿勢を正して「根本から考え直す」と末松の意見にしたがったという。この件はすべて、『私の昭和史』の「十月事件の体験」にある逸話だが、国家改造、国家革新とうたいながら、その実、クーデターの先に夢想しているものは、出世昇進であり、組織内で利かせられる幅であり、将来の地位の保全であり、待合に浸っていられる日常であり、永らえられる生命でありというような軍人が出没していたことになる。地位の高低を選ばず、俗物根性の蔓がはびこっていたのか。

齋藤瀏もこの計画を主導した幕僚連の中に、余りにも程度の低い人間が混じっている事実を知って暗然としたのである。

「本事件と、後に二・二六事件を起した隊附将校との關係は前に述べたが、事實、隊附将校は、彼等に利用されたもので、計畫には全く参與せしめられず、時々呼び出されて、待合で酒食を饗せられ盛んに煽動されて、彼等の大言壮語を聞かされ、資金は陸軍の大世帯から出るのだからこんな遊興費は何でもないと聞かされ、既に天下を取つた如く、何大臣は誰だとか、諸君の論功行賞は我々が十分考慮して居るとか言はれた。それ故純眞に國家改造を考へて政権的欲望を持たぬ隊附青年将校は、彼等の口車に乗り、犬馬の労に服するを潔しとせず、『吾人は實行の後に二重橋前で切腹して申譯せねばならぬと考へるが、幹部はどうか』との質問を發するに至つた。そして『切腹はいやだ、そんなことはせぬ』との答を得、青年将校と幹部とは根本的に相容れぬものたることが明になつて、前に述べたやうに分離離反を來したのである」（『二・二六』）

遊興にうつつを抜かす幕僚連を〈宴会派〉と呼ぶ青年将校も出てきたらしいが、既に心は離れて、「こんな連中といったい何が出来るのか、何が革新だ、何が改造だ」という許しがたい感情が生まれていたことは確かである。瀏によると、栗原安秀はこの事件が頓挫した頃から、それまで発していなかった「統制派」「皇道派」という言葉を使いだしたという。

主導者たちの自壊作用

このクーデター計画は、どのようにして発覚したのか。

前述したように、決行予定の九日前の十月十二日の夜、大森の料亭で計画内容を幹部に限って明かした時点で、一部の者から強い反対があったとされ、また、その三日後には隊附青年将校が不信感を爆発させている。しかし、陸海空の各方面の呼応者を得ながら、また外部には思想的求心力を持つ巨頭にも声をかけたのだから、一度動かした歯車はそう簡単には止められない。反対者や青年将校が計画を漏らしてまわったということは考えにくい。むしろ、主導者の橋本中佐の周辺から異論が吹き出し、また立案の粗雑さから楼閣が崩れ去ったというほうが当たっている。つまり、多くは自壊作用である。

十月十六日の立ち回りは、あたふたと橋本欣五郎中佐の〈大根役者〉ぶりを現わした。

「この夜橋本中佐は陸軍次官杉山元中将に對し、事を擧ぐるに就き同意せらるべき旨を強要したが、陸軍次官は驚愕色を失つて何も答へなかつた。それから次官は、直に小磯軍務局長、永田軍事課長を招致して、事の重大なるを傳へた。両官は全く寝耳に水の如くであつた」（同前）

瀏の入手した情報では、何のことはない、橋本のやっていることは説得なし、根回しなし、同意なしの行き成り次第の工作だったと言えなくもない。有無もいわせず陸軍次官を動かせば何とかなるという算段だったと推理してもかまわない。しかし、それでもまだ疑問は残る。行動の策定以前に、橋本中佐ら主要メンバーは、クーデターが必要だと考えている一派であることくらい、それぞれ上司に表明しているはずである。陸軍首脳部が全くクーデターの「ク」の字も知らずにいたということはありそうもない。

すると、後は計画をある時点でつぶしてしまうか、そのまま実行させるか、判断のタイミングをはかっていたのだろうか。

同夜、成功のあかつきには総理大臣になってもらうはずの荒木中将が、岡村寧次補任課長を伴い京橋の料亭にいる橋本中佐に会いにきた。思い止まれと諭したところ、橋本は断乎これを退けたという。重要なタイミングだったという読みもできなくはない。万事休す、これによって陸軍首脳は彼らを保護検束することを決め、十七日早朝、橋本一派の首謀者約十名を憲兵隊が収容したのである。

齋藤瀏は土壇場の橋本中佐の行動について、何処か不自然だと感じていた一人だ。十月事件はどうして発覚したか。それは橋本中佐自身が途中であぶないと思って〈店仕舞い〉したのではないかというのだ。
「これは橋本中佐が、決行の直前に上級者を強要して加盟させると言つて居たにも關らず、過早にこれを陸軍次官に迫つたことが、その動機たることは争はれぬが、この過早行為に就いて、橋本中佐は、心中その實行を躊躇し、事前暴露のやむなきに至つたのだと評するものもある」（同前）

一方、橋本ら首謀者が決行をあきらめていなかったとしても、周囲からは〈宴会派〉の派手な動きをはじめ、警視庁方面が注視していたことは確かであった。明治維新当時の志士を気取り、豪遊していた不謹慎行為は、町でも噂になっていたにちがいない。「幕僚とそれをとりまくものの、料亭における大ぴらな言動、それだけでおさまらず、外に出てまでの酔余の放言。なかでも新宿駅のプラットホームで長少佐が、おれは近く誰々をぶった斬るんだ、と大言壮語していたことを見聞きしては、誰もが眉をひそめないわけにはいかなかった」（『私の昭和史』）と末松太平が証言している。計画一覧では新内閣で警視総監になる予定の男、それが長勇少佐であった。

齋藤瀏の耳には、西田税や北一派の連中が、本件の内容を政友会に漏らし、また大川周明が宮内省の官吏に漏らしたのではないかという風説も届いていた。が、やはり末松太平が指摘する。「クーデターは誰がバラしたのか。橋本か西田か、とこの問題が紛糾するが、バラすもバラさぬもなく、このクーデター計画が次第に隠密でなくなっていたことも、真剣にこの問題ととっくんでいたものには、実行についての疑念が持たれてもいた」と語っているから、真相というのは、ふんどしが緩んだところを点検すればいくらでもこぼれ落ちていたのだろう。

さて、首謀者一派はどう扱われたかというと、南次郎陸相が閣議で報告している。

「今回現役将校中の一部に於て或る種の策謀を企てたり、然れども是れ憂國慨世の熱情より出でしものにして、他意存するに非ず、唯これを放置する時は外部の者の策動に利用せられ、又軍規を破壊する行為となり易きを以て保護の目的を以て収容せり云々」

大甘も大甘、砂糖に蜂蜜を足したような南陸相の言葉をもって、橋本中佐はじめ首謀者は「他意あるものではなく」純粋に憂国の情から出たことで、やったとはいっても過失のようなものと裁決された。

橋本中佐は重謹慎二十日、長少佐、田中（弥）大尉は重謹慎十日で、その他懲罰者はなし。多少なりとも関係した者には全員、転任の辞令を交付して終わりにした。三月事件の処理に続き、十月事件もまた優しい内部処理でピリオドを打った。しかし、十月事件で目の当たりにした幕僚幹部、それを取り巻く幕僚連に対する隊附青年将校の不信感はもう解けることはなかった。

第四章　事件前夜へ

林銑十郎という〈異類者〉

「非合法はだめだ」と齋藤瀏は言ってきた。軽挙をいましめ、合法的手段による国家革新の道を説いてきた瀏が、いつごろから「非合法もやむなし」との気持ちに傾いたのか。暦の上に明確な線を引くことはむずかしいが、おそらく荒木貞夫大将が陸相を辞任した昭和九年一月あたりが一つの分かれ目だったのではないだろうか。

とは言うものの、一晩で合法から非合法礼讃に気持ちが切り替わったというものではなく、瀏の心に生じたのは落胆、失望、慨嘆といった後退的要素で、何かを諦めたのだ。

荒木の人物、器がどうであったかという話は一旦おいて、大変な求心力を持ち、信望を一身に担った時代があったのである。彼の退場は痛手だった。その後、柳川平助次官など皇道派の頭脳が考え抜いて送り出したのは真崎甚三郎だった。最後の砦といってよかった。しかし、結局は反皇道派の力に押し返され、立ち往生させられ、地位を追われてしまう。

真崎甚三郎をめぐって生じた人事の変遷は込み入っている。込み入った姿はその時代に生きていた当事者には却って見えないことがある。身近に居すぎて、或いは、生々しすぎて、真実をつかめないことがありうる。人の歴史とはそういうものだろう。不可解に糸がからんでいるが、二・二六事件の序奏の部分でもあり、触れておきたい。

荒木が実務に堪えられなくなって辞職すると、後任は真崎を推す勢力、林銑十郎を推す勢力とが拮抗してなかなか決まらなかった。真崎を推したのは柳川平助、小畑敏四郎、山岡重厚たちで、松井石根、建川美次、南次郎たちは真崎に反対し、林を推した。後者の将官は齋藤瀏の陸大同期である。紛糾はおさまらず最終的には閑院宮に決断を仰ぐというかたちとなり、林が選ばれたのである。

詳しい経緯をはぶくが、隣室にいた秘書官の話によると、林は終始受け身であり、自分が推挙されていながら、真崎のほうが陸軍大臣にふさわしいと閑院宮に申し出て、叱られたという逸話がある。林の捉えどころのない性格を表わしているが、陸相を引き受ける条件として、真崎の教育総監就任を挙げたとされる。不思議な話である。

そのときのバランス感覚というやつかもしれないが、林銑十郎という人物が問題にかかわると、どうしてなのか事態の不透明度が増していく。余計な混乱が引き起こされる。周囲は知らず識らず逆転現象の中に置かれるということがある。

何が言いたいのかといえば、真崎甚三郎は林によって教育総監に就き、林によって教育総監の地位を追われたのであろうということだ。昭和史の定説として、真崎教育総監を更迭したのは永田鉄山であり、浅野内匠頭を苛めた吉良上野介と同じように決めてかかるが、真崎を追い落とした張本人が永田であるという説に確証はない。このことは詳細な検証を重ねて書かれた大谷敬二郎著『日本憲兵史』からも教えられる重点である。先入観を以ってすると見えるものが見えなくなる。

矢次一夫の『昭和動乱私史』の傍証的な話が、意外なほど説得力をもっている。

「私もまた、真崎、柳川ともに、同じ佐賀県で、いろいろ関係もあり、この説をおかしいとし、ずい分調べて見たのだが、その限りでも、永田が真崎を追い出すべく策動した、という確証は、一つも見つからぬのである。岡村寧次のような、荒木、真崎とも親しく、永田とも親友で、斬られたあと、葬儀万端の世話をした人や、同じ時代を総合しても、すべて、否定する人物ばかりであることだ」

「軍務局長という地位と権限には、省部の人事、とくに将官人事に対して、いささかの発言権も、したがって発言力もなく、それに、永田が教育総監部出身であるためか、典型的な合理主義者で、軍秩序維持者であり、だから、策動家ではない、という説明に、異口同音している」

ならば、永田は何のために殺されたのか、ということになる。そして、あらゆる推測は可能だが、物事の起点にかえれば、荒木が辞任し後任に林が就いてから、陸軍内の勢力図が一変したことは事実である。天皇が侍従武官長の本庄繁に、派閥について質したのもこの頃だった。

産経新聞に連載された『ふりさけみれば』(川瀬弘至)はこう書いている。

「当時、昭和天皇が軍規の厳正を再三指示したことはすでに書いた。林はそれを重く受け止めたのだろう。永田を軍務局長に昇格させて重用し、皇道派の締め出しにかかった。

だが、林と永田による急激な人事刷新は青年将校らの反感を買い、さらなる対立を生んでしまう。

林は十年七月、教育総監を務める皇道派の重鎮、真崎の更迭を断行し、皇道派一掃の総仕上げとした。その際、昭和天皇は本庄に言った。

『この人事が、陸軍の動静に波紋を起すようなことはないか』」(第6章「万歳とファッショ」十五)

穏当な記述である。九年三月、林陸相は次官の柳川平助を橋本虎之助に代え、軍務局長の山岡重厚を整備局長に横滑りさせ、誰もが認めるエース中のエースである永田鉄山を山岡のあとの軍務局長に就けたのである。「皇道派の締め出し」に必要な布石を加筆すればこういうことになる。しかし、次の「林と永田による急激な人事刷新」という一節は、「林」と「永田」を並べて対にするから誤解を生むところである。人事刷新は林が行い、皇道派一掃の総仕上げという仕事も林が絵を描いて断行したのであろう。

林はいっさい人事に関して永田の意見を聴かなかったというのではない、冷静なる俊英の意見を吸い上げたかもしれない。だが、林の人事構想に遠慮なく助言したのは永田ではなく、林を陸相に推挙した面々、つまり松井、建川、南たちのグループであったろう。閑院宮に具申できる立場であれば、重要な人事を扱う場合でも障壁はなく大胆に口出しできただろう。

一説に、相澤三郎中佐は永田鉄山を斬ったあと、林銑十郎も斬るつもりでいたということがある。林は官邸の自室にこもっていて免れたというのだ。これは噂から生まれた空事なのか、相澤の決意の中に在ったものなのか、史家の判断を知らずにいる。が、少なくとも林は、陸軍随一の英才、永田鉄山が自分よりも憎悪の標的にされていることを認識していたはずである。

林銑十郎は意図していなくても永田を弾除けにしてしまったことは否定できない。

相澤三郎、真情を語る

国家改造は合法的に実現しなければならない。その齋藤瀏の信念にあったものが崩れ去った。やはり「荒木陸相辞任」あたりから物は前に進まないでほころびはじめた。もっとも、それ以前から陸軍部内に深刻な問題は山積していた。この時代に圧倒的な影響力を社会に行使できたのは財閥、政党、官僚の支配的階層であり、その円の中心に重臣閥がいた。この閥族と相通じて、陸軍部内にも権勢欲、政権欲にかられた軍閥のようなものが出来つつあった。長年、沈んで固まった澱はもう除去がむずかしくなっていた。

相澤三郎は事件後、公判前の予審で、陸軍が内包する根本的な矛盾、堕落、腐敗を衝いて堂々と訴えた。彼の言葉は訊問した法務官より隊附青年将校の胸中にまっすぐ届いた。

「我國はあくまで『一君萬民』の精神で上下心を一にして國運を伸長しなければならぬと考へて居りましたが、近年漸く政黨、財閥が腐敗し、或る勢力と結んでは私利私慾の為に動く者が多くなり、様々の罪悪史を記録する情況を現出するに至り、各方面で維新断行の聲が叫ばれ、私もその感を深くして居つたのであります。特に私は軍人として軍に關係ある人間が之等不逞の徒と結んで、軍の威力を借り、或る目的を貫徹させようとする――換言すれば陛下の軍を私兵化せんとするものが段々出て来た點には、衷心から慨嘆を禁じ得なくなつたものであります」

こう語って、橋本欣五郎の「桜会」にも、諸悪を是正してくれる運動の母体として大いに期待し、自分も「喜んでその一員になつた」と説明している。ただ、十月事件については青森歩兵第五連隊にいた当時のことで何も知らなかった、情況を知ろうと東京に向かったが途中で阻止されたということを陳述している。

諸悪を糺そうとする意志を持っていたが、非合法行動には強く反対していた点で、相澤は齋藤瀏と同じだった。五・一五事件の首謀者、古賀・中村両海軍中尉と事件前に会ったとき、不穏な空気が読み取れたものだから「非合法はいかん」と相澤は厳しく叱ったが、言うことを聞かなかったようだ。

危機感は昭和八年の夏ごろから募ってきたと、相澤は言った。

「國家の革新は軍部が國體觀念によく徹底して、一致結束して目的貫徹に進まねばならぬにも拘らず、陸軍部内の狀勢は事毎に相反するので、國家革新のためには、部内の革正を断行しなければならぬと確信するに至りました。殊に昭和九年三月永田閣下が陸軍省軍務局長に就任してから一方的な排壓が激しくなりましたので、これではならぬと思ひました」

焦燥感が高まるなか、永田鉄山の最重要ポストへの登用は、神経を逆撫でされたように感じたであろう。それは相澤三郎一人の思いではなかった。追い打ちをかけたのは、同年十一月に歩兵大尉、村中孝次と陸軍一等主計、磯部浅一両名が停職処分に付せられた「十一月事件」（士官学校事件）で、相澤は「永田閣下の誤つた意思によるものと思ひました」と述べている。

決定的な打撃は、昭和十年七月十五日に突然、真崎甚三郎が教育総監を罷免更迭されたことで、もう説明は加えないが、相澤はここで意を決したのはほぼ間違いない。「これはこれは大問題で、陸軍大臣を輔佐すべき重大責任ある永田閣下が、策動したものと考へました。陸軍の中で最も重大な役目の軍務局長がこんなことをするやうでは、國家の革新は愚か、陸軍の改正は到底實現されないので、私はまづ永田閣下の反省を促し、これらの責任により直に辭職謹慎を要求する決心をしました」と吐露している。

相澤三郎は士官学校二十二期生で、教官をしていた齋藤瀏の生徒だった。戸山学校の剣道教官、青森歩兵第五連隊、秋田歩兵第十七連隊附のあと、昭和八年広島県福山歩兵第四十一連隊附となり、この十年八月一日の異動で、台湾歩兵第一連隊附（台北高等商業学校配属）将校を命ぜられ、その赴任前上京したのである。そして、上京の途中、伊勢大神宮に詣で、東京に着いてから代々木の西田税宅を訪ね、来あわせた大蔵大尉と三人で夜をふかし、その夜は西田方に一泊している。

三人は酒も酌み交わしただろうが、相澤から明日自分はどうするとか、誰それが赦せないという話はなかった。もとより、そういう気持ちを率然と吐き出すようなタイプではない。西田は翌朝、相澤を送り出してから、そういえば何かへんだと虫が知らせたのか、新宿に磯部浅一を訪ねて、初めて気がかりだと告げたのである。「昨日相澤さんがやって来た。今朝出て行ったが何だかあやしいフシがある。陸軍省へ行って永田に会うと云って出た」

そう西田の話を聞いても、磯部は病後でもあり感覚も鈍くピンとこなかったと『行動記』に書いているが、徐々に気になりだし、陸軍省に自動車を飛ばすのである。

相澤は剣道四段、少尉時代には仙台市の曹洞宗輪生寺に下宿し、無外和尚の教えのもとに三年間禅生活した。「夙に尊皇絶對の心深く、時弊を慷慨して居たが、性格は直情的、熱狂的」と瀏は評しているが、直情と熱狂は自分から言葉にちりばめたりせず、行動のかげに湛えているような武人だった。齢四十七歳。相澤を尊敬し、鑑と仰ぐ若い将校は少なくなかった。

ここで荒木辞任して以降のエポックを並べてみた。

九年一月　　荒木陸相辞任、真崎甚三郎の教育総監就任。
九年三月　　永田鉄山、軍務局長就任。
九年十一月　士官学校事件（十一月事件）。
十年七月　　真崎の教育総監更迭。
十年八月　　永田鉄山斬殺事件。

相澤三郎に永田を斬らねばならないと決意させた重大な事件、いわゆる士官学校事件（十一月事件）に触れておきたい。

十一月二十日、新宿の料亭に、歩兵第二十六連隊大隊副官の村中孝次大尉を中心に青年将校約三十人が集まり、士官学校生徒を実行部隊として、同月二十一日の臨時議会前後にクーデターを断行し、首相、重臣、元老を暗殺し、皇道派の荒木貞夫、真崎甚三郎らを主体とする軍政府を樹立しようとする謀議が行われたという。これが密告によって軍の知るところとなり、二十二日に村中らが憲兵隊によって検挙された。軍法会議は証拠不十分として不起訴処分になったが、軍は、村中大尉、士官学校附片岡太郎中尉、野砲兵第一連隊附一等主計、磯部浅一を停職処分にした。

八月に陸軍士官学校の生徒隊中隊長に就任した辻政信大尉は、中隊の候補生佐藤勝郎から国家改造理論を研究する村中大尉らのグループの存在を知らされていた。隣の候補生、武藤与一らがそこに参加していて何かを画策しているとし、また自分も誘われているなどと報告、辻大尉は佐藤に引き続き偵察させ、計画をさぐるよう命じた。

佐藤は武藤に接近し、村中、磯部、そして当時予備大尉だった西田税の会合に案内させると、熱心な革新の同志を演じて、殺すべき重臣は誰それであるとか、襲撃はもっと早い時期にやるべきだとか過激な発言をして、むしろ、たしなめられたという。結果として、佐藤が仮定の話を引き出して辻に報告し、辻が断片をつなげて、ありもしない架空の計画をデッチ上げたというのが真相であった。

辻は参謀本部の同僚で、五期先輩の少佐片倉衷、同期の憲兵大尉塚本誠に相談して陸軍次官に報告し、断乎たる処分を要望した。これが士官学校事件の全体である。

勿論、このとき軍務局長は永田であり関係者を処断するには、次官だけに任せるということはない。永田は五・一五事件の影響も考えて村中、磯部をさっさと停職に処したのだろう。二人は密告の張本人、辻を誣告罪で訴えている。また武藤与一は戦後、このクーデター計画は全て辻政信による捏造だったと証言している。

荒木貞夫の退場から陸軍部内で起きた重要な局面を並べてみたが、皇道派の締め出しが始まり、永田鉄山が登板して急激な人事刷新が断行されるに至った。しかし彼が軍務局長として仕事ができたのは僅か一年半だった。さらに半年後の冬、現実の史上最大のクーデター事件、二・二六事件へとなだれ込んでいく。

恃みとする二人の人物

一方、相澤三郎が危機感を募らせていたと語った昭和八年は、齋藤瀏が激しく反目し合う陸軍部内の派閥抗争をしずめ、困難かもしれないが最後にもう一度、大同団結をはかろうと腐心していた年である。周囲を見回してみると、力を借りたいと思う人物が二人いた。

一人は陸軍省新聞班の満井佐吉中佐であった。瀏が小倉歩兵第四十七連隊長のとき、彼は隊附将校だった。陸軍大学の学生でもあり東京にいて、直接、語り合う機会はなかったが、人格や見識は部下から聞いていた。久留米歩兵連隊の大隊長のとき、「護国軍」と呼ぶ地方の愛国団体の運動に力を注いでいた。九州男児の熱血漢で、本当に怒ると相手のからだに蕁麻疹《じんましん》が出るほど凄まじい声になったと、知己であった国策研究会の矢次一夫が証言している。瀏はこの男の情熱に賭けてみようとした。

もう一人は、陸軍省調査班の田中清少佐であった。瀏が北海道歩兵第二十七連隊大隊長のとき、優秀な大隊附将校として目を見張る仕事をしていた。陸軍大学に行き、そのあと帝大の聴講生となって思想方面の研究に没頭した。革新運動は破壊的でなく建設的な理念をもって起こさなければいけない、不平、不満、野心から出発しているのではだめだというのは瀏の信条である。「従来の此の運動には明徹な指導原理が缺けて居た。君はかうした方面の智識人だ。先づその指導原理を彼等に與へることを計つて欲しい」と田中に依頼した。そのとき瀏は「國家の改革は軍に依らねば出來ない」という持論を添えて語りかけた。

予備役少将の身分では現役の幕僚、青年将校に広く働きかけることはできない。この有為の二人が動いてくれればまだ修復のチャンスはある。祈るような気持ちで説得すると、田中少佐は快く引き受けてくれ、満井中佐も納得してくれた。

十一月六日、九段坂上の富士見荘で開かれた会合は、軍事予算問題の議論が主目的だったが、幕僚、少壮青年将校が揃う連合同期生会を兼ねるかたちで集合した。満井中佐はじめ影佐、馬奈木、今田、池田ら佐官メンバーと、常岡、権藤、辻、塚本、林、目黒、柴ら尉官メンバー、それに海軍から末澤少佐らが集まったが、大同団結どころか西田税に対する個人攻撃が始まり、幕僚組が高慢な態度で隊附青年将校を圧迫するばかりで、話し合いにならなかった。後半に山口一太郎大尉、柴有時両大尉が正論を吐いて何とか親和を保つことができた。

十六日の会合は偕行社で開かれ、これには満井中佐、田中少佐が出席したが、端から多勢の幕僚将校が傍若無人にふるまい、陸軍省の方針だと言って隊附将校の発言をことごとく排除した。戸山学校の校長、深澤友彦中将は瀏の陸士同期だが、皇道派に連なる同校の職員将校の出席を禁止して来させなくした。大蔵栄一大尉などは例外で、罰を受ける覚悟で乗り込んだ。出席者の名前を挙げておくと、瀏が依頼した二人のほか、牟田口、清水、土橋、下山、池田、片倉、今田、田副ら佐官メンバー、常岡、山口、柴、寺尾、目黒、大蔵ら尉官メンバーと磯部浅一主計であった。

無惨にも団結協調の望みは打ち砕かれ、当日の状況を知った齋藤瀏はひどく落胆した。これに先立って、満井、田中両人に一肌脱いでもらう話を、栗原安秀にしたところ「無理でせう」と冷たくあしらわれたことを思い出した。もう、そんな時期は通り越した、陸軍は堕ちるところまで堕ちた、と栗原は言いたかったのだろう。

気持ちを塞がれる話はまだ他にもあった。瀏が明倫会に入会したのも、ひとえに派閥意識や利害を超えて、陸軍部内が一致団結して国家改造に邁進できる基盤を作ろうとしたからである。陸軍が結集できたなら合法的手段で維新は成就する。民間人の石原廣一郎との同志的結合もその意識で繋がっている。

しかし、身近なところにも綻びがあったのだ。常任理事、渡辺良三中将がある日、打ち明けた話にはがっかりさせられた。明倫会総裁は重鎮の田中國重大将が務めてきた。彼のところには、将官から中堅少壮と様々な軍人が出入りする。立場としてもっともなことだが、最近はいわゆる統制派の将校ばかり招いている風であった。話をしてみると、本音が出たのだろう。「斎藤や石原は、隊附青年将校を支持しているが、あれら将校は何にもできない。金でも取られるのが関の山かもしれぬ」と渡辺理事に漏らしたのである。

瀏に対しての雑言はともかく明倫会の創立に骨を折った石原を鼻で哂う、その節義の無さにあきれてしまった。このことも栗原に話したが、冷笑はしたが激するということはなかった。栗原はこのころ、達観していたというより諦めていたのだ。

ただ、即日、重鎮の家に抗議には行ってきたらしい。夜半に仲間を連れ会見を求めると、就寝中で会えないと断わられた。「隊附青年将校が閣下の認識を改めに来た、と伝えておいてくれ」と女中に言い残して帰った。

瀏も黙ってはいなかった。田中総裁を訪ね、直言したところを引いておく。

「閣下が真に国家革新を望むなら、苟もこれに志すものは皆傘下に集めるなり、指導するなり、又大同団結させるなりして、その目的の達成を期すべきであらう。聞く所によれば、国家革新を企図する青年将校に対し差別觀を持ち、その出入する幕僚将校を信じ、隊附将校を誹謗したとの事で、これを聞いた隊附将校は閣下に不快の念を抱いたやうである。失禮な言ひ方だが、将来はさうした差別觀を捨て両者の提携をお計り下さるか、少なくとも両者何れをも愛し、これを指導して、その目的の貫徹を期させて戴きたい。これが又明倫会の大をなす所以とも信じる」

ついでに、総裁が肩入れをする幕僚将校は口の人、筆の人で実行力はなく、隊附青年将校こそ独自の実行機関を持っており、一念発起すると仕事はやりますよ、と忠告しておいた。しかし田中國重という人は、陸軍部内の分裂にもさほど憂いを持つでもなく、大同団結に対して情熱を感じるでもなく、自分の誉れ以外に興味はなかったのかもしれない。明倫会という組織が国民運動を展開する潜在力を持ちながら奮わなかったのは、総裁の狷介な性格、自尊的な態度が影響していると、瀏は悔しがった。

粒々と彈薬をためて

その素振りから栗原が陸軍を見放していることを瀏は感じていたのだが、やはり事件の前年にそれを確信させる出来事があった。『二・二六』の随想には栗原の手際のよい仕事ぶり、部下との厚い信頼関係も映し出される。

「彈薬を預かつてくれませんか、あの箱で三個ばかり」

栗原が突然こんなことを言ひ出した。

「彈薬つて小銃彈か」

「さうです、ちやんと彈薬箱に入れてありますが」

「何處に在るのか」

「今は私の家に……然しここではかんづかれ捜索を受ける虞がありますので」

「預かつてもいゝ。然し俺の所もお前の所と同様で、臭い範囲かも知れぬぞ」

栗原は暫し考へて居たが、

「矢張りあそこに頼まう」

と何處か他にこれを預けるに決したらしい。田園調布のあたりらしかつた。


当然、それだけの彈薬をどうして持っているのだ、と問うのが自然である。彈薬箱三箱は相当な数量だ。これからすぐ射撃演習に入るというのなら伝票を書いて受領することはできる。だが、演習でも使用した彈丸の薬莢、未使用の彈薬はもらさず数量をかぞえて返さなくてはならない。受け取ったままどこかに保管することは許されていない。まして自宅に持ち帰るなど……。

すると、栗原は笑いながら「粒々辛苦の彈薬です」といって説明した。戦闘射撃演習は東京付近なら富士裾野で行われる。戦闘の想定によっても変わるが、敵を標的で示し情況に応じて起伏させ、攻撃、そして防御と戦闘訓練を繰り返す。その際、単独射撃する分隊であっても、小隊、中隊、大隊と規模が大きくなった場合でも、射撃をした彈薬の〈打ち殻〉は交付された実彈の数だけ返納しなければならない。

それゆえ、戦闘訓練も大変だが、毎回、彈丸の薬莢さがしも一苦労なのである。草むら、竹藪、木の根、岩角のどこのあたりに飛んで落ちているのか、見当はつかない。とにかく、丹念に捜索して打った数だけは拾い切らないといけないが、物には限度がある。とうとう発見できないときは、各自、その紛失した数をそれぞれ報告することになっている。「今後気をつけよ」との注意はあるが処罰されることはない。

瀏は合点がいった。演習の都度、終了の報告で「紛失何個」と告げて、その数の実彈をポケットにでもしのばせて帰ればいいのだ。しかし、そんな面倒な細工を毎回、好んでやるものはまずいない。必要もない。それに演習ごとに上司が部下に、必ず実彈をくすねてくるのだぞ、と命じたりしたら最後、不審がすぎて、上司が安泰ではいられなくなるのは目に見えている。「一体、そんな細工を下士以下に何といつてやらせるのか」と瀏が訊ねると、栗原は胸を張って答えた。「それが教育です。苦労の賜です。私共がそんなことを言はずとも、いつか下士以下が呑み込んで、貯めて呉れたのです」。粒々辛苦の結果であった。

彼はこれまで築いてきた部下との強い信頼を滔々と語りだした。

「おぢさんは、済南出兵當時国内の代議士などがくだらぬ事を言ふので、下士以下が怒つて、この彈薬は敵兵を殺すには勿體ない、あの國内のくだらぬ奴を——と叫んだと、いつか言つたでせう。下士以下にも、私共将校の同志は居るのです。いや私共より痛切に國政改革を念願しているものがあります。あの三箱の彈薬箱も、最初營内に隠して置いたのですが、これを持ち出したのは同志の上等兵以下三名です。もつとも衛兵などは、射撃演習の彈薬だと言へば承知して通すでせうが……」

栗原はここで若い人たちの真剣さをあらためて瀏に伝えた。

「國家革新の必要は今下士以下も深くこれを認めて居、非合法でも——生命を捨ててもやらねばならぬと思つて居るものが多いです。早くやりませうなどと催促するものもあり、血書加擔も願って來たものもあります。若い丈、身を痛切に攻められぢつとして居れぬものがあるやうです」と言い、これくらい以心伝心だから彈薬くらい何とでもなるという話であった。

瀏は愛国心は将校以上の専有物ではないことを更めて知らされたのである。

不世出の永田鉄山

陸軍部内でこれほどの偉材はないといわれた永田鉄山は、齋藤瀏と同じ信州の人間である。もっとも瀏の生まれた松本以北の北安曇郡七貴村と、永田の下諏訪町とでは水がちがう。永田は明治十七年一月、瀏より五つあとに日赤諏訪病院の前身、元高島病院長の次男として生を享けた。恵まれた家庭だったが父が早く逝き、実兄がその遺産を使い果たしたため一家離散の目に遭っている。小学校を卒業するかしないかという時期であった。永田少年は一人穂高町の農家に預けられている。

この話を知ってなにかしら人の運命というものについて思わないではいられない。

小学校の成績は中位、目立たず性格もごく淡白だったという記録は、彼を説明した多くの資料から知られることである。その後の順調な歩み、高い見識と優れた手腕が具わった不世出の英器という像から、〈過去の平板〉は想像しづらいものだ。歴史を刻んだ人の人生の落差や跳躍の高さはできれば知っておきたい。その人間に迫るよすがとなるからだ。

晴天に太陽がのぼるように妨げのない大道を歩いた永田の足跡を印しておこう。

明治三十七年十月、陸軍士官学校を首席で卒業、同四十四年十一月陸軍大学を首席で卒業している。大正二年八月歩兵第五十八連隊中隊長、同十月軍事研究の目的でドイツに駐在、同十年六月スウェーデン在勤帝国公使館附武官、同十二年二月参謀本部附、同三月教育総監部課員、同十三年一月陸軍大学校教官、同十三年十二月陸軍技術本部付兼軍務局長課員兼陸軍大学校教官、同十五年十月陸軍省整備局動員課長、昭和二年三月歩兵大佐、同三年三月第三連隊長、同五年八月軍務局軍事課長、同八年四月陸軍少将、参謀本部第二部長、同八月歩兵第一旅団長、これらを経て同九年三月に陸軍省軍務局長に就任した。

軍人、永田鉄山の履歴をたどれば、これが全てである。

齋藤瀏の記憶では、陸軍きっての英物は幼年学校時代から才能の一端が見えていて、区隊長の金谷範三中尉(後の参謀総長)が大いに将来を嘱望していた。陸軍大学校時代も大いに期待され、永田は卒業前の大事な課業を欠いたにも拘らず軍刀を拝受し、中尉で原隊へ戻ったことを瀏はよく覚えている。

瀏が教育総監部参謀課員の頃、第一課で勤務将校が必要になったのだが、迷わず永田を推挙した。

「永田の総監部に於ける仕事は、陸軍教育令を作ることであつた。これは頗る難事業で従來あるべくして出來なかつたものである。時の第一課長川村正彦大佐が尤も苦慮したのは、陸軍長老の総意を如何に凝集するかにあつた。永田は課長の意を體し、根気よく長老を訪問し、口述を筆録した。そして成文を得て曩《さき》の長老に視て貰つた。驚いたのは長老連で、その一人の如きは、此の文章は俺の口述した意味以上含蓄があると喜んだ。それから一中尉永田が長老の信頼を受け、教育令は発布にまで渋滞なく運んだ」（『二・二六』）

出来上がった口述筆記がよく意を汲んでいるだけでなく、語ろうとして表わしきれなかった深意を言葉にしてくれたから、さぞ長老連は喜んだであろう。「頭脳明晰、かつ思慮判断が適正」との評価は、まるで永田のために用意されていた讃辞であった。その後、功を重ねて大尉となりドイツに留学し観戦武官として研鑽してきた。第一次世界大戦が起こったのは彼がベルリン近郊にいた時である。永田は俄かにでくわした非常事態に対処しつつドイツを脱出、ロンドンから瀏宛てに刻々と変化する欧州の戦況と各国の民衆や町の表情、ドイツ軍の意気及び動静について生きた報告を便箋にぎっしり書いて送ってきた。また、時には一枚のスナップ写真を同封してきた。ドイツの妙齢な婦人と一緒に撮ったもので、裏には「齋藤さん、羨ましいですか」と走り書きしてあった。永田はこういう洒脱な一面も持ち合わせていたのである。同郷の先輩ということもあって瀏には公私両面で親しんでいたのだろう。

幼年学校の出発から優秀さは聞こえていたが、永田こそ将来の陸軍を背負っていく中心人物であると評判がたったのは満洲事変が勃発した頃であった。永田大佐は軍事課長として軍務局長である小磯國昭中将を援護し、軍部の所信を広く各方面に届けて国論統一をはかった。この功績は大きく、第十六期の小畑敏四郎（陸軍大学校長）、岡村寧次（参謀本部第一部長）の二人とならんで〈陸軍三羽烏〉と呼ばれるようになっていた。

永田鉄山の有能は陸軍の歴史をかじった人なら大抵知っている。けれど、彼が抱いていた思想とその遍歴などについて伝わってくるところは微小である。昭和史の舞台に燦然《さんぜん》と現われ、また惨然《さんぜん》として去っていったために残像だけが見えてしまうのだろう。所謂〈高度国防国家の確立〉というような統制派の標識は、思想ではなくスローガンである。永田鉄山の心に映じた思想の影を追いかけたら、もっと面白いドラマが見えてくるのではないだろうか。

盟友・小畑敏四郎との対立

いかなる難題にも対処できる若き能吏は、海外留学で何を吸収したのだろう。昭和十年九月号『文藝春秋』の「刺された永田鉄山」（江戸川清）では、永田が海外で過ごした一時期にやはり〈個人主義と自由〉という空気を吸って帰朝したことが書かれている。「青年将校時代の永田は思想的にも自由主義の洗礼を受け、命令服従による全体の統制を生命とし個人の自由を最大限度にまで拘束する軍隊組織に幾分の煩悶を抱き、軍隊内における個人の自由についてある種の意見書を上官に提出した時代もあった」のである。

それは自身のインテリ青年将校であるという自負と、新鮮なヨーロッパの物の見方を他に先んじて身に付けたという得意も多少手伝っただろう。「理論家としてその所見を思う存分述べて見た」というものだったらしい。

しかし、そうした思潮は欧州大戦の〈戦前〉にあった長閑な空気の一光景にすぎなかった。時勢は大きく動いて永田の内部から自由主義的な思考は駆逐され、「デクテーターシップを奉ずる国粋論者」の表情に変わっていった。独裁的というよりも絶対権的と呼ぶのがふさわしく、万人に主張し認めさせ遂行してゆく道を選んだのだと思われる。永田は胆を据えて陸軍の将来を見つめるようになった。

齋藤瀏の永田評を借りよう。

「帰朝後の彼は行くとして可ならざるなく、敬せられ、愛せられ陸軍の寵児となつて、要職から要職へと遂に軍務局長までなつて、将来の大臣—総理を嘱望せらるるに到つた。

彼は知情意平衡を得た點、珍らしい人格であつた。知は衆を越え、情に濃《こまや》かに、而して意志は強固である。従つて遊蕩はすれど溺惑せず、飲酒はすれど大酔なく、執る所缺けれど人を怒らせせぬ。機略あれど権謀を弄ばず。眞摯堅實、事に當る。そして軍人離れをした視野を持つて居る。不世出と言へば言ひ得る存在であつたと思ふ」（『二・二六』）

何という讃嘆ぶりであろう。非の打ち所がないというのはこういうことだ。

軍部が日本の政治を左右するようになったのは満洲事変からである。それまでの陸軍の問題はまだ陸軍自体の内的努力によって乗り越えればよかった。だが、事変以降はそうはいかない。

外では上海事変（第一次）が勃発し、内では血盟団事件、五・一五事件、神兵隊事件、十一月二十日事件などが連鎖し、陸軍の動向が国運に直結していることを既に世人は周知するようになっていた。政党政治の信頼は失われて久しく、また陸軍の周辺には右翼諸団体、革新ブローカー、政治浪人団もうごめいて、複雑な環境を作り上げていた。

様々な方途があるにせよ、陸軍の将来を考えたとき〈軍の統制〉をはからなければ眼前の対満国策は言うまでもなく、国家の安全と発展をうながす道筋は見えてこない。内外の困難を見渡せば奇手は通用しない、正道で行かねばならない。が、従来の道を守るだけではこの難関は突破できない。軍人は軍事学だけやっていたらよいと言う時代は過ぎた。政治、経済、社会などあらゆる領域で学を修め、見識をも持たなければならない。人事交流という面でも、これまでの閉鎖的狭窄的視野からはなれて、政治、経済、教育、文化の各界の人材と能く交わるとともに、軍部の指向するところを披瀝して理解を求めなければならない。これが永田鉄山の総合的軍人像であり、統制をはかる上でも不可欠な改革の焦点であった。

永田鉄山の初期論文に「国家総動員に関する意見」がある。欧州大戦を視察した後、大正九年にまとめた著作だが、この大戦を節目として戦争の形態が旧時代から新時代へと大きく転換したことを教えている。近代兵器といっても武器の殺傷力に限界が見えてきており、軍隊による短期決戦形態はなくなるであろう、そして正規軍隊だけの戦闘から、今後は一般国民が戦場に出て戦い、銃後でも役割を果たす国家総力を挙げた戦争というものが現出するだろう、ということを緻密な分析を加えて提示したのである。新しい戦争は従って長期持久戦の形態を取らざるを得ないし、それに対応できる国の基盤を今から作り上げなくてはならないという認識になる。

この論文の考え方は翌大正十年、南ドイツの保養地に於いて来るべき戦争を見据え、軍の近代化と国家総動員体制確立のために立ち上がろうと、前述の三羽烏が集った所謂「バーデン・バーデンの密約」でも基本的な世界認識として分かち合ったのは当然であった。

だが、かつて革新運動を誓い合った永田鉄山と小畑敏四郎は、十年余の間に決定的な軋轢を生んでしまう。二人がそれぞれ参謀本部の第二部長、第三部長であった昭和七年以降、対立は一層激しくなった。一般には軍の統制問題に対する意見の相違とされているが、事実はもっと深刻な興亡にかかわる理論と政策、つまり戦略論の根本的相違であった。

永田鉄山の人物と軌跡をなぞってみたが、この部分は皇道派と統制派、そして清軍勢力といわれる人たちが互いに離反する以前の岐路にさしかかったときの問題である。経緯を抑えておきたい。

「総力戦」と「短期決戦」

『秘録・永田鉄山』（永田鉄山刊行会・芙蓉書房）に収録されている「永田鉄山小伝」の中に、高嶋辰彦元陸軍少将が「日本を動かした永田事件」を書いている。昭和七年暮れ、ドイツ留学から帰朝した彼は中央各部に挨拶してまわったが、参謀本部第三部長の小畑敏四郎から「欧州から見た日本の満洲対策についての所見」を求められた。

そこで高嶋は、「ソ満国境付近の軍備充実第一主義よりも、満洲国の中央政治の充実確立、民生の安定第一主義の方が、よいように感ずる」と思いを率直に答えたところ、小畑は、突然回転椅子を机の方にぐるっと回して、高嶋の話を打ち切ってしまった。

高嶋は何故ともわからないので恐縮して退室したのだが、その足で第二部長の永田鉄山の部屋を訪ね、同じく所見を求められたので、再び自分の考えを答えたら、永田は「同感である」と返してきた。

高嶋はこのときの印象が強烈で、「この問題が小畑、永田両部長の主張対立の中心点であったことを知った」と告白している。

永田は一貫して「総力戦論」を持していた。それに対して小畑は「短期決戦論」に傾いていた。ソ連から提案してきた「日ソ不可侵条約締結」は、遠からず対ソ即戦の必要を感じていた小畑にとって話にならない話題であった。小畑はソ連の共産主義はわが国の国体と相容れないこと、ソ連は満洲国育成についても障碍でしかないことを主張していた。永田の見方はそうではない。対ソ不戦を維持しておき長期的国力増強をはからなければ戦い抜くことも出来ず、日本の真の安定は達成できないと考えていた。

参謀本部第二部長を経て歩兵第一旅団長に就き、昭和九年三月、荒木貞夫辞任の後を受けて林銑十郎が陸相に就任すると、永田鉄山は軍務局長に迎えられた。林からの信任は厚く、永田はもう誰に遠慮することもなく陸軍の統制に向けて邁進することができた。おそらく陸軍希有の才能にとって、最も仕事に手応えを感じる季節がやってきたと感じたであろう。

その頃から各方面の人事交流が盛んになった。固より人脈の広い永田であったが、遠くない時期に各界の中心人物として活躍が見込まれる若き実力者との親交である。同郷の信州から重要な人材が頭角をあらわしていた。貴族院議員の伊沢多喜男は政界での地歩を固め、新旧の官僚の〈元締め〉との異名をとっていた。唐沢俊樹も内務省警保局長として中央官庁のその中心から存分に手腕を発揮していた。唐沢が内相の後藤文夫を、永田が陸相の林銑十郎をそれぞれ支えつつ動かすこともできる位置であったから、これほど絶妙な関係はない。加えて、貴族院の原田熊雄という貴重な人材が輪に入っていた。彼は西園寺公の秘書として自在に駆け回っていた。男爵であり、そこから木戸幸一侯という別の住人も仲間になった。

きらびやかというべきか、こうした要路の人間が集まって、いつしか「朝飯会」となり恒例の顔合わせになった。時の軍務局長、永田鉄山が幅広く各界の実力者と会合を持つこと自体、何ら不思議ではないし非難されるべき行為ではない。また前述したように、これからの軍人は狭い視野に止まるべきではなく、政治経済その他にも見識を抱き、各界の人材と交わることが務めであるという信条を実行したにすぎない。

だが、陸軍部内では、ことに一部の青年将校の間では、こうした永田の行動が著しく不審な振る舞いとして受けとめられ、皇道派と呼ばれる若者の怒りを掻き立てることに繋がった。

「私は久しく田舎廻りをして東京に戻り、栗原などに逢つて、彼への評判の餘りにも悪いのに驚かされた」（以下『二・二六』）。瀏はその頃、時局に関する講演を各地で行っていたが、耳にする永田少将の悪評に気を揉んでいた。朝飯会は三井財閥や各界重鎮たちとのつながりを広げる結び目になっていた。青年将校にとって不快千万なサロンであった。

永田鉄山は合法的に政権を獲得し、自分の意図する国家改変を行おうとしているふうに見えた。「陸軍部内に漸次勢力を扶植し、幕僚組を手なづけて羽翼を張り、軍の統制と称して、その野望達成に邪魔なものを抜本的に片づけやうとして居る」にちがいないと彼等は信じ込んだ。

瀏、鉄山を叱る

思えば、村中孝次、磯部浅一の排除（いわゆる士官学校事件）は同志弾圧の序幕であり、真崎、荒木両大将の芽を摘んで林大将を躍らせたのも皆、永田軍務局長のしわざである。許しがたいのはかつて永田自身が国家改造案を作っておいて、その非難を荒木になすりつけて、かえって荒木を陥れようとしたことである。この奸物が軍の粛清や国家改造などを口にすること自体不遜である。皇道派青年将校はこのように憤ったのである。

断っておくが、筆者は右記のようなあらゆる策謀の中心にいつも永田鉄山が位置していたとは考えてはいないのである。その点については別の箇所でも考察しておいた。

雷同するということを嫌う齋藤瀏は、風評のまま当該人物を非難することはなかった。腹蔵なく語りおのれを空しうして相手の話を聞く。それが彼のやり方だった。

瀏は永田に会いにいった。そして彼に対する世評や青年将校の永田観を伝えた。その上で少しの自重や退歩を求めた。しかし、彼は従来に似ず応じなかった。寧ろ攻撃の態度をもって表情を硬化させた。永田が反駁しそれに瀏が忠言したやりとりがある。

「國家改造の如きは民間微力の者に何が出來るか、又隊附将校などがこれを考へることは、それ自體僭越ではないか。況んや獨善的にこれらの者が國家改造を自負して行動する如きは不埒と言はねばならぬ。予が動きは予の信念に基く、他者の容喙は不要である」

「君の信念に基づく行動と言ふなら敢へて何も言ふまい。然し私の特に忠告せんとするものは或は私的親交の上からかも知れぬが、君を逆賊視し、その生命をさへ狙つて居るものが有ると聞いたので、特に自重を勧めるのだ」

「いや有り難う、然し苟も大事を行ふ決意を持てば、生命の如きは問題ではあるまい、予は初めより覺悟を決めて居る」

「いやそこまで覺悟してやることならもう何も言ふまい」

　これが二人の交わした最後の言葉であった。

　瀏には永田に対する特別な思いがあったようだ。よって深く述懐している。

「永田中将が國家改造に就いて何處まで暗躍したか、そして亦國家改造を意圖した一部の青年将校や、これを支持する上層将校を排斥する為めその職権を利用したかは、観る人によつて異なる認識を以て（ママ）居るとしても、彼の葬儀の際、青山の葬場に飾られた花輪を見た者は、何ぞ一軍務局長に對し斯くも多く財閥、實業家方面、政治家方面からこれが贈られたかを奇異に思はぬものは無かつたことを耳にした。

　然し虚心坦懐に考へると、永田中将の死は眞に惜しまれるものがある。彼を失つたことは、國家の為め或は不幸だと思ふ。彼が生きて居たら、東條大将などはあゝまでならず又、武藤章とかその他後に東條幕下となつて東條を躍らせた幕僚も、永田の下でその力量を發揮し、太平洋戰なども或は起らずに濟み、國家の樣相も變つて居たかも知れぬ。これは筆者の永田ぼれであらうか」

蹶起した青年将校にはこのような齋藤瀏の心のひだは持ち得なかったようである。末尾の部分などは永田鉄山を惜しむ挽歌のように聞こえる。

第五章　齋藤瀏と青年将校

宿因の青年、栗原安秀

二・二六事件で首相官邸襲撃を指揮した栗原安秀は、蹶起将校の中で最も急進的な人物といわれてきた。この青年の野を駆けまわる少年時代を知っている齋藤瀏は、ときに同志から誤解されることもあった彼をよく理解して包容し、最期まで付き添った後見だった。当然、物心の支援もしたから瀏は幇助の罪となったのである。栗原の半面の性格、純朴で世間擦れのない優しいはにかみ屋といった特徴は関係史料にはあまり出て来ないが、明るく温暖な齋藤家の空気が自然と引き出したところもあるのだろう。瀏よりも娘の史がその辺りをよく観察して書いており、栗原安秀は運命的連繫をもった〈家族〉であった。

大正四年、瀏は妻と老母、娘の史を連れ、青函連絡船で北海道にわたった。教育総監部から旭川師団に少佐参謀として赴くことが決まったのである。旭川の住まいは一個師団全部が入る大集落にあり、官舎街は町から少し離れていた。齋藤史の回顧録『おやじとわたし――二・二六事件余談』によると、「父の同期生も多く、しぜん子供達も同年齢くらい。小学校は軍関係の者ばかりの、創立は皇后の御下賜金を元にしたという特別な学校でしたから、一クラス男女合わせて二十人前後、学校も一緒なら家でも遊び友達、一家そろってのつきあい――晩のご飯こちらで食べて帰ったら――という、家族のような、兄妹のような」誰も彼もが親族の一員といった繫がりの中にいた。

「そんな同級生に、栗原安秀がおりました。のちの、二・二六事件の栗原中尉です。そして下級生にはやはり同事件の坂井直がおりました。純真な少年達でした。栗原は私共の両親を、おじさん、おばさんと呼び、わたくしのことは男友達のように、史公《ふみこう》と呼び、こちらは女の子のように、くりこ―などと呼び合って、これは大きくなっても続きます。その最後まで――」

　栗原安秀は明治四十一年、島根県松江市に生まれている。陸軍大佐の父・栗原勇の転勤にしたがって旭川にやってきた。約五年を経て齋藤瀏が三重県津市に異動すると、栗原一家も四日市市に移り住むという具合で、家族のつきあいは途切れなかった。

　ちなみに齋藤瀏のその後は北九州小倉の連隊区司令官、関東大震災の年を挟んで再び、旭川の第七師団参謀長。ここで択捉島、占守島、捨子古丹島など千島列島の踏査の旅に出たほか、樺太（サハリン）の当時の国境付近も丹念に歩いている。「アメリカのリンドバーグ夫妻が北まわりで日本訪問に来、国民は大歓迎をしたのですが、そのときこれらの各島に細かく着陸しながら、じつは地図作製の秘密命令を受けていたのだという情報により、日本も急いで調査に取りかかったのでした。立ちおくれた日本の本格的調査の第一回でした」と史は書いているが勿論、父から直に聞いたものだろう。瀏は訪れた土地の歌は残しているが、北辺踏査について書き物にしたのはずっと後のことである。

　旭川から熊本へ転じたのは昭和二年。瀏は陸軍少将に昇進、第六師団の歩兵第十一旅団長に任命された。ほどなく大陸で居留民が襲撃される事件が続発して山東省に出動。邦人保護のため国民革命軍と交戦し済南事件を鎮めようとしたが、責任を取らされ待命に至った。二年後の昭和五年三月には軍職を解かれ予備役少将に退いた。元はといえば無定見な内閣と議会に翻弄された結果である。にもかかわらず、齋藤瀏がほとんど繰り言を残していないのは立派だった。

熊本の官舎を片付けると東京に引き揚げ、渋谷の道玄坂に近い大和田の家に仮寓することが決まった。陸軍省は再就職先をそっと用意していたらしいが、瀏が丁重に断わったという。軍人としては寂しいがおだやかな生活が始まった。そんなところにひょっこり訪ねてきたのが栗原安秀だった。栗原と別れたのは彼がまだ小学生の時だった。津から小倉に転勤する時は、家族を置いたまま単身で赴任したので、妻や史は栗原の中学生時代も知っているが、瀏とは長い空白であった。

浦島ではないが、齋藤瀏は歳月をとびこえて昔の少年と再会した。栗原はもう麻布歩兵第一連隊の古参少尉になっていた。軍服がからだによく似合う、颯爽たる好青年士官に育っていた。

「私が驚いたのは然し彼が少尉になつて居た事ではなく、彼の談話に出る政黨、財閥、特権階級等に關する語であり、國家改造の必要論であつた。昭和五年のことである」と『二・二六』で告白している。頼もしく成長した栗原の見識や思想に興味を抱いた。二人のやりとりはこう続いた。

「そんなことを近頃の青年将校は談り合つて居るのか」

「青年将校？　私共は既に士官学校時代から同志と相結んで研究して居ます」

「君が在校當時といへば昭和三年ころか」

「さうです。然し私共の先輩が研究して居たのは、大正末期頃からです」

好景気の最中、ただ浮薄した空気のなかで恒久平和の文言がとびかう時代があった。そんな時節にも研鑽を続けてきたのか、栗原の言葉は若くてやや独りよがりのところもあるが芯は通っていた。彼は済南事件の経緯を詳しく知っていて、不当な理由で待命させられ予備役となった事情をふりかえって憤慨した。また政党・政治家の堕落を強く批判した。

瀏はそこまで若い将校が問題意識を持っているとは思わなかった。栗原は整然と言った。「高義國防は、政治も外交も、超越して居ます。それ故、私共は高義國防の見地で、之を研究して居る……」

これを聞いた瀏は感心し、また素直に喜んだ。

「私は嘗てよりこの意見であつた。眞の國防とは國家を成立させ、之を圓滿に発展させる観念に基く、故に政治も、外交も、産業も経済も、教育も、そして思想も、國防の質であると信じて居た。そして研究もして居た。それ故私は安秀のこの意見に賛成した」

栗原のいう〈高義国防〉とはどういうものか。明確な定義を語っていないが、軍事力を高めれば国は守れるというような話ではないだろう。国防の本質を突き詰めて考えると民族、国家の生命に触れざるを得ない。国家を支える礎となり民族の命を生成発展させる中心が国防であると言いたかったようだ。外交、経済、教育、思想など、あらゆるものは国防の〈質〉だと齋藤瀏は言っている。国防が円の中心に位置する。こうした物の見方は今なら、通用するとか通用しないとかの議論で終わってしまうのだろう。けれども軍隊のない国では国家主権の理解もまた疎かなのである。栗原の思想、瀏の意見は、時代を超えて〈国力〉というものの本質に関わらざるを得ない。

ちなみに統制派の指導者たちが唱えた〈高度国防国家〉は世界情勢を認識した上で、あるべき国家組織を体系的にとらえたのに対して、栗原安秀の指す〈高義國防〉とは国体観念に根ざしたもっと原理的な国防理論の模索であるようにもみえる。

五・一五事件に対する思い

昭和七年の「荒木陸相に物を訊く座談会」(『文藝春秋』昭和七年九月号)では古城胤秀、直木三十五、菊池寛の三人が、齋藤實の挙国一致内閣で引き続き陸相を務めた荒木貞夫を囲んで話を聞いている。満洲事変以降の国策の方向や軍人の士気、日本人の覚悟などがテーマであった。面白いのは、荒木陸相が〈戦争道徳〉ともいうべき新しい精神的概念を語っていたことだ。

「軍隊にはいってくれば軍隊は道徳実行の機関である、道徳を実行せんがために最期の断末魔において、生死の巷において実行する。その間においても道徳を毀損せざる精神をもって、その観点に立ってやれば戦場というものは非常に神聖なものになってくる。それが軍隊教育である戦争の本意であります。それが日本道徳の実行で、日本道徳というものを頭に入れずして武器を持って行くことは不道徳、武器を持つ前にその精神を作って行かなければならん。戦場において血を見る時は、さらに一段その精神が燃えあがってこなければならん……」

皇道派の勢いが目立ってきた時期であった。国家総動員から国民と国民の戦争になるという予感の前に、これは荒木貞夫に限った精神論ではなく、また陸軍や在郷軍人に説くことは国民にも説いて、共に考えてもらわねばならないという土壌が陸軍部内に出来つつあったのだろう。風雲の急なる時代とはいえ、菊池寛や直木三十五らが黙って荒木の道徳講義に耳を傾けている印象があり、興味深い座談会であった。

この頃、予備役の齋藤瀏よりも、行動力のある現役将校、栗原安秀のほうが情報と知識に長けていた。瀏は栗原から世界の状勢、国内の事情と色々なことを聞いた。陸軍の青年将校がどのような心情でいるのか、またどのような動きをしているのか、詳しく聞き出した。栗原は海軍将校との付き合いもあった。民間の革新勢力についてもよく知っていた。例えば、濱口首相を東京駅で狙撃した佐郷屋留雄のことを立派だとしきりに褒めるのだった。

濱口内閣の蔵相だった井上準之助、三井合名理事長の團琢磨を暗殺した血盟団のメンバー小沼正、菱沼五郎のことも栗原の情報で知った。彼らが西園寺公をはじめ、主な重臣、政党領袖、五大財閥の代表約二十名を〈一人一殺主義〉によって暗殺する計画であることも聞いた。革新の気脈が多方面に通じていた。昭和七年は、年頭から内外で伏していた禍気が吹き出した年である。形となってあらわれたのは上海事変、満洲国建国宣言、血盟団事件、そして五・一五事件であった。

手記などから気づかされることがある。深く心をかけていたのか、齋藤瀏は五・一五事件を語るとき、過去の他の事柄を語るときより、恐らく胸に熱いものがあふれているのだ。そのため、歌にもうたって回想の手記に短歌を添えることが多くなった。憂国の情と死生観が織りまざったものになった。

「私は五・一五の詳細を談るが目的ではない。従つて之は省略する。然し私は當然斯くなるべき道程にあるを疑はなかつた。

發火温度ものの総てに來るまで圧へられつつ燃え耐ふる火か
これは大変なことだ。もしさうなつたら日本はどうなる、全部を焼き盡す為めに燃ゆる火でなく、不浄を焼き清める聖火でなくてはならぬ。火は直ちに消される。不浄物を焼いたら消えてよいのである。

個人木堂を悪むものあらずしか思ふにその木堂は殺されにけり

政黨の不浄を清め、黨人の不浄を清める。個人木堂には氣の毒に耐へぬが、然し國家が救はれるなら木堂は喜んで瞑目すると信ずる。

死を期して國を濟ふと起ちし汝が心にふれて批判をつつしむ

（中略）

事の是非敢てを言はじ命かけて遂げし心をかなしむ吾は

直接行動の許されぬ事は彼等も知つて居る。非合法的なことの好むものでない事も彼等は知つて居る。

だが、愛國の情熱は理智によつては抑へ得ぬ、茲に死の覚悟が當然となる。私はかかる情熱は批判を絶するものと思ふ」（『二・二六』）

犬養木堂の死については他の著書でも語っている。齋藤瀏は木堂のことを心に留めておきたかったのだ。軍人は戦場で死ねることが僥倖なのだとしばしば書いた瀏は、日露戦役かそれ以前の時期に、生死の決着はすでにつけていた。だからといって、それ以降、彼が生と死の課題において迷ったり惑ったりすることはなかったとは言わない。獄中の手記は、或る意味で生死をみつめて懊悩した告白記と言ってもよい作品だ。

木堂は軍人ではない。しかし、まつりごとを司る人間はその仕事に就いた時点で、命は国に預けたという気持ちでなくてはならない。その点で軍人と政治家とは共に滅私の存在なのである。これは変わり者の齋藤瀏のかたよった考え方だろうか。本当は現代の為政者にも向けられるものではないのか。覚悟なくして政治家になっては本来困るのである。瀏はふつうのことを言った迄である。個人としては可哀そうでもあったが、宰相としてはこれで本望ではないかと、瀏は言いたかったのである。

ところで五・一五事件について栗原安秀はいささか厳しい批判をしている。蹶起した海軍将校の心情と行動はわからぬではないが、その目指すところは狭小であり、眼下の情況に対して認識が不足しており、終局的に実現したいという理想も低く、したがって大義名分も高くはないというのである。

士官候補生だけが加わって陸軍の青年将校が起たなかったのは、はっきりした理由がある。海軍側の頭にあるのは海軍だけの課題だった。すなわちワシントン会議、ロンドン会議で主力艦保有量における屈辱的な軍縮を認めさせられたという憤懣に基づく。根本に立ち返ってみれば、この国のさらなる深い国難は足元に迫っているのではないか。政党、財閥、特権階級が国防を軽視し、国政を乱したうえ、外においては国威を失墜させ、内においては民心の頽廃、農民の疲弊をもたらした。また国際関係は一日の安定も得られていない。これが栗原の目に見える現実である。

ならば為すべきことは一つである。時弊を革正するには根本からの是正を要する。建国の精神に帰り皇国日本を確立すること、それ以外にない。

五・一五事件はあたかも軍備の充実が最終目標のようではないか。これでは「軍国主義日本建設の要請からかゝる行動に出たと誤解せられる」と栗原は海軍将校の浅慮を批判した。皇道派に対するわかりやすい誤解がある。それは皇道派は急進的であるがゆえに軍国主義日本を標榜していたという解釈である。二・二六に起った青年将校は急進的であっても、かつ求心的であった。高度国防国家の確立というビジョンを描いて遠心力の有効を信じたのはむしろ統制派の幹部や幕僚であった。軍国主義日本建設という概念で言えば、むしろ統制派の道標に近かった。左翼及び戦後民主主義のイデオローグが「軍国主義」を、戦前を全否定するときのレッテルとしてベタベタ貼ったものだから余計に混乱したのである。

快男児、石原廣一郎

二・二六事件の蹶起趣意書に通ずるところがあるが、栗原安秀が瀏に伝えた真情の部分を引いておきたい。栗原の語ったところを文章体に要約してしまっているが、これは齋藤瀏に言わせると「軍隊で学んだ癖」である。

「現下の政治は、一君萬民の政治でなく、堕落した政黨の黨利黨略による政治、財閥、特権階級の私利私營的政治である。天日が掩はれて萬民これを仰ぎ得ず、徒に塗炭の苦を嘗めて居る。従つて吾等が革新の基調はこの病根を除去し、皇國の眞姿を顯現するにある。一君萬民の眞の天皇政治を實現するにある。ここに相違がある。吾々は高い大義名分によって居る。封建的な現状勢を打破して、清新な國民を基調とする政治が實現すれば現下の諸弊は一掃し、國家は救はれると信じる」（同前）

ゆがめられた私利私営的な政治をやめて、天皇を中心とした清く正しい国民の政治が行われれば、あらゆる弊害は取り除かれ、あるべき国の姿が現われる。この栗原の意見に穏当を欠いたところはなく、偏したところもあるとは言えない。

士官候補生だけが合流したことから、陸軍将校の腰砕けといった批判も一部に生じたが、栗原は断乎として反論している。「吾々は軍縮を呪ふ如きは末梢で、それらの病弊を起生する根源の治療を企圖するものである」。栗原と同様、陸軍の菅波三郎、安藤輝三もまた蹶起を戒めていた将校だった。「共に起つてはならない」と制止した西田税は海軍と陸軍を分断させた首謀であると誤解され命を狙われた。

この頃、陸軍の若い将校たちはおおむね穏やかで中庸の自制心を捨ててはいなかった。理想を実現するための歩みを省くという衝動は起こしていなかった。齋藤瀏が耳にしたところでは、坂本士官候補生が海軍の中村中尉と会って、ただちに蹶起に賛同したとき、側に居合わせた相澤三郎少佐は「非合法行動はいかん」と中村中尉の軽挙を叱ったということである。調べてゆくと、永田鉄山を斬った相澤はむやみに激するということのなかった人である。この印象の隔たりは知っておかねばならない大事である。歴史は静かに見るを要する。

話は変わるが、石原産業の石原廣一郎は二・二六事件で禁錮十二年を求刑されながら無罪となった民間人の一人だが、元はといえば蹶起将校に対する資金援助を頼んだ齋藤瀏が彼を引きずり込んだという関係である。マレー半島で鉄鉱山を発見し開発を手がけた後、東南アジア各地と日本国内でも次々と鉱山開発を行って成功させた。加えて後発の海運業も発展を遂げてもう一つの主力事業に成長させた。石原は瀏よりほぼ一回り年下だが、国を思う情があつく意気に感じては助力を惜しまないスケールの大きい実業家であった。

一方で、中央政治に対して厳しい視線を送り、満洲事変をきっかけに南進論提唱を訴えるために帰国し、政治活動を各地に展開した。齋藤瀏が世論喚起と交流の場として活用した「明倫会」は石原の創設である。「彼の情熱、彼の人格、彼の改造意見、そして財力、殊に彼が今まで國家の表に現れたり、現れずに了つた、各種の改革行動者を陰に陽に支援したことを知つて居た」瀏は石原に絶対の信頼を置いていた。

栗原が瀏の家を訪れ、「これから資金が要るので何とかしてほしい」と言ってきたのは昭和七年の夏、彼が上海事件に出征し半年で凱旋したときであった。その日は、明倫会発会式の前日に当たり、道理のある話なら石原に紹介しようとも考えるが、筋の通らない話であれば会わせる必要もない。

「若い将校が金を持つことは、酒食、遊蕩の方に脱線する危険がある。第一、何に使用するのか」と瀏はまず問い返した。

「吾々の集合所倶楽部として一軒の家を借りる、そして電話を引く」と栗原は言いながら、頭に描いていた予算の内訳を事細かに説明した。その拠点となる家に必要な機械器具の購入費、研究学習のための資料書籍の購入費、各方面の専門家や有識者を招いての講義・講演にかかる謝礼と運営費、通信交通費、その他親睦費用、革新機運醸成の為の経費などについてである。

栗原が風呂敷を広げすぎていると感じたのか、瀏はそのような費用は醵金でやるべきだと突っぱねた。つまり貧乏でも同志が金を出し合ってやることが尊いのだ。それに識者を招聘して講義をしてもらい広く親睦をはかるという料簡がいけない。青年将校は矜持をもって「独自の見識に従つて独自的に所信に邁進すべく、他の民間などの示唆指導を受くべきでなく、連絡などするべきでない」ときつく忠告をした。民間には若い将校を利用し食い物にしようとする輩がいる。たとえ、そんな人間にひっかからないとしても、余所の権威に拠りどころを見出そうとする姿勢がいけない。軍人は軍人として自己を確立し世界観を持たなければならない。齋藤瀏の言葉や行動の至るところに現われる、これが信念の柱であった。

そうは言いつつ、醵金をするだけの余力を彼等将校たちが持っていないことは明らかだった。家族を養っている者も少なくない。ここは一つ、栗原を石原に会わせることにした。

日比谷公会堂で行われた明倫会発会式に栗原も同道し、その後、麹町の石原邸で語らうこととなったが、快男児、石原廣一郎は誰に対してもそうであるように、腹蔵なしに真っ直ぐ栗原に語りかけるのだった。

「自分は幾多の将校とも交渉がある。然しあのざまはどうか。将校将校と言つても、中には一般地方の衣食愛國家と違はぬものがある。金を得れば、昔の志士気取りで遊里に放浪し、壮言大語、或は政治人と結び、或は政治人に躍らされ、口ほどの事は何もせぬではないか」

石原の言う通りである。そのような将校はあちこちにいる。栗原は黙って聞いていた。石原はさらに軍内部に派閥が形成されているという噂を耳にしている、事実ならばもってのほかだと言い出した。

「軍の中に派閥がある、そんな内輪喧嘩の時と思つて居るか、今は眞面目に非常時日本を研究し、打開策を練らねばならぬ時だ。第一國家に對しても申し譯なく國民に對しても面目のない事だ。殊に君が攻撃する人々も、亦、他の事の功労者ではないか。流言や煽動者に乗ぜられたり、感情に走つて反目してどうなる。もし、内輪喧嘩をせず眞劍に國家の改造を研究すると言ふなら俺は勿論援助することを惜しまぬ」

派閥のうごめきについては瀏も薄々察知している。寸分たがわず石原と同意見だった。すでに派閥があるのなら、今のうちに打破しておかねばならないと瀏は強く懸念していた。

「吾々とて好んで對立するわけではない。出来れば、勿論一致団結することを願ふものだ」と栗原は応じたが、軋轢はなかなか戻らないという含みがあるようにも聞こえる。

「吾々隊附将校は相戒めて非難を受けるやうな事はせぬ。だが貴方から資金を貰つても貴方の指示通りに動くとは限らぬ。獨自の信念に従ふ積りだ。泥溝に捨てた積りで頂き度い」

強心臓の栗原安秀らしい言い方である。この時彼はまだ二十四歳の少尉。すべて国家の為とはいえ、金を無心する人間が「泥溝に捨てた積りで」差し出せと言えるものかどうか。恐れ入ると同時に、石原廣一郎の度量の大きさに感服させられるのである。

「勿論、俺がかりに資金を出すにしても、之を何に使へとも言はぬ。何に使ふかとも尋ねぬ。

そして又、何に使つたかとも聞かぬ。齋藤瀏君が引き受けるなら、出すことは惜しまぬ。何れ齋藤君を經て返事をする」

『日本改造法案大綱』を論ず

ここで注釈しておかねばならないが、栗原安秀は幼い頃から齋藤瀏を「おぢさん」と呼び、これは死ぬまで変わらなかった。齋藤史の随筆にもあるように、話すときも語尾は「です」「ます」と丁寧語を使っていたはずである。それに対して瀏は「栗原」「お前」と呼んでいた。瀏は簡潔な軍人の文体が身に付いてしまい、「流麗な表現は不得手である」とどこかで告白している。『二・二六』は事件の回顧録であり、前述したように栗原との会話も音の調子を捨てて意味を重んじて文章体に要約している。栗原の言葉がより横柄な物言いになっているのはそのためであろう。石原廣一郎氏に対しても丁寧に応じていたはずだ。

軍人は独立独歩、自分の見識に従って行動し自己の責任を明白にできるようにしておけ、というのが齋藤瀏の堅い信念だった。これは思想や理念に対する場合でも変わることはなかった。そのため、若い将校には古くて頑迷な、そして新しいものを受け付けない封建的守旧主義者に映っていたかもしれない。しかし、瀏は排他的であったわけではなく、また新しい思想を撥ねつけるといった傾向もなかった。実際、瀏は相手が年長年少のいずれであるかという観念を捨てて人と交わっている。当時の軍人一般の美風かもしれないが、瀏は議論好きであった。徹底して相手の話を聞き、自ら信じるところを語るという態度を大切にしていた。栗原と「四時間語った」、誰それと「六時間話した」などと手記にしている。

ところで、青年将校の行動に多大な影響を与えたとされる理論的指導者、北一輝について触れておく必要があろう。栗原がさかんに傾倒していたこともあり、また栗原に北一輝の存在を知らしめた西田税は、北から『日本改造法案大綱』の版権を授けられた直弟子であった。磯部浅一に至っては北の理論は完璧で「一字一句削ってはならない」とまで言って絶賛した。安藤輝三もこれを読んで北の自宅を訪ねた。ほかに北と面識のあった将校に村中孝次、中橋基明、菅波三郎、香田清貞、大岸頼好たちがいる。面識がなくとも感化された青年将校は相当な数にのぼったと考えられる。

渋谷の大和田から上池上の家に移転してまもなく、瀏は訪ねてきた栗原と長時間、議論することがあった。栗原には問い質したいことがあった。その頃、彼に限らず青年将校が「国家改造」について語るとき、基底の部分で何か共通するものがあることを感じていた。それぞれ自分の思いを語っているのだが、整然とした条理の根の部分は他の思想的教材があるように思えた。瀏の勘は当たっていた。

栗原に聞くと、参考にすべき良書は数多あるが、北一輝の『日本改造法案大綱』が一番具体的であり理論が一貫して瑕疵がないと褒めるのだった。目下、隊附将校の間では熱心に研究されているし、自分も魅力を感じていると打ち明けた。

話題の本は以前、『国家改造案原理大綱』として刊行されたが、国情に合わず危険思想を含むという理由で発禁となり、北が修正を加え改題して『日本改造法案大綱』を出版した。国家は議会を通じて改造されるという考えはもはや限界を来しており、軍事革命による改造にこそ道筋がつけられると諭し、天皇の大権発動による三年間の憲法停止、戒厳令の施行、華族制度の廃止、私有財産の制限を設けて、資本の集中を防ぐなどの具体的な措置を説いている。前提として〈非合法〉の手段を容認していることから、青年将校には教典のように広まった。

齋藤瀏のことだから北一輝を知らないというわけではない。自分なりの〈北一輝観〉というものも何となく出来上がっていた。けれど、この局面では栗原が熱烈に信奉するその理由を聞くことが先決である。彼は斬新な理論にすっかり感服したという面持ちで意欲的に語った。難解な書物に対して咀嚼が足りないとも感じられたが語り通した。栗原の意見は要約すると次のようになる。

――あの改造思想は歴史の進化哲学に立脚した社会改造説であり、日本精神の近代的表現であり、大乗仏教の政治的展開である。日本国体にぴったり一致している。

――決して外来の社会主義思想でなく、米国や露国にみる民主主義、共産主義でもない。またヒットラーの国家社会主義でもない。わが国体そのものを国家組織として政治機構として表現したものがあの大綱である。

――著者は国体論において「国民主義」を強く打ち出している。個人がその権威を認識されることがなければ国民主義と呼べない。権威なき個人の集まった社会は奴隷社会である。よって自覚した国民、自主的国民によって国家はつくられるべきである。

このほか世界連邦論、非日本的なるものとの闘争、日本精神の新たなる発揮、日本国体の真姿の顕現などについて、驚くほど雄弁に論じた。そして、あの法案は思想的に日本の国体に反するものではないと言い、発禁処分にした人は理解する力もない封建的思想の持ち主で、自分たちの現状維持、自己擁護をはかったものにすぎないと批判した。

瀏はこの日、終始聞き役に徹した。昂奮するほど栗原が北一輝に入れ込んでいる事実を知ることが大事であった。栗原と会って程なく今度は西田税の訪問を受けた。栗原は北一輝に関して瀏との間に疑団を残したままにしてはならないと考えたのだろう。西田という人間を知ってもらうと同時に、西田から先鋭な思想家の凄さを瀏に説いてもらう絶好の機会になりうる。

だが、栗原の意に反して、瀏は初対面の西田に対して延々四時間、北一輝について激しく論難したのである。その際の会話の趣旨を瀏は書き残していないので何とも言えないが、想像するに、論難の標的は二つあったと思われる。一つは『日本改造法案大綱』に流れる北一輝の思想体系そのものの批判であろう。もう一つは、軍人として逸脱してはならない矜持の問題があっただろう。

前者については、これも推察だが、齋藤瀏の国家観、歴史観と北一輝の国体概念とは相当の距離があって相容れないこと、進化論に基づいた社会改造など新思想の鋳型による不自然な国家論であること、大日本帝国憲法の「天皇」について否定すべき理由がないことなどから、青年将校諸君が仰ぎ見るように、瀏は讃辞をおくるというわけにはいかなかった。古代的信仰は消えることなく大和心は永久に吾々の胸に宿る、という民族精神を信じていた齋藤瀏には、北一輝の革命理論と国家改造への共感は遂に湧かなかったのであろう。

大正の末期から昭和初期にかけて台頭した共産党の革命戦略論と、右派思想家が牽引する国家改造の戦略論とは、水と油のようでいて、天皇制否定と天皇制絶対擁護の両者の対立的立場を除けば、微妙に近似するところが多いのである。天皇を頂点とする支配機構は軍と封建的勢力であるという説は共産党が繰り返し宣伝してきたところだが、旧制度においても天皇は支配的権力から常にはずれている。そうではなく、現実に支配しているのは資本主義である。これを打倒して初めて天皇中心の公正な社会実現の道筋が立つ。打倒勢力は思想的には封建的政治勢力であり、革命遂行者としては軍である。このように戦略理論を構築して衝撃的な影響力をもたらしたのが、北一輝とその周辺の国家社会主義シンパであった。

青年将校は自己の見識を持て

北一輝の国体論に瑕疵はないと栗原は絶賛し、西田も絶対的に信奉したのだが、齋藤瀏には天皇制に対する興味はなく、ただ天皇に対する畏敬と帰順の念だけがあったと言えばいいだろうか。栗原は最後まで瀏のこの深淵な部分には触れ得なかったようである。

もう一つの後者については、しばしば栗原を戒めた内容に関わってくる。軍人として逸脱してはならない境界とは何であろう。また軍人の分とは何か。瀏はきわめて素朴な節度というものを考えていた。それは明治以来の〈軍人の矜持〉というより〈武人の誇り〉に近かったのではないだろうか。

青年将校は青年将校として独自の見識をもって、また情熱をもって進まねばならず、他の指導を受けるべきでない。これが齋藤瀏の動かせない信条だった。取りようによっては硬直したセクショナリズムのように映るが、そうではない。軍人は、特にこれからの軍人は視野を広くしあらゆる領域の知識を学ばなくてはならない。経済、教育、文化などは〈国防の質〉と定義したのはまさしく、識見を磨くことと繋がっている。

但し、指導を他から受けることは断じて間違っていると、瀏は主張した。「他から指導するは青年将校を侮辱するものであり、指導を受けるのは青年将校の純眞性を汚し、また恥辱である」と西田に告げたのだった。『法案大綱』の批判に対しては「北さんもあの改造法案は執筆時の関係上今から見ればその表現の文字妥當ならずと思ふ節がある。しかし決して國體に許されぬ思想に基づいたものではなく、またそぐはぬものとは思はぬ。眞意を誤解される用語は改正したいと言つて居た」と瀏に言い返したのだが、北一輝であろうとどの先生であろうと、「他からの指導を青年将校は受けるべきでない」と強く言い放つ齋藤瀏に対しては、西田は何も言えなかった。

この主張において齋藤瀏にいささかのブレもないのは、〈皇軍〉の一人という意識、勅諭にある〈股肱〉としての絶対信念があったからだろう。「あくまで青年将校の権威を保て」と栗原にも叱ったのだった。彼が北一輝の本に魅力を感じていると告白したとき、「青年将校は何の為めにさうした具体的なこと迄で研究するのか。——改造後の政治——を我が手でやらうとでも思つて居るのか」と思想以前の根本的態度を問いつめた。栗原は瀏の深意がわからなかったのか「吾々は軍人で終始する。政治は——政治をやる人——にやつて貰ふ考へだ。然し凡そ希望し注文するものは、――自己に定見がなければなるまい。それで研究はする」と答えた。栗原はどうやら、起つときに起ったとして、そのあと政治家に希望するところを告げ、注文するところは注文するという姿勢なのだ。

事件で禁錮四年の判決を受けた末松太平は、『私の昭和史』の中で「もともと破壊消防夫である。焼跡の建造物の格好が、どうならなくてはならないなどの論議に首をつっこむ柄ではないし、また場合でもないと思うようになっていた」と、事件前の心境を綴っている。『改造法案』を含めて〈建設案〉というものには興味を失っていたとも書いていた。齋藤瀏が言いたかったのは、この末松太平のこざっぱりした態度のうつくしさだった。

栗原安秀という人物は見る人によって大きく変わる。固定した印象がそのままその人の性格であるということはない。人間である限り当然の話である。子供の頃の面影を残しながら精悍な青年へと成長した栗原を見て、齋藤瀏は目を細めた。

「彼は部下を愛し、信望を得て居、その情熱には部下も動かされ易いやうに思はれた。彼の頭脳は明敏であり、性質は剛直であり、挙措は軍人向きに明快であり、そして仕事に熱心で、何をやらしても、やつてのけ得る精力と努力とを持つて居た。彼のまけ嫌ひな性質が特にさうさせたとも言へやう。かうした彼は又涙ぽい所があつた。これが部下の心を引き付け得たやうだ。彼はよく私に言つた。『やれば大抵の事はやれるものですと』、従つて自信自負の心も相當強かつたやうだ」

前半の部分など、軍人としてこれ以上の讃辞はないと言ってもよい。後半もまた欠点とは言えず、涙もろさなどは人情においては美徳にほかならない。栗原の部下には農村出身の若者が多く、彼等が語るふるさとの窮乏のさまは聞くに堪えないといって涙をこぼしたことがあった。

末松太平が満洲の話を書いている。「戦死者が出ると、改めて留守家族の事情をしらべる。大抵貧困だった。意地悪く、弾丸は貧困な家庭の兵から、選り好んであたるのではあるまいかとさえ、ふと思うことがあった。が考えてみれば、どの出征兵士の家庭も一様に貧困だったのである」（『私の昭和史』）

事変で両手両足を失い生命だけは助かった兵が生家に帰ると、一家の没落を支えるために妹が遊女になっていた。この在郷兵は自分で何一つ出来ない。食べることも着ることもすべて人に頼らなければならない。「なぜ自分は生き残ったのか。この眼で貧しい家の生活、両親の苦労を見なければならないのか。なぜ死なずに帰って来たのか」と悔やむことしかできないのだ。この話をして栗原は泣くのだった。

一方では、プライドの高さや勝気の性格を前面に押し出すことも多かった。千葉の戦車隊に赴任したとき、栗原はとても嬉しいと語っていた。理由を聞くと「いざとなれば戦車が使えるから」だと言った。ある日、彼はひょっこり瀏の家を訪ねてきた。戦車隊をつれて富士裾野の廠営に行く途中で、今夜東京で一泊の予定だという。いきなり何を言い出すのかと思ったら、「やろうと思へば、私だけでも、この戦車を以てやれます」と栗原は威張ってみせた。後で知ったことだが、この日、西田税にも会ってうそぶいたらしい。「戦車四台でこれから事を起こしてもいいんだが」と。

瀏は書いている。「彼は時々駄法螺をふき、又豪傑ぶる癖があつた」。こうした栗原の傾向は若いからと許されるかもしれないが、好ましいとは言えず、過ぎたところがあると瀏は戒めた。彼は負けず嫌いが昂じると感情も抑えられなくなった。短所に違いないが、それでも瀏は無邪気さを買ってやってはいた。

ある時期、栗原安秀をめぐっては青年将校の間から「ヤルヤル中尉」といった渾名が聞こえてきた。口を開けば「やらねばいかん」と言い、「俺はやる、必ずやる」とも言ってまわったので、仕方がないといえば仕方なかった。西田税夫人などは「これは栗原さんの朝晩のご挨拶」と微笑んでいたらしい。末松太平中尉も当初は栗原の存在に重きを置いていなかった。「栗原中尉は十月事件のころは、同期生の溌剌とした後藤（四郎）中尉や片岡（俊郎）中尉にくらべれば影のうすい存在だった。同期生のなかには彼を軽侮するものすらいた。その軽侮したもののなかには、その後退転するものもいたが、軽侮された彼が、遂に初志をつらぬくことになるわけだった」（『私の昭和史』）。栗原と同期生二人は、末松の二期後輩の陸士四十一期生であった。

齋藤瀏は厳格な師のごとく、また篤実な慈父のごとく、栗原に接してきた。松本清張のように栗原安秀を〈驕児〉として扱い去ってしまう研究家もたしかにいる。そうした見方も出来ようが人間の一面しか見ない狭さがあろう。齋藤史は栗原安秀の清らかさ、素直さ、純朴さ、強さ、潔さ、優しさを見て、それ以外の諸々の性質は見えなかったかもしれない。童心をひらいて生きた幼なじみは永遠にそこが理解の原点である。栗原に寄せてうたった史の情念の歌は、齋藤瀏が持ち得ない別の心象の世界である。しかし、何と言おうと栗原安秀は死処を得た。有言実行で幕を閉じたのである。彼は最後まで齋藤の家の〈家族〉であった。

瀏を慕った将校たち

旭川時代、栗原安秀と史は小学校の同学年。一級下に坂井直がいたことは前に書いたが、彼も東京・渋谷の家によく遊びに来た。少尉任官から歩兵第三連隊（歩三）附となり、昭和十年には中尉に昇格していた。坂井の父・兵吉は三重県出身の予備少将で、齋藤瀏のやや先輩になるが、士官学校では一緒に教官をしていた。旭川では瀏が師団参謀を、兵吉が歩兵第二十八連隊附中佐を務めていて、ごく親しい間である。家族ぐるみの付き合いということでは栗原も坂井も同じであった。

坂井直の歩三には安藤輝三がいた。人間的、思想的に安藤大尉の影響を受けた将校、准士官、下士官が大勢いたが、坂井はもっとも身近につかえ薫陶を受けた一人であった。さかのぼって士官候補生時代には、区隊長の村中孝次にも指導を受けている。こうした出会いが彼の土台を作っていたといえるだろう。

歩三では一時期、秩父宮殿下が第六中隊長として勤務していた。宮が全幅の信頼を寄せていたのが安藤で、青森の連隊に転任になった後も、篤い交流は途絶えなかった。坂井直はその間に立って、連絡係を担っていたのである。

十一年正月、坂井は清原康平、林八郎を連れて遊びにきた。その折り、しみじみと語った坂井の話は印象深く、齋藤瀏も娘の史もそれぞれ手記や随筆に留めている。『二・二六』の記述を引いておく。

「私は嘗て、秩父宮殿下が隊附であらせられたので、或る時御殿へ伺候した。遊びに來いと申されたことを思ひ出して伺つたのであるが、私としては、現下の内外情勢に對し私の愚見も聞いて頂き、また殿下の御意見も伺ひたいと思つたからである。それで私は、忌憚なく、私の考へを申し上げ、そして吾々青年将校は、身を捨てゝもこの現状を打破し、國内革新を行ふ決意を持つて居ることを申し上げた」

秩父宮は黙って坂井の言葉を聞いていたが、やがて口を開かれ「予はつとにそれを知つて居る。何とかして改めねばならぬと思ふ。吾々同志は……」と返答されたという。

坂井は宮が「吾々同志は」と言われたことにひどく感激し、この日も声を震わせた。御殿参上の際、自分の決心をお伝えし、もしお叱りを受けたなら、自決する覚悟で短刀を懐にして行ったという体験も語るのだった。

一方、齋藤史の『おやじとわたし――二・二六事件余談』では、坂井が秩父宮の官邸に上がったという話は、お目通りの許可が得られて参上したのではなく、唐突に、お訪ねしたことになっている。「正式の御門からではなく塀を越えて、お庭を通り居間まで」歩いていき、面談が叶ったことになっているから、大変な仕業である。史の文章がより具体的な説明なのだろう。坂井が短刀を懐にして訪ねた理由がはっきりする。

坂井は無邪気であり「笑うと少年のような笑顔になる」と史は書いたが、正月を過ごして、齋藤家の親戚になった。偶然、史の夫・暁夫の姪との結婚が決まったのである。挙式は蹶起の半月前だった。「わたくしたち親類です、史姉さん」と言ったとき、坂井はまだ行動の予定などなく、何も予想していなかっただろうと、史は記している。

ほどなく坂井直は歩三第一中隊の二百十名を率いて、齋藤實内大臣私邸を襲撃し、次いで渡邊錠太郎教育総監の私邸を襲撃した。

坂井が連れてきた清原康平は任官して間もない〝新品少尉〟だった。劉が熊本の歩兵第十一旅団長であったころ、清原の兄が短歌をやっていた関係で知っており、弟と聞くとすぐに打ち解けた。清原は歩三の野中大尉の指揮下に入り、警視庁を占拠。その後、西園寺公望の秘書である原田熊雄の殺害を、栗原安秀から命じられていたことまでわかっているが、顚末は不祥な点があり実行はされていない。

林八郎も陸軍士官学校を卒業したばかりの少尉で、歩兵歩一連隊（歩一）機関銃隊の隊附だった。上海事変で戦死し、軍神とも呼ばれた林大八少将の次男である。二十一歳と蹶起将校の中では一番若いが、筋金入りの急進派と呼ばれていた。その林が栗原安秀の部下になったことで、国家革新への意志と直接行動とが結びついたと言ってよい。栗原と共に首相官邸を襲撃した。

劉に相談しに来たり、少し馴染みになって遊んで帰ったりする青年将校の表情は、史がよく観ていて、将軍と将校の上下関係でしかとらえていない劉より、ひだがある。栗原の同期（四十一期）といえば中橋基明と對馬勝雄がいる。

中橋基明は栗原と同郷。少尉任官から近衛歩兵第三連隊附。昭和八年十一月の「埼玉青年挺身隊事件」は首相、内府、政友会党首などを襲撃するという〈不穏事件〉に終わったが、実行計画は栗原と中橋が練ったものだった。これによって中橋は豊橋連隊、そして満洲に飛ばされたが、十年の師走に再び近歩三に戻ってきた。

齋藤史が見た中橋基明の様子は、ちょうどその頃か、年を越して年賀の挨拶に来たときの描写なのだろう。

「中橋基明。栗原と同じ佐賀県出身の、陸軍少将の次男で、のちの同志の一人ですが、おとなしい人で、マアジャンはよく知らないからと、そばで見て居ながら、わたくし達の口のやりとりに、笑うのでした。しかし、そのうちに彼の内部が、何かにとらわれてゆくのが感じられるようになったのです。どんなに楽しそうにしていても、以前のように心から手放しにはなっていない。むしろ、この家へ来た時だけは、自分を開放できる。その場を求めるようでもあり、もっとのちには、強いてひととき何も彼も押しやって自分を休めようとする——のを感じるようになりました。それが解っていても、わたくしには、どうしようもなかったのでございます」（同前）

仲間うちでも端正な顔だちと美的感性の高さが評判だった。二十八歳のそんな彼が、決意を示したときは、通常ならざる時間がもう流れていたに違いない。中橋中尉は第七中隊の指揮を執って、高橋是清蔵相の私邸を襲撃、蔵相を絶命させたあと、宮城に乗り込んでいる。

渋谷の家にも、上池上の家にも、記述がないので直接は家に来ていないのだが、對馬勝雄は、栗原、中橋の同志中の同志だったことがわかる。對馬は青森市出身。小学校時代から抜群の成績で、中学一年で終了し仙台幼年学校、士官学校と進んだ。弘前第三十一連隊附となり満洲事変に出征。帰国して豊橋陸軍教導学校附。事件では西園寺公望の襲撃目標を担っていたが、学校の将校や下士官の同意を得られず、同僚の竹嶌継夫と二人で上京。栗原隊に加わって首相官邸襲撃を果たした。對馬が獄中に作った漢詩に胸を打たれた末松太平は、『私の昭和史』の巻頭にそれを掲げて鎮魂の文を綴っている。

それから、ちなみに竹嶌は東京四谷の生まれで、對馬より一つ上の四十期卒業、牧野伸顕を襲撃した河野寿と同期である。竹嶌は首席・恩賜賞だったから、これもまた格別の優秀な若者だった。

家族のつきあいとは別に、齋藤瀏が忘れることのできない将校に菅波三郎がいた。

昭和三年五月、齋藤瀏は警備司令官として済南に臨んでいた。事件が勃発し、支那軍に向かって配下の各部隊に攻撃前進を命じたが、現地の西田領事がこれを阻止しようとした。このとき、応援に駆けつけてきた一人が憤然として刀を抜き、西田領事に向かって振り上げたのである。鹿児島連隊の連隊旗手、菅波三郎であった。「領事貴官の命は菅波が貰ふ」。この菅波大尉が今は多くの青年将校の信頼を得ているのであった。

明倫会の講演旅行

世人の記憶にしたがって物を言えば、昭和十一年という年は二・二六事件の衝撃が全てであって、世情の裂け目にあらわれた〈阿部貞事件〉があるほかは、さして重要事項がなかったように思える年である。が、事件に掻き消されてしまったが、一月二十一日に岡田内閣不信任が出され首相は衆議院を解散。二月二十日投票が行われ、与党の民政党が第一党となり、岡田首相は政権基盤を安定化させる道筋が見えたのだった。但し、六日後何も起らなかったらというその時点での話なのだが。

この総選挙には、齋藤瀏にも長野県の第四区から立候補したらどうかと薦める団体や個人があったのだが、勿論断わった。「今更、一陣笠になって何をする」という気持ちだったし、それ以前にそちらの世界が好きではない。「あの濁りに濁つた海中に陥ちたら、身動きも出来まい。俺は與へられた自由の天地の方が良い」というのが本心だった。

そこで郷軍同志会が公認した元海軍少将を応援するために二月二日に現地入りし、約二週間、松本市を中心に南北安曇、東西筑摩を走りまわる役目となったのである。さらに長駆その足で、京都に向かい同志の石原廣一郎に会い、彼の運動を助けて十九日まで滞在することにした。

齋藤瀏は明倫会の活動の一環として、要請があれば積極的に講演を引き受けてきた。この旅行でも大いに弁舌をふるった。海外情勢の変化、日本を取り巻く各国の状況、特に戦争を惹き起こす可能性のある国について分析をした。ひるがえって国内の閉塞した現状を訴えた。地方の農民、商工業経営者の困窮ぶり、その苦悩の実態を財閥、政党、軍閥、さらに重臣らが直視せず、彼らによって遮蔽されたまま、捨て置かれている事情があるのだと聴衆に知らせた。

瀏が声高に主張すると、会場に見張っていた警官がときどき「弁士注意！」という警告を演壇に放ってきた。が、そんなことで怯むほどやわではない。瀏はさらに踏み込んで、事態の深刻をわかってもらおうと声を張り上げた。

――内憂外患と言われているが、数年前の五・一五事件とは何であったか。責任ある立場に居ながら情勢を傍観した無作為が事件発生の素因である。海軍の後詰めには陸軍が残っている。国家がこのまま改革されないなら、後詰めの陸軍、青年将校が起つかもしれぬ。隊附の青年将校が起てば下士兵卒が従う。下士兵卒が従うということは兵器弾薬が共に動くということだ。もし、こうして堰を切ったようなことになれば、五・一五事件の規模ではおさまらない。これは由々しき事態と言わなければならない。よって、極力これを避けるためには、猶予はない、一刻も早く合法的な解決をはかることである。良選を議会に送ることである。

要約したこの演説の重点は、言うまでもなく最後の節にある。しかし、これを聴いた反対派、それは候補者の支援者か親戚かはわからないが、内容を歪曲して軍人会本部に報告するという変なまねをして、それが二・二六事件の後まで尾を引かせ、齋藤瀏を責めたてる材料に仕立てられた。青年将校たちを焚きつけ不穏な非合法活動をむしろ期待しているというような粉飾であろう。軍人会本部にはかつて瀏と公務の上で論争した某中将がいて、彼が歪曲報告書をまとめて自ら憲兵隊に持参し、検察当局に提出したことが判明している。取り調べの過程で、瀏の発言が明らかに歪曲されていたことがわかり、誤謬を訂正した。検察官は「訴えれば誣告罪が成立するが、貴官は中将を訴えるか」と聞くので、「訴えません。私にはその人が哀れに情けなく感じられます」と答えてこの件は終わった。

二月二十日、久しぶりに東京に帰った。午後九時が過ぎていた。東京駅の改札を出ようとすると、栗原安秀が軍服姿で立っていた。自宅に電話して瀏の乗る汽車の時刻を確かめ待っていたのである。

この夜の二人の会話は、大仰に言えば歴史を画するものであった。終生、忘れがたい時間だったのだろう、『二・二六』に克明なやりとりを書き残している。


「話し度い事がある。ここでは言へぬ。どこかへ席を設けませう」

如何にも事ありげである。いつもと異ってやゝ落ちつきも欠けて居るやうに思へた。

「では何處か銀座裏へでも行かう」

二人は自動車を呼んで、――すぐ交詢社近くの『水茶屋』に走らせた。

彼はここで若干の仕度を命じ、人拂ひをして口をきつた。

「これから、私が何を言つても、また何をすると言つても留めないと約束して欲しい」

「何んだ人を此處まで連れて來て、馬鹿くさい。俺は疲れきつて居、第一眠い。早く家へ歸つて寝たい。何でも早く言へ。とめぬ」

実際私は疲労困憊して居た。僅かの酒が廻つて、坐つて居るさへ大儀であつた。

「金が欲しい、至急用意して下さい」

「何にする」

「夫をいま聞かないで下さい」

「よし聞かぬ」

「金を用意してくれますか」

「やる——だが今はここに少しきりしか無い。何許《どれほど》あればよい」

「そんなに多くはもう要りません、いや多くてもいゝが、時に千圓もあればよいでせう」

「いつまでに」

「出来るだけ速く、ならうことなら明日中に」


瀏は当時、家に千円の金がなかった。しかし石原廣一郎がいる。今回の総選挙には明倫会も瀏を立たせようと後押しした。立候補したなら石原が選挙費用を持つとも言ってくれた。だが、自分は政治家になるつもりはない、それを伝えた上で石原には金の約束を取り付けてきた。「俺は立候補しない。立候補して落選したと思つてその金を俺にくれ。その金を何に遣ふといふことは今言へないが、選挙よりもつと価値ある遣ひ方をする」と図々しく要求すると、石原は黙って承知してくれた。よって、いつでも必要な時に金を用意してくれることになっている。

今日別れたばかりだが、京都の石原に長距離をかけた。急に金が要ることになった。至急送ってくれというと、まだ選挙事務所にいるので、あとで電話するという返事で待つことにした。

四畳半の部屋に追加の酒を頼んで対座していた。夜は更けて、他の客は大方帰ったのだろう、辺りは静かになった。瀏は沈黙しがちだった。ようやく栗原が訥々と語りだした。

「第一師団は満洲駐剳《ちゅうさつ》の為め三月末か四月には出発する。満洲へ行けば私共の居る間に、日蘇か、日支か、或は蘇支と日本との戦争が始まると思ふ。その場合、英米仏が向ふに加はる。どうも残念だが私共は犬死にしさうだ。それは死んでも、日本が救はれればよいが、或は……で……どうせ死ぬなら國内で死に、國民を國家を醒めさせたい。かくした方が國を救ひ得るやうに思へる。……それで國内で死ぬことに決めました。満洲へ行って了へば萬事水泡に歸します」

ここで栗原が今夜会いにきた理由のすべてがわかった。瀏の胸は熱くなっていた。酌み交わす酒もこれが最後になるのである。

「それで愈々蹶起すると言ふのだな」

「さうです」

「地方に居る同志は」

「呼應して、地方でやる事になつて居ます。何をやるかも、まかせてあります」

私は此等青年将校の先達とも言へる菅波は鹿児島に、大蔵は朝鮮に、それから末松は青森に、その他金澤、熊本などにも同志の居ることを知つて居、満洲にも彼等の同志の居ることも知つて居た。

「おぢさんもう留めないでせう」

「……」

私の胸はこみ上げて来た。だが、涙など見せてはならぬと思つた。體が自ら緊《かた》まつたやうである。

「よし留めぬ」

と言つたが、是だけでは心に承知せぬものがあるやうだ。

「留めぬばかりでは無い」

と言つた。そしてすぐ、

「さうなつたら俺も一緒に行かう」

と栗原を凝視した。私は少しは酔つて居たが、此の青年将校栗原の心が、たまらなくかなしかつた。


青年将校の先輩格として挙げた菅波三郎、大蔵栄一、末松太平の各氏の、その信念と行動はしっかり耳にしていた。この夜、栗原安秀をよんだ歌を手記に添えている。「思ひつめ一つの道に死なむとするこの若人とわが行かむかな」がそれである。京都から電話が来ないので、もうしばらくいると、最近、高橋是清蔵相が新聞に発表した「軍事予算抑制」の意向について、とても承服できない考えだと栗原は深く歎いた。瀏もこれについては憤慨した。蔵相談として掲載された記事は「軍事予算はあの位でよい。あれ以上軍が要求するに於ては、軍は怨府となるであらう。目下何れの國も日本へ戦を挑んで居る所はないのだから」というものであった。

栗原や瀏など軍人でなくても、高橋蔵相の対外認識、国際感覚の欠如は救いがたいと感じたところであろう。ソ連は常に日本に対して構えており、支那はいつでも狼煙を上げられる。その他の国もどのように絡んでくるか予断はゆるされない。一国の蔵相としてこの無感覚はむしろおそろしい。本庄繁大将の娘婿、山口一太郎大尉が危機感を覚え、高橋蔵相批判を印刷物にして各方面に配布したことも聞いている。

石原の電話は夜半、帰宅して受けた。明日、手配しておくから午前十一時に麹町の自宅に来てくれという。朝になって栗原にその旨連絡した。瀏が石原邸を訪ねると、栗原はもう来ていた。まもなく書生が銀行から帰って来、約束の金の包みを受け取ると、そのまま栗原に手渡した。

栗原はそこから百円を抜いて、瀏に渡した。「おぢさん、昨夜立て替へて貰つた金の一部を返します」。この金は再び二十七日に、栗原に渡すことになる。事件後、齋藤瀏の判決文に出てくる幇助の証拠になった金である。

実力行使の主力は誰か

かねてから噂のあった第一師団の満洲派遣は十二月に発表された。そのまま時を過ごせば何も起こり得ないし何も変わらない。焦燥は栗原一人のものではなかった。一方で、相澤三郎事件の軍法会議の日程も聞こえてきた。一月二十八日の開廷に向けて準備し、法廷闘争を強力に押し進め、相澤中佐の革新的使命を明らかにして、事件そのものが国家国民の遭遇する根本的問題から発していることを、大々的に知らせなくてはいけない。つまり、常軌を逸した個人的動機による殺人事件なんかにしてしまってはいけない。その運動に賭けたいと考える将校たちもいた。相澤被告の特別弁護人として満井佐吉中佐が名乗りをあげ、民間側からは政友会を脱党し公正にこの事件を論じたいと、貴族院議員で法学博士の鵜澤総明が弁護人に就いた。

しかし、栗原たちはもう別のことを考えていた。相澤公判は相澤公判、これを恃みとしたり、反撃の狼煙にしたりという気持ちはなかった。自分たちは自分たちのことをすればよい。実際、そうした思いを同志にぶつけていた。

多くの史料が教えているように、蹶起に対する決意は、相当以前から固められていた。事件の発意者である磯部浅一などは相澤事件の当日、前年の八月十二日に腹を決めている。西田税の言で胸騒ぎした磯部が陸軍省に自動車を走らせたことは述べた。予感は適中していた。

「往来の軍人が悉くあわてゝいる。どれもこれも平素の威張り散らす風、気、が今はどこへやら行ってしまっている。余はつくづく歎感した。これが名にしおう日本の陸軍省か、これが皇軍中央部将校連か。今直ちに省内に二、三人の同志将校が突入したら陸軍省は完全に占拠できるがなあ。俺が一人で侵入しても相当のドロボウは出来るなあ、情けない軍中央部だ。幕僚の先は見えた、軍閥の終えんだ。今にして、上下維新されずんば国家の前路を如何せんと云う普通の感慨を起すと共に、ヨオッシ俺が軍閥をたおしてやる、既成軍部は軍閥だ、俺がたおしてやると云う決意に燃えた」（磯部浅一獄中手記『行動記』）

だが、蹶起の具体的決断ということになると、師走になっても正月を迎えても明らかにならなかった。明らかでないのは無作や懈怠を意味するのではない。実力行使は水面下の策定作業が九割、皆がさとるようになる表の仕事は最後の一割である。磯部浅一や栗原安秀はそれぞれ自分の範囲で可能性を探っていた。

磯部が描いていた最初の蹶起計画は、田中勝とその部隊（市川野重）、河野寿（所沢飛校）、磯部だけの三者の単独的決行だった。標的は岡田首相と齋藤内府のみ。政変を見たらそれでよしとする考えだった。磯部は一月にその計画を改訂してみたが、山本又（予備少尉）を加えただけだった。野戦重砲連隊以外は兵力を持たないので規模としてはやはり小さい。「他部隊に迷惑をかけずに歩一、歩三など、多くの部隊を残しておこう」（同）というから自分たちが先陣を務めて終わりにする。後日、また主力が何とかするだろう。やるだけやればいい、うしろのことを気を採む必要はない。磯部らしい考えであった。

ところが二月に入り、栗原が「相当なる部隊を出し得る」と言い出したことで、局面はがらりと変わってきた。栗原の歩兵第一連隊の中、二百名も動けば大変な兵力になる。同期の中橋基明は満洲から帰り、再び近衛歩兵第三連隊に復帰している。栗原が起てば中橋が起たないわけがなく、さらに相当の兵力が加わる。実行計画はそれに伴って大きくなり岡田啓介、齋藤實のほか、牧野伸顕（元内府）、鈴木貫太郎（侍従長）、西園寺公望（元老）が襲撃目標になった。このことは一瞬の政変を見るだけでなく、軍中央部と政府に改革を迫るという意味を持ち、本来の国家革新の企図に近づく。

決行の計画を進める上で、どのような顔ぶれで誰と誰が引っ張っていくのか。寄り合い所帯でいくと、これまでの未遂事件のような失敗をまた招く。磯部の『行動記』によると、二月十日夜に歩三の週番司令室に集まった安藤、栗原、中橋、河野、磯部の五人を主力の同志として、今後も定期的に会っていく約束をしている。この会合を「A会合」とし、これには他の者を参加させない。他の同志を参加させる会合は「B会合」として、はっきり分けることを確認した。会合を二つに分けたのは、指揮の主体を明確にしておきたいからである。A会合の同志は「実行部隊の長」でなければならない。もう一つの理由は秘密保持である。A会合には村中孝次がまもなく加わって六人になった。

安藤輝三大尉の去就

松本清張の『昭和史発掘6』では、二・二六事件の〈蹶起前夜〉ともいうべき昭和十一年一月、二月に青年将校が何を語りどのように行動したかという足跡をつぶさに調べてある。時々、人物評価が固定的で乱暴と感じることもあるが、青年たちの決断、葛藤、逡巡のぶつかりを経て、決行当日になだれ込んでいく過程が再現してみられる労作である。次の会合記録は「憲兵司令部関係資料」に基づいて清張が整理したもので、参加者などに多少の誤りがあるかもしれないと断わっている。いずれも蹶起将校には重大な意味を持つ緊迫の会議である。引用しておく。

「①二月十二日夜。第四次竜土軒会合（香田清貞・安藤・野中各大尉、栗原・新井勲・丹生誠忠各中尉、高橋太郎・常磐稔各少尉、磯部、村中ら十七名）

②十七日か十八日頃。栗原宅会合（村中、磯部、安藤、栗原）

③二十二日。栗原宅会合（中橋、河野、村中、磯部、栗原）

④二十三日。歩三営内の会合（（野中、村中、香田、安藤）

⑤二十四日。歩一営内の会合（野中、栗原、香田、丹生、林八郎、村中）」

竜土軒は日本のフレンチの草分けで麻布龍土町（現在の六本木七丁目）にあった。独歩、藤村、紅葉ら文士が集い、その後将校が贔屓にした。監視が強まるとみて、将校は①の十二日の会合を最後に竜土軒を利用しなくなった。それが却って不穏と見られたのだが、外を使うのをやめた。この夜は相澤公判問題がまず話し合われ、散会後、A会合の四人と香田が残った。憲兵情報では「磯部、村中、香田の三人が不満な顔をしていたこと」「栗原が二十分で中座したこと」が報告されている。安藤の〈決行拒否〉の表明に対し、村中、磯部らが激昂したときの表情を見落とさなかったのである。短気な栗原は席を蹴って帰ったのかもしれない。

②の栗原宅会合は、磯部の『行動記』によると十八日になっている。事件後の栗原の調書では十九日である。これはどちらかの記憶違いというのではなく、夜を徹して日を跨いだのだろう。やはりこの夜、安藤輝三は「今はやれない」「時期尚早」ととなえて決行に反対したため、村中が責め立てている。

③の二十二日の栗原宅会合は大変重要な意味をもっている。安藤が欠席したのは、この日、歩三の週番司令に就いたからである。安藤はこの朝、訪ねてきた磯部に対して決行の決心を伝えたのだった。「廿二日の早朝、再び安藤を訪ねて決心を促したら、磯部安心して呉れ、俺はヤル、ほんとに安心して呉れ、と例の如くに簡短に返事をして呉れた」（『行動記』）。これによって会合は活気づき、初めて実行計画の全体が語られたであろうことは想像に難くない。歩三が参加することの重さを確かめたのである。

④の歩三営内というのは安藤の週番司令室のことである。二十三日夜の会合は決行計画の最終決定を行う重要な会議になった。

⑤の会合は歩一営内の週番司令室で行われた。安藤と同様、歩一では山口一太郎が週番司令に就いていた。前夜の決定事項を確認し、さらに細部の打ち合わせを行っている。名前が脱けているが、中橋、磯部も出席している。細部の中には〈死角〉の有無も入っている。香田は栗原よりも近しい関係ではない丹生中尉の参加について心配し、栗原に聞いた。覚悟は大丈夫なのか、というのである。栗原は香田を営内の丹生のところに連れて行き、丹生の頼もしい言葉を聞かせて安心させている。野中四郎もまた歩三の準備の遅れを心配していたが、安藤のことだからしっかり間に合わせてくるだろう、といった確認をしたわけである。それまで二月二十五日を決行の日としていたが、この会合で二十六日に決定したと、中橋調書にある。

ふりかえって、この決行計画に向けた一日一日の流れの中で、歩兵第三連隊の安藤輝三大尉の去就がどれほど他の青年将校の出方を左右し、意思決定に影響を与えたか。その存在の大きさにあらためて驚かされる。早い時期に武力行使を決めていた栗原、中橋、河野、村中、磯部たちにしてみれば、自分たちが牽引の主力を自負していたのであり、歩兵第一連隊中心の決行計画で完成させられないはずはなかった。磯部などは、誰かを頼りにするという考えを捨ててかかるほうで、最初から単独的行動を念じていた。「歩一がやらぬでも、歩三がやらぬでも、独力決行するつもりでいたのだから、安藤の時機早しとの意見に左右される程の事もないと考えた」（『行動記』）というのは正直な思いだったろう。そのくせ、自分が提案した最も中核となるべき同志のA会合に、安藤を最初から入れていたのである。これは矛盾でも何でもない、この人間を外して出発することはできないと磯部自身が思っていた証である。

青年将校は日頃から部下を思いやり、一人ひとりの身上にも心を砕いて生きてきた。人として心服させられないでは、下士官兵は就いて来ない。部下たちの安藤大尉に対する敬慕の深さ、信頼の強さは、他の部隊にも広く知られるほどであった。彼は指導的立場にありながら、なぜ決行の決意を延ばしてきたのか。それは兵を動員することの意味、兵を使う責任の重さを誰よりも真剣に考えていたからである。下士官、兵は私兵ではない、天皇陛下の軍隊である。十二日、竜土軒でなじられると「わたくしは村中さんや磯部と違い、部下を持った軍隊の指揮官です。責任は非常に重いんです」と返している。

この言葉に安藤の真情が滲み出ている。村中は潔くないと怒り、磯部は優柔を叱ったのだろうか。そんなものではなかったことを、二人はよく知っていただろう。事件前夜にいたる山場はここに存していた。必要を感じて安藤輝三に焦点を当てたが、やや長くなった。

朝、電話のベルが鳴ったら

かくして二月に入ってもどんよりと停滞していた雲は、十八日になってようやく吹き払われた。栗原宅会合に集った中核の同志は、それからの一日一日を確と刻印を押すようにして過ごし、事を進めた。齋藤瀏は二月二日に東京を離れ、総選挙の応援と時局問題をからめた講演の旅に出ていたので、将校の動きなど何も知らなかった。しかし、たとえ東京に居たとしても栗原や中橋が瀏の家を訪ねて、大事を報告するというような真似はしなかっただろう。全てが最高の機務として廻っていた。そうしてみると、栗原が東京駅の改札で待っていた二十日の夜が、金の工面を切り放して考えても、ぎりぎりの告知の時であったことがわかる。

　銀座で瀏に決意を伝え、翌二十一日に石原廣一郎が準備してくれた金を受け取り、二十二日は再び栗原宅会合を開いている。ただ、二十三日は変則的な行動を取らざるを得なくなった。豊橋陸軍教導学校の對馬勝雄、竹嶌継夫に会い、金を渡さねばならない。毎日のように憲兵にマークされている栗原である。変装して軍人臭を消し妻も同伴させて汽車で下った。そのため歩三の週番司令室会合には出ていないが、安藤の参加は周知されていた。二十四日、豊橋から戻った栗原は歩一営内の会合に臨んでいる。実質的に、決行計画最後の会議であった。

　二十五日、栗原は大手町の東京海上ビルにいた瀏を、東京駅の食堂に呼び出した。数日前の銀座の夜とはちがって栗原の顔は晴々としていた。『二・二六』に二人のやりとりがある。

「おぢさん、天佑があって、今まで苦心捜索して居た『牧野（伸顕）』の所在が分かりました。彼は湯河原の旅館に居るのです。――これは確實、同志及び憲兵からの知らせです。實行の日が決まつて、牧野の所在が不明なので、情なく思つて居たのに、――それが前日の今日判つたのです」

　彼はほんとうに嬉しさうに涙を湛へてから言つた。

「それで明日、早暁電話のベルが鳴つたらやつたと思つて下さい。そして大體成功だと、―

—もしベルが鳴らなんだら——いやきつと鳴るやうにします——然しこれからはもう、しみじみお話する機會もないと思ひます、或は、これが永久のお別れとなるかも知れません……」

彼に似げなく静かな言葉であつた。二人は人目を避ける為め食堂には初めから入らず廊下の一隅にあつた卓によつて居たのでここであわたゞしく麦酒を酌んだ。

「成功を祈る」

と私はコツプを擧げた。今生の別れとなるかも知れぬこの別れと思ふと、私は何も言ひ得なくなつた。

「忙しいから……」

と彼は立ち上がつたが、思ひ就いたやうに私に言つた。

「おぢさんのことは、最後の會議の日に初めて他の同志に告げました。夫まで誰もしらなかつたやうです。歩哨線通過を許すものゝ中に加へることにしました。なほ、帽子か服の何處かに使用郵便切手を貼つて置いて、それを歩哨に見せれば、通過出来ます」

彼はかう言って立ち上がつた。そして確かな足取を以て階段を下つて行つた。

私は彼が去つてもしばらく其處に腰を卸して居た。牧野伯の居處が判つたと愈々私に報告して實行の可能となつたことを告げに来た彼、最後の訣をする為めに来た彼、見送った私の眼は曇つた。

食堂の廊下のわずかな時間に、栗原はこれまでやってきた決行準備の数々を説明した。齋藤實邸、高橋是清邸の偵察をすませたこと、夜間演習を想定し部下を率いて予習させたこと、牧野伸顕邸に対しては裏山をさぐり機関銃の位置まで決めてきたことなど、周到な努力の積み重ねを語った。

瀏は栗原の堅い実行力を知っていた。彼なら首尾よく成し遂げるだろうと思った。以前、こんなことを語っていた。「成功させる自信はある。目的を達成するのに、どうしても非合法的手段を使わなければならない時も、まごついたりしない。不成功にならぬよう十分準備を整えている。いざとなれば疾風迅雷で成し終える」というものだが、この時はもう、若い頃によく自負心にまかせて放っていた栗原の大言壮語ではなかった。

第六章　運命の四日間

雪の朝

東京の空は二日前から雪模様であった。沫雪《あわゆき》はやがて固くなり視界をおおって二月二十六日の早朝には、市内を銀世界に変えていた。私事にすぎないが、この三十年ぶりの大雪の朝のことを、筆者の母は浅草で、義母は根津で、共に大正末期の生まれであるから少女の眼と肌で記憶に刻んでいた。戦前の出来事に疎い筆者の心には長い間、事件といえば、大雪の朝、そしてさかんに報ずるラジオ放送の二つだけしかなかった。「今からでも遅くはない」の有名な文句は、母の記憶がたりによって自分に来たものである。

ここで二十六日から運命の四日間を調べ、鎮定までの顚末をたどってみる。

事件に処して齋藤瀏がどのように行動し何を語ったかについては、自らの回想録『二・二六』に多く依拠している。ただ、歴史的事件の細部は一般に伝えられているところと異なる点もある。当然である。根源的な視野に立てば、細部どころか事件を生んだ思想や力学からして解明できていない部分が大きいのである。可能な限り他の有力な史料や記録とも照らし合わせた。なお新旧の資料を参照し事件を描写するのに、混用の煩雑をさけるため、この章では資料原典や齋藤瀏の手記の引用部分を除いて、新仮名遣いに揃えて再現した。

齋藤瀏は還暦には届いていなかったが、額も後退して坊主頭に白いものも目立つ五十七歳になっていたはずだ。最後の別れになるかもしれないと挨拶に来た栗原は二十七歳である。一言で言えない思いが交々とわきあがり、成功を祈りながら、その半面心で泣いた。考えたなら因果なことである。非合法行為にその生命を賭するのである。ここまで来たのは騎虎の勢か、或いは追い込められてか、と思った。悲しくないわけがない。その夜、劉は寝つけなかった。

それでもどこかで眠りに落ちたのだろう、気がつけば夜が白むのがわかった。時計はとっくに五時を過ぎていた。連絡がないのは失敗か、と思った瞬間、けたたましく電話のベルが鳴った。栗原だった。

「私ども青年将校は愈々蹶起し、今払暁、岡田啓介、齋藤實、高橋是清、鈴木貫太郎、渡邊錠太郎を襲撃し、岡田、齋藤、高橋、渡邊を斃し、鈴木に重傷を負わす。西園寺公望、牧野伸顕の襲撃は成否不明」と簡潔に報告し、次いで劉に依頼した。「おぢさん、速やかに出馬、軍上層部に折衝し事態収拾に努力して下さい」と言って電話を切った。

無駄なく軍人の折り目正しい口調をもって事情を説明した上で、私的関係に戻して「おぢさん」と呼びかける。栗原が沈着に行動できている証しである。

「とうとうやった」と叫んで部屋に戻ると、家族が集まってきた。

「栗公たちがやりましたか」

「やった」

「行きますか」

「行く」

短いやりとりを終えると、至急車を手配した。飯を炊いている暇はないので、食麺麭《めんぽう》を焼かせて軍服に着替えた。麺麭は軍隊用語でパンのことである。車が来ると急いで乗り込み、行き先の首相官邸を告げた。外は雪だった。町は一面白く往来に人はなく静かに沈んでいた。

坂道を上り首相官邸正門に近づくと、街路に機銃を据えて、撃ち手が雪上に伏している。その前方に歩哨が銃剣を握って立っていた。

車を降りると、「誰か？」と刺突《しとつ》の構えをとる歩哨に名乗った。

「豫備陸軍少将、齋藤瀏」

そして胸隠しの裏に貼った郵便切手を彼に見せた。

「お通り下さい」と歩哨は旧の姿勢になって顔を和らげた。

「栗原中尉は」と聞くと、「案内します」と入れ代わって中の兵が応えた。彼が先頭に立って門内を進んだ。この寒さの中、歩哨もこの案内の兵も外套を着ていなかった。

「外套は」

「持ってきていません」

「朝食は」

「まだであります」

「食べるものは何もないのか」

「麺麭を少し食べました」

寒さと空腹とを心配し、瀏はかわいそうに思ったが、彼らはさして気に留めていなかった。このとき瀏は「御苦労、御苦労」と声をかけたのは確かだが、それが事件後の公判で問題になった。反乱軍を労った廉《かど》で、幇助が成立するというのだった。門内には自動車が整然と置かれ、運転手の兵が座席に就いていた。歩哨線の内側にも、そして今いる場所にも薦被《こもかぶ》りの酒樽がでんと置いてあるのは奇異に感じた。兵に聞くと、「無名の有志が今朝かつぎ込んだ」という説明である。

官邸の玄関に立っていると、ほどなく栗原がやってきた。軍装凛々しく、瀏に挙手の礼をした。態度も動作も落ち着いていた。が、顔の色は少し青ざめているように見えた。

栗原はこれまでの経緯を説明した。襲撃した後もほとんどそのままにしているが、泥にまみれて中庭に斃れていた首相を、元の寝床に運ぶように兵に指示したという。

「一国の総理だ。無礼のないように」と瀏は忠告した。栗原は配慮はすでにしていると言い、瀏に「御覧になりますか」とうながすので、彼の案内で首相の寝室に向かうことにした。

床に横たわった屍に合掌すると、「首相でしょうか」と栗原は訊ねた。これまで岡田首相を新聞などの写真で見てはいるが、直接会ったことはない。また官邸に首相以外の人間がいるということも知らない。したがって何となくうなずくほかなかった。念のため「寝床は此處だけか」と聞くと、「邸内を隈なく調べましたが、寝室はこの部屋一つしかありません」と栗原は応えた。

そのとき、「吉良上野介は炭部屋だったかな」と無意識につぶやいていた。つぶやくと同時に、それなら一通り見回りすれば済むことだという気になった。栗原らの首尾を疑ったわけでもない。信じたわけでもないが、官邸を包囲する栗原隊二百九十一名の兵力は完璧であり、遁してしまうという手抜かりは考えられない。そして実際に、栗原と見回りを終えたのだが、瀏の胸に残ったのは自身がつぶやいた妙な余韻だけであった。

「私の口からこんな言葉が出た。なぜだか私にもわからぬ。私はそれから栗原の案内で室々や風呂場臺所を見て廻った。首相官邸はどんなものか知りたい好奇心もあったわけだ。然し女中部屋は遠慮した。ここも栗原は調べさせたと言った」

二人とも女中が縮こまっている部屋は素通りしたのだ。

「首相でしょうかと栗原が確かめるように言ったことを後で考えると、栗原にも何か多少の疑念があったのかもしれぬ。しかしこの時には、どうしても首相を斃すという気持は薄れて居たようであった」

奇妙なことである。歴史にはこうした隙間のような時間が生まれることがある。思考しているようで無思考に身を任せ、行動しているつもりで実は引き返しているようなことがある。

岡田啓介首相の生存

栗原隊が官邸に着いたのは五時少し前であった。

ただちに官邸を包囲し軽機関銃を玄関に据えて、五時きっかりに襲撃を開始している。護衛警官の応戦で市街戦のような壮絶な現場となった。そのため、目標の岡田啓介首相にまみえて攻撃するという手順は踏んでいない。混乱のさなかに首相とおぼしき人間が斃れ、しばらくは現場を保存していた。

結論からいうと、ここにおいて歴史的誤認が行われ、別人を首相と思い込んで事を終えたのである。首相の身代わりになったのは首相の義弟、松尾伝蔵大佐であった。

栗原は中庭で射殺された老人の顔を一瞥したとき、和室に掲げてある総理の写真を持って来るよう命じ、顔写真と老人の面を交互に見て、丁寧に確認した。「よし」と言ったかどうかわからないが、栗原は本人に違いないと納得したのである。松尾は目鼻輪郭から背丈、年格好がそっくりである。伝えられるところでは、事件のずっと以前から、松尾は有事に身代わりとなるつもりで側近になったとも言われている。そうであれば栗原の落ち度ではない。テレビで毎日、総理大臣の顔を観られるような時代ではなかったのだから。

史料をあたってみると当時、官邸には四十人近くの護衛警官が泊り込んでいた。だが、詰所は寝込みを襲われ瞬時に武装解除され、ほぼ全員が軟禁されている。首相の傍で身辺警護していたのは巡査長はじめ数人だけ。官邸には警視庁につながる直通の非常ベルがあり、それを押して知らせたが、駆けつけた警官のトラックは襲撃部隊が張り巡らした警護線に引っかかり、官邸に近づけなかったということである。首相を守ろうと応戦した四人の警官が松尾大佐と共に命を落とした。

瀏がふと訝しく思い、栗原と一緒に見回りしたとき、女中のいる部屋だけは遠慮した。これが最後の機会であった。栗原のどうしても斃すという気持ちは薄れていたようだと瀏は見た。この気持ちは瀏とても同じだったのだ。そうでなければ、栗原の詰めの甘さを戒めていたはずである。しかし一方で、瀏が奇異だと思った官邸玄関の四斗樽は、栗原が部下に命じて買ってこさせた酒だった。松尾大佐を斃したあと万歳が起こり、勝利の乾杯をしたという。この辺りの振る舞いが、安藤大尉などとは違って栗原が他から〈驕児〉呼ばわりされる弱点だったのかもしれない。

ところで、この経緯を回顧した『二・二六』は昭和二十六年四月に改造社から上梓されたものだが、遺言のつもりで真実を綴ろうとした齋藤瀏の文章は他の著作と比べ硬質で直線的である。

そんな中に肩の力を抜いた文が時々散見される。岡田啓介首相の生還に関する感想もその一つである。瀏は青年将校の純真を信じ全力で後押ししていた存在でありながら、一方で、世間にある常識の価値を尊んで、偏することをきらっていたことがよくわかる。

首相の生存が報じられたとき、巷に勝手な噂話が生まれた。それはもともと二十六日に首相は官邸に居らず、小石川の待合に居たというものである。外から官邸の誰かと電話で交換した跡があるという話があり、その後、騒ぎを知って赤坂某所に移ったというのだ。

その後、首相自身の回顧録でその事実は否定されているから、一応は問題にならないのだが、瀏の胸には異なる思いが出没していた。

「然し、假に風説の如く官邸に居らず、待合に居たとしても、國務を缺いた譯でもなし、人間のやる事をやつて居て、悪いことをしたでもないので問題にはなるまい。又首相が豫《あらかじ》めこの事あるを慮《おもんぱか》り巧みに肩すかしを喰はしたとしたら、口惜しがるのは蹶起将校であつて、世間は或は快哉を叫んだかも知れぬ。首相も女中部屋などで窮屈な思ひをせずにすみ側近もあんなに苦心せずに濟んだであらう。私は、あの風評の通り首相が官邸以外の場所に居て、俺は此處に居るよと意外な處から現れた方が、などと餘計なことを考へるのであつた」

これを書いた齋藤瀏は事件から遠ざかり、評論家のような気分で語ったというわけでなく、五・一五の犬養木堂を悼んだと同様の意味で、岡田啓介の奇跡的生還を是とし安堵もしているのである。加えて、岡田は海軍大将である。政治家としての功罪、宰相としての才器、個々の人格の傾向など評価は様々であろう。しかし、それらと青年将校たちの蹶起の根拠とは直接繋がるものではない。つまり彼らの行動は要路の人間に対する憎しみからではない。将校の中には正義と憎悪が結びついて蹶起の情熱に換えていたと思われるふしがないではないが、それは二義的なものである。「口惜しがるのは蹶起将校であつて、世間は或は快哉を叫んだかも知れぬ」というところには瀏のリアリストの態度がある。この人は人間として大抵のことは容認できたのである。

世間に余り知られていないが、出獄後、岡田元首相から会いたいと要請があり、或る人を通じて二人は会見している。岡田は、内外情勢について意見を聞くと同時に、近衛内閣後、誰が総理にふさわしいかを齋藤瀏に尋ねたかったという。瀏はその面談の機会をとらえて、事件渦中の消息を聞きたいという誘惑にかられたが、「その勇気がなかった」と述懐している。瀏の人間性に気づくところがあってこんな話を加えた。

蹶起趣意書

首相官邸にまず駆けつけた瀏であったが、大事な仕事はそのあとである。陸軍省に乗り込み事態の収拾をはからなければならない。事態収拾とは、青年将校が抜いた刀を鞘に納めさせるということではなく、維新の大義を通して政治を変革するという困難な仕事の着手である。手配した自動車に乗ると栗原も同乗してきた。走りながら、気になることを尋ねた。「通信網に対して、どんな処置を取ったか」。襲撃から二時間余。新聞社、通信・放送網を放置しておくと外国に、特に米英露に対してつまらぬ情報が伝わる危険がある。「まだそこまで手が届きません」。栗原はうかつだったという顔をして焦った。

陸軍省裏門を通り官邸玄関前で降りると、栗原はそのまま取って返して首相官邸に戻った。軍用トラック三台に機関銃班の約六十名を出動させて、有楽町の朝日新聞社ほか五社を襲撃した。朝日の襲撃が午前九時頃、最後が時事新報社で九時五十分頃であった。いずれも計画にはなかった機転の行動であった。

官邸に入ると川島義之陸軍大臣が軍服で洋卓の向こうに、対面して青年将校二名が座っていた。歩一の山口一太郎大尉と同連隊長の小藤恵大佐である。また入り口付近に三名が控えていた。これは香田、村中、磯部であった。外に歩哨が立っているほかは誰もいない。「殺気のこもった静けさ」の中に瀏が分け入った。

「予備陸軍少将齋藤瀏、今早暁かくかくの電話に接し、ただいま参りました。居っても宜しう御座いますか」

川島は教育総監部に勤務していた時の上司で、互いに浅からぬ間といえるが、あえて格式に則って挨拶をした。そして机上に「蹶起趣意書」を見つけたので許可をとって手にした。

蹶起趣意書

謹んで惟《おもんみ》るに我が神洲たる所以は万世一神たる天皇陛下御統帥の下に挙国一体生成化育を遂げ、終に八紘一宇を完《まっと》ふするの国体に存す。

此の国体の尊厳秀絶は天祖肇国《ちょうこく》神武建国より明治維新を経て益々体制を整へ今や方に万方に向つて開顕進展を遂ぐべきの秋なり。

然るに頃来《けいらい》遂に不逞凶悪の徒簇出《そうしゅつ》して私心我慾を恣《ほしいまま》にし至尊絶対の尊厳を藐視《びょうし》し僭上《せんじょう》之れ働き万民の生成化育を阻碍《そがい》して塗炭の痛苦を呻吟せしめ従つて外侮外患日を逐うて激化す。所謂元老、重臣、軍閥、財閥、官僚、政党等はこの国体破壊の元兇なり。

倫敦《ロンドン》海軍（軍縮）条約、並に教育総監更迭に於ける統帥権干犯、至尊兵馬大権の僭窃《せんせつ》を図りたる三月事件或は学匪共匪大逆教団等の利害相結んで陰謀至らざるなき等は最も著しき事例にして、その滔天《とうてん》の罪悪は流血憤怒真に譬へ難き所なり。中岡、佐郷屋《さごや》、血盟団の先駆捨身、五・一五事件の憤騰、相澤中佐の閃発となる、寔《まこと》に故なきに非ず、而も幾度か頸血《けいけつ》を濺《そそ》ぎ來つて今尚些かも懺悔反省なく、然も依然として私権自慾に居つて苟且偸安《こうしょとうあん》を事とせり。露、支、英、米との間一触即発して祖宗遺垂《ゆいすい》の此の神洲を一擲破滅に堕らしむるは火を睹《み》るより明かなり。

内外真に重大危急、今にして國體破壊の不義不臣を誅戮《ちゅうりく》し稜威《みいつ》を遮り御維新を阻止し来れる奸賊を芟除《さんじょ》するに非ずんば皇謨《こうぼ》を一空せん。恰も第一師団出動の大命渙発せられ、年来御維新翼賛を誓ひ殉死捨身の奉公を期し来りし帝都衛戍《えいじゅ》の我等同志は、将に万里征途に上らんとして而も省みて内の世状に憂心転々《うたた》禁ずる能はず。君側の奸臣軍賊を斬除して、彼の中枢を粉砕するは我等の任として能く為すべし。

臣子たり股肱《ここう》たるの絶対道を今にして尽さざれば破滅沈淪《ちんりん》を飜へすに由なし。

茲に同憂同志機を一にして蹶起し、奸賊を誅滅《ちゅうめつ》して大義を正し國體の擁護開顕に肝脳《がんのう》を竭《つく》し以て神洲赤子の微衷を献ぜんとす。

皇神皇宗の神霊冀《ねがわ》くば照覧冥助を垂れ給はんことを

昭和拾壱年弐月弐拾六日

陸軍歩兵大尉　野中四郎

外同志一同

（香椎戒厳司令官『秘録二・二六事件』より）

机上にはもう一枚の書類があり、瀏が手にとると次の「要望事項」であった。二月二十二日に栗原宅で行われた会合で決定したものである。

一、陸軍大臣の断乎たる決意に依り速に事態を収拾して維新に邁進すること。
二、皇軍相撃の不祥事を絶対に惹起せしめざること。
三、軍の統帥破壊の元兇を逮捕すること。

四、軍閥的行動を為し来りたる中心人物を除くこと。
五、主要なる地方同志を即時東京に招致して意見を聴き事態収拾に善處すること。
六、前各項の實行により事態安定を見る迄蹶起部隊を現占據位置より絶對に異動せしめざること。

これら六項目は『二・二六』からの引用だが、原文にある幾つかの要点が省かれているので補足する。

一では、事態収拾を急ぐことは勿論、「陸相を通じて天聴（天皇が聴くこと）に達せしむること」という重要な語句があった。これこそ維新断行の要となるものである。

二では、「警備司令官、近衛、第一師団長及び憲兵司令官を招致し、その活動を統一」することを指示している。これらトップの一致を見て、初めて皇軍相撃つことが避けられるとの見解である。

三の「元兇」とは兵馬の大権を干犯した人物で、宇垣一成朝鮮総督、小磯國昭中将、建川美次中将の三人を挙げている。

四の「軍閥的行動」をしてきた中心人物とは根本博大佐、武藤章中佐、片倉衷少佐の三人で即時罷免を要求した。

五、六については原文通り。但し、「ソ連威圧のため荒木貞夫大将を関東軍司令官に任命すること」の一項目が抜けている。

これに加えて、青年将校が必要とする人物の、陸相官邸への招致を要求した。その中に齋藤瀏が入っている。蹶起前日、栗原安秀が「おぢさんのことを同志に告げました」と言ったのは、事態収拾の現場に来てもらう有力な人物として会合に諮ったわけである。

大将は切腹の覚悟ありたし

陸軍大臣官邸の占拠は丹生誠忠中尉が指揮した。歩一第十一中隊、約百六十名が官邸に到着したのは午前五時五分で、栗原隊が首相官邸に着いたのとほぼ同時刻である。ただ、ここの目的は要人襲撃ではない。軍上層部に蹶起に至った意図や事情を認めさせ、上奏してもらうことである。天皇の是認によって初めて維新体制の樹立がかなう。達せられなければ〈国家革新〉は挫折する。その意味でここからが維新断行の正念場なのである。参謀本部、陸軍省を包囲し外部と遮断させて制圧。陸相官邸において決死の働きかけが始まろうとしていた。

重責を担ったのは香田清貞大尉と、免官になっている磯部浅一、村中孝次の三人であった。当初、香田が蹶起計画の中心グループ「A会合」のメンバーから外されていたのは、この陸相官邸における上部工作の構想に専念してもらうためだとされている。

しかし、事は難航した。川島大臣が寝室から一向に出て来ないのである。憲兵は「大臣は風邪を引いている」と言って面会を拒み、夫人に約束を取り付けるもさらに一時間が経過する。結局、小松光彦秘書官を伴って大臣が出てきたのは午前七時であった。

香田大尉は「蹶起趣意書」を読み上げると、帝都の地図を広げて指し示し、払暁からのすべての襲撃目標とその成果、蹶起将校の名簿一覧を大臣に説明した。次いで「要望事項」を読み上げたところに連絡が届いた。教育総監の渡邊錠太郎大将の襲撃が終わったという伝令であった。

これを聞いた川島陸相は呻《うめ》くように言った。

「皇軍同士が撃ち合ってはならん」

すると首相官邸から戻っていた栗原中尉が、後方から進み出て「渡辺大将は皇軍ではありません」と言い放った。陸相は黙ってうなずくしかなかった。

そして「よし、わかった。君たちの要望事項は自分としてはやれることもあればやれん事もある。勅許を得なければならんことは、自分としてはなんともいえない」と見解を述べると、今度は香田がいきり立ち「閣下、そんな鈍《なまくら》を言っていては駄目です。勇断をしてください」と詰め寄った。

齋藤瀏の出番であった。

「事態のここに到れる責任は軍上層部に存在すると思う。それで彼ら青年将校の主張及び終極の目的とするところを生かすように臨機徹底的に処置してほしい。行動は穏当を欠くも蹶起の趣旨は諒とすべきものである。その精神を活かすように御努力を望みます。また忠か不忠かを決定し、截然《せつぜん》と処置する必要があるでしょう。然しながら皇軍相撃つようなことは絶対にあらしめてはなりませぬ。宜しくお願いします」

川島陸相はすこぶる困惑の模様であった。

「何にしても我輩一人では……誰か呼ぼうか、荒木は」と言いかけると、青年将校は一同「荒木を呼ぶことには不同意」と叫ぶので、では、誰を希望するのかと瀏が尋ねると、「真崎大将を呼んで頂きます」と応えた。

「真崎を呼ぼう。それにしても電話が通じぬので……」と、陸相が回線の不通を訴えたことから、瀏はただちに電話復旧をはかるよう指示した。さらに、蹶起部隊の兵士が外套も着けず朝食も取らずにいることが気になり、ちょうど小藤第一連隊長の顔が見えたので声をかけた。

「罪人でも飯は食わせる、着物も着せる。あの下士以下に外套を着せ、朝食を食わせる処置をしてはどうでしょう」と言うと、連隊長は承知してくれた。電話が通じるようになると、まもなく巨漢の将が玄関先に姿を現わした。山下奉文少将であった。

出勤時間になったからであろう、俄かに付近が騒々しくなった。陸軍省、参謀本部に続々と登庁してくるのだが、今日に限っては省部の将校であっても、通行許可リストに名前のない人間は一切入ることは出来ない。激しい押し問答となって銃剣で追い払われるので、官邸の門の辺りで大勢が立ち往生する始末である。

ちょうどその頃、真崎甚三郎大将の車が玄関にすべりこんできた。その姿をみとめた磯部元大尉は駆け寄って、「閣下、統帥権干犯の賊類を討つために蹶起しました。情況をご存じでありますか」と一気に語った。

それに対する真崎大将の返答が、後々まで議論を呼ぶ重大な一言になるのである。

「お前たちの心はヨオッわかっとる。ヨオッーわかっとる」

磯部はこれを聞いて力を得たのか、「どうか、善処していただきます」と語り、大将に伴って入った。正面から話が通じる真崎、山下が邸内に入ったことで、広間の空気も熱を帯びてきた。

午前八時を過ぎた頃である。官邸の玄関前で銃声が鳴り響いたので、瀏が出ていくと、片倉衷少佐が負傷し倒れていた。撃ったのは磯部だった。蹶起したら、見つけ次第倒すべき相手として、武藤章中佐、根本博中佐、片倉衷少佐らの名前をリストアップしていた。磯部は村中と共に、でっち上げの士官学校事件（十一月二十日事件）によって逮捕され、罷免されている。間諜を使った辻政信大尉の注進を真に受け、二人を処断したのは片倉であった。弾は急所をはずれ片倉の命は無事だった。

真崎大将が一連の報告を受けたところで、齋藤瀏が口を開いた。

「かかる事態を惹起した責任は軍上層部に無いとは言えぬ。何にしても閣下は速やかに参内し、この蹶起の趣旨を奏上し、忠君愛国の至誠に基づくものであるが故に、御宸襟を安んじ給わるように御計らい願いたい。しかし、もし御咎めがあったら、大将は切腹を覚悟ありたい」

あなたが為すべきことはこの外にはないのだ、という決然とした物言いだった。

「わかっておる。俺はこれから行くところがある」と瀏に言うと、真崎大将は陸相にひと言ふた言何かを語って部屋を出ていった。

真崎甚三郎については別の章に、齋藤瀏が見た〈陸軍首脳の人物像〉として取り上げた。そこでも、ちょうどこの陸相官邸でのやりとりに触れたが、真崎は「齋藤瀏予備少将に脅迫された」と軍法会議で語って検察官をも呆れさせた。皇道派の象徴として絶えず注目を浴びてきた重鎮である。しかし、人物評価となると、これほど落差の激しい人もいない。それまでの真崎甚三郎に対する人望の高さ、期待の大きさはどこに由来したのであろうか、と長く陸軍史の上で興味の対象になるのだろう。

午前九時、事の推移についていけず虚ろな面持ちの川島陸相はとにかく参内することになり官邸を出た。代わって陸軍次官の古荘幹郎中将が入ってきた。陸軍大学校の同期である。また、その前後には石原莞爾大佐も姿を見せていて、憮然とした態度で様子をうかがっていた。

「なんだこのざまは、皇軍を私兵化して……。言うことをきかぬと軍旗を奉じて討伐する」と高ぶって言い放ったため、側にいた将校が刀の柄に手をかけて殺気が走った。

「待て」と瀏がこれを制して、石原大佐に言った。

「君の見解は見解として、今それを言う場合ではあるまい。またそう昂奮せずに穏やかに話してはどうか」

すると、石原は瀏を睨むようにして応じた。

「なんだ予備の齋藤少将が……」

「予備の齋藤だが、動員令があれば、現役の大佐の長官ともなる。罵倒はやめられよ」

その頃、新聞社襲撃を終えて栗原が官邸に帰って来た。石原大佐の顔を見つけると近づき、毅然と問いただした。

「大佐の考えと私共の考えは根本的にちがうように思えるが、維新について如何なる考えをお持ちですか」と詰め寄ると、「僕はよくわからん。軍備をよく充実すれば昭和維新に繋がるというものだ」と石原は答えた。栗原は拳銃を握ったまま、「どうしましょうか」と磯部のほうを向いている。撃っていいのなら撃ちますよ、と言いたげである。磯部が黙っていると栗原は引き下がった。

石原は何かぶつぶつと言いながら部屋を出て行った。

そうした折りに、古荘次官が二人で話をしたいと言ってきたので、廊下をへだてた小さな部屋に行った。

「もう、やるだけはやったのだから、部隊を集結し兵営に帰るように勧めたらどうか」

膠着した情況を見て、次官は考えあぐねたのだろう。瀏は次のように応えた。

「彼らは必死の決意で起ったのだ。今、とりあえず集結帰還をうながしても聞くわけがないだろう。目的が達せられるよう努力してやるとか、希望をかなえてやるとか、言質なり約束なりを与えないかぎり、動かない。また蹶起部隊の兵には農村の子息もいる。彼らは現実の生活苦に悩む農村を知っている。これを救済する政治の革新に期待をつないでいる。こうした気持ちを理解したうえで善処してほしい」

「いったい青年将校は自分たちで政治でもやる気なのか」

「とんでもない。彼らはそんな気持ちは毫も持ってはいない。要望するところの政治は、政治人がやってくれればそれでよいのだ」

「それなら、誰に大命が降りることを願っているのだ」

「わからぬ。おそらく、それを問うたなら真崎大将とでも答えるだろうが、私はそこまで要望することはよくないと思っている。とにかく彼らは、彼らとして、政治に望みを託しているのだ」

齋藤瀏らしいわきまえである。「分」や「身の程」ということの重さを彼は信じているのである。しかし、数時間前、非合法行為によって政府要人は葬り去られている。働いたのは彼ら青年将校である。それならば、彼らは自分たちの「分」を軽々と乗り越えてしまったというべきである。ここに日本にしか起こり得ない矛盾がある。外国ならば即、軍事政権樹立となって政治に乗り出すところである。この国はちがう。大命は降りるものであり待つものである。古荘次官が「政治でもやる気なのか」と質したことはごく自然であった。齋藤瀏の中では、宰相を斃すことは善でも、宰相を指名してすげ替えることは悪なのである。但し、この場合の善には手を下した側の「死」もまた必然である。起つということはそういうことだ。

不可解な「陸軍大臣告示」

参内すると言って官邸を出た川島陸相は、ほとんど茫然自失の状態であった。齋藤瀏から青年将校の精神を汲んでやれと叱咤され、真崎大将からは早く戒厳令を布いて事態を収拾しろと怒鳴られ、何の判断もつかぬまま皇居に向かった。

天皇が事件を知ったのは午前六時二十分であった。御起床を願った上で報告をしたのは当番侍従の甘露寺受長で、彼に一報が届いたのはそれより約四十分前のことである。その時点では、侍従長鈴木貫太郎の負傷、内大臣齋藤實の死亡が伝えられたが、天皇は静かに聞きながら、他の被害者の有無をたしかめ、直ちに身支度して事態に処する意を表明した。その後、侍従武官長の本庄繁、侍従次長の広幡忠隆を頻繁に召して、下問があった。

武官長の『本庄日記』によると、川島陸相の参内は午前九時頃であったが、御前に進むまで相当、時間がかかっている。『昭和天皇実録』では、午前十一時十三分に「陸軍大臣川島義之に謁を賜い、事件の情況について奏上を受けられる」とある。心情はどうであれ、事件を起こしたことは甚だ不本意である。天皇は「速やかに鎮定せよ」と陸相に命じた。事件の一報から、天皇は断乎たる姿勢でのぞむ決意でいたのである。

ところが、陸相は判断力はおろか理解力もすでに欠いていたのか、天皇の意を汲むことができず、このあと開かれた軍事参議官会議では、鎮圧方針を提案するでもなく、傍観傍聴して重鎮の議論にまかせてしまった。その結果、より問題を混乱させる「陸軍大臣告示」の公布に至ってしまう。

軍事参議官会議とは、正式には天皇の諮問によって開かれる。しかし、この日の会議は陸軍大臣が招集する非公式会議である。つまり、宮中で行うとしても、実質は私的会合であった。会議は正午ごろから始まった。参内したのは、寺内寿一、真崎甚三郎、荒木貞夫、阿部信行、西義一、植田謙吉、林銑十郎の各大将、それに東久邇宮、朝香宮両皇族参議官も出席した。また別室に香椎浩平東京警備司令官、杉山元参謀次長、山下奉文軍事調査部長、石原莞爾作戦課長たちが控えていた。

同会議の経緯は、大谷敬二郎の『昭和憲兵史』に詳しく記されており、「川島陸相より今朝来の事態について報告を聴取してから対策を協議したが、荒木大将の発言が有力で大勢を支配した」とある。

荒木が語ったのは、武力行使を避けて撤退させるには、どのように蹶起将校たちを説得したらよいか、という点に絞られるが、この発言に「陸軍大臣告示」の原型となる主旨が全部含まれている。すなわち「お前達の意図は天聴に達したことである。われわれ軍事参議官もできるだけ努力しよう、お前達は速やかに兵営に帰還し一切は大御心にまつべきである。お前達が引き揚げたのちにわれわれは国運の進展に努力することができる」というものであった。

参議官たちは当を得たものと荒木の提案に賛同し、説得の一案に仕上げることが決まった。荒木は山下奉文に口授し、山下と村上啓作軍事課長が表現と語句の適正をはかって文章化し、さらに参議官たちが推敲して作り上げたものが「陸軍大臣告示」となったのである。

陸軍大臣ヨリ
二月二十六日午後三時二十分
東京警備司令部

一、蹶起ノ趣旨ニ就テハ　天聴ニ達セラレアリ
二、諸子ノ行動ハ國體顯現ノ至情ニ基クモノト認ム
三、國體ノ眞姿顯現（弊風ヲ含ム）ニ就テハ恐懼ニ堪ヘズ。

四、各軍事参議官モ一致シテ右ノ趣旨ニ依リ邁進スルコトヲ申シ合セタリ
五、之以外ハ一ニ大御心ニ俟ツ

午後四時頃であった。古荘次官が鉛筆書きの紙を持ってきて濁に示した。演習の時などによく使う報告用のメモ紙に「告示」があった。

その時、一読して大づかみをし、側にいた青年将校に渡したのだが、後で首を傾げるようなことがあった。後刻、資料として入手したガリ版刷りと、どうも中身が異なっている。「親しく次官から受け取り、自分の眼で見たものとは違っているように思われるが、あの際のことで明確な記憶がない」。そう記しているが、違和感を抱いて当然だったのである。

当初、原案では「天聴ニ達セラレタリ」であったものが、「天聴ニ達セラレアリ」に変わっている。「タリ」と「アリ」とでは天地の隔たりがある。前者は、天皇に受け容れられたということである。だが、後者は「天皇にお届けしている最中」とも読めるし、「天皇のお耳に一応届いたことは届いているが」といった曖昧さを含む。

「告示」は東京警備司令官の香椎浩平中将から警備司令部の安井藤治参謀長に電話で伝えられ、印刷して近衛師団、第一師団に送られた。その前に、荒木大将が山下少将に命じて、これを陸相官邸の蹶起将校に伝えさせている。

山下少将に託された〈陸相布告〉は青年将校の判断を大きく左右する。張りつめた空気の中で将校たちは時運の好転するのを待っていた。その情況は、児島襄『史説　山下奉文』が活写

している。

「山下少将は午後二時すぎ、官邸にきて、香田、村中、磯部、野中、對馬ら将校を会議室に集めて、告示を読んだ。とたんに、對馬中尉から質問がとんだ。軍当局は自分たちの行動を承認したのですね、という。すると、山下少将は、『では、もう一ぺん読むからよく聞け』と再読した。こんどは磯部元大尉がたずねた。つまりは、『義軍の義挙と認められたのか』と。疑問が起るのは当然だといえる」

将校たちは山下の朗読によって初めて「告示」に接したのだが、すでに原案とは違う文面になっていた。「穏やかに帰還させる」ために修正が施されていた。前述の「天聴ニ達セラレアリ」もそうだが、第二項の「諸子ノ行動ハ国体顕現ノ至情ニ基ヅクモノト認ム」についても「行動」は「真意」に換えられていた。「行動」ならば、蹶起が国を憂うる行為として認められたことになる。しかし、「真意」となると全然違う。平たく言えば「気持ち」である。「お前たちの気持ちはよくわかる」。けれども「蹶起」は許さぬという言い方が担保される。したがって、對馬や磯部が問い返したのは自然である。

同書は続けている。

「最後に『大御心ニ俟ツ』というのは、すでに好意ある大御心の発露が近い印象を与えるが、同時に、うまくいかなくても大御心なら仕方ないぞ、という〝引導〟にも聞こえる。

しかも、山下少将はなんらの解釈を加えず、磯部元大尉の質問にも答えず、三たび朗読をくり返した。磯部元大尉らとしては、キツネにつままれた感に襲われざるを得なかった」

几帳面な齋藤瀏はこうした作為が嫌いであったし、陸軍の不甲斐なさを感じたようだ。「こんな変な事が、軍事参議官、陸軍大臣、戒厳司令官の間にある。これだけを見ても当時の不一致、責任の転嫁の情況を伺い得る。誤伝誤記などの問題ではない」と歎いた。それと共に、次の感想は事件から離れてからの回顧であろうが、上下のあらゆる人間が混迷の渦に放り込まれていたのだから致し方なかったという見方もしている。

「青年将校を誤魔化し、事件拡大を防ぐための小細工であったという解釈も出来るし、また作成当時は無理押しも出来たが、その後宮中の空気に鑑み、責任回避の上から出た仕事だとも言われるが、当時情勢が如何に混沌として居、また呉越同舟議論区々であったか知られる」のだと語っている。

曖昧さを感じたものの「大臣告示」を聞いた青年将校はおおむね朗報と受け取った。次官からもらった紙片の「告示」メモを傍らの将校に渡した時も、瀏は彼らのホッとした顔をみている。

青年将校を期待させる決定がこの日の夕刻に続いた。警備司令部から出された「軍隊に対する告示」（警備命令）がそれで、蹶起部隊を「戦時警備部隊の一部」として共に管内の警備に当たらせるという決定である。さらに、第一師団司令部が発令した「一師戦警」によって、蹶起部隊をそれぞれ歩兵第一連隊長、歩兵第三連隊長の指揮下に入れることも決まった。今朝、襲撃した部隊に市内の治安を守れというのだから転倒しているが、将校たちを喜ばせたことは確かである。

齋藤瀏はこの日、午後五時に有楽町の朝日新聞社を訪ねている。短歌の師である佐佐木信綱に頼まれ、副社長の下村宏に会う約束があったからだ。だが、ここは八時間前に栗原安秀が襲撃したばかりである。そこに軍服姿の予備少将が訪問したので従業員が慌ててなかなか通してくれない。丁寧に説明してやっと会えたとのことである。

何ともさばさばしているというべきで、こんなところは齋藤瀏の面白い側面である。栗原の襲撃は自分が車中でアドバイスしたから起きたのである。活字箱を引っ繰り返し輪転機を止めたのは間接的だが齋藤瀏である。とにかく事件の長い一日が暮れていった。

蹶起部隊の行動のあらまし

ここで一旦、この日を振り返っておく。青年将校が率いたそれぞれの部隊がどのような行動を起こし何をもたらしたのか。

東京市民にしてみると、二十六日は帝都で何かが起きたにはちがいないが、確かめうる知識は口から口へと伝わる噂以外のものではなかった。雪に覆われた中央の永田町、霞が関、日比谷一帯で交通は遮断され、随所に武装兵が張りつめた空気の中で佇立していた。ラジオも抑制され大事を報じないでいる。東西株式取引所の停止、昼間人気の演芸番組の中止を知らせる程度だった。

夜の八時十五分、陸軍省は初めて市民の疑念をはらうべく発表を行った。ラジオの電波に乗って伝えられた中身は簡潔で、衝撃的であった。「本日午前五時頃、一部青年将校らは次の個所を襲撃せり。首相官邸、岡田首相即死。渡邊教育総監私邸、教育総監即死。牧野内大臣宿舎（湯河原伊東屋旅館）、牧野伯不明……」と読み上げたあと、蹶起趣意書の要約を用いて青年将校の目的と意志を短く報道した。放送後、号外のベルが各地の街頭に鳴り響いたのはいうまでもない。

蹶起した部隊とその行動を要約すると次のようになる。

永田町の首相官邸を襲撃したのは東京・麻布にある第一師団歩兵第一連隊（歩一）の一部中隊と機関銃隊で、約三百名の下士官兵を栗原安秀中尉が率いた。林八郎少尉、池田俊彦少尉のほか豊橋教導学校から駆けつけた竹嶋継夫、對馬勝雄両中尉が指揮した。経緯については記述したとおりである。

同師団の歩兵第三連隊（歩三）は安藤輝三大尉が二百名を率いて、麹町区三番町の鈴木貫太郎侍従長官邸を襲撃した。複数の銃創を侍従長に与えたが、夫人の懇願によって止めを刺すことをやめ、侍従長は一命を取りとめた。同じ歩三の坂井直中尉は高橋太郎少尉、千葉県津田沼の砲工学校から駆けつけた安田優少尉と共に、二中隊約百五十名を出動させ、四谷区仲町の齋藤實内相私邸を襲撃し同人を殺害した。

赤坂の近衛歩兵第三連隊（近歩三）は中橋基明中尉が百名を率い、赤坂区表町の高橋是清蔵相私邸に突入し、就寝中の蔵相を拳銃と軍刀で即死させた。これには砲工学校付の中島莞爾少尉が栗原中尉の命令で加わっている。

いずれの目標も襲撃時刻は午前五時五分から十分の間であった。

渡邊錠太郎教育総監の私邸は杉並区上荻窪にあった。齋藤内府邸を襲ったあと、安田少尉が指揮官となり高橋少尉と共に三十名で急襲、機関銃乱射をしたうえ寝室の総監を銃剣で刺殺した。第二次襲撃でもあり時刻は午前六時になっていた。

牧野伸顕前内相は湯河原温泉に逗留していた。所沢飛行学校からただ一人参加した河野寿大尉ほか七名が二台の車に分乗し、午前零時半頃、歩一の営門を出発した。河野には部下がいないため、栗原がかつての部下の予備役や民間人同志をつけて参加させた。埼玉挺身隊事件で栗原に急接近した水上源一も含まれていた。午前四時過ぎには伊東屋旅館に到着。河野と渋川善助が前日までに調べ上げた旅館と貸別荘の見取図を確かめ五時に襲撃を開始した。しかし宿直警官の捨て身の抵抗に遭い、河野は負傷。機銃掃射と放火を命じたが、牧野伯は付添い看護婦らの手引きによって裏山に逃げて無事だった。河野大尉は入院先の熱海の陸軍病院で三月五日、果物ナイフで割腹自殺している。

一方、警視庁を占拠したのは、野中四郎大尉が指揮する歩三の四百名の布陣であった。常磐稔、鈴木金次郎、清原康平各少尉が機関銃を据えた散兵射撃の部隊を動かした。鈴木少尉はこのあと、外桜田町の後藤内相官邸を襲ったが大臣不在でそのまま占拠している。

陸軍大臣官邸だけはやや特別な場所であった。蹶起を指揮したすべての将校の目的は昭和維新の断行である。標的となった要人の襲撃後、陸相に対して善処方を要請し、趣意書に込めた意志を貫徹するため、上層部工作の拠点にしなければならない。第一旅団副官の香田清貞大尉はあらかじめ〈作戦本部〉の責任を担っていたし、丹生誠忠中尉率いる百五十名の部隊は陸相官邸、参謀本部、陸軍省を包囲、遮断し、陸軍中枢部を完全に占拠したのである。これには栗原班の竹嶋継夫中尉、千葉県市川の野戦銃砲兵第七連隊付の田中勝中尉、山本又予備少尉が参加したほか、蹶起計画の中心的存在である磯部浅一、村中孝次両元大尉が満を持して控えていた。制圧時刻は他の要所と同じ午前五時過ぎである。

ちなみに、齋藤瀏に促されて東京朝日新聞社を襲撃したとき、栗原中尉に同行したのは田中勝、中橋両中尉、池田少尉らである。時刻は第二次襲撃で午前九時に迫っていた。彼らは続いて他の新聞・通信五社も急襲し蹶起趣意書を配布しているが、詳細は省く。

下士官兵には完全軍装が指示され、実包（実弾）と一日分の携帯食糧が配られた。非常呼集は歩三が午前零時、歩一、近歩三の部隊は午前二時から午前四時の間にかけられた。ある程度予告や示唆のあった部隊、全く突然命令が下達されて出動した部隊とがあり、指揮官はそれぞれ決行の瞬間まで自らの方法で教育し意思疎通をはかっていたことがわかる。

首都に布かれた戒厳令

二月二十七日も青年将校にとって風向きは佳いと思われた。取り立てて不利な情報も聞こえてはいない。

午前三時五十分、東京全市に戒厳令が布かれた。戒厳司令官は東京警備司令官の香椎浩平中将である。司令部は三宅坂から九段の軍人会館（現・九段会館）に移された。蹶起部隊のことは依然として「二十六日朝来出動セル部隊」と呼ばれたままで、叛乱軍とは誰も言っていない。

午前八時二十分、天皇は奉勅命令を裁可した。蹶起した将校以下のものに対して「速ニ現姿勢ヲ撤シ各所属部隊ノ隷下ニ復帰セシムベシ」という天皇の直接命令が下ったのである。これが出たからには、原隊に帰らねばならない。従わないものは逆賊として討伐される。ところが奉勅命令が正式に発令されたのは、二十八日午前五時八分であった。ほぼ一日、効力を無にしたのは何だったか。軍の不決断による停滞を責めることは簡単だが、このまま討伐命令ということになれば、蹶起部隊は徹底抗戦を決める。それは帝都において皇軍相撃つことであり未曾有の悲劇の招来を意味している。上層部の苦悩は深く解決の道筋が見えないのは当然であった。このとき占拠地における青年将校は、昨日の昂奮を幾分引いてはいるが何も知らず意気軒昂であった。

齋藤瀏はこの日も早朝から首相官邸に行った。兵は一か所に集結し将校たちは火鉢を囲んでいた。昨日と違い、すこぶる朗らかである。瀏はポケットに金を入れていたことに気づき、それを栗原に渡した。その金は二十一日に麹町の石原邸で会った時、栗原が瀏に返したものだった。煙草でも兵に呑ませてやりたいと思ったのである。

戒厳司令官の香椎が瀏の同期であることから、栗原が交渉を頼みたいと言ってきた。まず首相官邸の蹶起部隊を司令部の隷下に入れてもらうこと、さらに、この部隊が昭和維新促進の役割を担うため官邸付近を拠点として展開したいということの二点であった。

いずれにせよ齋藤瀏は近々、香椎を訪ねるつもりであった。軍人会館に車で駆けつけると、ちょうど村中、香田の両人が帰った後だった。司令部が彼らを呼び、蹶起の趣意や上層部に対する要望を聞き、こちらも諸々指示したという。栗原の要請を伝えると、司令官は「村中たちにも所属と系統について話をし、昨夕から小藤大佐の指揮下に入れてある」と答えた。

瀏はかつて済南事件で警備司令官として汗をかいた。が、最高幹部の方針が明瞭でなかったため、或いは、腰がふらついたため、賛否交々沸き上がるなかで、相当苦労したことを伝えた。そして、大変むずかしい仕事だがしっかりやってほしいと激励した。もう口癖のようになってしまったが、「どんなことがあっても、皇軍相撃つようなことにはならないように」と瀏はぎりぎりの思いをぶつけると、「いや、そう心配せずとも、陸軍も上層部に分かった人がいる。まかせたらいいだろう」と香椎は淡々と答えた。

齋藤瀏は軍人会館を出て大手町の海上ビルに向かった。明倫会の理事会に出ている田中國重大将に会うのが目的で、大将は事態収拾に当たってもよいと出馬の意向を持っていたため、瀏が案内役になったのだ。大将を連れて首相官邸に行き、次いで偕行社を訪ねて、荒木、寺内両大将と面談してもらったが、真崎大将は不在だった。瀏は出来ることは何でもやるつもりでいた。

青年将校の鼻息は荒かった。それに対応するように重鎮たちも収拾に向けて身を砕いた。二十七日は陸軍上層部の熟議の日となった。午前十時半からは、麴町の偕行社で軍事参議官会議がはじまった。林銑十郎、真崎甚三郎、荒木貞夫など七人の参議官に川島陸相、陸軍中央部が揃った。真崎はその後、香椎戒厳司令官を訪ねて情況を把握し、午後九時には憲兵司令部に他の参議官を伴い、再び偕行社に戻って参議官会議を開いて夜明けを迎えるといった一日であった。

梨本宮殿下、秩父宮殿下、高松宮殿下がこの日午後、続いて参内し、陸軍大臣、侍従武官長とも会見している。

香田、栗原、野中、村中、磯部ら蹶起将校の中心メンバーは午後四時頃、陸相官邸に戻っていた。軍事参議官の一部と会い、事態収拾に向けて数々の要請をするつもりだったが、参議官からは、何よりもまず、それぞれの現地部隊を小藤大佐の命にしたがって退去させることが先決と諭された。いずれ退去することは必定なので拒否はしないが、しかし、順序が違う。優先すべき事項は多々あり、今退去するという判断はしないと返答した。この夜から、部隊は首相、蔵相、鉄相、農相、文相の各官邸と、料亭「幸楽」及び「山王ホテル」に宿営することが決まった。

この会合がはじまった時間に、重傷を負っていた高橋蔵相の死去が報じられた。

安藤隊が展開する「幸楽」では、玄関前に蹶起を讃える市民が押しよせ歓声を上げるという光景もあった。将校たちは参議官との会合を持ち、要求したい事柄も逐次通っていたので、懸念はなかった。各部隊の宿営先が割り当てられたことで、下士官兵たちの疲れも癒すことが出来、平穏な夜を迎えたといってよかった。

比較的静かな朝をむかえ、事件二日目は多忙となったが陸軍上層部との交渉も進み、将校たちは〈勝者の充実〉を味わっていたのかもしれない。経緯はともかく、あのような「大臣告示」を書いてもらったなら、自己を英雄視する芥子粒ほどの油断や慢心が生まれてもしかたない。彼らは次の、洋々たる維新断行の布石を思っていただろう。

しかし、本当はほんの一日だけ台風の目に入って、束の間の青空をみていたのである。

奉勅命令の発動

武力鎮圧を認めた奉勅命令が裁可されたが、一向に発動される気配がない。陸軍上層部は説得して帰順させたいという当初の方針にしがみついていた。実際は、説得するどころか蹶起将校らが差し出す要望の聞き役にまわっていたというのが実状である。本庄繁侍従武官長は、行動はともかく蹶起将校の国を思う真情のご理解を、と言上すること十数回にのぼった。だが、ぐずぐずと発動を遅らせている軍幹部に、天皇は「朕自ラ近衛師団ヲ率ヰ、此ガ鎮定ニ当ラン」と主張し、揺るぎない決意を改めて示した。これで参議官にもようやく討伐やむなしの覚悟が生まれたのである。

そのような空気を察知していたわけではないが、蹶起将校の中には、いったん退去の道もあり得るという考えの持ち主もあった。村中孝次などはその一人だったが、磯部は真っ向から反対した。「小生のみは断じて退かない。軍部が弾圧するなら、中心人物を斬り、戒厳司令部を占拠する」（『行動記』）と言い返した。村中も浅慮をさとって磯部に同意した。

野中大尉は、この事件の収拾は真崎大将を中心に一任したいと軍事参議官に申し入れた。将校たちの真崎に対する信頼は初心に属するけれども、西田税が同日、磯部に電話してきたところでは、北一輝に〈霊告〉が降りて「国家人なし、勇将真崎あり」と出たので、それを同志に伝えることも重要な案件だったというのである。真崎大将が義軍を導いてくれるという期待はさらに強まったわけだ。しかし、彼らは見誤った。真崎が勇将ではないことをやがて、痛烈に思い知るのである。「君らが左様に思ってくれること誠に嬉しいが、今は君らが連隊長の言うことを聞かねば何の処置もできない」というような弁明と共に……。

参議官たちは明二十八日午前五時に、奉勅命令が発令されることは勿論、知っていた。もう一つ、帝都を中心に静かに討伐準備が進められている事実も。海軍は事件発生直後から陸戦隊を海軍省に配置し、連合艦隊の第二艦隊を大阪湾に、旗艦「長門」を率いる第一艦隊を東京湾に回航させた。御台場沖の主砲は国会議事堂が照準であった。

情勢は急変していた。もう、説得だの、理解だのと、腫物に触るようなやり方をいつまでも続けることはできない。期限が来たのである。すでに上層部は混乱を極めていた。偕行社に詰めていた荒木、林両大将は、奉勅命令が下達されても何とかして武力行使を延期するように要請するため、早朝に戒厳司令部を訪ねた。だが、作戦課長の石原莞爾大佐から、干渉はやめよ、あなたたちに権限はないと退場を求められ、やむなく引き下がるしかなかった。

皇道派を理解したい上層部も、この荒木、林両大将が頼みの綱であったが、これが切れてはもう打つ手はなくなった。もっとも、誰が交渉するにしても、願うことは「討伐の延期」くらいしかない。昭和維新に邁進する本格内閣について語るなどという雰囲気は一日余りで遠のいていた。

実のところ、両大将に先立つ午前三時に、歩一の山口一太郎大尉が連隊長の小藤大佐、内閣調査局調査官の鈴木貞一大佐と共に戒厳司令部を訪ねていた。山口は命がけで発令の延期を懇請し続けた。冷静さは既に失われ絶望の涙声をまじえて迫ったのだが、香椎司令官は親が子供をなだめる時のように喚《わめ》くだけ喚かせておき、威厳を保って黙した。山口の訴えの中に聞くに値する打開策などないからである。約二時間の強訴であった。

ややや離れた位置で黙って様子をみていたのは戒厳参謀でもある石原大佐であった。話は尽きたと見たのか、彼は立ち上がって「命令受領者、集まれ」と号令をかけた。部屋の外に待機していた各隊の受領責任者が集合すると、「軍は本二十八日正午を期して総攻撃を開始し、叛乱軍を全滅せんとす」と宣言した。

下達を終えた石原大佐は小藤大佐、満井中佐に向かってこう言った。

「奉勅命令は下ったのですぞ。御覧の通り、部隊の集結は終わり、攻撃準備は完了した。（中略）降参すればよし、然らざれば、殲滅する旨を、ハッキリと御伝え下さい。大事な軍使の役目です。さア行って下さい」（松村秀逸著『三宅坂——軍閥は如何にして生れたか』）

攻撃開始の期限設定は石原大佐の独断ではない。杉山参謀次長が香椎司令官に公布のときの付帯として、「蹶起部隊、抗命するときは、正午または午後一時を期して攻撃を下命する」と伝えていた。とにかく、蹶起部隊を原隊に帰順させる奉勅命令はこうして、午前五時八分に発動されたのである。

直後から噂は蹶起各部隊に広がり始めた。陸相官邸に戻った山口は、村中、香田、竹嶌ら将校に一切を報告し、謝罪した。全員一致で彼らの後ろ楯になってくれると期待していた参議官は、もう彼らの前から姿を消してしまった。

事は決した。従ってあとは、理屈は言わずに討伐開始の時を迎えるだけと、割り切っていられたのは、石原大佐一人であったろうか。実際は、下達後に必死の〝攻防戦〟が続いていたのである。戒厳司令部には発令後の午前七時半になって、満井佐吉中佐が訪問し、川島陸相、杉山参謀次長に会見を申し込んでいる。門前払いされなかったのは、香椎司令官が中佐の気持ちを汲んだからである。陸相、次官、軍務局長、参謀次長のほか、荒木、林両大将が、蹶起将校たちの現況を知る中佐の意見を聞き、皇軍相撃つ流血の惨事を避けるための協議が行われた。

整理をしておきたい。強行論の持ち主はこのとき誰であろうか。石原大佐についてはもう述べた。さらに言えば杉山参謀次長、戒厳参謀長の安井藤治少将も討伐断行の意志を変えていない。それに対して、ぎりぎり最後まで香椎司令官は将校たちを救いたいと考えていた。第一師団長の堀丈夫中将も同じで、相撃つ事態を避けるために奔走していた。陸相官邸に行って将校たちの説得に当たったのは堀中将であった。小藤大佐は皇道派に理解を寄せていた。板挟みになって苦しんだといっても陸相の川島義之は、前述の通り「将校たちの行為は憂国の情から出たもの」と言上して天皇に叱責されている。討伐を恐れていたことは言うまでもない。

侍従武官長の本庄繁大将は皇道派ではない。皇道派でないから統制派や反皇道派であるとは言えない。香椎司令官に命令下達の延期を二十八日の朝方まで直訴した山口一太郎大尉は、本庄の娘婿であった。軍事調査部長の山下奉文少将は繰り返すが、蹶起将校に理解を示し、また将校たちも事件当日、陸相官邸に現れた山下中将の姿を見て大いに力を得たのである。しかし、蹶起将校たちを失望させまいと、機嫌を取るような修辞を用いた「陸軍大臣告示」を作り、朗読して済ませた山下少将は相当に胆を焦がしていたにちがいない。

一方、各部隊を指揮する将校たちは事の推移を見つめていた。山口大尉の報告で、奉勅命令は止められない事態であることは理解し得たが、村中、香田、竹嶌、對馬らが堀師団長に訊ねると「奉勅命令は師団に下達されていない」との返事があった。

そして、この下達があったかどうかは、究極の混乱を来している最中とは言え、しこりとなって事件収拾後も続くことになるのである。

別れの電話

蹶起将校の至情を汲んで陸軍上層部を動かし事態好転に尽くした齋藤瀏だが、二十七日夜から外出を控えることにした。

栗原安秀はじめ将校たちの動静は知り得たし、会っておかねばならない幹部にも会って意思を確かめることができた。一応、陸相告示も通っており、蹶起部隊が戒厳司令部の隷下に落ち着いたことも安心材料である。予断を許さないが、青年たちは維新断行に向けて、また明日から第二段の努力を始めるだろう。ひとまず、瀏は後ろに下がって状況をみるつもりであった。

この夜は頻りに電話がかかってきた。団体、組合、個人と様々である。具体的には、労働組合総連合、日本海員組合、交通組合、それに名前は忘れたが、内田良平氏主宰の何とかという会、信州に旗を揚げた某政党など、知らない人が殆どである。中には、今回の蹶起に思うところがあったのだろう、「呼応して動きたい。どうすればよいか指示も仰ぎたい」と言ってくる人もあった。これには、「好意は謝するが、今回は彼ら青年将校だけにやらせてやってほしい。概ね成功と思うから」と返しておいた。

そもそも平素、こうした人たちと付き合いがあるわけではない。また誰かに指示するような立場でもない。

齋藤瀏の独立自尊の気概がこんなときにも現われた。あくまで青年将校は自分たちの見識に基づいて行動すべきである。雑多な考えの者が便乗し合流することを「種々主義」と呼んで瀏は嫌っていた。種々主義をゆるすと「事態が紛糾し、混乱し、騒擾が拡大する憂がある」とも言っている。この潔癖さは指揮官として苦労した経験から来ているものだ。

思い返せば今夜に限らない、少し前から誰からともなく変な電話がかかってきていた。何か探りを入れているのか、軍方面の諜報機関からではないかと疑われるものもあった。待てよ、すべての電話は誰かに盗み聞きされているのではないか、という暗鬼も生じた。

しかし、何であれ、会話しておきたい大切な人間からの電話がない。『二・二六』の記述ではこの後、事態急変の予感を得るのである。やや長いが瀏が交わした栗原との最後の会話であり引用する。

午後九時頃であつた。又電話のベルが鳴るので、私が受話器をとると、
「栗原です。……長い事お世話になり御迷惑をかけましたが、これでお訣れ致します。……おばさま、史子さんにもよろしく」

と言ふ。私は思わず震へた。……自決……と直観したからである。

電話はこれで切れてしまつたので、私は何も言ふことが出来なかつた。


夜の十一時近く更に電話がかかつて来た。

「奉勅命令が下つたと言ふが知つて居るか」

と聞く。

「知らぬ」

「蹶起部隊は知つて居るか」

「分らぬ」

「問ひ合せる方法はないか」

「此方からは無い。向ふから電話がかかつて来れば、その時訊く事も出来るが」

私は電話口に起つたまゝ動けなかつた。

……愈々奉勅命令が下つたか……、然しこの電話は誰がかけてよこしたものか未だに判らぬ。


夜半過ぎであつた。又電話である。

「徳川です……」

徳川と聞いて、それは義親侯と知った。「徳川三百年、皇威を蔑にし奉った。その罪の深きに関らず、わが徳川一族は、寵遇を辱くし、国民の最高位にあるは、私の恐懼措《お》かざる處、この際一行に代り、参内し、罪を闕下《けっか》に謝せんと思ふ。蹶起将校代表一名同行したし。素より私は、爵位勲等を奉還する。代表者も亦豫め、自決の覚悟を願ふ。至急右代表者を私の許によこされたし……」

私の眼からは涙がとめどなく流れた。

「いや感激に堪へません。今電話が通じないので、その趣旨を至急傳へうるや否や不明ですが、何とか努力して後刻返辞を致します」

それから私は心當りのそこここへ電話をかけて、やうやく栗原を呼び出し得たが大部時間を費やした。

「暫く待つて下さい。此方から後刻返辞をします」

これが栗原の答であったが、約二十分程経つて栗原から電話がかかつた。

「御心は有り難く、一同感銘致しましたが、最早、事茲に到っては、如何とも出来ぬと思ひます。どうか、その御厚志を以て将来をよろしくお願ひ致しますと回答願ひます」

く言つて、電話を切りさうであつた。

「まて奉勅命令が下つたと言ふが知つて居るか」

「知りません。下つたとか下りさうだとかの噂はありますが傳達は受けません」

私はまだ言ひ度いことがあつたが、彼はいそがしさうに電話を切つた。

それで私はすぐ右の栗原の詞を徳川侯に傳へた。

今は私の處へ來る電話も、また私のかける電話も、誰かに聞かれて居ると思はれる節があつたので、人に迷惑のかかるのを虞れ、以後私は電話をかけぬ事にした」

夜十一時頃の電話は何だったのだろう。

電話の主は不明だが二通りの解釈ができる。相手は、齋藤瀏に奉勅命令が下りた事実を知らせようとして電話してきたのだろうか。青年将校を理解する予備役少将から、各部隊の指揮官に流布してくれたなら、説得がし易くなる。その線も濃厚だ。但し、もう一つ別のことも考えられる。奉勅命令が下ったという噂があるが、それが本当なのか真偽を確かめたいという場合である。齋藤瀏なら逸早く重大な情報に接しているだろうと見込んだ人は、そういう電話をしてくるかもしれない。瀏はいよいよ重大局面が訪れるのかと、暗然とした気分になっていたのである。


ここで長い年月を経て明らかになった事実も語っておかねばならないだろう。

二十七日の夜から頻繁にかかってきた電話。就中、名を名乗らない不審な電話を受けながら、齋藤瀏は探りと盗聴の両方で軍の諜報方面が動き出したのではないかと疑った。その直感は当たっていた。

昭和五十四年二月二十六日、NHK総合テレビで放送されたドキュメンタリー番組「戒厳司令『交信ヲ傍受セヨ』」において、青年将校らと事件関係者との電話のやりとりが何者かによって傍受、録音されていた事実が明かされ、緊迫した肉声も公開された。その一部分が齋藤瀏と栗原安秀との会話であったと判明したのは、もっと後のことだが、三十年余年にわたり事件を探求し、『戒厳司令「交信ヲ傍受セヨ」――二・二六事件秘録』（日本放送出版協会・昭和五十五年）、『盗聴　二・二六事件』（文藝春秋・平成十九年）を書き上げた元NHKプロデューサー、中田整一氏の丹念な仕事に負うものである。盗聴の仕事は戒厳司令部の中でも極秘の傍受班によるものであった。先年、NHKのアーカイブスでも再放送され、筆者は二人の会話が回顧録『二・二六』に綴ってあるものと極めて似ていることを確かめ得て不思議な感銘を覚えた。

自決で事を終わらせるのか

奉勅命令が下達された二十八日の午後一時頃、侍従武官長の本庄繁のもとに川島義之陸相と山下奉文少将が訪れた。山下は本庄に天皇への上奏を依頼した。

「蹶起将校に自決させ、下士官以下は原隊に帰します。ついては勅使を賜わり、自決への光栄を与えてほしい。これ以外に解決の手段はありません」

本庄は、「斯ルコトハ恐ラク不可能ナルベシ」と躊躇したが、とにかく拝謁し伝奏した。予想したとおり、天皇は激怒した。そのことを『本庄日記』はこう書き留めている。

「陛下ニハ、非常ナル御不満ニテ、自殺スルナラバ勝手ニ為スベク、此ノ如キモノニ勅使抔《など》、以テノ外ナリト仰セラレ、（中略）未ダ嘗テ拝セザル御気色ニテ、厳責アラセラレ、直チニ鎮定スベク厳達セヨト厳命蒙ル」

将校の自決に勅使が立ち会うことは、蹶起の趣旨の一部を天皇が認めたことになる。それは万に一つあるはずのものではなかった。

「返ス言葉モナク退下セシガ、御叱責ヲ蒙リナガラ、厳然タル御態度ハ却テ難有ク、又条理ノ御正シキニ寧ロ深ク感激ス」と本庄は書き記している。

『史説　山下奉文』(児島襄著)によると、勅使に死出の光栄を賜わるなら、と一縷の思いを山下少将に伝えたのは、栗原安秀であった。「いま一度、統帥系統を経て、お上にお伺いをしよう。(中略)将校は立派に屠腹《とふく》し、下士官のお許しを願おう」と言うのを聞き、「よく、そこまで決心してくれた」と山下が感涙している。いずれにせよ、山下が彼らの名誉のために働こうとしたことは事実である。

歩兵第三連隊の野中四郎、安藤輝三、そして坂井直たちは、秩父宮にかわいがられた部下であった。宮は蹶起を聞いて絶句したが、すでに形勢が固まった今となっては、「時機を失せず、軍人らしく死なせてやれ」と指示したという。

様々な方面から説得を受け、蹶起将校の間には徐々に帰順論が生まれていた。何事に対しても強硬な栗原が、自決の道を語り出したのだから他の同志にも波紋を及ぼしたことだろう。しかし、蹶起した瞬間から命は擲《なげう》ってきた磯部浅一は全く鬼の形相をしていた。栗原らの態度は許しがたい腰砕けであって、撤退などもともと選択肢にはないのである。

もう一人の鬼は安藤輝三であった。栗原が帰順に傾いていることを耳にすると怒りを爆発させた。彼が急進的青年将校の中にあって、最後まで蹶起計画に反対しその実行を渋っていたことは前に述べた。難色を示したとき村中や栗原からひどい言葉で罵られた。おそらく軟弱だの、裏切りだのというものだろう。不参加の理由を安藤はあれこれ言い訳しなかった。「時期尚早」

「成算があるとは思えぬ」とだけ、感想を寡黙に述べた。しかし、いざ、起つと決めると態度は一新した。迅速に整然と大勢の部下を指揮してさっそうと起った。安藤大尉と部下たちの信頼関係は器でいうと一杯一杯に満ちたもので、漏れるところがなかったのである。

　陸相官邸で自決や帰順に傾く栗原らの姿を見て、坂井直はがっかりして歩三が占拠する赤坂「幸楽」に戻った。安藤は坂井の報告を聞いて、みるみる険しい顔になった。

「栗原ともあろう者が、そんなことで自決して事を終わらせようと発言することは、あまりにも軽率じゃないか！（中略）自決はいつでもできるんだ。そんなことなら、蹶起する必要はなかったのだ。俺は今日のことも十分に予想した上で蹶起に踏み切ったのだ。いまさら決心を変更する意志などない。坂井、われわれだけで戦い抜こう」

　坂井と入れ替わり、今度は、磯部が陸相官邸に入って徹底抗戦を呼びかけていた。西田税や北一輝からも「自決は思い止まれ」と電話があったばかりだった。そこへ安藤の決意を知らせるため高橋太郎が使者となって陸相官邸に走って来、「安藤・坂井部隊、出撃準備完了！」と大声で報告した。

　この中にあって村中孝次は栗原と同じ判断をしていた。安藤は自分が説得しなければ納得しないのだろうと見て、「幸楽」に向かった。

「安藤、形勢は逆転した。もう自決する以外になくなったんだ。出撃などもってのほかだ」と、村中が諭すと、「今になって何を言うんだ。村中さんともあろう人が軍幕僚のペテンに乗って自決するなんて……。私の腹は決まっている。あんた方は自決しなさい。私はあくまで戦う」

と安藤はまくし立てた。あまりの迫力に村中は何も返せなかった。

ここで何が起こったかというと、安藤、磯部の天を衝くような気迫によって大勢は再び逆転し、最後まで戦う決意を植えつけたのである。将校たちは「我が義軍は一歩も退かず勇敢に戦い抜く」という檄文を発行し、街頭でも演説した。

安藤は坦然として部隊の統率をはかった。「幸楽」を中心に日枝神社、府立一中付近まで歩いて、陣容に不備がないか見て廻った。兵には遺書を用意しておくよう命じた。兵もまた淡々とそれに従った。帰順と決戦との間で揺れ動いた二月二十八日も暮れかけていた。

仙台、宇都宮の師団からも参加し包囲軍が形成されていた。が、蹶起将校への説得をあきらめたわけではなかった。野中、安藤の上司である歩三連隊の大隊長らは、二人を刺し殺してでも兵を生かして帰すつもりでいた。しかし、それは無謀な一策である。連隊長の渋谷三郎大佐は自らの出馬が必至と判断し、「幸楽」に向かった。

挙手の礼をとって迎えた安藤大尉に、渋谷大佐はふくさの包みを開いて書を手渡した。「奉勅命令」の写しである。「すでに奉勅命令は正式に下達された」と告げて、すみやかに兵を連隊に復帰させるよう繰り返し説いた。さらに、歩一連隊長の小藤大佐が「占拠部隊の将校以下を指揮する」任務を解かれたことより、安藤隊はじめ蹶起部隊はもはや「麹町地区警備隊」ではないことを伝えた。

それでも安藤は受諾しない。

たとえ小藤大佐が解任されたとしても、警備隊を命じた「戒作命第一号」は取り消されていない。取り消せるのは小藤連隊長であって、その経由以外の命令は受けられないと拒否した。命令の系統とは厳格なものである。安藤は奉勅命令についても意見を述べた。

「奉勅命令は野中大尉以下、蹶起部隊の将校は誰も見ておりません。もし、正式に下達されたのであれば、総長宮殿下（参謀総長である閑院宮載仁親王）の御署名入りの命令文書を確認させてください。それがない以上、私たちは奉勅命令を信じることは出来ません」

渋谷大佐は引き下がるしかなかった。去ろうとするとき安藤は深々と頭を下げて声を絞り出した。「連隊長殿、お気持ちに背いて、誠に申し訳ありません。今度ばかりは安藤の信じるままに行動させて下さい。これが安藤、最後の願いであります」。すでに夜九時をまわっていた。この後、安藤隊は「幸楽」から近くの「山王ホテル」に移動した。決戦の地としては不利と判断したためである。

天皇の軍が天皇に叛く

戒厳司令官、香椎浩平は私意を挟まずに対処してきたが、蹶起将校への配慮を一切断ち切って、討伐命令を下した。それは午後十一時であった。

戒作命第十四号

命　令

叛乱部隊ハ遂ニ大命ニ服セズ、依テ断乎武力ヲ以テ当面ノ治安ヲ恢復セントス

戒厳司令官　香椎浩平

事件よりずっと以前に、ふと頭をかすめたことのある悪い予感。それが現実に起こるのである。齋藤瀏は、日本の歴史に未曾有の結果をもたらす皇軍相撃つ事態に、それぞれ自分ならどうするかと、明倫会の僚友の前で話したことがある。誰も答えないが卑弱な予備役一人、「こうするより他に術がないではないか」と語った。すなわち軍服を着用し、相撃とうとする両者の間に割り入って撃たれることである。「そんなつまらぬことは考えないほうがいい」と言われ、「そのような想定に価値があるのか」と批判された。齋藤瀏はもうその話をするのを止した。

「二十九日早朝悲しむべき告示が戒厳司令部から発せられた」と手記にした。司令官の諭告《ゆこく》に初めて「叛徒」の語が使われた。さすがに瀏には衝撃だった。「厳令第十四條ヲ適用シ断乎南部麹町附近ニ於テ騒擾《そうじょう》ヲ起コシタル叛徒ノ鎮圧ヲ期ス」。とうとう彼らは叛徒になったのである。

「勅命に抗すれば、斯く呼ばるるのは當然である。だが、それが皇軍の将校であり、下士であり、兵であるだけ、そして蹶起の趣旨を知って居るだけ、私の悲しみは大きかつた」

戒厳令の第十四條は、戒厳地域内における司令官の権限を拡張したもので、驚くには当たらない。けれど、市民に向けて「戦闘区域」を具体的に放送するのを聞いたとき、「私は凝然と身の固くなるのを覚えた」と告白している。ラジオは「戦闘区域は三宅坂、赤坂見附、溜池、虎ノ門、桜田門、三宅坂を連ぬる電車線路の内側」とはっきり地名を指して避難要領を示した。

流れ弾が飛んでくるぞという注意喚起である。

　回顧録が戦後六年に出されたものであり、齋藤瀏の晩年の筆でもあるから、どれほど激越な経験もこころの内側に沈静化させるのに十分な時を与えられている。と、推察してみたが、人間は単純な機械ではないのだ。冷静に事件を回想していても、熱を帯びたり抑えの効かない昂奮がよみがえったりするものである。瀏は敗戦後、何年経っても悔しかったのである。死ぬまで、悲憤は在ったのである。

　二月二十九日の朝、瀏は運命の神が嗜虐《しぎやく》であることを初めて思った。〝股肱の臣〟が逆賊と呼ばれて今討たれるのである。彼は自問自答を繰り返したあげく、答が出ないので精神の彷徨を始めている。次の記述はそういう文章である。

「戦闘区域、戦闘、遂にここまで來てしまつたのだ。彼らの取つた態度には、勅命に抗したと見られるものがある。それにしてもよくその心境に立ち入つて推問したら、果して勅命に抗してまで、討伐に向つた軍隊と戦闘を敢てするであらうか。勅命傳達に不徹底はないだらうか。何か彼らが誤解して居る點はないだらうか。彼らは決して大義名分を辨へぬ者ではない筈だ。いや人一倍、尊皇の心の強烈な筈である。それが勅命に抗してまで敢てする。天魔の魅入らぬ限りあり得ることではない、私は出掛けて、彼らに問ひたださうかと考へた。然しそれも出来ぬ今の私である」

　結論からいえば、勅命伝達に不徹底はあったのである。しかし、それは微々たる齟齬であった。本当の大きな齟齬は〈尊皇の心〉における齟齬である。この行きちがいが生じていることを、青年将校たち及び軍事参議官として居並ぶ皇道派の重鎮たちも、知っているとはいえなかった。長く培われてきた齟齬であった。

「今は昭和の聖代だ、此昭和の聖代に、天皇の軍が、天皇に叛く、私には考へられぬことである。而も、それが討伐軍に對抗し、帝都に戦闘を起した。もし、此の通り歴史に書かれたら、國家、國民はいや政府も軍も忍び得ようか、私は何かの間違であつて呉れればよいと念願した」

蹶起そのものが昭和天皇の意に叛いていることを齋藤瀏は知り得なかった。勿論、青年将校は知り得なかった。やはり、〈尊皇の心〉における齟齬に帰着するのである。

「二十七日、彼らは朗かであつた。それにはそれだけの譯があつた。それが今、叛徒となりはてた。私は此の経緯に就いて考へて見た。然し、いくら考へても私には解くことが出來なかつた。それでも私には尚ほ未練があつた。この未練は彼の蹶起部隊の為めでもなく、況んや私の為めでもない。皇国の為めであり、皇軍の為めである。私の今の立場で之を言ふことは或は誤解を受けるかも知らぬが、それは構はぬ。後代のわが國民は、かく記述された、昭和聖代の歴史を讀んで恐らく悲憤の涙に咽ぶであらう。だが今は最早やどうすることも出來ぬ」

いくら考えても解けなかったと齋藤瀏はいう。そうに違いない。正解にたどる道は閉ざされてしまった。筆者はひそかに想像する、この問いは最期まで解けなかったのだろうと。

「兵に告ぐ」の放送に落涙

帝都は慌ただしい朝であった。日比谷の飛行会館屋上にアドバルーンが上がった。遠くからも「勅命下る　軍旗に手向ふな」の大きな文字が読めた。「謹んで勅命に従ひ武器を捨て、我が方に来れ、迷わずに直ぐ来れ」と大書した紙を貼った戦車が現われ、多数のビラをまいた。また、飛行機が空を舞ってビラをまいた。

その紙片は箇条書き三行の簡潔な告示である。

下士兵に告ぐ

一、今からでも遅くないから原隊へ帰れ

二、抵抗するものは全部逆賊であるから射殺する

三、お前達の父母兄弟は国賊となるのを皆泣いてをるぞ

二月二十九日　　　戒厳司令部

齋藤瀏はラジオで「兵に告ぐ」を聞いて思わず涙した。「私はこの愛情のこもつた諭告に泣かされた」と書いた。愛情のこもった諭告とは何だろう。投降をうながす呼びかけの言葉には、日本人なら誰にでも胸底に響く語が用いられた。

「兵に告ぐ。遂に勅命が発せられたのである。既に、天皇陛下の御命令が発せられたのである。お前たちは上官の命令を正しいものと信じて、絶対服従をして、誠心誠意活動して来たのであらうが、既に天皇陛下の御命令によつてお前たちは皆原隊に復帰せよと仰せられたのである。この上お前たちが飽くまでも抵抗したならば、それは勅命に反することとなり、逆賊とならな

ければならない。（中略）今からでも決して遅くないから直ちに抵抗を止めて軍旗の下に復帰するやうにせよ、さうしたら今までの罪も許されるのである。（中略）速やかに現在の位置を捨てゝ帰つて来い」

上官の命令に絶対服従し、誠心誠意活動してきた姿勢そのものに何ら過ちはない。上官の命令は天皇陛下の命令だからである。しかし、上官が天皇陛下に叛いているのなら、そのとき部隊の兵は上官の私兵にすぎない。では、どうすべきなのか。

愛情のある諭告を齋藤瀏は感激して聴いていたのだが、たちまち「懼然《くぜん》として私の體が震つた」とある。

「これは上官の命令の適否を、部下が勝手に批判し、自由意思を以て去就を決することにならぬのか。さうせよと言ふのか。若し健軍の精神をかくして破壊することになつたら大變である。かゝる場合でもさうしたことは許されまい。是には特別の見解があるに決まつて居る。こんな重大事に思ひ到らぬ筈はない。これは恐らく私の杞憂に過ぎまい。まことに、将校は兎も角、この部下兵卒をして逆賊叛徒たらしめては、父兄に對して濟まぬことである。父兄はその愛する子弟を青年将校に捧げたのではない。天皇陛下に捧げたのだ。私は司令官の苦心に同情を禁じ得なかつた」

齋藤瀏の心に葛藤が生じていることは明らかである。いや、矛盾が生じているというべきであろう。ただ、彼自身それに気づいているかどうかは定かでない。命令の適否を部下が判断し、自由に振る舞ったら軍隊は機能しない。組織・系統の破壊である。繰り返すが、上官の命令は天皇陛下の命令である。兵たちはそう教えられて一切の疑念なしである。にもかかわらず今は逆賊と呼ばれようとしている。

兵士たちの父兄の気持ちを思うと、子弟たちを逆賊叛徒にしてはならない。こうして齋藤瀏は真剣に兵卒の原隊復帰を望んでいるのだが、それならあの二十日の夜、蹶起の決意を打ち明けた栗原安秀を本気で制止していなければいけない。栗原が相当の兵力を注ぐことを語っていたからである。では、なぜ襲撃は止めろとは言わなかったのか。齋藤瀏は青年将校たちと同様、蹶起するのは憂国の至情から出づることであり、昭和維新断行のためにやむを得ない行使であり、最終的には大元帥陛下に受容されると信じていたからである。蹶起の意図と事情は理解され、立派な人間に大命が下り、新しい政府に刷新されるだろうと読んだのである。多少の紆余曲折があっても障碍があっても、一君万民の維新体制まで辿り着けると見込んだのである。そうでなければ、齋藤瀏の赤誠もどこか間の抜けたものになってしまう。〈正直一遍〉という役立たずの思想になってしまう。

門外から批判するなら、意志の貫徹と理想とをごっちゃにした罪はたしかにある。齋藤瀏も青年将校も、ただ疾風迅雷の役目だけは果たせると踏んだのである。

「将校は兎も角、この部下兵卒をして……」というのだから、将校に責任があり、部下の兵に責任はない。栗原、中橋、坂井たち将校は要人を何人もあやめたのである。その決着はつけなければならない。それは維新遂行という局面に移行できたとしても変わらない。つまり成功しても失敗してもである。部下兵卒にも銃撃させている。殺せと命じている。指揮官に責があることは言うまでもない。叛徒の汚名を引き受けるべきである。もし、それを厭うのなら、磯部が当初決心していたように、三人くらいで蹶起襲撃し、結果の如何によらず死んでくることである。それも出来ぬとしたら、安藤大尉が栗原や村中を叱り飛ばしたように、「蹶起しなければよかったのだ」ということになる。

齋藤瀏ほどの軍人が、それがわからないわけがない。

皆で中隊歌を歌おう

投降を呼びかけるラジオ放送は繰り返され、空からのビラも三宅坂一帯にまかれて空気が一変した。下士官兵に動揺が拡がったのである。重武装の鎮圧軍が霞が関一帯を取り囲んだことを知り、さらに兵たちは浮足立った。前夜から兆候はあった。このころ、首相官邸の屋上からは芝浦の海まで見渡せた。兵たちはそこに軍艦を見て驚いた。また眼下の溜池付近はもう鎮圧軍がぎっしり包囲していた。ちなみに鎮圧軍の総数は二万三千八百四十一名という記録がある。蹶起部隊は千五百余名であった。こちらはおおかた一月十日に入隊した初年兵で占められていた。

最初に脱走が始まったと聞いたとき、磯部は首相官邸に栗原を訪ねて様子を確かめた。罷免された元大尉の磯部は一人も兵をもたない。栗原は磯部の顔をみると「どうしたらいいでしょうかね。下士官兵は一緒に死ぬとは言っているのですが、かわいそうでしてねぇ」（『行動記』）と歎いた。「下士官以下は帰隊させてはどうでしょう。そうしたら我々が死んでも、残された下士官、兵によって第二革命が出来るのではないでしょうか」（同）。もう帰すしかないといった口ぶりであった。栗原は近歩第三連隊のいわゆる中橋隊の兵が首相官邸裏の崖から脱走したという情報も付け加えた。

栗原がこんな弱音を吐くようになったのか。「俺に部隊があったなら」とつくづく磯部は思った。しかし、もうこれまでのように大声で檄を飛ばす気持ちにはなれなかった。

この日、午前九時半頃から投降が始まり、午後一時頃にはほぼ全ての部隊が原隊に帰順した。歩三の清原少尉は、兵隊が自宅にそっと電話し相談するのを知っていた。また「兵に告ぐ」の放送を聴いて、友人たちが投降を呼びかけに来たこともあった。中橋隊は皇居に向って捧げ銃で礼をとり帰隊した。これに清原隊、坂井隊なども続いた。各連隊までの沿道には群衆が集まっていた。

部下を死なせずに帰隊させられたことは一つの安堵であった。が、将校たちはまだ戦いは終わっていない。自分たちは生きるのか、それとも死ぬのか。答は出ていない。指示された陸相官邸に一人また一人と蹶起した同志が戻ってきた。玄関で彼らを待っていたのは山下奉文少将であった。

「貴公は、これからどうするか」

つまり、自決するのかどうかを聞いているのである。

「はい、自決します」というと、少将は右を指して、憲兵が連れていく。

「昭和維新に邁進します」と答えると、左の部屋を指さし、連れていかれた。

清原少尉が〝自決組〟の部屋に入ると、坂井中尉、高橋少尉らがいて、「よく来た。一緒に死のう。早く辞世を書け」という。ところが、そこへ野中大尉、栗原中尉がどたどたと入ってきて、「馬鹿者どもが、なんで自決するんだ。逆賊といわれて死んでみろ、すべてが水の泡となる。死ぬのはいつでも死ねる。真相を天下に明らかにして少しでも歴史の転換をはかるんだ。辞世など破ってしまってこっちへ来い」と息巻いた。

野中大尉の後をついていくと、別の部屋に〝維新断行組〟の同志が集まっていた。坂井や清原はそんな部屋があるとは知らなかった。自決の部屋一つだけ用意されているものだと思っていた。軍首脳が原則、全員自決によってピリオドを打つという方針を立てていたのである。手廻しよく官邸には三十余の棺桶が用意されていたのもそれに基づく。結局は「早く死んでしまえ」という上層部による露骨な自決の強要であることがわかってくるのである。

午後二時半頃、村中、磯部、田中勝中尉が最後に帰ってきた。勿論、彼らは左の部屋である。安藤大尉だけは戻って来なかった。「山王ホテル」に展開した歩三第六中隊は正午を過ぎても抗戦の構えを続けていた。付近には安藤を知る歩三将校が手旗信号で、降伏するよう合図を送った。上官である大隊長の伊集院兼信少佐が「兵が可哀そうだから帰してやれ」と説得に来た。堀丈夫第一師団長も来た。安藤は「絶対帰りません。自決もしません。師団長閣下に首を斬られるのなら本望です。斬って下さい」と言うと、師団長も泣き出した。下士官の一人は「中隊長殿が自決なさるならお伴いたします」と言い添えた。

部下の一人が音頭をとり「昭和維新の歌」の合唱が始まった。磯部、村中もやってきた。磯部が「これほど立派な部下を殺してはいけない。兵は帰したらどうか」と言うと、「諸君、なんたるていたらくか！　いったん蹶起した以上、最後まで戦い抜くのが武士であり、男ではないか」と安藤は逆に言い返した。

「諸君、いろいろと世話になった。ここはもう戦場になる。用が済んだら、それぞれ安全な場所に引き揚げてほしい……」と言うと将校たちはそこを離れていった。

信念を立て微動だにしない安藤大尉の気持ちに変化が起きたのは、午後二時頃であった。「山王ホテル」に留まっていた磯部、村中の下に「野中大尉が先刻、拳銃自決した」という知らせが届いたのである。

「野中さんが自決したか、そうか……」と言って空を見上げたまま、安藤は目を閉じた。百五十九名の隊員を集め訓示を始めた。有名になった離別の訓示である。

「皆よく闘ってくれた。戦いは勝ったのだ。最後まで頑張ったのは第六中隊だけだった。中隊長は心からお礼を申し上げる。皆はこれから満洲に行くがしっかりやってもらいたい」

全員で中隊歌を歌おうと指示すると、すぐに合唱が始まった。哀しい歌声だった。二番に入るとき隊列の後方に歩いていく中隊長の姿があった。銃声が響きわたると彼の体が崩れおちた。拳銃の彈は左の顎下からコメカミ上部にかけて貫く銃創をつくったが、衛戍病院に運ばれ一命を取り止めたのである。午後三時になっていた。

事件から四日目、ちょうどこの時間に戒厳司令部は終結宣言を行った。「叛乱部隊は午後二時頃を以てその全部の帰順を終わり、ここに全く鎮定を見るに至れり」

齋藤瀏は朝から一人の日本人に戻っていた。ただ兵火を交える事態が到来しないようにと祈っていた。午前九時過ぎに「私は情況が漸次無血解決の方向に展開して行くことを知つて喜んだ。まさにかうなる筈だとも思つた」と胸をなでおろし、午後三時の終結通告では「安心といふか、よろこびといふか、私の心は、何とも説明のしやうがなかつた」という心境になっている。

何も知らない純粋無垢の兵士たちが叛徒と名指しされ、圧倒的な鎮定軍の攻撃によって死んでしまう虞《おそ》れは、ついさっきまであったのだ。瀏にとっては堪えられない皇軍軋轢の不幸であった。彼は下士官以下の兵士と、彼らの指揮官とは明確に分け隔てて考えていた。下士官の帰順を喜ばしいと思いながら、一方では蹶起将校の心情を冷静に思いやった。

「彼等将校は一體どうしたか、二十七日夜、栗原は訣別の電話をかけて來た。自決はしなかつたか。死は既に蹶起を決心した時に覚悟して居た。今更ら死を恐れる筈はない。栗原は確かに自決を期して居た。然しこれを知つた部下が、軍刀と拳銃を奪つてこれを阻止した。安藤も自決を圖つたが、部下がその瞬間彼を制したので手元が狂つて、命を断つ事ができなかつた」

この『二・二六』の文章は、終結宣言を知ったときに抱いた感想と、事件から時を経て思い返したものとが混合している。二十九日の時点で、栗原はもう死んだのではないかと想像したことだろう。実際、磯部や安藤に叱咤されなければ栗原は二十八日乃至二十九日にはこの世を去っていた。栗原の部下が武器を奪って阻止したという事実は、手持ちの限られた関連資料では確かめ得られない。また、安藤に飛びかかって自決を阻止した部下のことも、やはり資料にない。銃声に驚いて倒れた安藤の元に駆け寄った部下たちはいた。齋藤瀏のは関係者の誰かから伝聞されたものであろうか。

こうした事件では歴史の舞台に立った人物のひと言や一挙手一投足が、全体の姿を決定付けたり、様相をがらりと変えたりしてしまう。実証ということはいつでもむずかしいものである。それについて言うと、野中四郎大尉の自決などは謎を含んだままである。彼は死の直前まで、「自決絶対不可。生き永らえて法廷で委曲を陳述せねばならぬ」と、他の同志の〝死に急ぎ〟を戒めた最年長幹部である。「栗原の私に寄せた獄中通信も、野中は殺されたのだとあつた」と瀏は記している。野中大尉は歩三の井出宣時大佐ら三人に、ちょっと来いと陸相官邸の外に連れ出された。皆待っていたが、それきり帰って来なかった。しばらくして自殺が伝えられた。そこまでが将校たち共通の記憶である。

したがって同志や瀏の解釈は他殺説である。一方、松本清張は『二・二六事件』で井出大佐の「説得」による自決と推理している。

齋藤瀏は将校たちを潔く死なせてやれなかったことを可哀そうに思った。「彼等は自決の一念を貫く為めには恵まれなかつた。彼等の部隊はあの際、戒厳司令部の指揮下に入れられ、彼等の行動が是認された感を抱き、自決覚悟は鈍らされて死に損ねた」。たしかに覚悟を鈍らせる色々な要素があったことは否めない。しかし、栗原などは自分から戒厳司令部の隷下に組み入れてもらうことを望んでいたし、そこから〈表通りの工作〉によって昭和維新を遂行する意図を持っていた。この辺りは将校それぞれに微妙な考えの差があったとみられる。

齋藤瀏は青年将校たちの蹶起をしばしば赤穂浪士の討ち入りになぞらえた。ところが、この二つの事件は大いに異なるところがある。「法治国で法を犯したものは謹んで法の所断を受くべきだ。彼の大石良雄以下四十七士はそれである、と言ふ見解も加わつて、彼等は敢て自決しなかつたらしい」。たしかに大石以下の浪士は吉良上野介を討ち取り、粛々と公儀の指示に随って沙汰を待った。ただ彼等は全面的随順であり、無抗議である。けれど、二・二六事件の蹶起将校は違う。将校は蹶起の趣旨も維新への志も全て無視され、討伐軍の欺瞞と策謀とによって叛徒の汚名をかぶせられた。生命を惜しんでいるのではなく、生き長らえるのは、法廷でこれらを白日に晒し、我らの真精神を明らめるためである。こうした強烈な主張を続けなければならない。大石は本懐を遂げたのである。歌舞伎の台本は事実でないとしても、細川家の屋敷で小鳥のさえずりによって目覚め、悠揚と切腹できたのであろう。蹶起将校は本懐なんか遂げていない。再び、暗闇の鬼にならなければならなかった。それは大きな違いであった。

叛乱幇助の罪

法廷は衛戍刑務所構内に急ごしらえの建物に設けられた。当初、陸軍首脳は相澤公判と同じ第一師団の常設軍法会議で開くことも考えていたが、相澤事件の裁判闘争にてこずったうらみもあり、被告にはできるだけ口をきかせず迅速に結審させるために「特別軍法会議」（正式名・

東京臨時陸軍軍法会議）で裁くことにしたのだった。

治安はすでに回復していたが東京はまだ戒厳令が布かれたままで、それが軍にとって好都合であった。弁護人なし、非公開、上告なしの一審制という制度を適用したという点でも特別だった。

齋藤瀏は当初、拘禁されてなかった。自宅から憲兵隊本部に出向いて予審官の尋問を受けた。予審官は近衛師団の法務部長が務めていた。家宅捜索に当たった憲兵は運よく旧知であり好意的なつきあいだったので、色々知恵を貸してくれアドバイスもくれた。例えば、「今度の尋問では、栗原安秀は閣下から資金をもらったと告白していないので、その辺の話に行き違いのないように」といった忠告である。お蔭で三日ほど尋問を受けたが難なく切り抜けられたし、その後、自宅にいながら栗原の予審廷での陳述などもおよそのことは伝わってきた。

ここで「予審」について一言説明しなくてはならない。予審とは旧制度の用語で、かつては事件を公判に付すべきかどうかを決める、公判前の裁判官による非公開の手続きがあった。すなわち、公判に委ねるか否か、その判断に必要な事項を調べるのである。また、公判に入ってからでは取り調べがむずかしいという事項についても調査をする。これが予審であり、担当する裁判官や検察官が予審官である。戦後、日本国憲法の施行と共に廃止された。

瀏はしかし、五月になって突如、召喚状を受けて出頭することになった。そこでわずかな尋問を受けた後、検察官の令状によって拘禁されることになった。行き先は代々木の衛戍刑務所である。蹶起将校の公判が始まったのはたしか四月二十八日のことだから、やや遅れて周辺関係者の齋藤瀏の取り調べという段取りになったのだろう。

　本格的な予審は、憲兵隊本部で尋問された時の検察官ではなく、地方から臨時招集された予審官によって進められた。顔をよく見ると、瀏が第七師団参謀長を勤めていた頃、同司令部支部の法務官部にいた中尉相当の法務官であった。瀏は素知らぬ顔をしていると、相手もまた初対面の他人のような顔で対応してきた。彼にもう一人録事（書記）が就いていた。

　齋藤瀏にかかる嫌疑は単純で、一つは栗原安秀に金を与えたか否かという事実についてである。与えていたら幇助罪になる。だが、もう一つは事件を指導したか否かという点で、もし嫌疑が晴れなければ幇助罪では済まない。瀏はふりかえって自分が指導したという事実はないし、指導しないという腹でやってきた。

　尋問はひどく粗雑なものであった。手順は予審官の彼が尋問し、齋藤瀏が答えるという問答形式だが、一つひとつ書記に記録させる。予審官は「問い」と言ってから、質問を口述しそれを書記に筆記させる。瀏が答えると「答」と言って、瀏の応答を復誦して書記に記録させる。しかし、問題はこの復誦が復誦ではなく、予審官が勝手に意訳する。何食わぬ顔で書記は毛筆をすべらせているが、瀏の答えた言葉が別の表現に変えられている。時には、言ってもいない内容が記される。

　たまったものじゃないと、齋藤瀏は抗議した。「さうではありません」「違ひます、かうです」と再び陳述すると、「同じ意味だ。どちらでもいいではないか」と予審官がいう。

「どちらでもよくはありません。表現語、表現の言葉は重大で、一字一句も苟《いやしく》もできません――

私は短歌をやつて居ますから言葉には敏感です。『言靈』といふ語さへある如く、大ざつぱに、どちらでもよいなどと、放つて置くことは、私の心が許しません、——もし、現在の方法で筆録するとしたら。——その陳述は、予審官の陳述で、——私の陳述ではありますまい——私は承認できません」(『二・二六』)

予審官は困った顔をしていたが、「今陸軍一般、この要領でやつて居る。同意できぬところは読み聞かすから、その時改めればよいだらう」(同)と開き直るのであった。

その後も予審官の口授に対して訂正を求め増補を求めて食い下がったのだが、「どちらでもいい」「同じことだらう」と埒が明かず、遂には面倒になって放り出してしまった。後に気づいたことだが、被告が放り出して勝手にしろという気になったら、裁判官には「占めたもの」らしく、一つの手である。

瀏は結局、いい加減なものに拇印を押した。そして「この予審廷の私の陳述筆記に就いては公判廷で訂正することを保留します」と言うだけのことは言っておいた。しかし、これも気休めにすぎなかった。なぜなら、公判ではこの予審官ではなく別の法務官が登場し、検事の位置で論告したのだが、「その論告は予審記録に依つたと思はれぬ、散漫なそして不正確な、勝手なものであつた」からだ。予審記録は杜撰なものであった。けれど杜撰であろうと正確であろうと関係なかった。論告は記録を捨てて恣意に作られた話で固められていた。一度も訊ねられたことのない事柄も加わっていた。

検事側の論告の〝散漫不正確〟は次の一事できわまった感がある。

検事は滔々と「被告は、荒木貞夫と芝区某所に会合所を設け、国政改革を議し……」と論じた。これは完全な人違いであった。「私はその人を知つて居る。その他に又江藤源九郎少将の行動が、私の行動になつて居たりした。江藤、齋藤の音の似通ひから來たとしたら滑稽を越えた悲惨である」と瀏の憤懣は収まらなかった。法廷でその論告を非難し、誤謬と不正確の箇処を指摘し、再調査・再尋問を要請した。

このようにして予審官は不実の予審記録を残し、公判廷では人違いの論告を被告にかぶせて、いささかの反省もなく特別軍法会議は日を刻んでいったが、齋藤瀏は予審の時にも述べておいた〈三大事項〉を明らかにして堂々と反論しなければならなかった。

非公開、弁護人なしの公判

それはわが罪が叛乱の幇助であるというなら仕方ないとしても、幇助ではなく叛乱罪を犯した陸軍高官が他にあるではないか。その罪を問わないのは不審ではないかというのである。瀏の主張を掲げておきたい。

第一に、陸軍大臣及び軍事参議官が青年将校に与しており彼等は叛乱罪である。二月二十六日夕刻、齋藤瀏は陸軍次官から「陸軍大臣告知」を手渡しされて確認している。その告知によると、陸相及び軍事参議官の諸官はこの青年将校の行動を是認し、天聴に達している、と結んである。この是認処置の重さをどう思われるのか。齋藤瀏が若干の金を与えたとか、当日の言動がどうであったかなどというものと比較にならない重大な事柄である。諸官は叛乱罪である。

第二に、戒厳司令官の香椎中将も同様、叛乱罪にほかならない。中将は蹶起部隊をその隷下に入れて警備任務に服された。この蹶起部隊は叛乱軍と名指された部隊である。そうであるなら叛乱軍を隷下にして、その長官となった香椎中将は叛乱軍の長官である。

第三に、論告では齋藤瀏が資金を与えたから青年将校が叛乱を起すことができた、と言われているが可笑しなことである。彼の蹶起部隊は大隊長あり、連隊長あり、旅団長あり、師団長もある。この人々は彼の蹶起部隊をその手中に掌握しているからこそ、大隊長であり、連隊長であり、旅団長であり、師団長である。今もしも、彼の部隊が一人の予備少将、齋藤瀏のために手中から引き抜かれ、叛乱を起こしたとなったら、それぞれの長官は天皇に対し、国家に対し、申し訳が立つのか。それはまさに切腹ものではないだろうか。この人たちに切腹した人がありますか。事情を知ってもいるし腹も切らないということなら叛乱に与したのである。とにかく彼等は切腹せず、軍またこれを罰せず。それでいて我等雑魚の如きものを処罰しようというのは、果して正しいといえるのか。

黙考するならば、第一第二について齋藤瀏の言うところはもっともで道理に外れているとは言えない。特に第一の「陸軍大臣告知」については致命的な取り繕いによって禍根を残したという点で過ちは大きい。第三もあるべき本来の姿として理念として大隊長以上すべての長官に責任がある。ただ、陸軍の大組織に一人として脱責任の場所に立っていられる人間はいない。瀏自身が陸軍部内のどうしようもない対立や軋轢を嘆いてきたことである。師団長の甲乙が対立しているところに第三の責任論はもう成り立たない。論戦論法としては反撃の糧となったであろう。

予審のとき、この三つの事項を展開したところ、予審官は苦笑して直ぐには言い返せなかった。「それはそれで、被告の関知せずともいいことだ」と抑えこむしかなかった。当然、予審記録には載っていなかった。公判でも聞かれた。

「予審廷でそれを陳べたか」

「陳べました」

「記録されて居らぬ」

瀏は記録されていないなら、ここで述べさせていただくと応じて、「不公平な、情実的な、告発や裁判であつては、上御一人に相済まない」とうったえた。

齋藤瀏には禁錮五年が下された。

裁判官は齊藤被告の陸軍における功績と国家を思う衷情を汲んで寛大なものになったことを伝えて、獄則を守り更生に向かうよう諭した。被告もまた寛大な判決を仰いで感謝を述べ、獄舎に連れ出された。

しかしながら、予審、公判を通して瀏が感じた違和感は拭えなかった。これは裁判の形式をとっているが法の裁判ではない、しいて言えば政治的裁判である。「死か否か、刑期幾許を先にきめて、理由は後からそれに都合のよいやうに辻褄を合せたもの」であろう。「私の幇助の罪でこの有様である。あとさきのない一審刑だ。青年将校に対する裁判がどんなものになつたかそれを想像して気持ちがふさいだ」と手記に記している。

瀏が心配したように、青年将校の予審、公判は暗澹たるものとなった。

『図説2・26事件』（太平洋戦争研究会編・平塚柾緒著）では、「戒厳令下の暗黒裁判」の章で残された青年将校たちの獄中手記を収録している。

安藤輝三は「公判は非公開、弁護人もなく（証人の喚請は全部却下されたり）、発言の機会等も全く拘束され裁判にあらず捕虜の訊問なり、かかる無茶な公判無きことは知る人の等しく怒る処なり」とし、栗原安秀も「そもそも今回の裁判たる、その惨酷にして悲惨なる、昭和の大獄に非ずや。余輩青年将校を羅織《らしき》（罪のない者を捕らえて罪をでっち上げること）し来り、これら裁くや、余輩にろくろくたる発言をなさしめず。予審の全く誘導的にして策略的なる、何故にかくまで為さんと欲するや。公判に至りては僅々一ヶ月にして終り、その断ずるや酷なり。政策的の判決たる真に瞭然たるものあり」と書いており、二人の証言は河野司編『二・二六事件——獄中手記・遺書』で詳細に確かめられる。

青年将校らが陸軍刑務所に収監されて数日後に、予審が行われた。予審では青年将校たちの行動を調べるばかりで、蹶起の意図などは明らかに無視する態度を見せていた。しかも予審官には、予審調書の内容を、あらかじめ決められた結論に持っていこうという意図がありありと見えたという。齋藤瀏が訴えた内容と同じであった。

勿論、磯部浅一などは予審官に激しく立ち向かっている。

「一体吾々は義軍であるか否か、即ち吾人の行為は認められたのか否かと云ふことを調査せずに徒に行動事実をしらべて何になるか。吾人は叛軍ではない。叛乱罪にとはるゝ道理はないのに叛乱罪の調査ばかりすると云ふのは以ての外だ」

　予審官は素っ気なく答えた。

「君等の行為は軍中央部に認められる以前に於て叛乱だ」

　磯部は食い下がる。

「行動事実なんか大した問題ではない。それよりも思想信念原因動キ（ママ）社会状勢をよく調べる必要があると云ふことも云つたが予審官は聞き流してしまつた」

　これは磯部浅一『獄中手記』からの引用だ。実は余りの杜撰さに磯部は逆に或る期待を抱いたという。不起訴にするためではないか、というものである。不起訴と決めているから、逐一、真剣にやらないのだと。しかし、そんな期待はすぐに打ち壊されてしまう。実際は早く、さっさと彼等を刑場に送るためであった。

第七章　獄中の歌

将軍、獄に繋がれる

もし求刑どおり禁固十五年という判決が出たら、齋藤瀏はさっさと或る方法で自殺してしまうつもりでいた。或る方法とは、戦地で編み出した刃物も縄も使わずに簡単に死ねる技術らしいが何も明かしていない。ただ、公判でどう裁かれるのか実際にはわからない。予審廷は続いており未決囚として、とにかく昭和十一年五月二十九日、代々木の衛戍《えいじゅ》刑務所に繋がれることになった。

瀏の胸中に懸かるものはなく何の目算もなかった。予想より短い刑期であったなら死ぬのをやめて生きることにしようというのでもないし、この際、人生の凡てを一旦ここで放擲したいということでもなかった。深く案じてはいるが、吾が子の世代の若き蹶起将校たちの公判の先行きは、濃霧に閉ざされていて皆目わからない。たぶん彼の心を占有するものは何も無かったのだろう。おのれの為し得ることはただ、運命に随うだけという諦念が心に拡がっていた。手記（『獄中の記』）から散見されるところでも従容《しょうよう》とした態度に乱れは見えない。

予審、公判と憤懣やるかたない裁きの現実を突きつけられ、悶えたあげく投了するしかなかった瀏だが、彼は魂の砦を失わなかった。そのことは次の一首からも信じることが出来る。

　高光る大き帝《みかど》の臣われの矜持《ほこり》は保たむ獄舎《ひとや》にありても

衛戍とは軍隊が正式に長く駐屯する場所をいう。衛戍刑務所は軍法会議の所在地に置かれた監獄のことである。現在の位置でいえば渋谷区役所、渋谷税務署、渋谷ＣＣレモンホール（渋谷公会堂）、神南小学校を含む敷地がそれになる。道路を隔てたＮＨＫ放送センター辺りから奥に代々木練兵場が広がり、ＮＨＫホールの場所には軍法会議法廷があった。

齋藤瀏はその日、軍法会議に召喚され僅かな訊問を受けた後、目と鼻の先の刑務所鉄門まで自動車で送られた。正装である軍服に勲二等の勲章を佩びて向かった。今日で着納めだと思ったからである。更衣室には既に獄衣が用意されてい、軍服を脱いでそれに着替えた。獄衣は灰色木綿のもっこ褌、同色の襦袢、帯ではなく短い付け紐で前を結ぶ上衣、それから覆面である。覆面といっても運動帽のつばの付け根から下げた布であって、両眼の部分に穴だけ開けてある。これらを凡て身に付けると監房に連れ出された。

監房には四五〇号と番号札が掛かっていた。呼称番号である。齋藤瀏は今日から「四五〇号」と呼ばれて生活する。

丈夫《ますらを》のわが名はあれどここにして四百五十號と呼びかへられつ

心に決めたことがあった。獄則を守り被告人らしく生活することである。希望すれば食事は差し入れの弁当を喰うことも出来る。が、瀏はそれは断わって刑務所の食事を戴くことにした。長い軍隊生活で粗食など何でもない。起居の厳しさや、ラッパの音で号令されることにも馴れている。「人の生活し得る所には私も生活しうる」という自信があった。ただ、瀏は心臓が強くなかった。還暦が近づき少しばかり心配はあった。

人は住んでいる土地、つまり〈郷〉の習俗にしたがうことが生きる道である。ここでは獄に入っては獄に従えである。命ぜられるまま起居動作に移せばよい。若干、慣れるまで命令の意味が呑み込めないので戸惑うのだが、それは仕方がない。

昼飯になると廊下で知らせてくれる。「昼食」と叫んでから「背後《うしろ》向け」という。よって入り口の扉を背にして座り直すと、別の人が差入口に昼飯一式を置いていく。続いて「湯」と叫ぶ。すると房内の卓上にあるアルミ製の小薬罐を扉側の格子口に持っていき湯を注いでもらう。こうして昼御飯になるのである。

しかし初めは何のことやら訳がわからなかった。なぜ独房の住人に後ろを向かせるのかというと、食事を配る人間が受刑者だからであった。廊下でも庭でも、ここでは受刑者及び被告人の顔を互いに認識させない。

不自由は承知の上である。だが、早くも夜をどのようにして過ごせばよいかと悩んだ。本はまだ持ち込みが許されない。正座しているか胡座をかいているか、それくらいしかすることがない。瞑想してその世界に入るなどというが、とてもそんな気にはなれない。頭上には電灯が固定され煌々と光を放っている。瀏はある夜、自分の影がないことに驚いた。が、真上の電灯のせいだとわかってホッとした自分を今度は悲しんだ。誰でもある時期から神経が立ってくるのかもしれない。喜怒哀楽が鋭敏になって揺れ動く。壁に映った影法師に呼びかけて会話を始めるということもあった。

これまで瀏は照明をつけたまま就寝することはなかった。光が満ちみちた部屋で寝る辛さをはじめて味わった。監房内は看守が見て、見えないところがあってはならない。だから、これでもかというほどに耿々と照らしているのだ。

そういえば房の中に顔や姿を映す鏡はなかった。改めてそれを知ったのは片隅にある便槽で用を足し真下を見たら、ゆまりに顔が映ったからである。尿によって長らく見なかった自分の顔を見て瀏は妙に感動した。この便槽の扱いも日々の大切な仕事の一つであった。掃除の時間が来ると、看守はやはり「便槽」と廊下で叫んだ。すると、直ちに尿桶を抱えて監房の外へ運ばなければならない。「私はこの私の尿の臭にさへ胸のこみ上げて來るを覚えた」という瀏の連作三首は哀しいがいい歌である。

牢の口に頭打ちつくる戒めつつ抱へ出すかも大尿桶《おほゆまりおけ》
尿槽《ゆまりおけ》かかへて獄舎いでにけり中の尿のひたひたひびく
牢口をくぐり出る時揺れたれば槽のゆまりのかなしく臭ふ

獄舎の住人の立ち居振る舞いはさすがにシンプルであって、少し書き出せば一日のつとめは網羅される。起床するとまず毛布をたたみ、備え付けのはたきで埃をはらい、箒で房内を掃除する。それから洗面である。

洗面兼用の「流し」が床に炉のように設置してある。顔を洗うにはそこに跪いて水栓をひねり水を出す。アルミ製の湯呑で受けてまず口を漱ぎ、それから洗面器、桶はないので、掌で掬って顔を洗う。歯磨粉と歯ブラシは差し入れの物を使っても許されるが支給されたものを使った。瀏はこうした原始的ともいえる設備の生活をむしろ面白いと感じていた。

「この水が床にこぼれる。それを雑布でふき、序《ついで》に房の床に、雑布掛けをする。ここが自分の家であり、居間であり、書斎であり、食堂である。他人が見たら何と思ふか、私は之を別に苦労にも思はなかつた。いや寧ろさつぱりして良い気持ちだつた」

毎日、雑巾掛けをしていると床に光沢が出てくるのが嬉しいと、瀏は思うようになった。

鉛筆と紙を買う

風呂の日は楽しみだった。浴場が離れておりその分長く歩ける。風呂場は広く三人の看守に見張りされて湯に入る。湯量は豊富で石鹸もへちまも用意されている。惜しむらくは時間制限が厳しいことだが贅沢は言えない。瀏は浴場の周囲に雑然と植えられた樹木に目をやった。檜、梧桐、公孫樹《いちょう》があった。「私は此處へ梧桐や、公孫樹の芽ぶく頃來て、その葉の全く散り盡すまで居た。此の入浴の往復にどんなにその芽や葉の伸び育ち行くのを感慨深くみた事か」と告白している。若い頃から木々や草花を愛でて生きた瀏の特別な思いがふっと湧いて出るのだ。獄舎にいても山にあっても変わらないものがあった。

看守が背中を流してくれた。その折り「親父のようだ」と彼はぽつりと言った。規則では囚人との会話は禁止されている。看守の殆どは兵か下士から出ている。この時、まだ齋藤瀏は将官の資格を失っていないので、彼等は瀏に対する指示、通知の言葉も気をつかったに違いない。瀏には覚えがなくても、彼等はどこかで瀏の訓示や講話を聴いていたりしている人であろう。勿論、規則通り何も語らなかったが、若い看守の気持ちが伝わってくるのを感じていた。

齋藤瀏は武人であり文人である。何も書いてはならないというのは彼にとって苦痛である。或る時、万年筆と紙とを買ってよいかと尋ねた。万年筆は駄目だが鉛筆はよいというので鉛筆と原稿用紙を所望した。原稿は二百字詰めペラ百枚綴りなら宜しいということだった。こんなところにも細々と決め事があるのだった。それでも購入が許されて気持ちが明るくなった。まず日記を付けることから始めた。しかし囚人の毎日は変化が乏しい。天気と運動と入浴と記していても無味乾燥である。そこで、読んだ本の名句佳言を抜き出して書き留めた。箴言集のようなものになって有意義だったが、それも飽きてきた。

短歌は常に作っている。獄内獄外に関わりない。作歌はしかし書き留めておかないと次から次と忘れてしまう。筆記用具と紙があるのは大いに助かる。道具によって作歌意欲が湧いたのは確かであった。

瀏は自分の歌を詠むこととは別に、万葉集の感想みたいなものを書いてみようと思い立った。今、独房には参考書も原本もない。人麻呂、赤人、憶良、旅人、家持と若い頃から詠唱し愛誦してきた沢山の万葉集名歌がある。一首一首を取りあげて自分なりに歌の生命に迫ってみれば何かが書けるのではないかと考えた。「自己の今迄での作歌から得た鑑賞眼に據るより外なかつた。それでも是はいい仕事だと思つて暇さへあれば書き續けた」(『書写禅』)。この思いつきが適っていて独自の鑑賞メソッドを世の中に送り出せた。人文書院から出版された『萬葉名歌鑑賞』（昭和十七年初版）である。齋藤瀏のこの仕事については章を立てて魅力を探ってみた。

この頃、色々なアイデアが浮かび気力が充実していたことが見てとれる。歌を手がかりに万葉歌人の魂の中に入っていくという試みは、将兵を率いて時代の風雨に身をさらしてきた昨日までの齋藤瀏に許されてはいなかった。

「此の鑑賞をして居る内に此の萬葉集の歌を通じ萬葉時代の文化に關はること、歌の題材その他何でも是はと思つた事を書いて見る氣になつて筆をその方でも執つてみた」。それがもう一つの作品として成立した『萬葉我楽苦多記』である。これは萬葉人の生活と人生を掘り起こした民俗学的随筆で想像力を注いで古人と対面している。生き生きと執筆したのだろう、「楽しみがなく苦の多い此處の生活から思ひついた名である。かうなると書く事は幾らでもある」と思いなおした。ただ、欲しいと思う分の原稿用紙は買わせてくれなかった。また鉛筆は入手できても、これを削る刃物は貸してくれない。芯が折れたり減ったりしたときは困った。

鉛筆を削り貰ふと牢の外を通る看守を呼びて頼みぬ
鉛筆の折るる即ちかきやめぬ削りて貰ふ人の來るまで

時には折れた芯だけ握って原稿を書き続けた。

鉛筆の折れたる心を摑みつつ牢内に書く名歌鑑賞

人指し指の頭が凹み中指にたこが出来た。痛くて鉛筆の持ち方をあれこれ変えて執筆した。名歌鑑賞八百枚、我楽苦多記が九百枚になった。「書くは書いたがどうも書く為めに書いたといつたものになつて私の満足には價しなかつた。でも書いて居ると、心に愉悦が涌き歡喜を覺えた。いや或は無我の境地になつたと言ふ方が當つて居るかもしれぬ。書寫禅と言ひ得るなら夫《それ》であらう」。書くことへの執着を見ていた看守に、そこまでして書かなくてもいいでしょう、と笑われた。

精悍な指揮官の姿しか見ていない部下は、齋藤瀏を勘違いするかもしれない。内省的でか細い自己を吐露してこんなことも書いた。「それから私は更に私の過去を思ひ出して、これも記録した。此の方はあまり進捗せぬやうであつた。これは過去の追憶が、私の筆をとゞめしめ、徒にそれからそれと私の心を引きずり廻すからであつた」。牢内で書いたものは皆検閲されて外に持ち出せないかもしれない。それを思うと意気消沈したが思い直した。たとえ没収されても構わない。何かを残そうとして書いているのではない、何の欲望もなくここの生活を楽しくするに目的があったからだ。「書いていれば私は濟《すく》はれるのだ」と自答した。

やがて差し入れが緩和された。鉛筆と紙がゆるされて牢生活は一変したが、書物に会えるまで随分時間がかかった。読書してもよいと言われて、さて、どのような本が欲しいかと考えると、あれこれ在りすぎて困るのである。しかし瀏はここでは「何回読んでも飽きぬものに限る」

と選別してみた。真っ先に願い出たものは古事記、日本書紀、萬葉集、四書五経と碧巌録で、家の蔵書を持ってきてもらった。昆虫記も序に頼んだ。妻が差し入れに来たものの面会は許されていない。

逢ひ得ずて歸りし妻が心残り牢にや來つる幻に見し

月一回手紙を家に出すことは許された。自宅からの弁当の差し入れも許可され妻もそのつもりでいたが断わった。獄舎の食事を感謝して食べることだと劉は自分を律した。夏の単衣も差し入れられた。妻が丹念に縫った新調である。房の暑さを慮ってくれたのだが勿体なくて着られなかった。また牢の生活者に単衣が似合わないと感じて畳んでおいた。家の畑に劉が植えたとまとが成ったと持ってきた。買ったものだが桃も持ってきた。甘い汁が口にあふれ房に香りが満ち拡がった。

わが植ゑし蕃茄《とまと》熟れぬと眞日の焼くま夏の満ちを妻や持てこし
口邊より汁たらしつ桃食めり一人牢に居て幼くなりにし

七月十二日の銃声

真夏が到来して蚊帳が支給された。が、吊るしてみると部屋の寸法より余程大きいのか、たるんだ蚊帳が顔まで降りてきた。熱い夜が余計熱く感じられた。この年の夏はふだんと違った。「遂に獄中の温度は華氏九十八度になつた。明治天皇祭の日である」と日記に書いた。華氏の値を摂氏に換えると三十六度七分という猛暑である。獄舎の生活は何も変わらないが、ご命日の七月三十日は瀏にとって特別の日であった。自分の歌が陛下の御眼にとまって左右の臣に御下問になった。作者の齋藤瀏の名もまた御眼に入っただろう。その自分は今牢に繋がれている。汗と一緒に涙がこぼれた。

　牢の内に心迫りて叫びたり大き御帝わが明治の御帝

代々木練兵場が目の前にあるのだから号音や銃声が聞こえても不自然ではないが、食物の差し入れが緩和された頃、ごく近くに銃声が轟いたように感じて胸騒ぎがした。銃声だけではない、聖寿万歳を叫ぶ声も聞こえたため胸走りは止まらなかった。心配は確信に変わり房舎で閉目し合掌せざるを得なかった。その日の日記にこう書いた。

近く銃聲聞ゆ。鋭し。實弾を発射する響と感ず。刑務所構内の如し。我胸轟き騒ぐ。
銃聲、彷彿と顕《た》つ幻あり謹みて合掌す南無阿弥陀仏
虚空に聲あり吾を呼べり間を置きて聞ゆ天皇萬歳
合掌して申す行け、神靈坐をわかちて迎へむここに來よここにと幻、幻、七月十二日、銃

聲、銃聲、七月十二日

猛暑の夏が去り秋の澄んだ風が牢の窓から通るようになった。若き戦友が死に処せられたことは予審廷に於いて知らされた。獄舎の近くでつくつく法師が鳴きはじめた。軍隊は秋季演習の季節である。代々木練兵場の忙しない人と物の音が聞こえてきた。機関銃のいさぎよい音が響いて来、それが止んだら「食事」と叫ぶ指揮官の声がした。昔草原で兵に囲まれて楽しい食事をした光景がよみがえり瀏は妬ましく思った。この演習が終わると冬が駆け足でやってくる。瀏は心を決めてきたし覚悟はついている。それでも意気地のない消極的な自分が前面に出てくる。予審に際して答弁の不備、欠陥、破綻を感じ、自分自身に愛想が尽きてしまった。また明日の答弁を完璧にしようと対策を練るのだがうまくいかず、修練の不足を痛感した。

「よく気が狂はぬものと思つた」。冷静に振り返りながらも、また焦慮煩悶が始まるのである。そして何もかもが、ええい面倒くさいという気になるらしく、「この面倒臭いと言ふ心持は自殺の一歩手前のやうにも思へた」と獄中の苦闘を告白している。

以前から悪かった心臓の持病が一層ひどくなったのはこの頃であった。不整脈があらわになり立ち眩みも激しく、生命を保てるのか自信が無くなってきた。胸部の疼痛も起っていた。用便を済ました後、寝台に登れなくなった。そんな有様なのでここで遺言書を認めておいた。すると、監房検査係がそれとなく房の中で発見し上司に報告したらしい。瀏の入浴中に遺言書は取り上げられ無くなっていた。

自殺をはかると考えていたのである。看守長が度々やってきて思い止まれと言った。今の自分にそんな企てはないと説明したところで半信半疑だろうから、やりすごすことにした。差し潮が迫ってきては下げ潮に変わって沈着を取り戻す。限りなく自己を卑下して呪うのだが、一方で、ひとえに国を思い一身を捧げて生きた結果が今日の境遇であって、何を悔やむことがあろうという気持ちが己れの心を洗うのであった。もうこの反復はやめようと瀏は思うのだが、この心のせめぎ合いを夜となく昼となく繰り返すのである。

前者の心境は次の短歌に込められた。

信ずる所なきにあらねど裁かるる身の哀れなり卑屈におつる

後者の気持ちがあらわれた歌は次の調べであった。

囚はれてここに死ぬとも大皇國《おほみくに》さかゆく思へば安けくぞある
國を思ひひたぶる心かたむけて斯くなりはてつ歎かふべしや

こんなところで日々暮らすことに生存の意義があるのだろうか。意義なければ生より死のほうが勝っているはずだ。しかし自嘲自罵をしながらも生きて為さねばならないことがある。「生きて天下にあの事の趣旨を告げ、あの人等の心情を談《かた》らねばならない」。止むに止まれず蹶起して成し遂げようとしたものは何か。青年たちが命を賭して蹶起したことの意味は何か。これを自分の残りの生のうちに江湖に知らしめることである。

鼓舞するように自分に語りかけてみたが、「実際こんな體で飯を貰つて食つて居るのは耻しい」という考えが再びもたげてくるのだった。

「今の私に死ぬ方法が擇べたら生命は易く捨て得るであらう。それは始より生命を賭して居たのだ。それ故生きる方が困難に思へた」という気持ちに嘘はないが、人間の生はそれほど単純でもない。「実際生くる事の難いやうに死も難く思はれた。私は嘗て戦場で自己が兵器を失つた際如何にして死ぬかを研究した。此處でも亦さうした赤手死《せきしゅし》を致す方法を考へた」けれど、なおもそれだけのことであった。「赤手死」とは遠い昔の事件簿から出てきそうな言葉である。赤手は素手、空拳、手ぶらである。瀏の時代にはまだ準日常語だったのだと思うと、語意とは別に懐かしさがある。

死も難し生もまた難し逝く水の逝くにまかせてわれはあらむか
ここに在りて何を歎かむ現し世にいまだ生れぬ身ぞと居堪へむ
くやしけどこの牢にわれ死にも得ず生ける屍と生かされて居り

入獄して約半年、この秋に訪れた精神の苦悶は名状しがたく引きずっていた。それでも予審終了後に嬉しい達しがあった。面接許可が出たのである。これまで差し入れに幾度となく妻が通ってきたが受付で物を預けて帰っていた。

「遂にその日は来た。看守が預けてある私の私服を持って来て『面會』だと言つた。面會の時は皆な獄衣をかうした服に更めて居た。獄衣姿をその人に見せて歎《なげき》をさせぬ為めのやうである」

面接室には四角い大きなテーブルがあり、両側に相対する椅子が置かれていた。看守長の他にもう一人の看守がいて、彼が座る小卓には紙と鉛筆があった。瀏の入室後、面会者を呼びに行く段取りである。妻が入ってくると看守長、看守に頭を下げて、差し向かいの椅子に腰掛けた。面接時間は三十分である。瀏が語りだすと看守は筆記を始めた。妻と話す内容は一家の私事に決まっている。その私事を看守が詳しく記録している。妙な気分であった。

妻と語る事のことごと書き取るや看守傍らに筆をやすめず
看守長看守も居れど一家の私事語らねばならず語りあひにけり
語ること多くありすぎて語り得ず面接時間はや切れむとす

時計を見て看守長が「もうここで」と告げて打ち切った。「ではまた参ります。お體を大切に」と妻は立ち上がった。

豊多摩刑務所

昭和十二年一月二十六日、刑が確定したことにより衛戍刑務所から地方刑務所に送られることになった。早朝、いきなり護送すると言われ午前九時に出立するのである。何処へ行かされるのかわからない。自動車に乗るとき、相澤三郎の弁護をした満井佐吉元中佐が一緒だった。看守長が同乗した。走り出しても窓が窓掛けに被われていて外の景色は見えない。

遠い地方に連れて行かれるのかと思っていたら豊多摩刑務所であった。現在地でいえば中野区新井三丁目。今は法務省矯正研修所東京支所が建っている。渋谷の衛戍刑務所は木造だったが、ここはコンクリート製の洋式建物である。出発に際して必要な書物だけ携行がゆるされ他は自宅に送っておくと言われた。衛戍の監房で書き綴って一応形にした「獄中作歌」「萬葉名歌鑑賞」「萬葉我楽苦多記」の草稿と日記は預けて出た。

出された獄衣は赤い襦袢、赤い袷、赤い帯、赤褌と赤一色だった。まとってみると丈が短い。身体検査と訓示を受けたあと、五号舎に連れて行かれ中で看守から起居の要領、生活備品の説明を受けた。

衛戍と比べると様式は大抵新しく、新式のアパートの間取りのようだった。間口一間、奥行き一間半で、西壁に鉄格子の窓が開いている。その外側は洗濯物の干場がある。部屋の中央に物を入れる棚があるが、棚は同時に机であり食卓でもある。西側の腰掛けは上蓋を上げると西洋式の便器になっていた。鉄製の寝台は北側の壁に接して蓆《むしろ》が敷いてある。その上に長さ六尺の敷布団、幅四尺くらいの薄い掛け布団、そして枕がある。

入り口の戸は鉄製で覗き窓が一つ、裾の部分に開閉できる格子式の通風口がある。「湯」「食事準備」などと廊下から係が叫んで食事時間になるのは前と同じであった。食器に支那饅頭のような一塊の物が盛られてきたので何かと思ったら、米より麦のほうが多い麦飯だった。

日中も寝台の上に座って過ごした。自然と薄暗い入口を背にし、光が射す西窓を向いて座っていると「そちらを向いてはいけぬ」と叱られた。見回りの人間が覗き窓をのぞいたとき、表情や身振り手振りが見えていないと不安なのだろう。四六時中、暗いほうを向いているのは苦痛だが、規則は規則と割り切って黙っていた。

以前は被告、今は本当の受刑者であるからそのつもりで従った。孤独感はこちらのほうが強かった。「寝てよし」の看守の声で床を延べた。煎餅布団と掛け布団一枚である。「肩が寒いので引張ると足尖《あしさき》が出る。足尖を引き込める為めには腰と膝を曲げねばならぬ。膝腰を曲げては、仰向きでも横向きでも隙間が出来て、着て居る甲斐がない」。結局、四苦八苦、工夫してみたが名案なく真冬の寒さに凍えていると、覗き窓から声が掛かった。「おいそれぢや寒い。掛布団の外側の一方が敷布団の下に入るやうに、他の一方はそこの壁に押し付けて隙間の出来ぬやうにするとよい」。教えられたとおりにやってみたら、幾分具合が良かったが隙間は全部埋まらず我慢するしかなかった。

朝食後、理髪室に連れていかれた。有無を言わせず頭を刈られ顔を剃られたが、次に髭を剃り落としかけた時、つい「髭も落とすのか」と口走ってしまった。考えてみれば囚人が立派な髭を蓄えてよいわけがない。日露戦争からずっと自己の一部であった髭を失うことになった。瀏にとって意外なほどの衝撃だった。「私は鏡に映る我の髭無し顔を見た時、いや獄衣姿を見た時、涙がほろ〳〵と落ちた。口惜しいので鏡の姿に向いて顎をしやくつてやつた。鏡の姿が同時に顎をしやくつた。それは別人のやうなよそよそしさだつた」

理髪のあと診断室に廻された。そこには、はきはきと明るく気持ちのいい医者が待っていて懇切に診察してくれた。「頭の禿げた圓顔の五十以上と思はれる人が戸を開けて入つて來た。私を診断中の醫者が一寸頭を下げた。上役のやうである。短い独逸語で話した。私は独逸語を学んで居るので、大略その意味は解つた。私の診断簿にも、独逸語で何か書かれた。是はよく見えなかつた」。診断が終わり監房へ帰る道すがら看守が低い声で「病監へ轉房だよ」と告げた。そして「病氣は軽くないやうだ。氣を付けぬといけぬ」と気遣ってくれるので瀏は頭を下げた。部屋の受持看守も温かかった。「大事にしろよ、そして早く治つて歸つて來るんだ」。僅か一夜であったが世話になった御礼を伝えて舎外に出た。

病監はこれまでの部屋より広く南向きの日当たりの良い部屋だった。室内の洗面所と便所は単独で設置してあるところは、市内（現・東京都）の病院と変わらない。瀏は夏物の着物が一枚着せられ布団が一枚増加したことを素直に喜んだ。

その他のことも破格の待遇だった。

看護係の囚人が三度の食事、薬を運んでくれた。脈を取り体温を計ってくれ部屋の掃除までしてくれた。栄養が不足しているといって牛乳や鶏卵を献立に加えてくれた。「私は囚人だ。勿體ない事だ」と瀏は感謝した。

罪を得てここに來しわれぞ病監にいたはられて居り薬をも貰ふ

斎藤瀏の欲念のない青年のような純朴はこうした場合に最もよくあらわれる。

「若き戦友は死刑になつたが、私は助けられたのみでなく、茲でかかる待遇を受けて養ふのが寧ろ苦しかつた。然しかうして私のやうに生き残つて居るものには、何か義務が託されて居るやうにも思つた。私の躬は或は保たぬかも知らぬ。然し一日でも立派に贖罪生活をしよう。罪を持つて死に行くのは悲しい。惜しからぬ生命だが、保てる丈けは保つて見ようと思つた」

病監の窓はこれまでの部屋のよりも大きかった。左右の側面は目隠しされ鉄格子も掛かっていたが十分眺望を楽しめた。目の前の松の木立が枝を張り、その下には河原撫子、いちはつ、宵待草が咲いていた。庭の左手に看護たちが作った花壇があった。朝顔が見え、菊の栽培所も覗けた。

外部の世界、つまり光と景色のすべてはこの窓を通して感取できた。瀏は日中、幾度となくこの窓に倚ってては眺めていた。まるで機械仕掛けの装置のように窓辺に立った。

「何の為に窓によるか。私にさへ解らなかつた。雨が降ると、雪が降ると、風が吹くと、鳥が鳴くと、人聲がすると、草が萌えたと、花が咲いたと、顔を洗つた序に、用辨の序に、食事の後に、読書に倦きた時、歌の表現が思ふやうに出来ぬ時、私はこゝに立ち寄つた」

或る時、水仙が咲いたと看護係が部屋に持ってきてくれた。医務課長が草花を好んでいることは知っている。療養上、有効であることを語ってもいた。こういう人が病監にいるとだいぶ違ってくる。お蔭で瀏は枕辺に草花を挿して楽しむことができた。

温かくなると庭の芝草が青みがかってきた。所々に何かの芽が萌え初めている。たんぽぽの咲いたのが見えた。「外土を踏むを得ぬ私にこの雑草の花がたまらなくなつかしかつた」と瀏は告白し、また歌にした。

たんぽぽもぺん〳〵草も咲きたりと聞くに頼みて摘みて貰へり
膝の上にぺん〳〵草の花を置き眼はつぶりたり獄衣の赤さ
一株のたんぽぽの花を見るものに幾日をこゝの窓によりたる
雨はれず庭の芝生のたんほぽも花を閉ぢたるまゝに暮れたり

遠くに萩のようなものが見えたが正確にはわからない。白つつじの五花は既に薬瓶に活けられている。またしばらくして、「藤が咲いた」と看護係が窓から一枝を差し入れてくれた。「私は之を小瓶に挿したが、瓶はすぐ倒れるので、あの薄い半紙で『より』をつくり枕頭の卓の脚に縛りつけ、彼の子規の『畳の上にとどかざりけり』の歌を思ひ出し、急に畳を戀ひしむだ」

藤の花瓶に挿ししが水を上げず一日保ちて萎え垂りにけり

こうして看護係が草花をそっとくれるので随分と心が癒された。それでも枕辺に花のない日が多かった。ある日、医務課長は独逸スミレの花を差し入れてくれた。それ以降、どうしたことか、草花の鉢を置くことも花を挿すことも出来なくなった。「何か他との釣り合上いけぬと言ふ議論が何處からか出たやうにも聞いた」。瀏はまた、窓に倚っては外を眺めるだけの生活に戻った。

親馬鹿ちゃんりん

草花を部屋で愛でる行為は禁止されたが、その代わりに鳥たちが瀏を慰めてくれるのだった。はじめは食い残した飯粒を雀に与えていたのである。雀はそれに応じて活発に鳴き、近づいてきた。枯れ草、藁屑、抜け毛を屋根に運んだ。巣を準備するためである。

瀏は松ぼっくりがどのように生まれて形成されるのか、毎日、窓に倚ってそれを突き止めているが、今度は、庭の雀の生態に執心し始めた。観察癖が起きて来たのである。雀の仕草を見ていると、行動のすべてに意味があるのだと感じるようになった。やがて雀は庭に降りて来なくなった。屋根の上は瀏には見えないが、卵を孵す時期になったに違いないのだ。想像してこんな歌も詠んでいる。

屋根の巣に卵をいだきうつとりとこもる雀か庭のしづけさ

姿を見せなかった雀が庭に現われた。嘴《くちばし》で土をつついて小虫をくわえると屋根に飛んでいった。雛が孵ったしるしである。飯粒を播いてはいたが、生まれたての子には穀食は合わないのである。瀏の觀察欲はさらに旺盛であった。

雛が巣立ったら親は何をするのかというと、自分だけ庭に降りて子雀たちは木の上の枝に並べておく。親は餌を口にすると数羽の子供たちのところへ行き、順に口移しして食事を与えるのだが、動きが素早く図々しい子が先に餌を貰っている。運動神経の鈍いおとなしい子は後回しになる。活発組は食べる回数も多いように感じられるが、よく見ているとそうとも言えない。親はすべて承知の上で平等をはかろうと努めているのだった。図々しい子が騒ぎ立てアドバンテージを得ても、親は時々拒否をして弱い子の口に運んでやるのを見た。

雛も自分で地面に降りる技術はある。庭に餌があるのだから、子供たちも下で食べさせたら良さそうなものを、どうして枝の上に留めておくのか。瀏にはそれが不思議であった。

「木の雛は親に随いて庭に降りて、そこでせがむでも與へず、餌を見せびらかして、再び木の枝へ連れ歸りそこで初めて餌を與へた」。恐らく、本能的にまだ地上に置くことの危険を察知しているのだろうと考へた。しばらくすると、親は子供たちを連れて木から木へと飛んだ。何かを得ようとか何かを避けようとか、そんな意味のある動作ではない。これは雛の飛翔訓練だと察した。そのうち、飛び方も巧くなり親は子供たちを庭に降ろし、そこで餌をついばみ、一羽一羽の口に与えてやった。「是は雛が随分育つた後まで續いた」と瀏は書いているから、ずっと見つめていたのである。

「その内に雛は親が食べさせて呉れる間に自分でもほつほつ拾ふやうになつた。それでも親が餌を持つて來ると羽根をふるわせ、大きく口を開けて頻りにせがむだ。もう親が運んでやらずとも、独立して餌を探して生活し得ると私は思つたのに、親はいつまでも前のやうに餌を探してはその雛に食はせた」

「親馬鹿ちゃんりん」という言葉が瀏の頭をよぎった。子に甘いのは人間世界だけではないのだ、と妙な納得があった。

雀のほか鳩も窓の下にやってきて残飯を欲しがった話を瀏は書き留めている。が、同じ並びの受刑者もご飯粒を投げていたらしく、そのうち鳩の糞による環境悪化もあったとして、餌付けの禁止通達が廻ってきた。鳩は屋根裏に通じる穴を見つけて巣にしていた。なのにその穴を管理者が塞いでしまった。親鳩はさぞ驚いたことだろう。そのことを看護係から聞いた瀏は「罪なことをすると祟るぞ」と叱ったところ、数日して巣の穴を回復させたという。瀏の忠告が上司の耳にも届いたのである。

病舎の庭は専ら監房にある唯一の窓から眺めるものだと端からあきらめていた。ところが、或るときから日光浴のために庭に出ることが許されたのである。但し、廊下の出口付近から僅かな距離、担当の控室から監視の目が届くほんの十数メートル先の小さな花園辺りまでであった。が、瀏にとってはこの上ない愉悦だった。実際に外に出てみると、様々な花卉と樹木が育っていた。そこは病舎の南側で、塀際に茶の株が植わっているほか、松が十本、檜が三本、柘植、こぶし、竹があり、薔薇、つつじなどが雑然と混じっていた。以前、窓からも確かめ得たが、萩、菖蒲、ダリヤ、菊、宵待草、葵といった宿根草の類が所々にあって、矢車草や河原撫子も花を咲かせた。朝顔と菊は看護係がせっせと育てた作品であった。少し離れて西側に藤棚が、東側に常磐木が立っている。

自分の病弱ゆえに配慮された日光浴である。それなのに土を踏む喜びと生来の花好きの癖が呼び起こされて、見ているだけでは我慢できず看護係の土いじりに手を出した。

許されて病舎の庭に出で立てば雑草の芽も踏むに惜しかり

瀏は河原撫子を眺めていると、この桃色の可憐な花はどうも刑務所向きではないなと感じた。しかし、植えてくれた人がいるからこうして自分は慰められている。心が尖ったらこの花を見ればいいのだ、と思えば頭が下がった。

刑務所の病舎の庭に採りて來て誰が植ゑにけむ河原撫子

河原撫子松の根方に咲きほこるこの庭見れば獄舎と思へず

草花と自分の時間。それは静謐であり愉楽であったが、佳き時間というものは長く続かないものだ。ある日、外が騒がしいので窓から見ると、赤い着物の使役の囚人たち五、六人が看守に連れられ、庭掃除を始めるところだった。草掻きを握っている者は草であろうと花であろうと全ては余計な雑草と見なして、端から庭の表面を削っていった。長く培った青苔も土と一緒に剥がされた。

「私の好きな河原撫子もこの厄に遭つて仕舞つた。そこには看守も居たのだ。この看守はすごかつた。自ら此の河原撫子を抜き、ダリヤをぬいた。そしてその佩刀を執つて一本だけあつた山椒の木を斬つて仕舞ひ、萩の藪を平げて仕舞つた。私にはわけがわからなかつた。看護も呆然として眺めて居た」

落胆したが、瀏は看護係と二人で寂しくなった前庭の土を起こした。そして、たんぽぽや菫を植え直した。しばらくして看護の彼が菊や菖蒲やダリヤをもってきて移植してくれた。「庭には何かの花が咲き變り咲き變つた。花は何の花でもよかつた」。秋が訪れると優美な紫苑が咲きコスモスが風にゆれた。

瀏は小さな生き物も数々愛した。獄舎でも庭に出て蝶を追い、蟻と遊んだ。唯一つ、黒い揚羽蝶だけは好きになれなかった。この蝶は橙や蜜柑のほか山椒にも卵を産みつけるが、育った幼虫をさわると、頭から赤黄色の舌のようなものを出して、悪臭を放つ。それが昔から不快だった。

「歌をよめ」

病人の監舎でも面会は身内か親戚の者と決められていた。その他の人間は、家族の次に近しい間柄だといっても、刑務所長の認可を待たなければならない。一般にこうした所に繋がれる囚人の友というのは、囚人と同じ空気を吸ってきた共感者であり潜在的危険性があると見られているのだろうか。瀏はそんなことも察してみたが、「私の場合は違ふ。私の友人は皆社会的に地位のある紳士淑女が多い」と心で打ち消した。実際に、刑務所の門まで来て会えずに帰った友もいたということだが、それは地位云々の理由ではなく、事件に関して直接的ではないにしろ何らかの縁に繋がると見做されたのかもしれない。

軍人で見舞ってくれた友は渡邉良三中将、猪狩亮介中将、蘆澤敬策中将であった。この三人は陸士（第十二期）の同期である。また一期下の中山健少将、海軍の匝瑳胤次少将も来てくれた。この二人は明倫会における同志で、判決後すぐに衛戍刑務所を訪ねてくれた同会の総裁、田中國重大将の傘下に親交を深めた仲である。田中は砲兵の中佐として日露戦争最大の激戦地、二〇三高地で児玉源太郎に付いて戦い逸話も残している人物だ。

実業家の石原廣一郎とは判決が申し渡された日の夜、衛戍刑務所で会っている。蹶起将校を除けば、自分と関わったために獄に拘置された唯一の民間人である。彼は無罪判決を受けたが、獄舎を出る前に齋藤瀏に会いたいと願い出て特別に許可されたと聞いた。その時も面会は看守立ち会いの下だったが、彼が入室すると互いに感極まり泣けて仕方なかった。石原は「気の毒をした。僕はまだ若い。代りたかつた」と言うと、瀏も返した。「俺は老骨だ。よし社会に居てもさほど働けぬ。君は國家の為めに大事な體だ。俺は心から君の無罪を喜ぶ。俺の有罪は當然だ。君の無罪も當然だ。俺を許して呉れ」

その石原が再び見舞ってくれた。が、二人が回想すべき話は山ほどあって、時間が足りなかった。聞けば、やはり事件に浅からぬ関係があるので、石原の面会許可はなかなか降りなかったらしい。

下村宏といえば「海南」の号で歌を詠む佐佐木信綱の同門である。しかし、齋藤瀏がまず帝国陸軍の軍人であるように、下村もまた逓信省の官僚であり、実業家であり、新聞（朝日新聞社）経営者であり、政治家であった。後に彼は終戦に際して、玉音放送の任務を完うする内閣情報局の総裁に就いている。彼は結城素明画伯と共に、支那革命軍の暴挙を鎮めようと奮闘していた齋藤旅団長を炎暑の済南に訪ねてくれたことがあった。苦境の中で、これほど感激させられたことはなかったと瀏は言い、戦乱の街に現われた二人を決して忘れなかった。下村は衛戍の折に来てくれたが面会は許されず、病監に移って許された。素明画伯は家に見舞ってくれていることは妻から聞いている。

佐佐木門下からは木下立安、大島雅太郎、藤田一松、女流の濱口幸子が来てくれた。木下は福澤諭吉創刊の「時事新報」の主任、大島は慶應義塾の教員で三井合名会社の理事、藤田も慶應義塾で教師を勤めていた人だ。歌誌「心の花」で常連の小城正雄、少尉時代の部下、荒川敬も出向いてくれた。木下立安とは長い。その他の人は木下の薦めで交詢社の和歌同好会に出入りしてからの仲間で、軍職をやめてからの付き合いだ。

出獄の日まで必ず生きよとし老立安言ふ力をこめて

木下立安も藤田一松も七十歳を越えていた。その二人が「俺も生きて居るから君も必ず生きて居らねばならぬ」と言うから涙が止まらなかった。

獄舎にいて世の中とは異なる時を過ごしてきたが、主人のいない家に見舞ってくれた人々、手紙や電報で見舞ってくれた人々、金品等を賜った人々が相当な数であることを知った。面会の日に妻はすべての氏名を日分けにしたものを示したが数百名に達していた。瀏は監房に戻り、名簿を前に置いて頭を下げてその厚意に感謝した。

妻は手紙でも逐次、名前を書いて瀏に報告してきたが、面会の時には繰り返しその人々の氏名を口にして告げるのだった。「徳富蘇峰先生が名和盛子夫人をお遣しになつて見舞を賜つたと言つては泣き、二子石中将が來て下さつた片山夫人大村夫人等が来て下さつた、と言つて泣いた。私も貰ひ泣きをした」。名和盛子というのは福岡県名和神社の宮司に嫁いだ蘇峰の五女で、歌人である。二子石中将とは二子石官太郎のことであろう、荒木貞夫、真崎甚三郎と陸大同期であった。

妻を見舞ってくれた人々のうち、師の佐佐木信綱、木下立安、大村八代子、渡邉良三、蘆澤敬策、中山健といった人は、これからどうやって食べていくのかということまで心配し、言いにくいことも敢えて口に出して、皆で考えるというふうであった。

すでに瀏の家は全く余裕がなかった。少しの貯えは昭和八年からの国家改造運動に遣い果たして、かろうじて恩給だけで生活していた。その恩給も拘置された時点で交付は停止となった。刑が決まっていないのにその措置である。それを聞いた中山少将は陸軍省と談判し、刑が決定するまで停止を解くことを認めさせるということがあった。瀏と妻はこうした人々にどれほど感謝したか言葉であらわすことが出来なかった。

しかし、不思議なことに最悪と思われる事態に陥ったときも、瀏には一筋の信念の光が射していた。「私は位階勲等恩給年金を失ひましたが天下に任俠の士あり、私を救つて呉れることを信じて居る。それ故一家の流離没落は萬々無いと思ふ」と二三の友人に送ったこともあった。周囲に救済をせがんだのではなく、ある種の信仰のような思いを吐露したのである。「神や佛の存在を疑ひつゝ私は神の存在を否定出来ぬ者であつた」。それは時に明治天皇が直に瀏をみそなわし給うといった幻や、神乃至仏が任俠の士の姿に変えて「私が何とかする」と夜の夢に現われたりする体験を伴っていた。人に言えば滑稽に聞こえるだろうが、瀏はこれを家族に真顔で語った。

そうこうしている時に、瀏にとって最も重要な人が会いに来た。師の佐佐木信綱である。乾政彦、中村徳重郎の二人も一緒だった。師は瀏に告げた。「一人で來て若し悲しみに負けて何も言へぬやうではと思つて、両氏に御迷惑をお願ひして來て貰つた」。そして、メモを手に細々と諭すのだった。

「歌をよめ、歌は救ひであり修養である」

この一言を言うために面会に来られたのだ、と思うほど威厳があった。また面会の前に、作歌を記録するための帳面や鉛筆の類をもっと持たせてほしいと、所長に要請してきたと言われた。ありがたい配慮であった。そのほか瀏の留守宅の状況なども伝えてくれた。瀏はもう懸命に泣くのを怺えているしかなかった。

静けき室ここは刑務所なり先生にわが向ひ居りて夢にはあらず
此處にして歎き悲しむも及ばさらむ歌よめよと言ふ言の尊さ
申し譯なしと言ひしが後つづかず先生を仰ぎ友に目を俯す

瀏は師恩のありがたさに咽《むせ》ぶほどであったが、心を落ち着けて返事したかった。「私は今感謝の生活を営んで居ります。私はかく成つた以上ここの生活を有意義に有価値にする決心であります……」。師も泣いているようだった。一緒に来てくれた同門の乾政彦は法学者で後に貴族院議員に、中村徳重郎は民法学者として名を成した人である。

それからしばらくして、師が文化勲章を拝受したことを『人』誌で知った。瀏は洋服姿の師の写真を牢でいつまでも眺めていた。

家にあらば駈けて行かむを今日の日のこのよろこびを祝ひ申すと

つまらぬ事件

獄中の事件としては瑣末であり少し不快なことでもあったが、事件に対処した齋藤瀏の態度が爽やかで清涼感をもたらしていたので、一つの出来事を書き留めておきたい。それは獄舎の単調な生活にもようやく慣れ、日光浴の恩恵も被れるようになった頃の話である。

病監の囚人は常日頃、看護の人たちの世話によって、何とか生活を送らせて貰っている。だが、規則の上で看護係と囚人とは談話をすることは許されていない。互いに日々顔を合わせ相手の呼吸もわかっているが控えている。ただ食事を運んでくれ、薬を準備してくれ、脈を取り体温を計ってくれる彼等に、挨拶もすれば、ありがとうの礼も言う。こうした時間につい軽く語り合うことは寧ろ不自然ではない。

或るとき、瀏が恩給も奪われてしまった身分であることを聞いたのか、ある看護からひどく同情された。刑務所内で噂を耳にしたのである。恩給停止は重大には違いないけれど、それほどのことではあるまい。確かに、自分が波風を立てぬ老境であったなら、今頃は晴耕雨読を楽しんでいるのかもしれぬ。瀏は自分を見つめるためにまた歌を詠んだ。

　恩給もて悠々生活《くら》し得る身分なり何か不足にて牢に繋がる
　晴耕雨読しづかに餘る世を送る身にはあらじか牢につながる
　陸軍少将従四位勲二等齋藤瀏牢につながる身の程しらずかも

また一人の看護係が瀏に訊ねた。

「閣下は歌をおやりになりませう」

「もう閣下ぢやないよ」

「とも角閣下の短歌を暗誦して居る者が居ります。此處にも歌を作る者は数名居るので、閣下をなつかしがつて居ます」

瀏はこの時、喜んでよいか悲しんでよいか判らなかったと書いているが、これくらいの会話はさり気なく交わすようになっていた。そして、こうしたことを監舎の誰かが咎めるということもなかった。

ところが、問題が生じた。一人の看護係は早稲田を中途退学した若者で思想犯であった。看護も何らかの罪を負った受刑者であると前述したが、彼は正にそうであった。瀏を尊敬し大事に世話をしてくれ、何でも所内の事を教えてくれた。ある日の会話の中で、ここの食事の献立や品物の異名について教えてくれた。ここ独特の呼称である。瀏には面白く新鮮だったので、教えられるままメモに書き記しておいた。隠語は軍隊にも存在する。だから、これが問題になるなどと夢にも思わなかった。

が、瀏のメモを見つけて上の人間に報告した者がいた。早速、瀏の部屋に取調べが来て訊問を始めた。その人物は何しろ大学を出て、幾度も高等文官の試験を受けていると聞いていた。看守上りのここの役員の中では別格のインテリだったのだろう。

以下は『獄中の記』の中の「小さな事件」と題した瀏の回想である。古今、インテリの意地の悪さというものがよく現われているので、そのまま引用する。

「あれは誰から聞いた」

「あれは衛戍刑務所に居た時聞いたものです」

「それは嘘だらう。あの書いてある紙は此處の醫務室の用紙だ。筆跡も調べたが此處の看護のものだ」

これまで調べてあるとは思はなかつた。

「さうお認めかも知れませんが、私は前言を翻す譯には參りません。用紙は此處の用紙です」

「書いたのは誰か」

「私です」

「筆跡が違ふ。嘘を言ふと為めにならぬぞ」

私は怒つた。その調べ方語句に侮辱を感じたので、

「私が嘘を言つて居るとお判りならそれで私を罰して頂きます。假にさうした事を私にした親切な人があつたとして其の弱きものを、私の口のきゝ方によつて罪に落とすことは私には出来ません。聞いた私に罪があり、書き物を保存した私に罪があり、嘘を言ふ私としたら又私に罪があります。

私は茲に居ても心だけは清く高く持ちたい。今のお調べは私として如何にも侮辱を感じます。茲は罪人なればそれを侮辱してよいのですか」

私は昂奮して居た。矢張り茲で心の平静を失つて居るのだ。私はそれに氣が付いたので、靜かに言つた。

「何にも彼もそれとお判りでせう。私が嘘を言はねばならぬ心持を察して頂きます。わたし

は茲ですべての人間を朽らし自暴自棄に落さぬ事が大切と思ひます。少くも私はそのつもりで心を勵まして居ります」

私があまり眞剣なので、その人は何とか言つて室を出て行つて仕舞つた。

当該の看護係は別の獄舎に移され謹慎させられたと聞いた。劉は担当看守に、彼を助けてやってくれと頼んだ。すると一週間程度でまた隣の病舎に帰って来た。劉は手帳を取り上げられ、しばらく買うことは許されなかった。

心臓は弱いが運動も必要と思い、念入りに部屋を掃除し床を洗い拭きしたところ、見違えるほどきれいになった。すると、この人物が偶々やって来て、看護係を酷使させたのだろうと疑って担当看守を戒めた。劉は怒りを抑えられなかった。

支那事変が起きても禁固で病舎にいる者は、その情況を知ることが出来なかった。しかし、看護係は週一回教誨を受けて、そこで新しい情報は聞かされる。また一級の囚人は新聞を読むことも許された。劉の病舎の世話をする看護係にも一級がいた。よって彼らからそれとなく情報が入るのは自然であった。

だが、この人物はまた横槍を入れてきた。看護係が叱られたと言ってやってきた。「貴方が支那事変の情報を知り過ぎている。看護が話すのだらうと言ふのです」。つまらぬ事をいう奴だと腹が立ったが、このさい直接言うことにした。

「禁錮と懲役と刑の性質は何れが重いのですか、今回の支那事変は國の大事だ、此の大事に関する事を懲役の看護が知つて禁錮の私共が知つてはならぬ理由を聞かせて欲しい。殊に、今回の事変の如きは國民的自覺を促すもので、斯る處に居る人々の教訓から考へても之を説明し、國民的に反省させ、奮勵させ、良民たらしむる考慮を拂ふべきだと思ふ、私が當事者なら正にさうしたい」

続けて、知り過ぎていると咎められる理由があるのかと迫った。

「然るに之を知り過ぎて居ると言ふ。知り過ぎた所で看護以上に知り得る筈もない。どうして懲役の看護程度に私共が知つてはいけないか、説明を願ひたい」

相手は何も言わずに帰っていった。が、その後病舎の囚人は時々、特別に情報を聞かせてもらえることになった。定期的に教務課長が時局や世相など病舎を訪れて伝えてくれるのだ。瀏は教務課長の配慮に深く感謝した。

仮出獄

刑務所と刑の事情にくわしい看護係の一人が、齋藤瀏に以前から言っていたことがある。「三分の一を過ぎたら仮出獄になりますよ」。彼の判断は法律の理屈からではなく、長いこと刑務所で働く世話人としての経験である。しかし、妙に説得力がある。

「私が請け負ひます。國事犯ですもの、國事犯でない破廉恥罪でさへ嘗て大臣を務めた人が三分の一を過ぎて假出になつたのです。ちやんと先例があります」

破廉恥罪で入っていた大臣がいたという事実のほうが、刑期の長さよりも気になったが、彼は自信をもって説明した。慰めでも嬉しかった。

しかし、自分の場合はそう簡単ではないと考えていた。ほかでもない陸軍省が介在している。ふつう、所長が司法省に申請すると司法省が判断するのだが、瀏は軍法会議の判決を経て繋がれている。司法省は陸軍省と協議し、その結果認否の指令が所長に下ることになる。軍法会議の判決を司法省が口出しすることはできず、結局、陸軍省が同意するか否かにすべて懸かってくる。

看護係の予想は刑期が三分の一となる四月十七日で、「もうすぐですよ」と言っていたが、これはあっさり外れた。瀏は何とも思わなかった。自分より軽い三年刑の人もまだここにいる。夏に出られれば助かるが、その人が出た後に出るのが順序である。看護は「あなたの身分、功績は他の人と違う」としきりに誉めてくれ、そのこと自体、素直に嬉しかった。

瀏は人格者の所長、情熱家の主治医、そしてこの看護の人たちの善意に心から感謝した。「私は晏如《あんじょ》として法規の下に身を措けばよい。そして此處の生活を與へられた意義を自らに體し、與へた効果を國家に認めしめればよい」

そう思いながら坦々と生活を続けていたら、夏は過ぎ残暑の秋に入っていた。

九月十七日午前十一時であった。担当と看取がやってきた病監の扉を開けた。「面会ですか」というと、「そうだ」と応えたから、いつもの面会室に向かったが、途中で別の部屋に行けと指示された。そこは身分のある人が面会に来たときに通される部屋である。一室に入ると、所長が立っていた。前進して卓をはさんで腰掛けると「仮出獄が許された。証書を出す」とはっきり告げられた。家族にはすでに知らせた、それまで別室で待つようにとうながされ退いた。

　假出獄證手にして室を出でにけり俄に明るき刑務所の廊下

別室には妻と史が大きな包を持って入ってきた。所員もかけつけて「おめでとう」を連発した。刑務所の出口に呼んでくれた自動車が横付けになった。家族と乗り込んで驚いた。運転席の人は、昭和十一年二月二十六日払暁、瀏を首相官邸に運んだその運転手だった。その車で二年余り留守をした自宅の門をめざした。

第八章　齋藤瀏の人間観察

政治的野心を着た人、宇垣一成

齋藤瀏が宇垣一成を初めて見たのは、陸軍大学を卒業して教育総監部第二課の課員になった頃だから明治四十二、三年のことである。宇垣はまだ大佐で第一課に勤めていた。彼の部下の林桂は瀏と同期で二人は大尉であった。

林が言うには、「一成」(かずしげ)というのは改名した名で、陸士時代は「杢助」(もくすけ)だった筈である。杢助では草履取かさんぴん奴の名だ、威厳を持つために一成と改めたのだろうと言っていた。山本権兵衛も「権兵衛」は「ごんのへうえ」と読ませていたらしい。「ごんべが種蒔きゃ烏がほじくる」では恰好がつかないからというのが理由らしいが真相はわからない。だが、瀏はそんなつまらない動機ではなく、単純に元帥になりたいから改めた名前だろうと思った。当時、葉巻をくわえ胸を張り廊下をしずしずと歩いていた。風貌や所作から彼は大望を抱くタイプだ、そう食堂で噂していたら宇垣がやってきて二人は慌てて口を閉じたことがあった。

その後、齋藤瀏は宇垣に感謝の気持ちを抱いたことがある。大佐となり小倉の連隊区司令官を勤めていたときに「勤務処生と事物の根本関係」という哲学的な講演をし、その講演記録を師団司令部の人間が印刷し各方面に配ってくれた。瀏はその一部を第五師団長であった宇垣中将ほか他の将軍にも送ったのだが、皆目、感想を寄こしてくれなかった。唯一、批評し賞賛の手紙を送ってくれたのが宇垣中将であった。後に、「あんな面倒な事を研究しているのか」と変わりもの扱いをしたのが山梨半造中将だが、他の連中はうんともすんとも言ってくれなかった。

また、少将として済南警備司令官を任じていたとき、民政党の山道襄一が政党代表として慰問に来たが、出された名刺には、宇垣陸軍大臣の齋藤瀏宛ての紹介が附されていて驚いた。律儀な人だなという印象を深めたのであった。

だが、そんな信頼感もいっぺんに飛んでしまうのである。瀏にとっては決して忘れることのできない昭和三年の済南事件処理の問題がある。内閣交代して陸相に就いた宇垣は自身の政治的地位を守って、事件に骨を折った上級将校を守らなかった。その頃、宇垣の当面の夢は民政党の総裁の椅子であった。当時の空気として幣原派一党に好かれないと総裁にはなれない。一党は邦人を助けるために出動し革命軍と交戦したこと自体が罪だというのだから何をかいわんや。それに反論もしないで幣原外交に賛意を示し、第六師団の福田師団長ほか、二つの旅団長参謀長をやめさせた。ついでに応援に来た第三師団の師団長、関東軍の軍司令官、同参謀長の首まで切った。ここで宇垣大将に対する不信感は一気に高まったのだった。

さかのぼって、いわゆる「宇垣軍縮」も無定見な縮小政策だったと、批判が渦巻いた。第一次世界大戦後、国際協調の気運が高まり、各国が軍備縮小へと舵を切ったのは自然の流れであった。宇垣の前に山梨半造陸相がまず二度にわたって軍備の整理・縮小に着手したが、この「山梨軍縮」では全く不足だと国民からも批判を浴びた。というのは、大正十二年九月の関東大震災の被害が甚大すぎて復興費用が捻出できなかったからだ。

第一次加藤高明内閣の陸相になった宇垣は、たしかに第三次軍備縮小の担い手として苦しい立場だった。各省庁にも大幅な経費節減を求めながら、陸軍・海軍の整理に大鉈を振るわなければならなかった。

内閣が要求したのは陸海軍八千万円の削減で莫大な予算のマイナスである。これでは軍を説得するのがむずかしいと宇垣は難色を示していたが、人員削減によって獲られた財源は兵器の近代化に充てると説明して納得させた。

陸軍の場合、二十一個師団のうち四個師団を廃止し、それに伴って連隊区司令部十六か所も廃止になった。陸軍幼年学校二校も廃校にした。将兵三万三千人、軍馬六千頭が削減された。結果、組織は随分とやせ細ったが、約束の新兵器整備などは十分に進まず、捻出された金は他に廻されて、軍は弱まっただけという印象だった。三次にわたる整理で削減された将兵は十万人にのぼった。

将官を含む将校の首を切ったことは深刻で、「宇垣大将は軍を踏み台に自己の政治的地位の獲得に務める軍の賊だとの呪が、湧いて、宇垣大将に反感を持つものが、軍部に多くなった」と瀏は思うに至った。

軍備縮小は軍人の社会的地位の失墜を招いた。大戦後の好景気の反動で不況が訪れると、軍人に対する世間の風当たりが強くなる。町や電車の中で軍服を見かけると、厭味を言い喧嘩を売ってくる人間もあらわれた。こうした屈辱も元はと言えば宇垣がもたらしたもので彼に対する気持ちは怨嗟に近いものがあった。

それゆえ齋藤瀏は疑問に思っていた。クーデター未遂の第一弾「三月事件」に関して宇垣大将が、一時でも軍上層部の支持を得ることができたのが不思議だった。宇垣の中途半端は他にも例がある。近衛内閣の時に外務大臣になったのだが、対中国政策の一元的指導を図るために「興亜院」という変則的な機関が内閣に設置された。外務大臣の職掌がおかされるので反対はしたが、自分の意見を貫けず辞職してしまった。その頃、宇垣から直接話を聞いたことがある。蒋介石と某所でひそかに会見する運びがついていたし、支那問題は自分の手で解決できるということだった。

二・二六事件後、広田内閣の総辞職を受けて宇垣大将に大命が下った。ようやく宇垣内閣の誕生かと思われたが、軍は陸軍大臣を出さなかったから流産になった。軍部大臣現役武官制がすでに布かれていた。現役将官を出さなければ組閣はできない。彼は総理大臣として手腕を振るう機会を失ったのだった。

政財界も期待した宇垣内閣がどうして生まれなかったのか。単に宇垣の不人気が原因というわけではなかった。宇垣首班内閣を阻止するため、参謀本部作戦部長代理の石原莞爾が上層部らを説得して廻ったこともわかっている。齋藤瀏の士官学校同期、教育総監部の杉山元は宇垣に辞退を迫っている。おなじく陸大同期の寺内寿一も陸相の候補者が不在であることを宇垣に伝えている。彼等は皆、宇垣が首相になれば陸軍の政策要求が通らないことを見越していたのである。

齋藤瀏は振り返って述べている。

「物を言ふ中堅層は、宇垣大将の例の軍縮は、畢竟自己の野望大成の具に供せられたのだと見て居り、又三月事件には事成らずと見て巧みに身をかはしたものとなし、信頼の念が薄い上に、二・二六事件の処理に與《あづか》つた幕僚連は、今や漸く東條軍閥的に昇華しつゝあつて、宇垣大将を総理にするを不利とする空気を呼吸して居り、又隊附青年将校は、宇垣大将の過去のやり方を見て、既成政党に阿《おもね》り、自己の栄達の為め國家や軍を毒するものだと思つて居、宇垣大将排撃は、軍の大勢となつて居ることを知らなかつたのである」（『二・二六』）

三月事件の後、宇垣大将は自分が主導者のようにいわれるのは意外だと言った。瀏は「これは信じて良いのではないか」と述べている。事件は中間（ママ）の者が企図して、大将の意を探ってみたところ、反対とも言わず賛成とも言わず、明確に止めろと阻止するわけでもなかった。それならば承認を得たものとして事を運んだと解するのが適当であろう、と瀏は推察している。

こういう宇垣一成の俗物的側面、小乗的出世欲を、齋藤瀏は取り立てて強く非難してはいない。そんな野心や欲望はふつうに何処にでもあるものだからだ。好ましい人物像と言えなくとも、分に見合っているなら人は勝手に上昇して勝手に出世すればよいのである。但し、時至れば、自己のためにではなく国のために責務を果してもらわねばならない。踏ん張ってもらわねばならない。だから宇垣大将にも大いに期待したのだ。

「私は第三次近衛内閣の時、次期内閣が、東條によって組織されたら、我等の排撃した軍閥が更に台頭し、二・二六事件の血涙も無駄になり、恐るべき結果を招来するを憂ひ、恩讐を越えて宇垣大将を四谷の私邸に訪問し、その意見をたたいて見た。そして画策もし奔走もした。私は今でも、次期内閣を宇垣大将が組織して居たら、國家をこんな不幸に陥れなかつたであらう

などと思つて居る」（同前）

齋藤瀏が心底に湛えていたものは宇垣一成に伝わらなかったのだろう。

荒木貞夫、頼むに足らず

何でも呑み込んで聞いてやる〈親分肌〉の真崎甚三郎に対して、荒木貞夫は〈先生型〉という評があったことは確かである。荒木は常々、国家の為には生命を賭けてやっていくと説くような人であったから、陸相を辞職したときの青年将校の落胆ぶりは一通りではなかった。

大命が荒木に降下することによって、ようやく多年の希望を実現して貰えると期待していたが、あと一歩というところで〈先生〉の有言不実行を見たのである。しかも、辞職の理由は病気である。将校たちの失望は大きく「荒木大将に對する呪詛とまで發展し、荒木頼むに足らずと言ふ認識を持つに至つた」という瀏の見立ては大げさではない。

瀏も、荒木大将がもう一度大奮闘してくれることに強い期待を持っていた。一線を退いていた彼は金銭面で協力し、青年将校の荒木支持に向けた運動費を陰で工面してきた。荒木内閣さえ実現すれば、国政の改革がやっと合法的に進展させられる。伝聞されるところでは近衛公も荒木政権の成立の機運を認めていた。心強い情報であった。

「合法的改革と私はよろこんだ。それは、青年将校の熱望が若し此の合法的解決の出来ぬ場合、如何に奔逸するかを恐れて居たからである」。これは齋藤瀏の変わらぬ心情である。あくまで合法的改革を掲げて無法ということを嫌っていたのである。荒木大将を中心に描いた構想が頓挫してしまい、瀏は青年将校がこの後どのような動きに出るのかが心配になった。『二・二六』の一項にはこんな悲観を書いていた。

「そしてかうして逸りに逸る青年将校を、非合法行動の方へ追ひ立て追ひ込むのを悲しんだ。捨て鉢的な言葉が青年将校から漏れるに至つたのもこの頃から特に多くなつた」(「荒木陸相の辞職」)

荒木貞夫は皇道派の中心人物、隊附青年将校たちから見るとカリスマ的存在であった。陸士九期の同期にやはり皇道派の大物、真崎甚三郎がいた。荒木の信望は厚く人気が長く続いた。だが、今となっては期待に反して尻すぼみになってしまった頼りない英雄であった。

五・一五事件で暗殺された犬養毅の後継は、昭和七年五月二十六日に成立した齋藤實首班の挙国一致内閣である。陸軍大臣を留任した荒木は以前にもまして人事面で自分の描いたとおりの組織づくりを進めた。犬養内閣では参謀次長に真崎を置いて、主要な地位に信頼する派閥の人材を配した。新内閣でも国内体制の斬新な改革をめざすと共に、対ソ連の戦争に備えたのである。

齋藤瀏が得た情報では、犬養毅が組閣に際して荒木貞夫の名前を挙げた理由は、陸軍部内の将校たちの圧倒的な人気が一つ、あと一つは政友会の智略家議員、森恪《かく》が部内方面の意向を水面下でたしかめた上で推挙したことだと言われている。

振り返ると、この頃から二・二六事件が起きるまでの四年間が皇道派全盛時代であった。荒木はその前半の二年で退場したことになる。昭和九年一月という区切りは余りに早すぎる。瀏には荒木が陸相でいる間にさまざまな布石が打てるという計算があった。ほんとうの好機だと期待していた。荒木陸相も呼応するように、精力的に内閣に働きかけた。例えば八年十月、陸軍が望んでいる国策の樹立を閣議に要求し、また軍事参議官もこれを支持して、政府は陸軍の要請に基づいて蔵相、陸相、海相、外相の五相会議を連続して五回開かせた。さらに、農村救済を主眼とした内政会議で、後藤農相の農村経済機構の積極的な改革を支持したこともそうである。

青年将校は一向に変わらない農村生活の窮状を打開するには、中央が改革に向けて動かない限り無理だとわかっている。荒木はその大任を果たせる位置にいる。大将がやってくれるのなら何も不足はない。合法的に国政の改革が進展することは何よりものぞましいことである。

だが、もしもこの要求が閣内で理解されない場合はどうするか。「荒木大将は堂々と所信を発表して職を辞すべきである。そして之を一蓮托生、内閣総辞職に導き、その後、大命が荒木に降下し、荒木内閣によって多年の希望を実現して貰ふ。これは実現不可能でない、それ故荒木大将の頑張りに強き希望を持つて居た」と瀏は難航しても次の一手が生きることを見据えていた。「荒木大将は國家の為め生命を賭けてやると言ふ口吻《こうふん》を漏した」と青年将校から伝わり、また小林順一郎からも聞いていた。小林というのは瀏とほぼ同年輩の右翼活動家で、砲兵大佐まで昇り早期に予備役になった男である。

齋藤瀏は合法的改革が進んでいるとみて心からよろこんでいた。同時に、その進展ぶりをはらはらしながら見つめていた。もし合法的解決ができない場合、青年将校の熱い希望がどのように挫かれて奔逸するかを考えると、正直恐いと感じていたからである。

しかし、結局は荒木陸相は期待に反し、病気で辞めてしまった。青年将校は落胆した。その落胆は荒木大将に対する呪詛にまで発展したようであった。彼らの間では荒木頼むに足らずとの認識が広まった。瀏は「青年将校以上に落胆した」と告白している。

荒木貞夫の信念や器を責めてしかるべきだが、冷静に考えると彼の意欲を挫く他の要因もあったであろう。「荒木大将が、かかる態度を取らざるを得なかつた四囲の情勢を知るに及んで、現状維持派の潜勢力の強固なこと、策動の巧妙深淵なことを知つて是は容易なことでは合法的解決は出来ぬと思つた」と、瀏は前途の険しさを知るのであった。そして、ほどなく青年将校に変化が起きてきた。

日本軍隊の正式な呼び名を「國軍」から「皇軍」に変えたのは荒木貞夫であった。急進的青年将校を含む若い層から絶大な支持を得ていたことは書いた。但し人気があるというのは良いことだが、親密の度がすぎるのは考えものである。荒木は若者をかわいがった。瑣末なことを咎め立てしないで、なんでも包容することが教育であると考えていたところがある。

少尉になったばかりの若者が、真夜中に「荒木はいるか！」と大声で叫びながら遊びに来ることがあり、それに対して荒木も「おう、若い者は元気で良いのう」と大概、笑顔で招き入れたという逸話はよく知られている。親密はゆるされるが、それも節度を失わない範囲に於いてである。〈親しき中に垣をせよ〉の金言を荒木貞夫はわすれたのかもしれない。陸軍部内で「下克上」と呼ばれる風潮が生まれるのもこの辺りからである。長幼の序ばかり唱えていては戦はできないであろうが、上下の分をこわして狎れを生んだ罪の一端は荒木にあったようだ。

ぐらついた偶像、真崎甚三郎

二・二六事件が起きる二か月ほど前、海軍の山本英輔大将が齋藤實内大臣宛てに書簡を送っている。そこで陸軍の派閥、統制派と皇道派の対立について所見を述べると共に、陸軍首脳の人物にも触れている。陸軍大将の中で正しい議論ができ信念をもっているという点で第一人者は真崎甚三郎であろう、と山本大将は言うのである。手紙の目的はそんなところにあったのではなく、内外の憂患深まる時局において、現実を見誤らないように齋藤實内府に進言したものだが、とにかく興味深い視線があった。

それによると荒木貞夫大将は熱情家ではあるが弁舌ほどには実行力はなく、また情に脆《もろ》いところがある。断行力十分とはいえない。部下を押さえる掌握力は真崎大将のほうがすぐれている。ただ真崎は幾分自分の部下を愛しすぎるという評判があるが、誤りを正すに道を以てし、皇国のため皇軍のために敵も味方も包容するように導けば必ず大事な仕事をしてくれる人物であると期待を寄せている。

後年、齋藤瀏はこれを読んでなかなかよく二人の長短を見抜いていて面白いと褒めた。皇道派を理解する山本大将の評価だから深いところをみている。その信頼の篤い真崎大将は昭和十年七月、林銑十郎陸相の更迭人事によって教育総監の地位を追われてしまう。そこから激越な事件を呼び起こすこととなる所謂、教育総監更迭問題がこれである。

前陸相の荒木の頃から張り巡らされた皇道派の勢力を阻止し、軍の組織力を強めて国家改造をはかろうとする統制派の司令塔、永田鉄山軍務局長が林陸相と共に進めていた急激な人事刷新の最大標的が真崎甚三郎であった。

露骨な皇道派の締め出しといってもよく、青年将校たちの反感を買ったことは言うまでもない。侍従武官長だった本庄繁の『本庄日記』によると、この真崎更迭が陸軍統制に波紋を投ずるのではないか、と天皇が深く懸念されたことが記されている。懸念はまもなく残忍な形で現われることになる。

八月十二日の白昼、永田鉄山軍務局長が陸軍省内で斬殺されたのである。襲ったのは陸軍歩兵中佐、相澤三郎。歩兵第四十一連隊所属だったが、この刷新人事で台湾に転勤することが決まっていた。真崎大将は尊敬する皇道派の要であった。相澤の人物像や決行に至るまでの軌跡は第四章で詳説した。

相澤は事件の一か月前に決行を決めていたが、しばらく反省や思案を重ねて、真心をもって話すべきだと思い直し、実際に陸軍省を訪ね永田少将に会っている。多忙な軍務局長が二時間も唐突の面会者の話を聞いたのである。しかし、結果として相澤の心は永田に通じなかった。永田に人事刷新についての反省はなかった。相澤は今度は本当に斬る決心をしたのである。三月事件、十月事件、士官学校事件ときて、相澤事件から二・二六の蹶起まではほんの数歩であった。

教育総監の話に戻る。齋藤瀏が残した二・二六事件関連の文章で、真崎甚三郎の人物に関する記述はそれほど多くはない。但し、教育総監更迭問題については、罷免を言い渡した林銑十郎陸相に対する真崎大将の峻烈な論難を逐一取り上げた「真崎教育総監更迭問題」(『二・二六』)がある。そこでは軍内の派閥抗争をいっそう激化させた怪文書も加えて収録している。瀏がよほどこの問題を深刻にとらえていたことの証である。

いずれの史料によるものか定かではないが、際立っているのは人事権を行使できる立場の主人公、林陸相のオポチュニストぶりである。林は、永田軍務局長と共に満鮮巡視の旅に出かけ、新京で関東軍司令官の南次郎大将に会い、また京城で朝鮮総督の宇垣一成と懇談している。帰京後、林は真崎と人事問題を協議し、その席で不意に真崎に総監の辞任を迫ったことがわかっている。

「真崎総監の勇退は軍内の輿論である」という林陸相に対して真崎が論駁すると、今度は「これは閑院宮参謀総長宮殿下の御要求である」と言ってきた。それにも反駁すると、林は「これは実は南大将と永田軍務局長の策謀であって、南は自分に火中の栗を拾わせようとしている。満洲から帰ってからこの策謀は激しくなった」と弁解したという。

真崎は全く同意せず、しばらく余裕をくれと言って去った。これが七月十日のやりとりである。翌日、林は三長官(陸相・参謀総長・教育総監)会議を開こうとしたが、真崎は準備が整っていないという理由で延期させ、翌々日ようやく会議が開かれることになった。

このとおりなら林銑十郎大将はどちらの派を裏切っても平気な顔ができる呆れた日和見主義者なのだが、彼の性向は広く部内に知られていたのか、怪文書も端から「八方美人式優柔不断の後系（ママ）である林陸相」と揶揄した。朝鮮軍司令官に就いていた頃、満洲事変に応じて無断越境事件をやっても平然としていた鬼将軍というような噂も立ったが、それは遠方でつくられた誤報告で、実際はふにゃふにゃして頼りないところがあった。ただ自己が優勢なときだけ威張ることもできたという評価も存在して、本当のところはわからない。

一方、真崎甚三郎の三長官会議での論駁の中身は堂々たるもので、信念と理論とに齟齬がみられず、これなら皇道派の将校たちの信望は得られるだろうと感じさせる迫力がある。

「統制、統制と言っているが、どのような原理に基づいた統制なのか。単に当局に盲従せよというのなら、それは真の統制ではない」

「軍内の輿論だ、軍の総意だというのは何事であるか。輿論によって事を決し、総意の名において事をなすことは、軍内に下克上をひき起こし、統帥の本義に背き、建軍の本旨を破壊するものである」

「教育総監は、大元帥陛下に直隷する親補職《しんぽしょく》にして、大御心により自ら処決すべきものである。軍隊教育という重大統帥事項を輔翼する重職にあるものが、輿論云々によって辞める理由はない」

「今回の異動方針については、部外の干渉がある。統帥権に対するこの容喙に膝を屈することは辱職（職務を全うしないこと）にして、かつ将来に重大な禍根を残す。一真崎の進退問題にあらず」

「本来、三長官協議の上で決定すべきものを、陸相が単独で決定するという例をつくってしまったなら、参謀総長の地位も動揺し、軍の人事は政党政治のように紊乱し、私兵化する。そのために〈親裁〉を経た「業務規定」がある。陸相の態度は統帥権の干犯をひきおこす恐れがある」

真崎の発言はいずれも真正面からの議論であり、むしろ小手先でかわそうとしたのは林陸相ということになる。実際、林がこの後行ったことは問答無用の強引手法で、相手が何を言おうと既定の事として処断してしまえば勝ちというやり方であった。二度目の三長官会議も両者は互いに譲らずに決裂。林は旅行中の渡邊錠太郎大将に招電を打つと共に、自動車を駆って葉山御用邸に参内し、真崎罷免、渡邊後任を奏請するという専行で押したのである。

更迭発令後の軍事参議官会議では、荒木大将は真崎更迭を大いに問題視した。林陸相を痛烈に批判したばかりでなく、背後に永田軍務局長の汚い策謀があると非難して、粛軍というのならまず永田たちの処断から始めるべきであると主張した。そして荒木がおもむろに提示したものは、三月事件において宇垣内閣を強請する内容が書かれた永田鉄山の自筆の計画書であった。つまり、率先してクーデターを計画した張本人が今、〈粛軍〉と称して都合の悪い人間を排除しようとしているが、それでよいのかと詰め寄った。一同啞然として証拠とされる書類を見つめ、林陸相は押し黙るだけで、会議は渡邊錠太郎が荒木に反撃するかたちで紛糾していった。

陸軍部内で対立が激化するとき、必ず永田鉄山が矢面に立たされる。荒木が示した文書の問題は決して軽微ではなかった。ここで謎を解いておきたい。

永田鉄山の三月事件の計画書については、謎の自筆文書として長くしこりを残した。しかも、永田自身の生命を絶つに至った一つの遠因とも言えたから問題の根は深い。永田は自らクーデター計画を起案しておきながら、関係者を裏切って粛清に励んでいるもので、荒木ら皇道派からみれば、奸策を講じた主役である。証拠が明らかなら糾弾されて当然ということになる。しかし、荒木が示したものは、三月事件の行動計画を含んだ起案書だというが、実際は、分量はともかく計画メモ程度の書類ではないかと言われている。

永田に近い者が否定するのは当然だとしても、永田を必ずしも好ましく思わない者も彼自身が起案することは考えにくいと否定する。そんな情況が生まれてきた。陸軍三羽烏の、中庸である岡村寧次はもちろん、後に激しく対立した小畑敏四郎も、永田が三月事件を画策することなどありえないと強く否定していたという。これは国策研究会代表の矢次一夫が直接、小畑に問いただして得た証言にもある（『昭和動乱私史』上）。

仇敵というべき小畑が、永田の事件煽動を強く否定し去るのは、人格をよく知る旧友だからであろう。まだ、派閥らしい活動もなく、派閥の呼び名もなかった頃、永田は青年将校の活動に関心を向けていたし、時局研究の会合などにも出席していた。永田が若い者たちの期待を引き受けていた時期がある。彼が青年たちを率いて非合法手段を行使することは考えにくい。資質からいって、彼が爆発させるべきファナティシズムを持っているようには見えないからである。

では、なぜ永田はそのような疑わしき書類を自筆で書いたのか。それも証言者の矢次一夫の説明に頼ってみたい。

永田鉄山の上司、小磯國昭軍務局長は明らかに三月事件の関係者だった。彼自身が語るところでは、宇垣一成陸相と大川周明との取次人の役目が大きかったという。大川が作成した「三月事件計画書」は宇垣に提出されるものだが、粗削りの草稿というだけでなく計画書の体として甚だ不備があった。そこで小磯は疑問点を解消するために大川に広範囲の質問をさせてもらい、鉛筆書きで「大川博士建策聴取書」を作ることにした。計画書の不足や瑕疵や不明瞭を直すためである。

しかし、一通り各事項を質疑しその応答による結果を書いてみたものの、意見、計画が不穏である上に幼稚なのは仕方ないとして、企画目的や相互関連に不明なところが多く、かつ首尾一貫性を欠いている。このままでは陸相に提出できないので、翌日、軍事課長の永田を呼んで、大川問題を二人で話し合ったという。

永田は「噂には聞いていたが、元来、そんな非合法手段には反対だ」と言った。小磯も応じて「同意見だが、事の可否は別にして、大川博士が大臣に宛てた建策だから一読し意見を聞かせてくれ」と頼んだ。永田は気乗りしない様子で持ち帰り、読了してまた翌日、小磯と会談したが、全く内容に感心するところがなく、「こんなものに意見書を書かねばなりませんか」と浮かない顔である。矛盾も多く、おかしな文章になっているので、永田に意見を聞こうとしたのだが、小磯は「もうよい、このまま大臣に提出しよう」ということになった。

ところが、永田は何を勘違いしたのか、その日の午後、気を利かして簡単な意見書を複行青罫紙にペンで書いたものを小磯に届けに来た。一見した上で、小磯は保管した。それである。小磯が机の引き出しか、書類綴の間にでも入れたのであろう、小磯の後任の軍務局長、山岡重厚少将の時に出てきた。誰かが発見し鬼の首を取ったように騒ぎ立て、怪文書の餌食にもなったというのである。

この顚末が正しいのかどうかはわからない。が、矢次一夫が小磯から聞き出し、小磯も自叙伝に示してぶれは少ない。それなら永田が書いたものは、意見書というより大川計画書の添削、もしくは〈リライト文書〉だったのだろう。小磯が迂闊だったともいえるが、永田の自信家ゆえの無防備を感じさせる事件であった。

ところで渡邊錠太郎が荒木に反撃したと述べたが、彼は妙なところで逆ねじをくらわせて活躍するのだ。たしかに文書は永田の書いたものである、それは認めるが「いったいこれは公文書なのか私文書なのか」と荒木と真崎に逆に質問した。荒木は憤然と「立派な公文書である」と答える。すると、渡邊はすかさず「軍の機密公文書を一参議官が所有しているのはどういう理由か」と責め寄った。重大な機密漏洩であり、こっちのほうが問題ではないかと騒ぎ立てたのである。渡邊錠太郎にはこういう理屈を仕立てて押し切る才能があったようだ。

本論に戻ろう。

真崎甚三郎は皇道派の道標となる人であった。二・二六事件の当日早暁、齋藤瀏は首相官邸を襲撃占拠した栗原安秀に会ったあと、陸軍省に急行している。蹶起部隊にとって上部工作の第一歩は陸軍の最高責任者、川島義之陸相に蹶起の意図を承認させることである。瀏は机上にあった「蹶起趣意書」と「要望書」を読んでから大臣に礼を履んで、青年将校の行動は穏当を欠いたものだがその精神を汲んでほしいと伝えた。

陸軍大臣官邸を占拠した丹生隊の青年将校は、一人で困惑する川島陸相に真崎大将を呼ぶよう申し入れた。事態収拾のためにこの場にいなければならないその重要な人物である。

官邸に現われた真崎大将は、磯部浅一元大尉の報告に対して後々まで有名になった言葉を返すのである。

「とうとうやったか、お前たちの心はヨオッわかっとる。ヨオッわかっとる。よろしきように取り計らうから」

後に磯部の陳述では「お前たちの精神はよう分かっとる」を二度繰り返したともある。だが、陸相官邸のこの場面に居あわせた別の男、真崎の護衛憲兵であった金子桂憲兵ののちの証言は全く違ったものだ。磯部らの出迎えを受けたとき、開口一番、「馬鹿者！　何ということをしたのか」と大喝したのであって、流布されている迎合的な言葉は発していないと否定した。氷炭相容れず、とはこのことである。一言が、歴史をひっくりかえす重力をもっていることを痛感させる。しかし、名高いほうの言葉を聞いたのは磯部だけではない。またここに及んで磯部の性格なら、真崎に馬鹿者と怒鳴られて黙って引き下がるとも思えないのだ。

ともかくも齋藤瀏は、川島陸相に要望したことを繰り返して真崎大将に伝えた。それだけではない、真崎にはさらに重責を果たしてもらわねばならない。厳粛に付け加えた。

第六章「運命の四日間」でも述べたが、青年将校の信頼に応えるのなら真崎のやるべきことは一つしかない。このような事になったのは陸軍首脳の責任でもある。すぐに皇居に向かい、陛下の御前に出て、この度の蹶起はやむにやまれぬ青年将校の至誠から出たものであることを奏上してほしい。そしてお咎めあれば腹を切ることだ、と言ったのだが、ここら辺りが齋藤瀏らしいところである。道をふむこと師にゆずらず、目下のものが上司に迫るのだ。しかし、瀏の進言に対して真崎大将は「わかって居る。俺はこれから行くところがある」と返事をしてどこかへ出て行ってしまった。

事件後、軍法会議において真崎大将は齋藤瀏の証人の一人として出廷した。そのときの証言は思いも寄らぬものであった。

「陸軍大臣の室に入ると何か大聲で怒鳴って居るものが居た。見るとそれは齋藤予備少将だ。彼は我輩に向つて、参内して上奏せよと脅迫した」

検察官は瀏に向かって「被告は真崎大将を脅迫したか」と訊ねた。

「脅迫ですか。大将が少将に脅迫されて動いたと言ふのですか、何だか變に思はれます。私は脅迫などする積りはなかつたのですが」

瀏が最も寂しいと感じた陸軍最高位上官の言葉であった。

渡邊錠太郎、標的にされる理由

「真崎大将があるものにとっては名将であり、後任の渡邊大将があるものにとっては名将だった。当然それは一方が名将であれば、他方は愚将と評価されることだった。口さがない陸軍関係の新聞記者なども、それぞれごひいき筋に義理を立てて、相手をこきおろした」

二・二六事件に関与した末松太平は『私の昭和史』の中でこう書いている。教育総監の更迭問題にしても、それぞれの立場でそれぞれの批判を互いにぶつけあったというのが実際であって、どちらが正義というものではなかったとも。

考えてみればそれは当然であって、何も教育総監罷免に限ったことではない。事件を扱った多くの著作のうち、末松太平の作品が抜きんでた魅力を感じさせるのは、「私」が事件の当事者であり、「私」の眼を通して人間たちを語っていながら、拘泥せず潔いほどの公正さを保っているからである。苛烈な時代を描くのに素直な情感を湛えてしたことはもっと立派である。

そうした視点でいうと、真崎が降ろされて怒る人間も、真崎が降りなくて腹立たしく思う人間もいたことを忘れてはならない。けれども、渡邊錠太郎という人はまた別の意味で、朋党やセクトを度外視してみても、異風を放っていた軍人であったことは確かである。それは少しく風変わりという線を越えてしまって困りものという存在であった。

齋藤瀏が渡邊を知ったのは古く、大将はまだ中佐で元帥山県有朋の副官を勤めていた明治四十三、四年の頃からである。その後、瀏が旭川に赴任し第七師団参謀長を勤めていた頃、奇遇にも、師団長國司伍七中将の後任として台湾司令官、渡邊中将が着任したのである。したがって二人は公私にわたって知り得た仲であった。

瀏は『二・二六』で脱白に述べている。「師団長としての中将は、部下連隊の受けはよくなかつた。悪まれたのではなく部下が困つたのである」と。含みがあって面白い言い方をする。

「それは渡邊中将が極端な独逸かぶれで、日本の操典、教範、要務令、内務書より独逸のそれを知つて居り、独逸のそれに従つて、各隊巡視の際、演習實視の際、検閲の際にいふことが全く日本の典範令と異なつたことがあり、懸命に日本の典範令に従つて、教育して居る方式が、講評で非難されたり、叱られたりする。日本のそれと知つてか知らずにか、懸命に教育して居るものは困つて了ふ」

操典とは教練の制式、戦闘原則及び法則を規定した教則書のこと。教範とは教育の手本。要務令とは戦闘・戦術の指導書に当たり、内務書とは軍隊の兵舎生活の諸規則である。

しばしば齋藤参謀長のところへ苦情というのか、はたまた相談というべきか、難題を持ち込んでくる人が出てきた。

副官だけでは師団長をカバーできない、教育主任参謀を随行させてくれ、と注文をつけるのは旅団長である。旅団長が典範令に基づいて教えを垂れる。するとその側から、師団長がそれはちがうと否定する。ドイツ式が本当は正しいのだ、だから日本は遅れているのだとやったら、部下連隊の教育はぶち壊しである。何にしても旅団長の権威にかかわる。

瀏は或るとき師団長本人に露骨に言った。

「閣下が偉いことも博学なことも隊の将兵はよく知つている。御人格の立派さも認めている。それで師団長は余り喋らないほうがいい。旅団長もいることであるし、おまかせになつて。細かなことは、この参謀長以下がよく団隊長と連絡しますから……」

すると、流石に師団長は面白くなさそうな顔をしていたが、少しは反省したのか風向きが変わってきた。団隊長会議に師団長が臨席すると誰も発言しないということが続いた。そこで瀏は、次回の会議は特に師団長の臨席には及びません、といって出席を控えてもらった。

齋藤瀏の異動が決まったとき師団長は後任の参謀長に訊ねた。「齋藤前参謀長は我が輩に箝口令を下したが、今度の参謀長はどうする」。すでに師団各部隊が師団長に大いに困らされていることは陸軍省も承知している。新任参謀長は「まあ閣下は前参謀長の言つたとおりにされたほうがいいでせう」と返答したのであった。

師団長がしみじみ自らを語ったことがある。

「我が輩が参謀本部の局長のとき、その説くところが容れられぬのみか、日本的でないと静岡の旅団長に追はれた。もうこれで陸軍の御奉公も終りと悲観して居たが、その後、陸軍大学校長に掬い上げられ、それで芽が出て今日に至った」

渡邊大将が教育総監になれたのは彼の穏健柔和な性格によるところが大きく、このような内省的に自己を語るところにもそれが現われている。何より陸軍重臣たちも固陋な指揮官より彼を好ましく思ったのである。

ところが着任早々、渡邊総監は「陸軍は陸軍大臣を中心に団結しなければならない」と不見識な訓示をしたものだから、士官学校から猛烈な批判が沸き上がり、たちまち訓示の内容は全国に流布された。新総監が天皇機関説を事あるごとに擁護したことも将校たちを憤激させた。軍人勅諭の一説「朕は汝等軍人の大元帥なるぞ。されば朕は汝等を股肱と頼み、汝等は朕を頭首と仰ぎてぞ其の親は特に深かるべき」を引いて、天皇が頭首でわれわれが股肱というなら、頭首も身体の一機関であるから、軍人勅諭の示しているところは天皇機関説に合致しているというのである。

かくして真崎前総監から一転して機関説擁護を力説した新総監に非難が轟々と沸き上がった。その頃、栗原安秀が怒りをあらわにしていたことを瀏は覚えている。わが国体に合致しない思想の持ち主を教育総監に置き、全軍の教育をあの思想でやられては国家は破壊される。渡邊大将は排撃されなければならぬ、というのであった。相澤三郎も永田鉄山を斬る前に、渡邊総の訓示にひどく憤慨したことは知られている。

齋藤瀏は一人激昂せず雷同もせず、渡邊錠太郎という人間を冷静に眺めていた。

「渡邊大将は、外柔内剛の人であり、読書家である。此の點では嘗て私の上官だつた上原元帥と同じく、恐らく陸軍で稀に見る人であらう。そして又学者であり、圓満無碍に見受けられるが、自信は中中強いやうである。山県元帥の副官時代には、元帥の威をかると言はれて良く思はれず、日露戦後、典、範、令が日本的に改正される時には独逸を振り回すと言って忌まれ、参謀本部の局長時代、師団長時代にも前述の如く説く所が日本的でないと非難された。そして教育総監としては、天皇機関説の抱持者として呪はれた」

本当に齋藤瀏が心配していたのは渡邊大将の思想云々ではなく、自分自身の置かれた立場がわからず、責任をしばしば失念して、おのれの知見を是とし他を非とする癖が抜けきれずに無神経に自分を披瀝したことであった。

瀏は、事件で命を落とした渡邊大将を次のように追想した。

「天皇機関説の適否は別としても、これを天皇中心で凝り固まつて居る陸軍の教育総監として、陸軍将校養成所士官学校で説いたのは如何なる考へであつたらう。渡邉大将に言はせると、山県傳水も天皇機関説だつたと謂ふ。何れにしても、此の機関説と、当時青年将校の輿望を負ふて居た真崎、荒木両大将を痛みつけたと言ふことは、確かに致命的であつたと言へる。不幸につけ纏はれて居た気の毒な将軍だつたと言へやう。然し、将軍から言へばその学識に殉じ、その信念に殉じたもので、陸軍大将渡邊錠太郎としては遺憾なかつたかも知れぬ」（「渡邊錠太郎大将観」）

こんなところが滋味のある人間観察なのだろう。

磯部浅一などは渡邊大将が襲撃目標に選ばれたのは「同志将校を断圧（ママ）したばかりでなく三長官の一人として吾人の行動に反対して断圧しそうな人物の筆頭だ、天皇機関説の軍部に於ける本尊だ」と獄中、『行動記』に書いた。

昭和十年という年は様々な出来事が近因となりまた遠因となって絡み合い、各所に火花が散って心を焦がす〈長い夜〉であった。東京帝大名誉教授美濃部達吉の憲法学説は二月、貴族院で菊池武夫、衆議院で江藤源九郎少将が取り上げて美濃部博士を〝学匪〟と呼んで排撃した。天皇機関説問題は必然的に〈国体明徴運動〉を浮かび上がらせ、活発に国体論が論じられた。博士の逆襲的弁明が出されると軍部の憤激を買い、また国民の不満も高まった。政府は八月三日「国体明徴」に関する声明を発表し、一応機関説に対する反対の態度を表明したが、考えたなら金森法制局長官も一木枢密院議長も、美濃部学説の心情的支持者であり、著書は発禁処分に付されたが、面従腹背の気持ちの悪さは払拭できない対応だった。

齋藤瀏はといえば「私は此の國體明徴を今更ら問題にする現状を悲しく思つた」とだけ端的に述べている。

第九章　歌人・齋藤瀏

明治天皇の眼にとまった一首

齋藤瀏の『悪童記』（昭和十五年六月刊）に「明治大帝と我が大尉時代の歌」という随筆がある。そこで瀏が短歌を作りはじめたきっかけが書かれている。

明治三十七年に中尉として日露戦争に従軍した瀏はやがて大尉に昇進し、沙河に長く陣取っていた。周囲にほとんど民家がなく土窟生活を送っていたが、何しろ退屈で仕様がない。他の人は酒を飲むか、囲碁を打ったり将棋を指したりするか、それ以外には鬱を散じ、気を晴らす方法がない。瀏は父の教えを守り勝負事に一切手を出さないと決めていたため、そうした仲間には入らない。バクチをやって浅ましく荒んだ生活を送るなら、短歌でも作って見ようかと思いついた、とある。

そのあとの沙河会戦で多大な犠牲を払っているから、今日の吾々がいう「退屈」とは同等でないことを知っておかねばならない。それはそうと、二十五歳の青年が端境期に閑居していきなり短歌を、と発起することは稀である。やはり齋藤の家の詩文的地層というものがあるのだろう。随筆では親戚に御歌所に勤めている植松氏という人がいて、その人の弟子に根岸澄江という女性がいたと明かしている。彼女が戦地に数々の短歌を送ってくれていたのである。「植松氏」とだけあるが、おそらく尾張出身の植松有経のことである。祖父の有信、父の茂岳の二人とも維新の国学者で有経も家を継いだが、後に宮内省に入って御歌所で和歌の指導をしている。齋藤家にはこうした繋がりがよくある。

或るとき、瀏もまた手紙の端に次の歌を添えて根岸女史に返事をした。

霜むすぶ古井の桁に柳ちりて百舌《もず》が音さむき満洲の朝

するとその人から

武士《もののふ》が馬の鞍壺うちたたき月にうたへる調たかしも

と褒められたのだった。

「短歌があれでよければ俺にも出来る」。瀏は戦場から尊敬する佐佐木信綱先生に唐突にも手紙をしたため、短歌を教えて貰いたいとお願いした。それまでも〈自分免許〉の歌は作っていたのだが、佐佐木先生に見ていただく勇気はなかったと述懐している。その後、奉天戦で負傷。内地に還送され療養することとなり、東京の神田小川町の佐佐木邸に松葉杖で訪ね、改めて門弟の一人に加えて貰ったのである。

　軍人が和歌を作るという行為について、当時の陸軍では良く思われなかった。一言でいえば軽蔑されるべき「文弱の徒」であった。ふりかえれば明治二十年、二葉亭四迷が「浮雲」を発表した頃は、小説家になるというだけで勘当される時代だった。

　瀏の歌道の門出も多難だった。親友も出世の妨げになるぞと諌め、上官の或る人は「君は歌を詠むそうだが、よくそんな閑文字を弄ぶ暇があるな」と皮肉めいたことを言ってきた。瀏も負けてはいない、昔の武将の例を挙げ、また現代では山県有朋元帥を挙げ、さらに畏れ多いことだが明治大帝の御製のことをかたって反論し、短歌創作を続けた。

戦地において歌を褒められたことも嬉しかったが、内地に帰って、これ以上の感激はないというほどの体験が待っていた。

帰還したあと陸軍大学を出て教育総監部の勤務になった。本部長の本郷少将に随行し仙台の第二師団司令部に出かけた。司令部は旧青葉城にある。払暁という時刻、ちょうど城門に至ると裏山に残月がかかっている。偶然、ほととぎすが鳴いた。「ここで一首なかるべからず」。このようなシチュエーションに何も詠まないでおられようか。


残月や五十四郡をかためたる城あとにしてきくほととぎす

これがそのときに生まれた歌だった。旅で詠んだ他の数首と共に、佐佐木先生の主宰する「心の花」に寄せて誌上に発表した。

瀏にはそれほど思い入れのある作品ではなかった。さして秀逸とも思えない。ところが、この短歌によって、思いもかけぬことが起きるのである。「私は一生一代の光栄に浴し、恐懼感激し、他人が何と言はうと圧迫が如何に強からうと、終生決して短歌を作ることをやめまいと決心するに至つた」と言わせる出来事が。

ある日、いつものとおり佐々木邸に短歌修行に出かけると、先生は言葉を改めて瀏に語りかけてきた。

内容はこうである。過日、末松謙澄博士に会うと「佐佐木君、君のところに齋藤某という弟子がいるか」と聞くので、「それは陸軍大尉で五年ほど前からの弟子だが」と応えた。すると博士は、大変勿体ないことだが、と神妙な顔をして話を続けた。

少し前に、御歌所の高崎氏という知人に「齋藤某氏を知っているか」と尋ねられた。自分は知らないがそれがどうした、と返すと、「実はその人の歌が、聖上のお眼にとまり御下問に預かつたのだ」という。どのようにしてその歌を御覧になられたのだろう、と今度は博士が聞くと、「何でも『心の花』といふ雑誌であると仰せになられた」というのである。『心の花』なら佐佐木信綱門の雑誌である。一体、どんなところを御下問になったのだろう、と重ねて博士が尋ねると、高崎氏は陛下より賜ったのは次のお言葉だと教えてくれた。

「此の歌に残月やとよんである。他はわかるが、こんな風によんでもよいものか」

博士は、高崎氏がどうお答え申し上げたかということまでは、尋ねなかったという。

こうした経緯を瀏に告げながら師は謹厳な姿勢で言葉を継いだ。

「古今の名歌がお眼にとまるといふことはあり得ようが、君のあの歌が、お眼にとまるといふのは何と畏れ多い事ではないか。よしどういふ意味にしても、作者、君としては誠に恐懼感激に耐へぬ次第だ。この歌はとにかく、将来是非名歌をよみ、お眼にとまるようにして貰ひたい」

瀏は「何とも言葉が出なかつた」と書いている。無名作者である自分の歌が、聖上のお眼にとまるなど、夢にも思えぬこと、胸がこみ上げてきたと告白している。このとき心に誓ったのだ。「短歌は終生やめぬ。軍職を棒に振つても、再び、聖上のお眼にとまるような名歌を詠まねばならぬ」と。

ちなみに佐佐木信綱に声をかけた末松博士というのは、明治十年に渡英しケンブリッヂ大学に学んだ人で、すでに法学の権威としてその名は知られていた。

齋藤瀏が歌人の道を歩みはじめた契機に触れたので、修行した佐佐木信綱門下の空気や当時の歌壇の紹介をしなければならないが、瀏が共に歩み、互いに感化し合った歌人二人のことを先に書いておきたい。

若山牧水の思い出

若山牧水は齋藤瀏にとって終生忘れられない人であった。娘の史にとっては寧ろ恩人というべきである。歌を詠み続けるきっかけを与えてくれた大先輩であった。父娘とも牧水の思い出は温めておきたいと思う特別なものを持っていたのである。内外を問わず軍務で一所に留まることのない瀏は、歌の仲間であっても常に親交を保てるわけではなかった。顔を合わせられるのは僅かな機会の筈である。

「旅の歌人」と呼ばれた若山牧水は明治十八年、宮崎県東臼杵郡（現・日向市）に生まれた。中学に入ると短歌と俳句に親しんだという早熟の少年は十八で牧水の号を名乗っている。早稲田大学文学科に入学すると同級生に北原白秋、中林蘇水がいた。白秋は当時「射水」と号していたから〝早稲田の三水〟と呼ばれた。卒業の年に処女歌集『海の声』を出し、翌年、中央新聞社に入社するも半年で退社。尾上柴舟の門を叩いた。同門には前田夕暮がいた。明治四十四年には自ら「創作社」を設立し、歌誌「創作」を主宰する。佐佐木信綱門下の太田水穂との交流もこの頃には始まっており、小石川三軒町の水穂宅に牧水と瀏も訪問して見知っている。しかし、当時は膝を交えて談り合うといった程ではなかったようだ。

水穂は明治九年生まれで瀏より三つ年長。信州は東筑摩郡（現・塩尻市）の出で、長野師範学校（現・信州大学教育学部）在学中に詩歌に目覚めた。島木赤彦は同級生だった。赤彦と共にアララギ派の頭目となった齋藤茂吉と、昭和四年から五年にかけ、芭蕉の「病雁の夜さむに落て旅ねかかな」をめぐって、「病雁論争」と呼ばれる激しい対立をしたことは有名である。

水穂は「心の華」（明治三十一年・のち『心の花』）の創刊に参加した同人であった。齋藤瀏とは下って昭和十五年の「大日本歌人協会」の解散事件でも同志的結束で事を処理しているから、歌人仲間として二人は長く近しい間にあったのである。歌壇における一つの葛藤でもある病雁論争について、瀏がどう感じて何かを語ったのか、興味深いが筆者は主張の有無も含めて何もわからない。時代背景を調べるとそんな悠長な問題にかかずらう暇は瀏にはなかったのだろう。齋藤瀏が旅団を率いて出兵した昭和三年四月の済南事件は、困難を極めた軍事案件の一つとして昭和史に刻まれている。政府の無定見と政争の犠牲となって全て軍が責任を負うことで処理された。昭和五年は瀏が軍職を解かれ予備役となった年である。翌六年は満洲事変が勃発。愈々のっぴきならない時代に入っていたのである。

若山牧水の話に戻ろう。

牧水は「創作」を創刊した年に、妻となる太田喜志子と水穂宅で知り合い、明治四十五年に結婚している。喜志子は水穂に師事していた親族である。親しかった石川啄木の臨終に立ち会ったのもこの明治終焉の年であった。明治から大正に移り、瀏は北海道旭川第七師団の勤務となった。この旭川時代は重要な意味を持っている。すでに書いたが、二・二六事件で蹶起した栗原安秀、坂井直は同じ官舎の将校の息子であった。二人は娘史と一緒に育った幼友達である。

一度他に転勤した後、大正十三年に瀏は参謀長として二度目の第七師団勤務に就いている。若山牧水の手紙が旭川に届いたのは十五年秋の初めだった。突然驚かして申し訳ないと侘びつつ、牧水が瀏に懇願したのは、必要に迫られこの度、北海道で揮毫品頒布会を開くことになったというもので、就いては、札幌で第一彈の催しをやるので、続いて旭川で開催する時は宜しくご支援下さいという趣旨であった。

歌誌を作り続けることは金銭的にも大変な仕事で、牧水のいう「必要に迫られて」は、何でもできることをやって金の工面をしなければならなくなったという意味であった。

瀏は直ちに諒解し、それならば我が家を宿にするようにと返事して、その後何度か手紙の往復があった。書簡には詳しい苦労の経緯も書いてあった。

「五月に創刊しました『詩歌時代』が非常な失敗にて印刷所の負債だけにても数千圓に上り『創作』の発行にもさしつかうる様な有様になつて参りました。種々考へました末『詩歌時代』をば残念ながら十月號までにて廃刊し、その負債返済の一法としてもう今度こそやるまいと思つてゐました揮毫行脚をもう一度企つることになつたのです。心當りの土地をばこの前の時に濟ましてゐますので今度はその目的地を北海道に選びました。不自由なことには其處には誰一人知つた人のゐないことなのです。（略）妙なことにてお近づきになることになりました。酒を防ぎますために妻をも連れてまゐります。お逢ひくださいまし」

多少の誤差はあるだろうが、調べてみると昭和初期の大卒新人社員の年収が千五百円前後という目安を得た。印刷屋だけで数千円の借金というのは相当な火の車である。

その後も二度ばかり手紙が寄こされて、瀏は滞在の手筈や町の有力者などを廻って、牧水の色紙、短冊、半截《はんせつ》の予約を集めるために動いた。

瀏が心配したのは十月上旬に始まる北海道師団の秋期演習と牧水の来訪が重なることであった。中旬には出張に出なくてはならない。いずれにせよ吾が官舎に泊まるように、そして、師団の予定によっては不在にしてお世話できないかもしれないが、と手紙に認めたら、牧水が実に彼の人柄をあらわす愉快な返事を寄こした。瀏が「是が私に気に入つて牧水がなほ〳〵好きになつた」という手紙（抜粋）である。

「甚だ厄介なる人間で御座いますが酒を毎日一升平均いたゞきます。これは朝大きな徳利のまゝ小生の側にいただきおきこれを適宜に一日中に配分して頂戴致します。おさかなは香の物かトマト（生のまま鹽にてたべます）がありますれば充分でございます。食事の時もたいていさうしたものにて結構でございます。可笑しうございますが右申しあげておきます」

瀏はこれを「牧水の面目の躍如たるを覚えた」と喜んで手記にしている。

牧水夫妻は旬日近く滞在したというから、迎えもてなした瀏もほぼ満足だっただろう。初日は料亭で歓迎会を催した。これには岩見沢に住む牧水の弟子もお伴をして来たが、前後不覚に酔い倒れてしまい、師の牧水があべこべに介抱するハプニングがあった。が、首尾よく自宅に招くことができた。瀏は秋期演習の出発前で結局、珍客を置き去りにして毎日司令部に出勤した。旭川での揮毫会は瀏の知人も尽力して盛況だった。講演会、歓迎歌会もよく人が集まり盛大に催された。揮毫の際、牧水の服の裾を端折って立ち半截を書いていた姿が印象的で、後々まで瀏は目に焼きつけてあったという。酒のほうも約束通り毎日、聞こしめしたそうだが、帰宅後茶の間でも瀏が無理強いして飲ませたことを「今も心に悔いて居る」と書いている。酒で寿命を短くしたからである。

牧水は四十三歳で亡くなった。肝硬変だった。真夏に逝ったのだが、死後しばらく経っても亡骸からは全く腐臭がしなかったため、「生きたままアルコール漬けになったのでは」と医師が驚いたという逸話がある。

牧水は旭川から再び札幌に引き返して揮毫会を開き、さらに帯広でも開催したという。別れに臨んで瀏のために歌を詠み、半截に謹書して残した。

旭川市齋藤氏方に滞在中の作歌数首を録す

野葡萄のもみぢの色の深けれやから松はまだ染むとせなくに

柏の木ゆゆしくたてど見てをればこころやはらぐそのかしはの木

こほろぎのなく聲すみぬ野葡萄のもみぢの露は散りこぼれつつ

かへり来て入らむとしつゝ門さきの辛夷のもみぢ見ればしたしき
時雨るゝや君が門なるこぶしの木うす紅葉して散りいそぐなる
大正十五年十月　酔牧水

追憶した文の題を「歌人若山牧水の人柄」とした齋藤瀏の気持ちがしんみり伝わってくる旭川の物語である。忘れてならないのは十日ばかりの得難い時間を、十七歳の齋藤史が付き添っていたことだ。父瀏にとって感慨深いふれあいになったが、娘の史にとってみると、この賓客から人生を揺さぶる一言を与えられたのだから、運命的な邂逅というほかはない。

齋藤史は戦後、自分と歌について時々振り返っている。父が佐佐木信綱門下で、終生歌を詠んだことから、娘のあなたも父に手引きされて歌の道に入ったのだろうと言われるが、全然そうではない。「父は、一度も短歌をつくれと言ったことは無かったし、わたくしの方も一生歌を書こうとも思っていなかった。そのような女の子に、正面から歌をすすめたのは若山牧水その人であった」と打ち明けている。

滞在中のある日、皆のお伴をして散策に出かけた時のことを『遠景近景』に書いている。それが掛け替えのないひとときであった。印象的な秋の夕べは、第十一章の「齋藤史のかがやき」にも綴ってあるが、史の文の抜粋をここにも載せておく。

「わずかの時間を得て私たちは散歩に出た。官舎町のつづきの、春光台と呼ぶ丘。一日ずつ秋の深まる北海道の、白いすすきの中の道を、例の裾を端折った牧水と和服の父を先に、喜志子夫人と母と私。片手の上に、紫の山ぶどうと、拾ったどんぐりをのせて、牧水は歩きながら朗詠い出した。若い日の友人、その死の床を見守った石川啄木の『ふるさとの山に向いて言うことなし――』という歌であった」

すすきの広がる野原を左右にながめ、今にも皆の足音と話し声が聴こえてきそうな描写ではないか。道すがら牧水は、何気ない会話のやりとりのままに、史に向かって大切な言葉を置いていったのだった。「史さん、歌をずっとやるつもりは無いんですか、――それはいかん。あなたが歌をやらないというのは、いかんな」。史は黙って聞きながら歩いた。唐突に言われて返事に困った。しかし、この牧水の短い言葉が、後々まで史の心に生きてはたらきかけたのだった。

人を動かすのは人の言葉である。まして歌人の声から出た言葉は永遠に波うって消えなかったのだろう。

至純の人、木下利玄

木下利玄は同じ佐佐木門下であった。筆者の好きな歌を先に置く。

　　街をゆき子供の傍を通る時蜜柑の香せり冬がまた来る

平明な口語でうたわれた情景の中に、自然に引き込まれてしまうような親しみ、懐かしみがある。こんな歌は何か昔の宝物のような感じがして時々箱から出してみたくなる。

　利玄は帝大文科に通い出して佐佐木信綱に師事し、短歌を学び始めるとすぐに頭角を現わし注目を浴びた逸材である。明治十九年、岡山県賀陽郡足守村（現・岡山市北区足守）で足守藩最後の藩主、木下利恭の弟・利永の二男に生まれている。五歳の時、宗家の利恭が早世したため、東京の木下子爵家に養嗣子として入り家督を継いだ。家門維持のためとはいえ、父母との別離は幼年の心に寂漠たる風を立たせたことであろう。利玄の若い頃の感傷を帯びた諷詠は悲しくうつくしい。戦後も長く利玄を愛する人々があるというのは、誰の人生にも利玄が奏でたような旋律が鳴ることがあるからである。

　学習院初等科では武者小路実篤と同級である。この縁がやがて志賀直哉との出会いに繋がってゆき白樺派の誕生になる。利玄は白樺派の代表的歌人と呼ばれ、また散文もよくした。大正元年に横井照子と結婚し、帝大を卒業。翌年長男が生まれるがすぐに死去。その後目白中学の国文講師に就任し四年余り勤めた。子供はその後二男一女を授かるが、末子・三男以外は夭折している。


　　ふたゝび子どもうしなひしわが妻のはたらける見れば人はさびしき

　病に苦しんで儚い生を終えてしまった子供たちへの思いはやまず、ふと家事をする妻の姿を見て詠んだのである。この他にも、悲痛な連作が残されているが割愛する。利玄はあまりの衝撃に立ち直れない妻を思い、学校勤めを辞め二人で長い旅に出ている。

それから木下利玄は作歌に専念した。大正五年から死ぬまでの九年余、歌に魂魄を捧げての後半生だった。若い頃は官能的な歌もあったが、やがて平易な口語体を用いるなどして写実的なものが増えてきた。窪田空穂や島木赤彦の影響を受けたと言われているが、アララギ派に対する違和感もあって、大正十二年には反アララギ色の大合同誌「日光」に加わっている。前年に患った肺結核が治らず寝込みがちになり、十四年二月十五日に四十歳で亡くなった。

齋藤瀏は「歌人木下利玄の誠実」の中で、七つ年下の利玄を尊敬していたと書いている。瀏が見てきた利玄は「極めて謙虚で師のやうな態度も取らず又口も利かなかつた。交遊も極めて狭く、寧ろ孤高と言ひ度いほどであった。然し眞の友に對しては情宜極めて濃やかである。口に御世辭やお坐なりは言はなかつたが、歯に物を着せなかつた。從つて亦無駄口もない」という非の打ち所のない人格であった。利玄を早くうしなってしまい、これまで瀏は田舎まわりをしていて相かたる時機が少なかったことを残念がった。

瀏の第一歌集『曠野』は大正十年十二月の刊であった。翌年正月に利玄に贈呈したが、既に病勢悪化を知っていたので感想をもらうことなど考えていなかった。しかし、それから一年経った十二年正月になって利玄から手紙と歌集が届いた。御礼が遅くなったことを丁寧に侘びた後、次のように書いてあった。

「御作を讀んで前の方で一番いゝと思ったのは戦争のお歌でした。一體異常な事件に遭遇した様な場合は多くはその事象の外郭に誘惑されて其事象の中核に入る事を怠り勝或は入り得ないものだと思ひます。然るに、お作ではそこを突き破つてゐるのを大變に感動させられました。實際生死の間に出入してこれ丈の歌をよみ得る事は尊いと思ひます。又後半の異境あたりから御佳作が次第に多くなってゐるやうに感じました。殊に『北蝦夷二』には私の好きな歌を多く見出しました。かういふ方面にもあなたの御境地が開ける事と信じます」

感激した瀏はこう書いている。「一年後、九州小倉市外城野で之を貰つたのである。大抵の人なら、過ぎ去つて終つたことだ。放つて置く所であらう。それが利玄の私に對する友情は許さなかつたのだ。一年経てかく懇切な筆をとつた所に利玄の人柄がよく知れる。利玄は重厚誠実な人であつた。私はこの手紙が内容に於て難有（ママ）かつた以外、一年後にかゝる手紙を書いた利玄を世に知つて貰ひたいのである」

手紙と一緒に送られてきたのは利玄の第二歌集『紅玉』であった。

二人続けて吾が子を亡くし悲しみを抱いて旅に出たが、利玄にとっては雑事に煩わされず歌に専心できる機会になった。夫婦は奈良京都を経て城崎温泉にしばらく滞在した後、山陰道を西下して出雲、石見へと道をたどった。鉄道のない田舎を徒歩で何里も歩くこともあったらしい。

その後、大分の別府温泉に逗留していた大正六年六月、照子が三人目の子、夏子を出産する。初めての女の子は日々ふくよかに大きくなっていった。

はゝそばの母に抱かれてふとり身を日毎温泉にひたせし子はも

今度こそ健やかに育ってほしいという祈りが込められた。夫婦は喜び半ば安堵して見守っていたが、半年後の冬、肺炎を起こして死んでしまう。

「夏子に」は数ある近代短歌の挽歌のなかで特に名作と呼ばれて然るべきものである。斎藤瀏に贈られた『紅玉』にそれは収められているが、抄をここに掲げる。

久しくてこの子に寄れるに病みたれば面もちまじめにわれを見てをり
いとし子の臥床によりそひその額に手おけば熱し　かはゆき（可愛ゆき）ものを
泣く力今はなくなり病める子の眼つぶらに吾を見るかも
わが妻とじつと眼をみあはせぬ　この吾子も亦今死なんとす
肉身の捨てはてかねし望みさへ今は絶えゆき吾子死ぬるなり
わが妻は吾子の手握り死にてはいや死にてはいやと泣きくるひけり
眼のまはり真紅くなして泣きやめぬ妻のうしろに吾子死にてあり
泣きやめて心は澄めり向うなる一つ藁屋の夕げの煙

憂国の歌論

支那事変が勃発した翌年に齋藤瀏は仮出獄しているのだが、その頃からまとまった歌論を書き始めている。それらのある部分が『悪童記』に収められている。内外の時局は急展開しており筆鋒も鋭くなったと感じられる。

瀏はまず歌壇の風潮を批判した。その理由は単純である。危急存亡の秋が訪れているというのに、歌壇は相変わらず文芸人の特権を意識して、呑気に旧態依然の花鳥風月の造花花歌を詠み、時々は、時局に迎合して気のない歌をつくって過ごしているというものだ。瀏の怒りは直線的で素朴であった。「短歌報国」という論文では「国策に順応した短歌など云つたら或はとんでもないと眞正面から反対するものもあらうが、國民精神総動員のそれに役立つやうな短歌があつてもよいのではないか」と主張した。

この姿勢を戦後の文化人、教育関係者が猛批判するのだが、齋藤瀏は生粋の軍人であり、職を解かれていたといっても魂は軍人のままである。

瀏は真剣であった。こういう時こそ歌人も起って、その歌で直接に国家に報ずることが出来るのではないか、と当たり前に考えていた。「藝術、藝術といつても今は国家意識の旺盛に働くべき場合であり、その増力が一方向に傾向づけられるを要する場合でもある。かかる際には、藝術の使命から考へても、短歌が役立つ方向の自ら存することを思はざるを得ぬ」。日本人として自分の置かれた立場や国家・社会の情勢を顧みないで、短歌の世界は没交渉であってもかまわないという態度はどういう料簡なのだ、と諌言したのである。

現代の短歌を私は云為することは控へるが、藝術殊に短歌は個のものだと云ふ反面には、この個の浅薄な心頭的な情の発露である如き短歌を発見する。かゝる個には全体性が無い。個はやがて全であるべき藝術に、個を個として存在せしむるは矛盾であることを思へば、全体性なき作品のその存在価値の乏しいことは言ふまでもないと思ふ。（「短歌の指導精神」）

短歌が個の芸術だという主張をするならそれはそれでよろしい。しかし、個が個として完結しているというが、自分と自分の棲家の住人以外の誰の心も動かさない短歌の、いったいその個というのは何なのか。芸術は個から発して全体のものとなって初めて芸術なのである。瀏はそう言いたかったのだ。「日本國民の心の発露」になっていない歌は、芸術と呼びたくないし、存在しなくてよいというのである。

彼には〈民族の同胞感〉が根底にあった。短歌や芸術全般を見る場合に限らず、尉官として出征した時も将官として軍を率いている時も同じであった。齋藤瀏はその名を知られるようになったが、歌人を特別扱いしなかったし、自分も歌人と呼ばれるのを嫌った。

私は信ずる、短歌は日本民族より産れた独特の存在で、西洋の文學論や、藝術論を超越して居るものである。之を西洋文學論や、藝術論の範域を以て論ぜんとするから狭さが生じ誤りが起るのだ。萬葉時代は既に専門歌人の所有となりかゝつて居るが、その以前には正にかく専門人の所有でなく國民全部の所有であつたと思ふ。あの萬葉集中の古歌を見れば明にその傾向がある。恐らく民謡的な存在であつて傳唱されて居たのであらう。（「短歌は日本國民の所有」）

よって日本人には元々歌を直覚的に理解する血が流れていて、知識として教えなくては身につかないと考えるほうが間違っているのである。この短詩型の呼吸は生来のものである。ゆえに歌心もわかるようになっている。日本人に生れ育っていく中で、一度この表現形式に触れたなら、「容易に短歌を吐き出す」ことになるのは当然で、歌人を職能として専有しているつもりの文芸人は心得違いである。今に、歌は国民全体に還ることになるし、そうしなければならないというのが齋藤瀏の信念であった。

上古において短歌が国民全体の所有だったという事実を、もし疑うのであれば万葉集の中の「東歌」を検討してほしいと彼は言う。「あれは帝都（京都）を離れた偏隔（ママ）の農漁村の間に産まれたものである。関東殊に函嶺（箱根山）以東奥羽地方にさへある事を思へば是が所謂中央文化人の所産物でない事は判る」という見識である。今では研究も進んで東歌の位置はだいたい明確になったとされるが、かつては東歌はみやこびとの創作であり、旅人や役人の赴任などによって地方へ伝播されたもので、あずまびと（東国の地方人）発祥の歌ではないだろうという説も盛んであった。齋藤瀏はこの東歌問題を獄中で深く思索したのか、著作の所々に東歌への関心をメモのように挿入している。

防人への思慕

彼の結論はこうであった。

都から東国へ旅した者、或いは役をになって東国へ派遣された中央文化人が現地で諷詠して伝唱させたのだろうと推量することは一応、筋が通っている。土地の訛で歌っているのは、土地の人間の口ぶりを藉《か》りたのかもしれない。標準語よりも田舎訛りのほうが確かに伝唱させやすい。そうして出来た歌があったかもしれない。しかし、最初はそうであっても、次に地方人がそれに習って作った歌もあるだろう。もし、前者のみやこびとの創作だとしても、その歌を受け入れ、共鳴し、理解してその土地の言葉で伝唱したなら、その作品の生命は地方人に賦与されたものである。断然地方人の所有と見てよいと思う。それが彼の見解であった。

東歌は万葉集巻十四に載る。佐佐木信綱の「萬葉雑記」(『萬葉漫筆』)によると、防人の歌と共に、東歌は異国情調という趣がある。この集録がなければ「当時の関東の庶民の心を、詞を、文化を、いかにして知り得む」と述べている。奈良朝時代の歌人の間では、東国の地に相当深い興味がそそがれていたらしい。富士の高嶺の神さびたる姿をはじめ、足柄の御坂の神々しさ、三保の浦などが都の語り種になっていただろうという。

又彼の防人の歌を見ても、あの偏土應召の民にあれ程の作のあると言ふ事は、なにを語るものであらう。家持の為めに如何なる歌が捨てられたかは想像の限りではないが、私は官僚心理を忖度し且つ家持自負の藝術意識から、防人を厭忌した歌や、一層素朴純眞なものがその文藝作品として拙だと云ふ見地で採られなかつたと思ふ時、私は悲しくなるのである。作の良否は、その之を産出した階級を論ずる依據にならぬにしても、その拙なる歌があればある程一般に遍隅無知の土民より産れた事の想像は許さるゝと思ふ。（「短歌は日本國民の所有」）

齋藤瀏らしい遠い古人への思慕である。大伴家持は兵部少輔であったから、軍政を司っていた。防人武領使に引率されて関東から上ってきた人たちを難波で迎えるのだが、家持はそこで部下に頼んでおいた〈あづまぶり〉の歌を集めたのだろう。それより昔、先人が東歌を採録した一巻があって、それを見た家持が感動したということもあり、倣って防人の歌を集録したのだろうと言われている。殆どが東歌の〈野人の作〉で、これについても佐佐木信綱は「真情のこもつた多くの作が、千年の後に傳はることを得たのは、全く彼の功績というてよからうと思ふ」と家持を讃えている。ちなみに野人というのは野蛮人ではなく朝廷や政府に仕えない民間人のことである。

瀏が想像したように、文芸作品の優劣という目安で、家持がたくさんの防人の短歌を選別し拙劣な歌を棄てたのだろうか。どうもそのような所作をしたとは思えないのだ。たとえ取捨したとしても家持は選り分けて全て残したのではないだろうか。書誌学の上ではどうなっているのだろう。防人の歌は万葉集巻二十に編集されていて、家持の有名な長歌も知られている。他にも失われた家持の歌稿があったというのが佐佐木博士の見方で、これもまた事実なら惜しいことこの上ない話である。

ところで、齋藤瀏を憤慨させた全く別の議論が昭和初期の昔からあった。それは「時事歌は歌ではない」というような偏狭な短歌観であった。

嘗て五・一五事件も、満洲事変も、二・二六事件も、支那事変もなかつた太平無事な時に、或る歌人が時事歌は歌にあらずなど叫んだものがあつた。今もまだそんな事を言ふものがある。此人は歌が對象にあるものと思つて居るらしい。かういへばその人もすぐ「否」を叫ぶであらう如く、歌は人の心にあるので對象にはないことは明瞭だ。私は竊《ひそか》にかゝる言論をなす人の生活を調べて見た。実際はその人の生活は時事歌など詠み得ぬ人であつた。

（「所謂時事歌を排する論者に與ふ」）

「時事歌」とは何を指して言うのだろう。他の箇所に「時局歌」というのも出てくる。新聞に載る政治、経済、社会にかかる全ての情況と動向は時事問題である。事件や事変、戦争も同様である。我々の生活はそれほど時事や時局とかけ離れたところにあるわけではない。その人の出来事、その人の家の出来事、その人の勤め先の出来事、その人の国家の出来事、欧州戦争など世界の出来事と、何の出来事たるに関わらず、我々の心を震蘯《しんとう》するのであれば、それは時事歌でなく全て生活歌である。対象で歌の資格が得られるなら、詠んで良い歌と悪い歌とが出来てしまう。そんなおかしな理屈があるわけがないというのだ。

自己を忘れ、家を忘れて一意國へ奉ずる人さへある。かゝる人は國家の出來事が個人や家庭を超越する感情を持つ。此人の如きが國家の出來事をとり上げた、所謂時事の歌が歌でな

いとはその立言の依據が何處にある。私は井底の蛙どころではなく蓑蟲《みのむし》が蓑以外を世界と思はぬ類の滑稽を感ずる。（同）

支那事変では多くの将兵が歌を詠んでいる。これらの歌に心を打たれた齋藤瀏は自著の『防人の歌』にも採録しようとしたほどである。しかし、満洲事変、支那事変初期頃の歌が国内に紹介されはじめた時、或る方面の歌人連中から、こうした歌は時事歌、時局歌、慷慨歌だという声が出て「短歌の本格的なものでない」と批判されたのである。

「何んとよく泣く国民か」

今こそ日本が八紘一宇の大理想に向けて起つという時に、巷間をただよう思想の停滞と気概の失せた文化の様相はいったい何なのだと、齋藤瀏はいささか失望し「短歌の指導精神」の末尾にひと言を綴ったのである。日米開戦前の町々の空気も確かめておきたい。

現代人にもし缺けたものはと言へば、情でもなく、叡智でもなく、私はこの意の方面ではないかと思ふ。從つて現代の短歌も亦此方面の心に物足りなさを多く感ずる。近來のあの流行歌あの何々行進曲を見る時一層この感を深くする。現代日本人はあの行進曲や流行歌を見る時に何んと弱い国民か、何んとよく泣く國民かと思ふ。その根本の心が音律の方面にまで現れて、低調微吟、卑俗の感傷に阿ねるが如く感ぜしめるのは寧ろ哀れである。短歌は是程では無いと思ふものの、これが八紘一宇に邁進し、東亜新秩序の建設に國を擧つて營々たる現代日本國民の心の發露とはどうしても受け取れぬ。

（「短歌の指導精神」）

齋藤瀏が市井の出来事、町の流行を一々気にかけてぼやくような人柄でなかったことは、短歌や随想をよめばわかることである。しかし、時代の風潮と、それを作り上げている人心の方向には鈍感ではなかった。

いささか当時の世相探索になるのだが、瀏が嘆かわしく思った流行歌、行進曲は何を指すのだろう。瑣末な問題ではあっても齋藤瀏が生きた歴史の批評的見識の一面である。戦前のヒット曲の寿命は多分長かっただろう。流行歌の生命は三年や四年、それ以上保ったのではないか。行進曲はもっと長い間流れていたはずだ。

瀏が「近來のあの流行歌あの何々行進曲」というのだから、出獄した昭和十三年、十四年頃に流行っていた曲とみられる。低調微吟でよく泣き感傷にひたる、そんな色合いの大ヒット曲は「別れのブルース」か「旅の夜風」（「愛染かつら」主題歌）といったところだろうか。前者は淡谷のり子の代表曲で藤浦洸の作詞、服部良一が作曲した。後者は作詞西条八十、作曲万城目正。霧島昇とミス・コロムビアが歌った。戦後もリバイバルとして歌われた。昭和歌謡史を綴った本は、哀愁に満ちたメロディーが人々の心をとらえ、暗く不安な時代の予感を抱いた若者を慰めたなどと書いたのである。

ゲーテの箴言だったと思うが「音楽は聖なるものであるか、然らずんば俗なるものである」というのは正しい。中間というのはないのだと筆者は思う。ただ、日本の音曲の場合はことに聖俗の境界線を引くのは難しいのではないか。例えば各地の民謡は俗であろう。けれど俗のまま純粋なるものに繋がっている。長唄、小唄、新内はどうだろう。皆、俗でありながら浄いものに触れている。音楽は聖俗共に人間の生のはたらきに大きな影響を持っていることは確かである。

一方の行進曲は判然としない。当時、流行っていた行進曲は内閣情報部が募集し制定した「愛国行進曲」（昭和十二年）だろうか。レコード各社が一斉に売った。ただ、この曲は当然、泣かせたりしんみり哀愁をさそうものではない。かといって、これを聴いて気持ちが奮い立ったかどうかわかからない。この年「国民政府ヲ対手トセズ」を宣して事変の長期化を覚悟。翌年四月には国家総動員法が議会を通過している。

言うならば、この時代に「愛国行進曲」もあれば「別れのブルース」もあって〈同居〉していたのである。それがあらゆる時代の世相である。齋藤瀏にとって当時の流行歌は魂に触れるものでなく感情移入の対象でもなかったということだろう。行進曲も然りである。けれど、当時の短歌に物足りなさを感じていたのは確かで、それは看過できなかったのだ。

近代短歌の潮流

齋藤瀏は近代短歌の潮流のなかで、どのような位置にあるのか、それを見ておきたい。彼自身は軍人として国家にすべてを捧げる気概をもって、歌人としての己れの評価など、まったく興味の外のようだった。しかし、明治十二年に生を享けた歌びとであるかぎり、大きな思潮のなかで育っていたこともまた事実である。

この項は、近代短歌の流れを俯瞰した略図のようなものになる。

明治維新という空前の変革を経験しながら、明治初期の歌壇は前代とほぼ同じ空気を呼吸していた。京都を中心に畿内で影響を及ぼしていた桂園派が貴族的で伝統的な教養人をつなげていた。木下幸文、熊谷直好、八田知紀が指導的役割を担っていた。八田知紀は政府から歌道御用掛に指名され、また後進の高崎正風が御歌所初代所長に命ぜられた。益々、歌壇の主流としての地位をたもって宮内省派などと呼ばれていた。

齋藤瀏が佐佐木信綱の門を叩いて間もないころ、作品の一首が明治天皇の御眼に留まったという逸話をこの章の冒頭で紹介した。陛下からご下問を預かった人物として「御歌所の高崎氏」が出てくるが、御歌所所長の高崎正風その人であろう。ここに特記しておきたい。

しかし、桂園派はやがて歌壇から退場の季節を迎える。

題詠による創作、風雅への志向という旧態然の歌風は、近代的な精神に目覚めてきた日本人に合わなくなっていた。時代の新しい言葉と自由な調べで歌いたいという和歌革新の欲求が起きるのはむしろ自然のなりゆきであった。

順序としては与謝野鉄幹・晶子の前に、その師、落合直文を語るべきだろう。彼は『墨汁一滴』などで子規から歌の欠点を逐一突かれているけれども、明治歌壇の草創を担った重要人物だった。次の歌も子規には好かない歌になるのだろうが、「さ夜中にひとり目醒めてつくづくと歌おもふとき我も神なり」「秋風に柳散りくるこの夕つくづく恋を止めむと思ひき」は情を内にたたえた佳歌だと筆者は思う。明治二十六年にこの直文が浅香社を結成すると、そこへ佐佐木信綱、与謝野鉄幹、金子薫園、服部躬治、尾上柴舟らが集まったのだから、その功績だけでも大きいと認めなくてはいけない。

このうち与謝野鉄幹が革新の第一声をあげて新詩社（三十三年）を創設、「明星」を機関誌として浪漫的な歌風を主導し歌壇に旋風を巻き起こした。鉄幹にはそれまでに『東西南北』『天地玄黄』の詩集があり、悲愴かつ激越といわれる〈虎剣流〉の歌を押しだした。

鋭利な日夏耿之介の眼には「破調と豪宕《ごうとう》を覗つて粗放と未熟に終つてゐる『小生の詩』『男子のうた』ではあるが、曩《さ》きの豪宕は漸次繊細を加へ、さきの未熟は円熟に近づくけはひを示す」（『明治浪漫文学史』）ものに映ったらしい。「破調」も頼もしいし、「豪宕」も気宇壮大なことであるから出発点として間違ってはいない。「尾上にはいたくも虎の吼ゆるかな夕は風にならむとすらむ」と歌っていた鉄幹は、やがて「つぶやきて君が手ふれし夕よりくしき響きの鐘に起りぬ」と恋に沈む浪漫詩人の声になるのだった。

バイロンの情熱をも彷彿させる浪漫主義の思潮に大勢の才能が引き寄せられた。いよいよ鉄幹を凌駕する与謝野晶子の登場となるのだが、じっくり味わうための紙幅はない。新詩社には燦々たる個性が集まってきた。山川登美子、北原白秋、吉井勇、木下杢太郎、茅野蕭々、石川啄木、岡本かの子、窪田空穂、高村光太郎といった人たちである。齋藤瀏と史の親子には忘れがたい人となった若山牧水は、前田夕暮と共に尾上柴舟の車前草社に連なる自然主義傾向の歌人に数えられている。

年代的には、齋藤瀏が属した竹柏会の結成が二十四年と最も古いが、これは佐佐木信綱の父、弘綱が興して継承した会である。三十一年発行の歌誌「心の華」（明治三十三年五月号から「花」、それ以前は「華」の字を使用）は信綱の「歌はやがて人の心の花なり」から取ったもの。創刊当時は広く門戸が開かれ旧派歌人や根岸派の歌人も活躍し、森鷗外、幸田露伴、上田敏など歌壇以外の錚々たる詩人作家も寄稿していた。

竹柏会は自由な風土で個性を尊重する理念を守った。主宰する信綱の「ひろく、深く、おのがじしに」という信条から生まれたものである。おのがじしは「それぞれの個性のままに」といったところだろうか。師の下に集ったのは、石榑千亦、川田順、木下利玄、柳原白蓮、九条武子、そして齋藤瀏たちであった。

「心の華」創刊の年、正岡子規が『歌よみに与ふる書』を発表。万葉への回帰と写生主義による短歌とを提唱し、翌三十二年、根岸短歌会を発足させた。歌論「亡国の音」でも注目を浴びていた新詩社の鉄幹に対し、この頃、子規はまだ歌壇において存在感はなかった。子規がとなえた新しい短歌の思想は没後、門人たちの時代になって歌壇に浸透していった。ただ純粋な意味でその継承者は必ずしも赤彦、茂吉のアララギ派とは言えない。アララギは寧ろ子規の思想をキャンバスにして別の色を塗っていったとも言えるのだ。

それにしても正岡子規の出現は大きな意味があった。俳句と和歌の革新をなしとげたという功業に留まらない。彼の影響力は俳壇と歌壇の範囲ではなく、明治の創造的精神を確立したという仕事で語られるべきで、その領域に及んだ同等のエネルギーを持ち得た人物は、近代思想の基礎を築いた福沢諭吉であり、近代文学の先駆けを担った二葉亭四迷であり、東洋の美と理想を掲げた岡倉天心であった。

子規は慶應三年、松山市に生まれた。明治二十五年、東大の前身、文科大学を中退し「日本」新聞の記者になり俳句革新に取りかかる。芭蕉・蕪村の真価をあらためて点検し写生説を立てた。特に蕪村句集に接して俳諧史すべてを見なおして覚醒するところがあったといわれる。写生説は中村不折に感化されたところが大きい。江戸時代に泥《なず》んだ因習から解き放ち近代俳句を打ち出した。「俳諧大要」「俳句分類」「俳人蕪村」など斬新な俳論を次々とわずかな期間に書き上げた。そして二十八年には日清戦争に従軍記者として出征するも、帰路の船中で吐血し、不治の病との格闘がはじまる。

短歌革新運動に就いたのは三十年代に入ってから。写生主義の基本を短歌創作でも提唱した。体験実地の歌であることが重要で、古今集の悪弊である「月並」「理屈」を排して万葉集への復古を唱えた。短歌の新しい様式として「連作短歌」を創造し、定着させた。今日、歌人の殆どが連作形式を常識的に採用しているのは、子規の一千年来の〈発明〉によるのである。

「心の華」の選者に鉄幹子規も

齋藤瀏が昭和十年代の歌壇の風潮に対して不満を抱き、初めて厳しい調子で批判したとき、

『歌よみに与ふる書』が指摘する「理屈」「月並」など子規の批評眼と一致するところがあるのではないか、と推察してみた。瀏の不満の矛先には宮廷専属歌人のすさびや花鳥風月主義があり古今集的側面にほかならない。『防人の歌』に子規の愛国歌を載せ、歌論にある瀏の連作論は先人子規の方法に沿った見識とみてよい。

与謝野鉄幹は子規から「君と我と両立せず」と宣言せられたかたちだが、文字通り二人の詩魂は鮮やかにコントラストを描いていた。日夏耿之介は『明治浪漫文学史』で「子規と両立せぬは、これこそ標本的にリアリズムとロマンティシズムの嶄然《さんぜん》たる対決をはつきり意味するもので、それは同時にホトトギス対明星であり、日本的対西欧的であり、当年の主潮は而して日本的でなく西欧的であり、写生歌にはなく、主情夢幻的浪漫詩に正しくあつた」と伝えている。鉄幹以来の浪漫詩がもっと永らえ子規派と並走していたらと望むのは筆者の勝手な夢想である。

最も古い歌誌、佐佐木信綱の「心の華」には、毎号の選者として与謝野鉄幹、正岡子規、渡辺光風、金子薫園ら精鋭に依頼しようという動きがあった。これをつぶしたのは子規への絶対崇拝者、伊藤左千夫であった。師匠と鉄幹を同列にするとはけしからんと口を挟んだのである。鉄幹は子規の六つ下だが「明星」のかがやきは世に先行していた。左千夫は子規より三歳年上の弟子。子規と鉄幹は互いに敬意を払っていて喧嘩をする理由はなかった。

鉄幹は子規の文章を愛し「歌よみに与ふる書」は高く評価していた。いつの世でも、矜持と倨傲と礼儀がからまるともう糸はほどけない。蓮田善明は左千夫の純粋を信じていた。その純粋が困ることもこの世の中にはあるのだ。子規・鉄幹の二人は一度、新体詩人会を起こし「日本派」を牽引した仲でもある。憂国の情は共通していたのである。

いわゆる〈短歌革新〉は明治三十五年頃に完成を見たとされている。同時に、この頃から新しい自然主義の思想が歌壇にも投影されてきたことは忘れてはならない。前田夕暮は香川進、前田透らと口語・自由律で歌をよむ「詩歌」に結集。石川啄木は没後にプロレタリア派歌人に祭り上げられたものの、それは彼の本質ではないだろう。文学理論を闘わせ短歌の定型を打破しようとする力が加わり、昭和に入っても内部の混乱は激しかった。

知られているとおり正岡子規は病身で没年が三十五年だった。享年三十六である。平均寿命が四十五歳前後と短い明治時代だがそれでも早かった。二十代で脊椎カリエスに罹り、殆ど病床にあってこの革新運動をやりとげ、自らも俳人歌人として創作し続けたことは驚愕に値する。辞世は俳句のほうを載せておく。

　　をととひの絲瓜の水もとらざりき
　　絲瓜咲いて啖のつまりし仏かな
　　啖一升絲瓜の水の間に合はず

子規の死は混乱の始まりだった。根岸短歌会は歌誌・機関誌を持たなかった。高弟の伊藤左千夫が「馬酔木」（アシビ）を創刊したが五年で終わってしまう。次いで子規没後の同人、三井甲之が「アカネ」を後継誌として発刊したが、同人たちがまとまらず甲之は脱会する。再び左千夫が起って「阿羅々木」（アララギ）を創刊。そこに信州の島木赤彦が「比牟呂」（ヒムロ）をひっさげて合流。これがやがて歌壇主流をなすアララギの誕生となった。左千夫と甲之の激しい対立は「根岸短歌会の分裂」事件として知れわたった。

あまり知られていないが、当初「馬酔木」には根岸派の首脳が責任編集員として名を連ねた。子規門の七大弟子と呼ばれた伊藤左千夫、長塚節、安江不空、香取秀真、森田義郎、蕨真一郎、岡麓の錚々たる人たちであった。世間では〈教科書有名人〉だけが通用するのは仕方ないが、左千夫創刊としてしまうと誤りなのである。

そのほか、子規門下にして根岸派の主流から離れていた岡本大無がいる。作歌に堂々たる業績を残しており、彼を加えて子規門八大弟子と称すべきだという声が上がった。根岸短歌会の分裂によって馬酔木、アカネ、阿羅々木と受け継がれ、子規の源流が守られたのではなくアララギによって子規の水は塞き止められ、本流は安江不空、岡本大無たちの「関西根岸短歌会」のほうに流れたというのが妥当かつ穏当な見方になるようだ。大無は「あけび」誌上で活躍し、子規没後の門人である花田比露思に受け継がれた。これらが後世の子規研究者に資するべき真相だと伝えたのは、子規が岡倉天心から預かった安江不空であった。不空は画家としても秀でており、子規と天心が奪い合った存在である。

子規没後の門下の流れは直接、齋藤瀏と史父娘とは関係がない。が、近代短歌の源流を下ってどのような支流を作り出したのか、前後を把握しておくために相関するところを抑えた。

第十章　短歌鑑賞の技術

鑑賞家と歌人

齋藤瀏は歌人であると同時に、すぐれた短歌の鑑賞家であった。このことは歌壇の内外で余り注目されてこなかった。学術的にも重要な瀏の知られざる業績に触れておきたい。

ところで、鑑賞というものについて大抵の人はむずかしく考えているわけではない。鑑賞に上手と下手とがあるという話もそれほど関心を引くとは思えない。音楽にしろ映画にしろ、ただ味わい楽しむことであって、対象に神経を研ぎ澄ましたり、対象を知るために才能や訓練を要したりするものではなく、娯楽や趣味の世界とみなして十分ではないかと言われそうである。しかし、「鑑賞眼」といった場合は、作品を深く味わい芸術としての価値を見きわめる能力を指していることは確かだから、それに磨きをかけるには努力を必要とするという点は理解されよう。

筆者には単色にしか見えない薔薇の赤を、梅原龍三郎は精緻な目で見分けているだろうし、筆者にはハ長調であろうと嬰ハ長調であろうと同じに聴こえる交響楽が、リヒャルト・シュトラウスなら演奏が始まってすぐに聴き分けられるのである。昔、宮城道雄と初めて座談会で一緒になった吉屋信子が挨拶しようとした。「お初めてお目に……」と言いかけてたゆたった。「その気持ちがすぐ反射したらしく微笑されて『お声だけでどなたのお心もわかります』といわれて私はうろたえた。顔がわかるより心というやつがわかっちまうのがこわかった」(『私の見た人』)と彼女は書いている。周知のとおり、宮城は十七絃を発明した箏曲家で「春の海」は誰でも聴いている。彼は目が全く見えない。が、遂に耳で人が見えるようになった。究極の鑑賞家ともいえる。

鑑賞という世界には必ず高下深浅があるはずで、よって骨董などではうるさい真贋を見抜くということにも通じるし、審美眼の境地に段階が生じるのである。

では、詩歌をよむ人と鑑賞する人間とはどのような距離にあるのだろうか。これについては、かつて若者の人生相談を受けて毒舌で真理を射抜いていた今東光の平明な答に、説得力がある。

「つまり名詩といえども相手が低ければ決して名詩とは受け取られないんだ。逆に言うと、名詩を鑑賞できる人間は優れた詩人であるとも言える。こっちがそれだけ水準が高くなって初めて名詩というものがわかるんで、名詩の名詩たるゆえんはやはりこちらが進んでいなけりゃあいけないんだ。名詩をも書きうる人になって初めて名詩がわかるんじゃないかね。だから、語学的によく表現されているとか、面白い文字を使っているということでは名詩も悪詩もない。いい詩を書くためには、とにかく勉強していい詩がわかるようになるのが先決問題だと思うな」（『極道辻説法』）

詩と歌とはちがうという人がいるが、どちらも「ことば」から成っている。心のあやが言語にあらわれて一定の形式となったものである。紀貫之は古今集の序に「やまと歌はひとの心を糧としてよろづの言の葉とぞなれりける」と書いて、正岡子規はこれを詩情とし歌心としている。共にルビをふれば「うたごころ」である。鑑賞家として深いすぐれた仕事をしていたなら、歌人としてすぐれた短歌を残しているにちがいないという見方はあながち的はずれではないのだろう。

齋藤瀏は歌集以外に、万葉集を鑑賞した本を三冊書き上げている。年代順に並べると、『萬葉名歌鑑賞』（人文書院・昭和十年六月初版）、『萬葉のこゝろ』（朝日新聞社・昭和十七年五月初版）、『防人の歌』（東京堂・昭和十七年六月初版）となる。しかし、純粋に学術的研究に資する鑑賞書と呼べるのは『萬葉名歌鑑賞』だけである。

『萬葉のこゝろ』と『防人の歌』は日米開戦の約半年後に続けて出版された。前者は鑑賞の書というより、君臣共治思想や民族精神の原型を万葉人の心に寄せて説いた思想書である。戦時下にほとばしった愛国至情の決意表明書である。また、後者はタイトルに「防人」と銘打ったが、万葉の東国歌人だけでなく明治維新の志士や武士、軍人、勤皇婦女までの〈今防人〉を登場させてそれぞれの歌を讃美し、天皇帰一、国家帰一の精神を討究したものである。

齋藤瀏に対する後世多くの批判の矢は、この頃の国家至上主義、国粋的思想の言質に向けられていることは明らかで、二・二六事件に連座したことへの非難はそれと比べてさほど強くはない。戦後民主主義を捧持するものは概ね国家主義に対する反応がステロタイプだからである。深淵な出来事である二・二六事件には反射神経で的確に返せないでいる。

しかし事件の前年に上梓した『萬葉名歌鑑賞』はまぎれもなく、一首一首の万葉集歌を味わい掘り下げてみた鑑賞書であり、万葉集研究に資するものである。彼を軍国主義者とみなす人たちも、この作品によって〈美しい例外〉を認めねばならないだろう。そして、鑑賞のアプローチは独特で、齋藤瀏が編み出した新しい方法と呼ぶにふさわしいものが含まれていることに気づくだろう。

詩情を読み解く手がかり

同書の序文に、彼が考える鑑賞の要訣ということを書いている。それは機械的な技法とはちがう。相手は歌であるから心を心で聞くという基本は変わらないが、しかし、自分で求めて辿りついた規範は設けている。その規範を守りつつ歌に立ち向かうのである。こんなふうに書くと、何か齋藤瀏が歌における求道者のようだが、そういう面が認められる。

第一に、歌を鑑賞するこちら側の「心の持ち方」から打ち明けている。

短歌は心の聲、魂の叫であると言ふ。直感、直覺的なものであると言ふ。果して然らば、よき歌であるなら、鑑賞者の心が、平、靜、澄、何物にも累《わずら》はされて居らなければ、その表現を通じ、作者の心、作者の魂に觸れ得る筈であると信ずる。かく信じた私は、歌を鑑賞する場合、先づ私の心を平、靜、澄ならしめることに努めた。そして、先入意識を捨て去ることを圖《はか》つた。私はかくして私の心を以て、直に作者の心に觸れるべく期待した。

瀏は歌論でもこのようなことを述べている。短歌は心の声、魂の叫びである。これに正しく触れるには、こちらの心が濁りなく「平」「静」「澄」でなければならないというのである。ここへ来ると邪念を去った禅や止観の境地であり、まさしく道を求めるやりかたである。雑念多ければよい歌でも響いてこない。当然といえば当然である。

然しながら、私の心を作者の心に觸れしめるその中介（ママ）は、その短歌の表現である。此の表現は意味を知ることに役立つ。然し、意味を眞に知るには、その表現の息づきを知らねばならぬ。眞の意味は、それゆゑその息づきである調律を味ふことによつてのみ知り得る。表現上の意味は、時に此の息づきである調律で、或は全く反對となることもある。短歌作者は、多年の経験で這裡《しやり》の消息を認めるであらう。然し、作歌苦心を累ねたものであつて、始めてよく他の歌の表現の機微に触れ得、その息づきによつて眞意を會得できるからである。

〈這裡の消息〉という言い方は殆どしなくなったが、「この間の事情」とでも訳しておく。ここで「息づき」という言葉が出てきた。歌のどこを見るかというと、瀏の場合、息づきに着眼するのだ。歌のなかの息づきが最も重要だというのである。息づきは「調律」という語にも置き換えられる。一般に「調律」とは、楽器などを一定の音律に調整することをいうが、瀏は「息づき」であり、また「リズム」「表現リズム」という言葉で語っている。彼のニュアンスは〈詩の韻律〉に近いのかもしれない。

歌の眞の意味は「息づきである調律を味ふことによつてのみ知り得る」と言い切った。ここが急所で興味のあるところである。瀏は短歌を長年やってきた自分たちは「その辺は苦心して居るのでコツがわかる」というのだ。それにしても「表現上の意味は、時に此の息づきである調律で、或は全く反對となることもある」と言っていることはかなり面白い。そのほか、語学的にそつなく整っていても、語感のよい言葉を持ってきていても、なぜかこちらの心を打たないということがあるのは、〈字脚〉の変化に注意が行き届いていないことを含め、その歌をうたった作者の息づきと関係があるのかもしれない。「息づき」は心のあやから発せられるものだから。

それゆえ私は、この息づきである調律を最も尊重した。殊に、現代の短歌表現は、印刷術の進歩によって眼を中介とすることも考へられるかも知らぬが、古代に於いては恐らく耳を中介としたと信ずる。萬葉時代に於いても亦然りであらう。それゆえ萬葉集の歌をその表現によつて鑑賞するには、此の耳を中介とした調律を、現代よりも尊重するの要あることを感じたからである。

日本人はすぐれて〈耳〉の民族である。大和言葉が〈感性語〉の強い傾向を持っているし、何よりもまず〈ものまねび〉である。乳房をふくみつつ母の口から耳に伝えられた片言隻句の口籠もる発声から人生が始まる。その過程は他の民族も同じかも知れないが、日本の場合はとくに「始めに耳ありき」であっただろう。雨音、風の音、木々の音とオノマトペアの豊けさは比類をみない。口誦時代が大変長く、文字に出遇うのに相当の時を要した。そのために文字に頼れないことは弱点ではなく、口から耳への直接のコミュニケーションはかえって直感を鋭くし情緒を深めたであろう。齋藤瀏のいう心と心を通じあわせる、また心をもって心に触れる、そのことは比喩ではない。日本人の自己主張の不得手の歴史は、先に相手の音を聞き入れるのだから、古代からのものであろう。

瀏はこの本にとりあげた短歌は、自分の愛誦するものであり、なかんずく秀れた佳いものと信じた歌であると告白している。そして佐佐木信綱博士から作歌の指導を受けてきたが、「私の鑑賞眼とは別問題である。それゆゑ、私は此の鑑賞が博士に累を及ぼすことを恐れる」と書いている。

筆者が「息づき」を重視した齋藤瀏の方法が学術的にも斬新であることを知ったのは、小川靖彦氏の論文（青山学院大学文学部『紀要』第55号）「齋藤瀏『萬葉名歌鑑賞』をめぐって」（副題・近代的萬葉集研究における「鑑賞」の行方）によってであるが、近世国学者が注釈書に盛り込むまでは、鑑賞や批評は余り見られなかったし、この言葉も使われていなかった。「鑑賞・批評に重きをおいた『評釈』というスタイルが始まるのは、一九〇〇年代（明治三十年代）からであった。それは明治期の高等教育の伸展による新しい読者層に、新たな〈教養〉を示す役割を担った。この『評者』の有力な担い手の一人が佐佐木信綱であった」と述べている。

文字通り、評釈とは「批評し解釈すること」である。その草創であった師匠から方法を学んだわけではなく瀏の独創である。それでも「『評釈』に育まれた鑑賞・批評を純化し、その一つの到達点を示したもの」と小川氏は見ている。そして「今日においてもそれらの詩情を解明するための重要な手懸かりと言える」と瀏の仕事を高く評価している。

「息づき」で歌の真意を読む

齋藤瀏の短歌鑑賞は「息づき」を重視した独自の方法とされる。実際にどのように歌を味わっているのか確かめておきたい。「内容」と「リズム」の関わりを見ることで何がわかるのだろうか。

『萬葉名歌鑑賞』の本文の構成は、それぞれ著者の齋藤瀏が取り上げた「万葉歌一首」、歌にまつわる簡単な「説明」、一、二行の簡明な「歌意」、そして縦横に感想を綴った長文の「鑑賞」から成っている。秀歌一首には作者名、漢字仮名交じり文の歌、漢字だけの略体歌表記を掲げている。語釈や解釈は行わずに歌を味わうこと、歌の真意をつかむことに集中している。

巻頭の柿本人麿の代表歌をためしに体裁を掲げておく。

柿本人麿
東の野にかぎろひの立つ見えてかへりみすれば月西渡《かたぶ》きぬ
東。野　炎。立　所　実　而。反　実　者。月　西　渡。
「柿本人麿は持統文武両帝の朝に仕へ和銅の頃死せるものの如きも、傳詳ならず。この歌軽皇子《かるのみこ》の安騎野《あきの》に宿りませる時に、人麿もその野に野宿して、翌未明によんだものである。
（略）」

「歌意」には人麿がこれを詠じたときの状況説明、「東の野を見れば、そこにはほの〴〵と曙光が映えて居るのがみえ、さて西の方を観ると、月が傾いて沈まんとして居る」がある。このあと「鑑賞」に入るという形式になる。

齋藤瀏はこの代表的な名歌でも「リズム」という概念を駆使して読み進んでいる。

「この歌は、そのリズムに既に悠容迫らざるゆたけさがある。此のリズムの力で、全般の景を漂渺《ひょうびょう》と拡大し、理屈を離れて、曠野の中での願望をすぐ感じさせる」というものである。

まず「東の野にかぎろひの立つみえて」と三句まで息長く続けて一つの風景を明らかに描く。しかし、打ってかわって「顧みすれば」と視線の転換をおもむろに導く。そして「月傾きぬ」と眼を据える（略体歌では「月　西　渡」だが、われわれは「月傾きぬ」の文字で読んでいる）。

瀏はこの巧みさに感嘆して「吾々の眼を斯く導き、吾々の眼にかく明らかに物を見せてくれる歌は他に多くとないだらう」と述べている。ちなみに月の運行を知るものは、この時刻の西天の残月は、満月の後の月であることを悟っているという。

一般にこの歌を誦するとき、大地に立って夜明けを迎える自分の眼になっている。後ろをふり向けば夜の深みを残した西方の空に月が残っている。短い一首の中で、言葉に起こされたイメージとはいえ、読む人の視線を変えさせ、体をもうごかしている。大変な歌である。しかし、ここまでは平均的な数多ある評者の感銘の表現とほぼ同じである。

瀏の個性はここから発揮される。

此の歌で、吾々は「て」「ば」の使用を教へられる。見えての「て」、顧みすればの「ば」である。此の「て」は實に意味を擴大して居る。そして、咏嘆を呼んで居る。「ば」は顧みすればによく結ばれて、段取や因果關係を考へる餘地をあたへない。それから「月傾きぬ」の結びは、下手にすると記事文の結びとなる。ところがこの結びは、前来のリズムによつて感動がこもつて居る。

「て」が意味の拡大と詠嘆を呼び、「ば」が段取りや因果関係を考える余地をあたえない。こういう捉え方はなるほど「息づき」「リズム」を中心に見なければ出てこない。さらに「月傾きぬ」の結び方は「下手にすると記事文の結び」になると言っているのも面白い。記事文の結びとは、ただ、在る物がそこに在りましたと伝えただけの〝無味乾燥な報告〟をいうのだろう。人麿のように読む人の眼を確かに据えさせる表現にはなかなか達しない。この「ぬ」には感動がこもっていると瀏はいう。

瀏が「おやっ」と思った部分がある。直感したところを披瀝している。「此の歌は叙景歌ではある。然し此の叙景歌は、私としては、単純なものでなく、内容的に深く且つ高いものがあると思ふ」。瀏もこういう景色を見たことがある。軍旅で何度も露営しているときの体験だ。このような状況に遭って「おゝ夜明けだ」と感動した指揮官と兵士は少なくないだろう。しかし、この歌にはもっと深い何かがあるというのである。

私は茲に、或るものを人麿の心に認めるのである。旅寝、曠野の旅寝、人麿はその夜、何を考へ、何を思つて居たか。私に想像を許すならば、恐らく、世の轉變、榮枯盛衰、生者必滅といふやうなことを考へさせられて居たと思ふ。そして時の推移――と言ふやうなことも考へ、感慨にふけつたことゝ思ふ。それが何かの動機でふつと現實にさめ、東の空を見たのだ。すると、東の野にかぎろひが立つて居る。それが見えたのだ。

長い引用になるので略しつつ進めるが、瀏の鑑賞の方法、息づきをつかむには、瀏の筆の運びもまた、われわれが〝鑑賞〟しなければうまくいかない。瀏は人麿がいた瞬間に立ち会いたいのである。人麿の心の声に耳を澄まして想像を深めたいのである。彼の方法は呼吸と関わっていて人麿の心拍に自分の心拍を合わせようとしている。恐らく瀏の読心術はまちがってはいないだろう。人麿の心境、その深奥のつぶやき、時の不思議、自然の誘いといったものを、すべて書き出してみたとき、こうなったというゴツゴツの文章だ。ある箇所で「人麿の心の動きに触れたやうに思ふ」と書いているが、誰の歌であれ、そこに至るまでが鑑賞という仕事であるようだ。

私にもかかる體験がある。戦場の露営、そして拂曉の此の景。夜間寝られぬ時の心、その心の動き、万事は此の夜明けで、一清算をする。「もう夜があけた」とは、当時将卒等しく叫ぶ聲であった。此の語には、無量の感慨がこもつて居るのだ。昨日の戦ひでは誰が死んだ。今日は？　かうした時感ずるものは、生者必滅、会者常離だ。そして総てを時が解決する。

同門の歌人、木下利玄は瀏の戦場の短歌を高く評価していたというが、死線に立つ人間にしかわからない境涯があり、それを言葉にしないでゆく人もあり、言葉にすることができた人もある。いずれにせよ経験のない常人の及ぶところではない。瀏のそのときの「無量の感慨」を共有するのはむずかしい。利玄は瀏の戦場の作に触れ、それまでよんだことのない言葉の姿に驚いたのである。

単なる叙景歌ではない人麿の歌

ところで、この人麿の歌は古今叙景の名歌と伝えられ、多くの歌人・評者が讃えてきた。正確にいえば、安騎野の冬猟歌と呼ばれるもので、「軽皇子安騎野に宿りましし時、柿本朝臣人麿の作れる歌」と題する長歌一首と「短歌」として収められた四首の中の一首である。軽皇子とは草壁皇子の子で、のちの文武天皇である。草壁皇子は太陽と並ぶ皇子という意味で「日並《ひなみし》の皇子」と呼ばれた。この歌とならんで「日並皇子の命の馬並めて御猟立たせし時は来向かふ」がある。

軽皇子は十一歳だった。父が薨去して四年目の冬、かつて父の遊猟の地であった安騎野に猟に出かけたのだが、まもなく父が馬を並べて出猟したその暁の時刻がやってくるのだ、と歌ったものである。

こうした事情で詠まれた「東の野にかぎろひの」の一首を、齋藤茂吉は「犯すべからざる大きな歌」と言い、歌格の上で比べるものがないと『万葉秀歌』で絶賛した。また中西進は「東方に揺らめきつつ山嶺を染める炎と、西の方に空しい白輪をかかげた月と、この凄絶ともいうべき夜明けの風景は、人麻呂の心の象徴の構図なのだ」（『柿本人麻呂』）と心象を写した叙景歌を誉めた。

川出麻須美は、叙景歌ではあるが人麿自身の思想があらわれた歌であるとし、「時代の前方に立てるかぎろひを見つつ原始日本を顧みした彼の思想をここに我々は摑み得る」（講演記録「古代文献に現れたる『中』の思想に就て」）と語った。後方を振りかえって見た〈原始日本〉というものが抽象的でわかりづらいが、過去への憧憬としておいてよいものであろう。

一方で、古代支那の文化と社会を〈文字学〉から考察した白川静は、比較文学の方法でこれまでの万葉研究家や近代歌人の見地から離れ、斬新な説を唱えて衝撃を与えた。彼の『初期万葉論』によると、この歌を人麿自身の心象風景的な叙景歌としてみるのは根本的な誤りで、むしろその鑑賞の仕方は危険であるとまで指摘した。人麿の生きた前期万葉の時代は、まだ古代的自然観が支配していた時期で、自然に対する態度、行動によって、自然との交渉を呼び起こし、霊的に機能を果たさせることができると信じられていた。したがって人麿が作る歌は呪的儀礼歌であり、宮廷への献詠歌であり、旅先で大自然に遭遇してその美しさに感動したというような個人的契機による歌ではないというのである。冬猟や旅宿りという行為が呪的意味を持ち、皇位継承に深く関わる霊的儀式であることを知らなければ、この歌の本質から遠く隔たるばかりであるというのである。

古代の讃辞は呪力の発動を期待したことばであると言い、また「見る」という行為も〈魂振り〉の意味を持つ。そのため「天離（あまさか）る夷（ひな）の長道（ながぢ）ゆ恋ひ来れば明石の門より大和島見ゆ」の「見ゆ」などは、対象のもつ生命力と同化し、これを自己に吸収する霊的接受の行為になる。国見や山見も魂振りという地霊に呼びかけ交渉する政治的行為であった。

白川静の万葉論は深甚である。この紙幅はそれを探求し尽くす場所ではないのでここで留める。ただ、白川の説にあるように人麿や赤人が呪的儀式を奉ずる霊的司祭者だとしても、彼らの歌が千数百年の星霜を越えてなお燦然たるかがやきを放っているのは、一首一首の日本詩の言葉における美の威力であるとも言える。美的感性よりも古代的真実が重要であるといわれても感受性を掩うことはできない。秘儀を解いても、またその奥にある秘儀は永遠に残るのではないか。

「東の野に」の歌に対して瀏は、表面的な解釈では及ばない何かがあると、深邃な世界をのぞくような印象を語った。彼の並々ならぬ直観なのだろう。

続けて「鑑賞」の本文によって齋藤瀏の方法を味わうことにする。

同じく柿本人麿の歌である。

あしひきの山川の瀬の響るなべに弓月が嶽《たけ》に雲立ち渡る

「此の歌はリズムの持ち来すものによって、一段の味が加はると思ふ」と総合的印象を述べている。山の枕詞「あしひきの」が声音的に活きて瀬の響きを助けている。そのうえ「山川の瀬の響るなべに」で十分瀬鳴りを響かせている。「せのなる」の語音が響きの波動を味わうようにできている。山に空にと響いている。

瀏によると上句は〈音の世界〉を作っており、そこに突如、「弓月が嶽に」と語感のいい山を出してきて、〈眼の象〉を置かせ、その眼の前に「雲立ち渡る」と〈動態〉を持ってきた。「なべに」は「と共に」「に連れて」という意味で前後をつなぐものだ。

此の下句のリズムに嶽の「た」たちの「た」わたるの「た」に働きをさせて、動的の勢を持たせて居る。そして全歌のリズムに荘重味、豪宕味を而も動的に持たせた所が、此の歌の内容をよりよく活かして居ると思ふ。

又上句の「の」字を重ねて、波動はあるが断続性でないリズムも、此の場合にしつくりして居り、なべにの「に」嶽にの「に」が、此の音の世界に形象を確實に据ゑさせるなど、此の歌の表現の味の深さを思はずには居られぬ。

「壮麗雄渾、音の世界と、形の世界とを一に歸せしめ、茲に渾然たる景の統一世界を打ち出した」と、これ以上ないほどの讃辞を贈っている。しかし、この程度の鑑賞の仕方ではだめだ、これでは表面的な鑑賞にすぎないと断わって、真相に触れようと自問自答を続けてゆく。

山川の瀬が耳にとまる。と眼には弓月が嶽の山雲の活動がはひる。これは何を表現したものか。心、その心が茫漠《ぼうばく》として居たとき、そこには何も見え響かぬが、その心がある動機で濶然として開けると、萬我萬象正に昭々として眞相を提示する。川響きが耳に響くと、眼前の山に雲の活動するのが同時に眼に見える。

今迄も川響はあり、山雲の活動はあつたらう。しかし、心がそこに無ければ、それなどは耳にも眼にも入らぬ。闊然《かつぜん》として開くる眼前四周の世界。自然萬物生命の活動、此處である。人麿の叫んだのは茲である。奥山に急雨が降り、川水音を増す。見れば眼前弓月が嶽に雲が立ち渡つて居ると言ふ。之れは具象化としてのものである。心眼心耳の濶然たる開け、心の静、平、澄によつて自然の生命に触れた驚き、その驚きこそ、人麿の此の聲となつたのだ。「なべ」の語、茲に至つて一語萬語である。

ここでも本文の引用を長くしたが、齋藤瀏がこの一首は特別な思いがあると言っているからだ。「これを味へば益々深く、之を心讀すれば愈々その高く遠きものあるを思ふ。私は實にかく鑑賞して、此の歌の比類なきものたるを認めるものである。そして人麿の偉大なる歌人たるを、此の歌一つによつても、十分に承認するものである」と結んでいる。

人麿には、我動けば宇宙共に動くという神仙的な雰囲気がただよっている。

恍惚さそう赤人の歌の秘密

こういう景色に出くわしたなら沈黙して立ち尽くすしかない。しかし、山部赤人は眼前の自然を美しく描ききって純化する。齋藤瀏は〈純客観的な叙景歌〉と讃えている。

わかの浦にしほみちくれば潟をなみ蘆邊《あしべ》をさして鶴なき渡る

赤人、玉津島に従駕《じゅうが》して作歌したもの。瀏はそのときの光景を想像する。和歌浦の干潟に遊んでいる鶴に心引かれて見ていたが、恰も満潮時で、その干潟が消えていく。鶴はそこを飛び立ち、鳴きつつ蘆の有る方へ舞って行くのだ。この歌を読んだものは、赤人の眼を借りて彼が見たであろう眺めを心に映して感動する。

思えば不思議である。筆者は「こういう景色に出くわしたなら沈黙して立ち尽くす」と書いたが、「こういう景色」は何処にもない。在るのは赤人の言葉だけである。よって筆者でなくても、小林秀雄の次のような文章に覚醒させられるのではないか。

「成る程、詩人の使う言葉も、諸君が日常使っている言葉も同じ言葉だ。言葉というものは、勝手に一人で発明できるものではない。歌人でも、皆が使って、よく知っている言葉を取り上げるより他はない。ただ、歌人はそういう日常の言葉を、綿密に選択して、これを様々に組み合せて、はっきりした歌の姿を、詩の型を作り上げるのです。すると、日常の言葉は、この姿、形のなかで、日常、まるで持たなかった力を得て来るのです」（「美を求める心」）

瀏のやっていることは、力を得て姿や形をなした歌に迫ろうとする作業である。彼もまた赤人の心持ちになりきろうと努めて書くのだ。

景の美しさは「潮満ちくれば」で、満ち潮が見え、波頭が見え、「潟をなみ」で潟を、そしてそれの消え去るのが見え、「蘆邊をさして」でその蘆邊の陸に蘆が見え、海岸の模様が清しく明るく鮮やかであるのに「鶴鳴き渡る」でその天空に鶴のゆたかなまひが見えるからである。

瀏によると、この歌の〈ゆたかさ〉は表現のリズムの豊かさと、情景の豊かさの二つがもたらしている。またこの歌には〈ふくらみ〉がある。「和歌の浦に」「しほみちくれば」「潟」「蘆邊をさして」「なき渡る」のいずれの語も〈ふくらみ〉がある。この〈ふくらみ〉を助けているのが「初句の字余り、三句の『を』、四句の『を』」だという。

しかし〈ふくらみ〉は往々にして、だらけさせることがある。それを引き締めているのが「初句の『に』、三句の『み』、結句の『る』である。實にゆたけくして緊《しま》りを持つ表現リズムである」と言っている。息づきによる解析の面白さが出ている。

現代人なら大パノラマの動画のようだと評するだろうか。齋藤瀏は予想したとおり〈時間〉の妙を述べている。「潮が満ちつつ干潟を消して行く、舞ひ立つた鶴があのゆたかな翼を振つて弧線を中空に描く。之を赤人が見て居る。まことに我等を恍惚たらしむる景であり、與へられた時間である」。誰もが知らず識らずこの歌の大自然に没入する。

白川静の見解では、この赤人の美しい歌も「叙景歌」ではなく、玉津島は衣通姫を祀る聖地であり、そこへ従駕することからして、魂振り的行為であり霊的信仰的な儀礼歌ということになる。が、前述したように作歌の事情、史実の是正、語の深意によって、歌の美的価値の変更も迫られなければならないだろうか。誤った解釈は正されるべきである、が、美的直観は解釈を超えている。審美、味識、鑑賞は別に問われなければならない。齋藤瀏が「恍惚たらしむる景」と言っているときに、これは儀式として呪詞に近いので、誤った解釈で感動するのはおかしいと水を掛けたところで何にもならない。この歌に息づく美しさは永遠のものであろう。

憶良の心のひだに触れる

纎細な感受性を具えた齋藤瀏の性格がよく現われている、次の憶良の歌に向けた鑑賞の一文である。清澄な心になって味わうとき、よく作者の情感の奥にまで達して物を見ていることがわかる。山上憶良は大宝二年に遣唐録事として渡唐。数年の後帰朝し、神亀三年に筑前国司を任ぜられ下向する。天平三年頃の帰京か。同五年には病を悲しむ歌を詠み、齢七十四の記がある。没年に近いと見られる。

妹が見し楝《あふち》の花は散りぬべしわが泣く涙いまだひなくに

憶良は筑紫に赴任していたのだが、妻がおくれて都から来てまもなくここで死んでしまった。悲しんで詠んだ長歌に添えた反歌の一つである。「棟」とは梅檀《せんだん》の木。夏に長い穂をなして五弁の薄紫色の聚花を開く。生前、妻がよろこんで見ていたのに、もう散ってしまうのだろう。私の涙はまだ乾かないのに、という意味である。

瀏はこの歌で味わうべきは上句の語勢だという。なるほど「妹が見し棟の花は散りぬべし」は何ともぶっきら棒の言い方である。突如「妹が見し」と歌い出し、一気に「棟の花は散りぬべし」とは歌い切るのは急迫したリズムをなしている。

筆者は瀏の鑑賞文に触れる前に筆者なりに憶良の心情を想像してみた。齋藤瀏と一致するところがあるだろうか、とテストしたのである。まず筆者の鑑賞である。

——これほど率直に想いを吐き出して形にするときは、他の念が片隅にもないのである。濁りなき悲しみというのだろうか。昨日のように思えるが、妻が逝ってどれほど経つのだろう。あるべき妻の姿が今はもうない。都の棟の木も同じだろう。香り高い梅檀の花を愛でていた妻が逝ったのだから、花も散ってしまうにちがいない。上の句に重心があり「ああ、あの棟も散ってしまうのだろう」と寂漠とした嘆きがある。下句で自分の涙のことをわざわざ言ったのは、癒えることなど考えられない悲痛をさらしたのである。妻を失って「私にはもう何もない」「何もない私がただ生きている」と消え入るような自覚だけがあったのだろう。

以上は、筆者の解釈だが、瀏はどう息づきを感じたであろう。「妹」を「妻」の語に置き換えてかたっている。

「妻が」とうたひ出したのは、恐く今まで随分妻に就いて追想にふけつたことであらうと思はれる。そして、妻の嗜好趣味なども考へ、更に都の家の楝の木などのことも、それからそれと想ひ出したことであらう。時は楝の花の散る頃である――妻は死んだ。あゝ妻の好み愛した楝の花――それももう當然散つたであらう――妻が死んだのだもの、花も散らう――といつた心がこもつて居るやうである。「花は散りぬべし」のリズムがどうもさう思はせる。「花も散りぬらん」でなく、「花は散りぬべし」である。妻――楝の花――死――散り、と何か必然的な現れを憶良は心に描いて居たのではなからうか。

「散りぬべし」と「散りぬらん」は確かに大きな差がある。瀏のように筆者は気付けなかった。妻が可愛がっていなくても、花は時がくれば散るものだ。だが、あんなに可愛がっていたのだ。その花も散ってゆく。つまり嘆いても叫んでも何をしても、と言っておろおろしている憶良が見える。そのことは結句の最後の「に」に力を込めていることでわかるという。「口のもつれるやうな、愚痴を口の中でいふやうなリズムで現はして、如何にも悲しみの深き心を出して居る」。単に時の過ぎゆくことの早きを悲しんだのではなく、「激切」があるとする。妻は死に、花も散るのに「自分はまだこゝに生きて居る、といった悔恨の悲痛の心をこめてあると思ふ」と瀏は述べている。

「楝の花」の働きが効いている。悲しいと主観を言わず、ここに妻の面影、悲しみ、複雑な心が集結してくることを瀏は讃えている。

愚痴を口中でいうような乱れに、ふつうの悲しみではない「激切」が見てとれるというのは作者の心のひだに触れる卓越した鑑賞である。万葉の歌にとどまらず現代の短歌を含むあらゆる時代の歌に齋藤瀏の方法を充ててみたいと考える人が出てきてもおかしくない。

家持はなぜ「悲しも」で括ったか

齋藤瀏は大伴家持には大いにこだわっている。そのこだわりかたは、人麿に対するときに見た敬慕や嘆美の念というものでなく、長所短所を包容し何でも直言できる隣の友人に対するような親しみが特徴である。勿論、歌の鑑賞が中心だが歌人の性格に分け入って語ろうとする家持論に通じている。瀏は家持が好きなのだ。

うらうらに照れる春日に雲雀あがり心悲しも獨りし念へば

持統天皇の時代の人麿の歌には古代的歌謡の伝統が色濃く反映されていた。白川静はそれを霊的な儀式の意味をもつ「呪歌」と呼んでいるが、聖武天皇以後の旅人、憶良、家持の歌はそれとは打って変わって自覚した自我が生活体験をうたう表白文学になっているという。初期の万葉歌と比べてみると確かにそのことが見えてくる。後期の諷詠は生活者の表情、人生の感慨が漂っている。人麿は「心悲しも獨りし念へば」などと歌うことはなかった。白鳳と天平の時代の差はとても大きいことがわかる。

齋藤瀏は直観的にこの白川静の言うところの初期と後期の間の地殻変動を悟っていたのかもしれない。鑑賞の文のあとに触れておきたい。

大伴家持に対してよほど親近感があったのだろう。瀏はこの鑑賞だけではなく『防人の歌』、「歌論」(『悪童記』)でもよく家持の話に紙幅を割いてきた。防人の作品を蒐集した家持の労をねぎらうと思えば、もう少し努力して後世に伝える歌をしっかり保存しておくべきだったと叱責をするなどした。敬意を抱きながら友人に文句を言うように評している。

家持は歌日記をつけるように作歌の日、作歌事情を記していた。

天平五年二月二十五日の作で、彼の備考は「春日遅々、鶬鶊正啼、悽惆之意、非歌難撥耳、仍作此歌、式展締緒」。春の日は遅くまで暮れない。今しもひばりが啼いている。傷み悲しむ心は歌でないと払えない。よって歌を詠んで憂さを散らそう。仮にこういうふうに口語に訳しておく。

この手記を受けて、瀏は「此の歌は気分の歌といへる。それ故、直感的に気分に觸れねばなるまい」という。一二句の「うらうらに照れる春日に」については「リズムは伸びやかであるが、ねばりがある。淀みがある。従つてどこか倦怠的なものうささうな心がこもる」と味わっている。「うらうら」は長閑さをあらわすが、しかし、光のどけきというシャープな明るさはない。「照れる春日に」とくれば、指摘のとおり〈けだるさ〉をともなう。倦怠感をともなう。「まさに春の日の家持の心のそれ」であるという。

瀏が気づいていたことだが、「雲雀あがり」で、雲雀はたしかに啼いているのだろうが、空の何処で啼いているかはわからない。こう解釈をしているところは秀逸である。家持はひばりの鳴き声を聴きながらも、それを探したり眼で追ったりする気もないということが言いたいのだろう。つまり、家持の心がこの物憂さな表現につながっているのだから無理もない。「家持は一人で明確な刺激もなく此の空気につつまれて居る」だけである。

結びの句の「獨りし念へば」もこう評している。「恐らくはつきり色合をもつた思ひでなく、此の空気に浸つて居れば妙に悲しいやうな、寂しいやうな、心持ちになつたのであらう。『悲しも』はそれ故、廣い範囲の悲しもで、心の色合であらう」

さらに家持の内側に入り込んで、読心を試みている。というより、自然に内的リズムが伝わってきたのだろう。丁寧に細密に味わいを進めている。どうやら「悲しも」の一言がカギになるようだ。はっきりと色合いをもった思いではないのに、なぜ「悲しも」で括ろうとしたのか。瀏はここで家持の試行錯誤を見抜いたようである。

それを「悲しも」とは極限（ママ）し過ぎるが、此の歌の発表に對他的な考へがあり、斯う心の色を或る程度まで出さぬと他人が味ひ難いと思ったのであらう。（中略）家持も歌でなければ表現し得ぬ心持と言つて居る。はっきりした心淋しも、心悲しもでもないのである。それで此の「悲しも」を他の句で包むのである。

気分の歌、空気の歌である。「悲しも」に色やしめりけをつける。それで悲しもが生きる。瀏は「此の空気は既に或る範囲の傾向を明かにして居る」と言っている。どういう意味だろうか。

リズムの分析はこうである。「うらうら」の音感は円みを帯びている。迂回《まわ》み、あたたかみがある。「照れる」の音感はとろりとしたところ、けだるさがある。それを「に」でしっかり摑み、「ひばりあがり」で「り」を重ね、心の逃げ去るような味を出す。

しかし、筆者に言わせれば、そこまでなら空気はただ遠心的で散漫で締めるものがない。瀏は続けて「範囲の傾向を縮小し色づけるもの」は〈一人〉であるという。すなわち、「獨りし念へば」は「友人も愛人も居らぬ境地」で思っている。「心悲しも」の持つものが自ずと範囲づけられる、と言うのである。

なるほど、範囲づけられることはわかったが、「悲しも」の内容は範囲づけられ、傾向づけられた〈或るもの〉ということしかわからない。瀏は「それは味ふべくして説き得ぬものである」と結んでいる。それでいてきちんと褒めている。「そこに此の歌のよきところがある。他人も家持の浸つて居た空気にひたり味ふべきものである」と讃えるのである。

人は定規で測ったような喜怒哀楽をたずさえているわけではない。それは家持の時代も今も同じである。悲喜の感情はいずれも繊細な色合いをもっているものである。人事万端における感慨だけではない。日本人は晩春の夕霞にも去りゆく夏の空にも、深まる秋の薄にも何かしらの風趣を憶える。どういう理由で、と問われても答えようがないというのが本当のところである。

正岡子規には空気や気分の歌は少ない。或いは、家持のこういう歌を『歌よみに与ふる書』などで批判しているのではないか、といぶかって頁を開けたことがある。子規は漠とした〈雰囲気〉というのが嫌いだろうと筆者は思い込んでいたからである。だが、そういう論調はない。家持を支持しなかったという説も聞いたことはない。万葉の歌には、言葉を練って品格の高い調べを大切にした歌が多く、思いを述べるということは少なく第二義的であるといった人がいた。これに対し、子規は『人々に答ふ』（明治三十一年）の中で、「万葉は調又は言葉を主とし後世の歌は想を主とするといへども間違なり。万葉の歌に想を主とせる歌少からず、否万葉の歌は思ふ儘を詠みたるが多きなり。万葉の調の高きは多少錬磨の功無きに非ざるも寧ろ当時の人いまだ後世の如き卑き調を知らず、只々思ふ儘に詠みたるからに却って調の高きを致しゝならん」と言っている。万葉の歌には思いを述べた歌はいっぱいある。また当時の人の格調の高さは努力の結果でもあるが、そもそも純朴で穢れ少なく後世の卑しい調べそのものを知らないし、まみれてもいないのだ、と子規は諭している。この辺りは宣長の論と一致している。

では、万葉以降は、思いを述べた歌がもっと多いかというと、「古今集以後に至りては詩想なる者漸く陳腐に帰し只々言葉の言ひ方言ひまはしをのみつとめて無趣味の歌を作れり」と批判している。詩想が陳腐となり言葉の言い回しだけが上手になっている、と言われれば腑に落ちる。こういう子規の明晰な批評には感心させられる。

ところで、齋藤瀏に劣らず、家持のこの歌について日夏耿之介は『萬葉の美学』で高く評価している。

この歌が、春愁を詠つた古今の佳品であり、単に春日の風土気候年齢体質による、そこはかとない愁情を、直ちに夫の具體的な何の誰との戀慕の情の現實などに即さずに詠つたところが一段と面白い。

耿之介の審美眼にうんと唸らされるのは、家持のもつ〈センチメンタリズム〉についての批評であった。引用を続ける。

之れらの歌のセンティメンタリズムは、古王朝文明生活以下の寧楽京の京官、中納言・春宮大夫的貴族の感傷で、東歌の素朴にしてむくつけき軍人らの、繋《か》けても思ひ得ざる都會情趣であり、あたかも、十九世紀の英京佛京の浪漫詩人らの春愁の官能主義を直截に偲ばしめる、圓熟した情の鮮らしさ、生活の背景がある。美しく気品ある萬葉センティメンタリズムと稱すべきものである。たゞ、この度合をほんのわづか一歩あやまれば、情の低さの氾濫に浸されて、心が較《や》やによごれて了ふ。人麿の殉情から家持の感傷の間に、和銅初年「五十にいたらで」歿した人麿と、延暦四年八月歿した家持との間の、七十年の時間の経過と、王朝都市上流生活に於ける空想と感覚との雑入錯交から誕生した當年教養人の情緒の文化々とみることができる。

仏文学者の佐藤正彰が「我が近代詩人中唯一の、眞にその名に値する象徴主義詩人」と認めた日夏耿之介の場合、採用された言葉が筆者にかなり難渋だが、雰囲気はよくわかる。家持の時代に、こういう情趣は誰が抱くのかというと、公家や朝廷の側に仕える事務次官級の役人、東宮侍従の人々の胸によぎるというのであろう。まちがってもイカつい東歌の作者であるもののふたちが出入する感性ではまず無い。都びとに醸成された独特の高品であるというのである。実に耿之介らしい気高く衆を突き抜けた味識によるものだが、一歩あやまれば一気に〈情の低さの氾濫〉にやられてしまうと警告を出している。

家持が漢文の注でヒバリに「鶬鶊」という字を当てているが、耿之介は「左註の倉庚は作者の誤れるペダントリー風の書き方ともいへるし、然らずば、肯へてこの書き方を意識して應用してみた一例とも思へる」と意地悪に似た讃辞を送っている。ペダントリー風というなら知ったかぶりをしたのだから、家持はこの歌に相当な想いと確信があって、詩作に完璧を期したということである。隙なく本気で詩をうたいたかったのだ。

歌柄を小さくした家持の弱さ

ここで齋藤瀏は興味深い印象をこの一首の上に置いている。

「此の歌の傾向は、萬葉末期に於て将来の歌の動向を示して居るともいひ得る。纖細幽寂の趣が萌して居る。かうしたものから陶酔的な歌もまた産れる。此の點で、この歌などは短歌進展史の上に有力な位置をしめて居ると思ふ」とずばり言い放っているのである。日夏耿之介とは詩のエッセンスの捉え方が異なるが、同じく直観的な把握から洞察にわたる味識家の答である。耿之介は、「家持は特に卓れた大天才ではないが、末葉を代表する凡才のやうに一概におとしめらるべきではない、浪漫的一ふしある逸材で、末期萬葉を意義あらしめたその功は高く史的評価されてよろしい」という言い方で締めている。

瀏と耿之介が並べて論じているので、家持のもう一つの佳品をここに掲げて、二人の評を纏めておきたい。

春の野に霞たなびきうらがなしこの夕かげに鶯なくも

瀏は時間の前後をはっきり見ている。「春の野にかすみたなびき」だけでは、朝昼夕の区別がつかない。けれど、作者は「『うらがなし』の主観がまだ鶯のなかぬ前に出て居るので、先づ此の景を詠嘆し、その景色を眺めて居る」ことに注目する。時間の前後と言ったが、実は時間の経過もうたわれている。時の経つのを忘れて春の野の茫洋とした眺めに浸っていたのであろう。景色が夕明かりに移っていくと、どこかで鶯の鳴くのが聞こえたのだ。「この夕かげに鶯鳴くも」である。ちなみに「夕かげ」の漢字本文は「暮影」である。

瀏は、夕かげを指定する「この」と、鳴くもの「も」が詠嘆を深めているという。それで「うらがなし」の主観が全体に遍満する役割を果たしていると看破するのだ。

手法の上からは先づ聲なき春の野の霞の景を出し、のびやかではあるが静かな、落ち着いた寂しさの趣きを味はせ、そこへ強く「この夕光に鶯鳴くも」と夕光を明らかにし、鶯の聲を徹らせたものである。即ち「この夕光」以下の句が引き立つて此の景情を深め、咏嘆も加はり、ましてこの夕光に鶯がなくのだものといつた味を持たせて居る。

一方、耿之介の褒め方はこうである。「この暮影にが鶯聲とマッチして春愁をかもし出し、ウラカナシと、はっきり心中のあはれを詠じた第三句が、情の率直を太だ繊細に打ち出すことに成功してゐる」と、うらがなしの重要を指摘した。

瀏と耿之介はこうして家持を評価しているが、結論は瀏のほうが厳しい。瀏はやはり武人だからであろうか、ある一線を越えた甘さや純情を感ずるとき、背筋を伸ばして受け付けないところがある。甘さというより家持のなかにある甘えを見たのかもしれない。

然し、此の歌で問題となるものは、矢張り「うらがなし」であらう。此の主觀語、果してかうなければならぬか。作者は、彼の「うらうらに照れる春日にひばり上り」の歌でも、「情《こころ》かなしも」と主觀を出して居り、此の歌でも同様に手取り早くかう主觀を出して居る。即興歌だからと言へばそれまでだが、私をして言はしむれば、やゝ此の心持ちをとり上げて示して居るやうに思ふ。此の點が深みを欲する人には浅き甘さを思はせ、でないものにも、やゝ押し付けたやうに思はせる不利がありますまいか。矢張り作歌時、家持の心は早く此の點に若干陶酔して居たので、安易に表現にまで出てしまつたのではなからうか。何にしても此の歌での問題となるものである。

そう言われれば「うらがなし」も「情かなしも」も手っとり早い主観の押し出しである。すでに陶酔が入っていたからだと瀏はいう。次の批評は手きびしいが的を射ている。

但だ他面から見れば、ここに家持の人の弱さがあるとも言へる。此の歌も先に掲げた「うらうらに照れる春日に雲雀あがり」の歌でもさうである。此の家持の心の弱さが、又一方歌柄を小さくしたのだとも言へる。

立ち返れば「うらうらに」の歌について瀏は、〈対他的〉な感情が家持に生まれたと喝破していた。「歌の発表に對他的な考へ」があったと推理したのである。瀏が言いたいことは多分、こうである。この歌の作歌のプロセスで、家持は「うまくいつた」という気持ちが湧いて一瞬浮かれたのである。そして甘さが流れたのである。そして〈読者〉の存在が心中にめばえた。「此の歌、家持は多少得意であつたらしい。然し、對他的な、どうだといふところがあるやうで、その點が苦になるし、そして對象に負けたところもあるやうに思ふのは自分ばかりであらうか」

齋藤瀏は油断のならない審美家である。しかし、潔癖にすぐるところがある。日夏耿之介は家持から性格の弱さを感じとるつもりはなかった。家持の愛誦家には、没落する大伴家の苦悩を歌に見てとるというタイプもいるが、筆者は余り感心しない。たとえ弱さがあったとしても、そうした苦悩とは別個のものであろう。家持は「劒刀いよいよ研ぐべし」と高らかにうたった人物であることを忘れてはいけない。

耿之介は、後期万葉の繊弱さをむしろ美しいと看取っていた。「わたくしは萬葉末期歌風を、更めて一瞥した。繊弱繊細で結ぶ外に、古今と萬葉末期とを結ぶ何物もなかつた。末期歌風は理知的でないが、僅か一百年を航過（ママ）して、古今の理智風は已に平安朝歌風の主流であつた。これのない萬葉末期は楽しく、これのある古今風は厭味であつた」。楽しいと率直に評するところが耿之介らしい。彼がいう厭味とは、「詩的にまつすぐで必ずしも無い理知で感情感覚の流れをカヴァアすることを発見した際の違和感」であるという。それは正岡子規の「理屈」、齋藤瀏の「心頭歌」に通ずる。「理智によるカバー（つくろい）」は短歌をだめにする大きな要素なのだろう。

第十一章　齋藤史のかがやき

耳の奥にしみた牧水の言葉

二・二六事件を調べていて、関係する個々の人物に興味を抱くようになるのは自然の理である。筆者は、事件に連座することになった歌人将軍、齋藤瀏をまず知り、その娘に齋藤史がいることを次いで知るのだが、世間では歌人、齋藤史の短歌にいきなりのめり込み、作品に浸って歌集を座右に置く人が多いことに気づくのである。その上で、父親が蹶起した青年将校とこんなに密接だったのかと驚いている史のファンをみて、感慨を新たにするのである。

時代を揺るがした大事件を入口とする場合と、文学的興味からその人に突き当たる場合との単純な違いではあるが、短歌そのものが独立した生命を持っていることは言うまでもない。史が書いているように、「わたくしの父、齋藤瀏が佐佐木信綱門下で、終生歌を書いた事から、わたくしの歌も父に手引きされたものと思っている方もあるけれども、父は、一度も短歌をつくれと言ったことは無かった」(『遠景近景』)のだから、はなから齋藤瀏の薫陶や因子を史の作品の内に見ようとすることは余り意味がない。歌に限らず、言葉をもってする表現者はそれぞれ異なる〈楽器〉を携えているので、生得の音色のちがいはどうすることもできない。薫陶を云々するよりも、この父娘二人の本領とする歌の姿はきわだって似ていないということを、むしろ強調しておいてもいいだろう。並べ誦してみれば鮮やかに対比の妙となるのである。

戦前の歌誌や文献を見る機会が限られ、歌壇の世界でどのような評価が与えられてきたのか詳らかにしないが、一個の鑑賞者として言うなら、齋藤瀏の歌はひとえに純真なのである。明明として巧みのないおおらかさを必ず差し出している。そして歌は若い。万葉歌人のように老いてさえ若い。少年の声の響きをすることもある。それに対して、齋藤史はあらかじめ近現代の詩魂をまとって出立している。強烈な命の呻きは心の根元にしまってあって明け透けには解き放たない。衝撃はよみおえた歌の背後からやってくる、そのような短歌である。史は歌うことによって眼をそむけずに現し世を射通したとも言える。父娘二人の声はまったく異質だと言ってよい。

齋藤史は明治四十二年、東京・四谷に生まれた。父・瀏が日露戦役で負傷して帰国、陸軍大学校に学び、二十一期生として卒業した年であった。教育総監部の勤務がすぐに始まろうとしていた。世相を言うなら、ハルビンで伊藤博文が暗殺されたのがこの年の十月で、明治天皇の心労がいよいよ深まっていく時代である。瀏は長女の出生届に「史子」と書いて提出した。なのに、戸籍係が間違えて「史」と書き写して登録してしまい、本名となった。これもまた運命であろう、彼女は歴史に立ち会うために生れてきたようなところがある。戸籍係は意図せずに、「史」の一字を与えて世に送り出したのである。

瀏は歌について何の指南もしなかったが、娘は歌人や詩人と呼ばれる人たちの息づかいを身近に感じ取って育った。ただ、それはもう少し大きくなってからのことで、幼少期のやわらかな感受性は、父の任地各処で与えられた自然と人情と風物、そして陸軍の輪郭で共に生きる多くの軍人家族の空気にはぐくまれた。最初の任地、北海道で史が通ったのは旭川北鎮小学校だった。机を並べ、野原に出て遊び、家の子と余所の子が分け隔てなく見守られる〈大家族〉の中に、栗原安秀がおり、坂井直がいた。随筆を味わうとき、齋藤史の〈故郷〉は断然、旭川であることがよくわかるのである。なつかしいという声が行間から滲みだすからである。以来、小学校から女学校時代を津市、小倉市という新天地で過ごし、多感な十代の少女は吸収を続けた。歌を作ろうなどと全く考えてもいなかった彼女に「正面から歌をすすめたのは若山牧水その人であった」（『遠景近景』）と書き置いている。牧水がしたことは推奨とか説得といったものではなくて、旭川に瀏を訪ねてしばらく滞留し、皆で家の近くを散策したときに、史に声をかけて語った印象や期待にすぎない。

わずかの時間を得て私たちは散歩に出た。官舎町のつづきの、春光台という丘。一日ずつ秋の深まる北海道の、白いすすきの中の道を、例の裾をはしょった和服の父を先に、喜志子夫人と母と私。片手の上に、紫の山ぶどうと、拾ったどんぐりをのせて、牧水は歩きながら朗詠い出した。若い日の友人、その死の床を見守った石川啄木の「ふるさとの山に向いて言うことなし――」という歌であった。

足元に見つけた一本のきのこを、夫人の掌にのせると、

「何というきのこ？」

「ぽりぽり、といいます」

その素朴な名前に私たちは声を合わせて笑った。

このような人柄の牧水に、まじめに、

「史子さん、歌をずっとやるつもりは無いんですか、――それはいかん。あなたが歌をやら

ないというのは、いかんな」

（『遠景近景』）

このとき旭川は瀏とその家族にとって再訪の地であった。それまで中部、九州でも生活した第二の故郷に戻って三年目。若山牧水については、齋藤瀏が篤い友情を感じるきっかけとなった書簡のやりとりから随想（「歌人若山牧水の人柄」）に仕立てているが、この齋藤史の描写する旭川近郊の散策風景からは、はるばる北海道までやってきた愛すべき高名な歌人を迎えた喜びが溢れ出ている。恰もすすき野原の秋空にわたる笑い声まで聞こえてくるようである。牧水と喜志子夫人、それに瀏の家族の五人づれは過ぎゆく秋のひとときを惜しんだにちがいない。史にとって生涯忘れられぬ記憶であった。

「あなたが歌をやらないというのは、いかんな」といわれた史は、うまく牧水に返答できずに黙ってしまった。しかし、そのときの牧水の言葉は時がたっても消えることはなかった。

といわれると、わたくしは返事に困った。歓迎歌会に出した一首にしても、から手で出てもつまらないと、取りあえず作ったまでのこと、自分の将来も才能も見当さえつかめず、目標もない。しかしこの言葉は、ふしぎに重く耳の奥にしみついた。

今になって思うのである。あの言葉がなかったら、短歌を書いて来たかどうか……と。

わたくし、十七歳であった。

（同前）

史が、取りあえず作った歓迎歌会のための一首がどのような歌だったのか、興味があるのだが、筆者の手許の資料や文献には見当たらない。牧水の口ぶりからして処女作に近い史の歌にはっきり感じさせるものがあったのだ。なるべくして歌人になる少女の資質を見抜いていたのだろう。せっかく目の前に女流歌人の雛がいるのに、自分の才を知らずに歌から離れてゆくのは何とも惜しい。相手を煽てて空気を濁すようなことは出来ない牧水であるから、自分の素直な願いを史に伝えたまでであろう。

「若山牧水の思い出」に書いたが、この大正十五年秋の旅は、牧水にとって是が非でもしなければならない資金づくりの旅行であった。「昔も今も歌誌というのは金銭的に引き合う仕事ではない。すべて仲間の奉仕によって継続してゆくのだが、それでも赤字が積もるのである」と史も述べている。牧水は歌誌「創作」発行やその他の借金を背負っていた。それを自力で返すには〈揮毫の旅〉をするのが一番有効だった。齋藤瀏もそれをよく理解しているから、金のかかる旅館などを根城にするのではなく、わが家に泊まるよう勧めたのである。付き合いは長くはないが、牧水の真正直で飾らぬ人柄には完全に魅せられていた。自宅に逗留してもらうことが最善であった。

揮毫の旅とは、地方の有力者や歌人の会など人を集めて、色紙、短冊、半截などを書いて頒布して各地を巡るのである。牧水はまず札幌に入り、次いで旭川で開いた。講演会、歌会も開催すると、著名な〝旅の歌人〟に会いたいと客がやってきた。

「牧水を迎えたことがきっかけとなり、このあと『旭川歌話会』という短歌の集いができた。

酒井広治、山名薫人などという人々が居り機関紙も出した」(同前)と史は回想しており、牧水の訪旭のインパクトは大きかったのである。その頃、旭川新聞社には詩人の小熊秀雄がいて、「その特異な長髪の姿を現し」て毎回、歌話会に出席したという。

牧水が史に歌をすすめた秋が過ぎ、冬には大正の御世が終わり、翌年の昭和二年春、齋藤瀏は旭川第七師団の参謀長から少将に昇進して、熊本第六師団第七旅団長に転じることになった。旭川歌話会は瀏の栄進を祝うと共に、齋藤父娘との別れを惜しんで送別会を開いている。歌話会の主催であるから当然、出席者はそれぞれ歌を詠じて味わうことになった。

小熊秀雄が披露した歌はことのほか瀏の胸にしみいった。というのは、瀏にとっては特別の言葉、「霧華」の二文字を織り込んでうたってくれたからである。

歌によき霧華の街のうすぐもり春に先立ちいゆく人かな

霧華は「きばな」と読ませるのである。二千六百余が収録されている俳諧歳時記の季語。そのうち冬の季語に「木華(きばな)」「木花(きばな)」「霧の花」があっても「霧華」はない。古い辞書にも見当たらないが、それもそのはずで齋藤瀏の造語とされているからだ。時がたち、やがて旭川周辺の歌人も好んで霧華を使うようになり、言葉に命が吹き込まれた。旭川の老舗和菓子に「き花」があり、由来は命名した歌人の松田一夫が齋藤瀏のことを栞に附しているという。

瀏は何を見て「霧華」と表現したのだろう。瀏自らの詳しい説明を見かけないが、伝えられるところでは、北辺の厳しい冬に時折見せてくれるうつくしい現象を指しているようだ。朝まだき、凍てつく自然や町をつつむ深い霧が、陽の光に射されて煌《きら》めくさまを、霧の花に譬えたのであろう。今ではニュースで告げられる〝ダイヤモンドダスト〟を瀏は見たのだろうか。昭和四年に刊行した第二歌集は『霧華』を標題とし、大正四年から約五年間の旭川時代に作った「霧華」を題材にした九首を収めた。「東明のあかるむ霧にほのかなる光あつめてさく霧華かも」や「霧華さく秀群《ほむら》はにほへしののめのあかりいまだし森に徹らず」がそれである。

送別歌会で史が詠んだのは次の一首だった。

深雪に雨ふりしみて夜ふかし別るる時となりにけるかも

旭川の春はまだ先である。だが、窓の外を見ると厳冬に積もった深い雪の上に、今度は雪ではなく三月の冷たい雨が降りそそいでいる。歌びとが集ってわれら父娘にはなむけの歌を一人ひとり詠じてくれた。白熱灯の下に温かく、それでいてしんみりとした時間が流れる。そのまで情景が伝わってくるいい歌である。この夜、瀏の歌も史の調べと響き合っていた。「こよひかぎり歌語りする日もなけむ心寂しきつどひなるかも」

綺羅星のごとき歌人たち

齋藤の家族はまもなく熊本へ移り住むことになった。西下する前に、史は東京で前川佐美雄に会っている。前川という歌人は、斬新な歌境を求めて果敢な挑戦をした人で、大正十年に竹柏会「心の花」に入会し佐佐木信綱に師事するも、その後、超現実主義やマルクス主義の影響を受けてプロレタリア歌人同盟に参加するなど、前衛的な作歌活動に突き進んだ。まさに、齋藤史が会った昭和二年頃は脇目もふらず実験的創作に浸っていた時期であった。そして歌集『植物祭』（昭和五年）に超現実主義の前身的理念であるダダイズムの思想を色濃く映した短歌を発表し、歌壇に衝撃を与えた。これによって前川は〈モダニズム短歌の旗手〉とまで呼ばれるようになった。

「心の花」に作品を発表し、「熊本歌話会誌」にも寄稿を始めた史は、前川佐美雄と出会って歌人としてのスタートを切ったと言える。六年には前川、石川信雄らと共に「短歌作品」を創刊。この活動の流れは「カメレオン」を経て「日本歌人」になる。前川はその後、保田與重郎との交流をきっかけに日本浪漫派の影響を受け、十五年に合同歌集「新風十人」へ参加した頃は、愛国的歌風を鮮明にしている。

熊本に落ち着くと、史は大正初期から歌壇の主流を担ってきた「アララギ」に短期入会している。齋藤茂吉の許可を得て、阿蘇山湯の谷で開かれた第五回「安居会」に参加することになったが、十代の歌人は史一人であった。土屋文明、中村憲吉、結城哀草果、高田浪吉らアララギの屋台骨を支える人たちにまみえた。

それなりの静謐も守られた旭川時代とは打って変わり、熊本に転じた齋藤瀏は激しい風雨の中に身を置く立場になっていた。歩兵第十一旅団長は雲行きのあやしい支那大陸の情勢を睨んで、いつでも動ける態勢を整えなければならなかった。差し迫った課題は山東省における邦人保護であった。

昭和陸軍の通弊として、一般に外地では部隊が前のめりに事を運び、中央がそれに引きずられて泥縄の判断をしてきたように思われているが、この済南事件の場合、現地部隊の第六師団は実に慎重であった。断固膺懲と叫んではいたが、それは中央の意図に即応してのことだったと児島襄氏などの是正的な見解がある。紛争をできるだけ局地に止めようと作戦指導し、それを実効とさせたのは国際的視野が広い第一旅団長の齋藤瀏少将の補佐があったからだ、と氏は平板な研究家が見落としがちな真実を見ていた。

しかし、結果として「他国で事を起こすまい」という努力は無駄になってしまった。居留民への略奪が始まったからである。中国人の蛮行は現代のわれわれの想像を超えている。史料にある暴行、殺戮、凌辱の中身は日本人なら言葉にしたくないものである。昭和三年五月に起きた済南居留民の悲劇については戦後、ほとんど報じられず教えられていない。中国人の振る舞いよりも、むしろ山東出兵と第六師団の防衛出動を指して、中国人の対日感情を極度に悪化させたと責任を問い、日本兵のほうこそ蛮行があったと宣伝するなど、ひどい歴史検証が行われて久しい。

何をされても中国におもねる日本人は少なくないが、当時からそれは存在した。中国の名城である済南を傷つけてしまい、すみませんでしたという決着になったのである。福田彦助師団長と齋藤瀏旅団長は待命に付され、現役を去ることになった。将校たちの政治不信はここから決定的になったとも言えるのである。

戦《たたかひ》は人間の事か大明湖の青葦群になけるよしきり

史は「済南事変と退職」（『おやじとわたし――二・二六事件余談』）の中で、瀏が当時現地で作ったこの短歌を載せた。「大明湖というのは、済南城内の美しい湖で、人間同士の戦いの銃声がしている間も、どこかで葦切が鳴いていたそうで――父は、戦いのむなしさのようなものを感じていたのではなかったか、と思います」。歌集『霧華』に収められた歌だが、史の言うとおり、瀏が葦切のさえずりを聞きながら遠くを見ているような調べである。

齋藤史は四年過ごした熊本に別れを告げ、予備役となった父と東京に帰ってきた。瀏の回顧録、栗原安秀との再会の項で述べた渋谷区大和田の家に取りあえず落ち着いたのである。いきなり軍職を解かれた父は手持ち無沙汰だったにちがいないが、心は急いていた。心までさらりと軍服を脱ぐことは出来ない。しかし仮寓とは言え、大和田の家には多くの客が訪ねてきて時をゆたかにした。客の多くは歌人であった。それも坊間の趣味サークル歌人ではない、諸文芸の中心をなしてきた短歌を多彩鮮麗に開花させて時代をうたう錚々たる歌人であった。

「東京に落ち着くと、わが家の客は歌人がおもになった。仮ずまいが渋谷の道玄坂近く便利なせいもあった。玉川線に住む山下陸奥は出かけるのも帰るのも瀏と一緒であったし、会のあとなどは、だれかがだれかを誘って来る。木俣修が初めてあらわれたときは学生服で、大がらな人とはいえ、前髪を額に下げて切り揃えたモダンな髪の形、現在の貫禄は想像できない若さであった」と『遠景近景』の「尾山篤二朗と北原白秋」の中で、大和田の家の一風景を切り取っている。

ちなみに山下陸奥は会社の川田順に薦められて竹柏会に入会し、後に木下利玄に師事した人である。「心の花」の編集長も務めた。また木俣修は、史より三つばかり年上の歌人だが、滋賀県の師範学校に在学中、北原白秋に師事して歌誌「香蘭」に参加し「多摩」の創刊にも立ち会っている。史が見たのは東京高等師範の文科に通っていた学生、木俣であろう。

月例の歌会は津軽邸で開かれていた。

「毎月集まる津軽照子（当時伯爵未亡人）の家の歌会は、佐佐木信綱を中心に、水谷川忠麿夫妻（近衛公の弟）、北小路功光夫妻（柳原白蓮の息）、吉井勇の当時の夫人徳子、児山敬一、それに瀏と史が決まった顔ぶれであった。こんな顔ぶれでは浮世離れた作品かというと、そうでない。児山敬一はのちに『短歌表現』という結社を起し『動かれる青空』という歌集などの新しい歌を書いた人物。北小路功光は今も作品をかいて健在。そして津軽照子は美しいかなの書き手で、中国の書道展にも出した人であった」

津軽照子は伯爵小笠原長忱の娘。夫の伯爵津軽英麿は大正八年に死去してひとりだった。竹柏会に入会し、哲学者で歌人の児山敬一と「短歌表現」を創刊、口語自由律の短歌を追い求めた。北小路功光の父は子爵の北小路資武、母は白蓮で、昭和天皇の又従兄弟になる。

竹柏会の繋がりから言うと、吉井勇は鉄幹主宰の「明星」や「新詩社」の流れであり、耽美派、頽唐派と呼ばれて異質であるが、夫人の徳子はそもそも柳原白蓮の兄、柳原義光の娘であったから、それぞれ独自の歌境に生きていた。この数年後、徳子は、市井のダンス教師の姦通相手として良家の娘や有閑マダムを次々と斡旋するという所謂〈不良華族事件〉を起こし離婚している。史が「こんな顔ぶれでは浮世離れた」と書いたのは、こうした含みもあったのだろう。みんな激動の舞台で主役を張る人たちであった。

史は綺羅、星のごとき光を放っている人物に次々と会ったのだろう。「更に何かの会に出れば更にいろいろの人を、眺めることができた。わたくしとは時代は少し離れるが、柳原白蓮、茅野雅子など、それに一目でそれとわかる岡本かの子、その他――いずれも印象に残る女流であった」。岡本かの子の説明はもういいだろう。茅野雅子もこの頃、史の行動半径に届いていたということだから、今風の言い方をすればすごい経験をしているのである。茅野雅子は史が生まれる四年前に与謝野晶子、山川登美子と共に歌集『恋衣』を刊行して人気を博し、世間では〈明星派三才媛〉の一人として名が通っていた。こうした接点を知るにつけ、どのような顔をして、どんな言葉を交わしたのだろうかと、若い史の視線や表情を想像してしまうのである。

随筆の小題にある尾山篤二朗という人は「松葉杖の隻脚歌人で、旭川時代にも訪問を受けて居り、玄関に脱いだ下駄が片方だけだったため、当時のお手伝いさんは、片方を犬がくわえていったのでは――と蒼くなって心配したことがあった」というエピソードをもって紹介している。ある日、大和田の家に泊まってもらうことは嬉しいが、借家の階段の昇り降りが不便であり、夜中の小用に不自由な思いをさせてしまうと、史が案じて話していたら、側から「かまいませんよ、何なら、屋根にでもナニして下さって」と瀏がいうのでみんな笑ったことがあった。

「――その夜半、どうやら暖かい雨が、二階から降った気配があった。――雨戸のあく音。それから朗らかな笑い声と共に、降りそそぐ音を、階下の部屋でなかば夢の中に、わたくしは聞いたような気がする」（同前）

齋藤家はやがて渋谷の大和田から郊外の洗足池に引っ越すことになる。ここでは北原白秋の思い出を史が語っている。ドラマのような光景なので『遠景近景』を引用しておきたい。

夜ふけ、片付けをすませて床についたころに、表に自動車の止まった音がする。やがて門のあたりに人の気配があって、トン、トンとたたく。

「齋藤さん、電報、電報ですよ――」

周囲は寝しずまった時間。話し声が全部きこえてくる。

「――だめだよ。寝ちまったよ」

「もう一度やりましょう――」

「やるか」トン、トン――、

家の中で聞き耳を立てていた私たちは、このあたりで「アッ」と飛び起きる。

――白秋先生の声じゃないの――父は門をあけに、母は帯を結ぶのもそこそこに台所へかけこむことになる。

白秋は、少し気まり悪そうに笑いながら入ってくる。

「大森のバーで飲んでいたけれど、急に来たくなっちゃってねえ」

いつ、どんな時間に起こされても、いやだという気を起こさせない魅力を、この笑顔は持っていた。

（中略）

白秋の酒は楽しかった。夜中に起こしたことへの心遣いもあって、自分たちだけが飲むのではなく、母も、わたくしもみんな一緒に遊ぼうというのである。興がのれば、椅子を片寄せて踊りになる。おどりといっても、自分が演じて見せるのだ。（同前）

われわれは詩人の作品にだけ接していればそれで十分なのだ、という人もいるだろうが、インクと紙の作品のその奥にある、北原白秋という生身の人間が史の文章によって写し出されている。これだけで白秋がわかる、瀏の家族との交わりもわかるというものである。史はこうして〈本物〉の人物にかこまれて自分を磨くという環境に置かれたのである。

当たってほしくない予感

洗足池に転居した昭和六年に史は堯夫と結婚している。夫は父・瀏の義母の姪の息子に当たる遠い親戚で、医者の卵であった。幾度か述べてきたが、この頃から日本は全体として内憂を深めていく。時代が下降していくという史の感覚と一致していた。

昭和五十四年二月のNHKのラジオ放送で「おやじとわたし——二・二六事件余談」という話をしたことがある。それを捕捉し再構成した同じ題の文章が『齋藤史歌文集』（講談社文芸文庫）に収録されているが、家族のようにしていた青年たちが蹶起の日に向かってどのような表情をしていたか、史の細部にわたる観察は貴重な歴史の証言である。

「昭和の六年ごろから、不作がつづき東北一帯は飢饉になりました。九年が一番ひどくて、娘は売られ、餓死者も出そう」という状況は故郷の長野県も同じで、繭や米の暴落をみていた。「食糧配給の制度もなく、現代（昭和五十四年頃）ほどの社会の手も届かず、政治に失望し、漠然と何かの変革を待ち望む心もあったと聞いています」。兵隊の大かたは地方出身者で、故郷の便りが彼らを悲しませていたことは、瀏と青年将校たちとの会話の中にも出てきた。

大和田の家、洗足池の家にやってきた幼なじみを、史はそっと傍らで見ていた。

「訪ねてくる栗原中尉は、わたくし達との雑談とは別に、時に父に向って話しこみ、父は、うむ、うむと聞いておりました。もちろんある方々のように『骨を拾ってやる——』と言ったり、彼等の集まりにお酒をとどけるとかするような、立場でもなければ、がらでもない一予備の軍人にすぎません。聞くだけです。しかし、心配なく話が出来、受け止められる——という事はあの時の彼等にとっては、かけがえの無い場所だったかも知れず、彼等の情熱は男である父に充分ひびいたでしょう」（同前）

クリコ、史公と呼び合って一緒に育った仲だが、立派に中尉になり部下を抱えた青年軍人である栗原には、時と場所と状況をわきまえて接した。腹が減ったといってわが家に帰って来て母にごはんをねだる栗原は、幼なじみのクリコであり冗談も飛ばしあうけれど、瀏と対座して陸軍や国の話をしているときなどは、栗原中尉に狎れたまねはしなかった。
　北鎮小学校で一級下だった坂井直も訪ねてきて、尊敬する上官、安藤輝三大尉や秩父宮殿下について話をするとき、感極まって大粒の涙を流したこともあった。
　史は感動した。彼らの態度に感心した。
「そしてわたくしに取って大切なことは、彼等がこのような絶対秘ともいえることを話したりする前にも後にも、一度も、一言も『これは内緒だが――』とか『人には言うな――』とかの念押しを一回もしなかったことでございます。たかがわたくし、仲間でない一人の女を相手として――です。これは、ただひたすら人間から人間へ手渡された信頼だと思いました。わたくしがこれから五十年生きたとしても二度と出逢うことのない種類の深い信頼です」（同前）
　栗原、坂井だけでなく「みなすがすがしく礼儀正しくやさしい若い将校」たちだった。彼らを家に迎え、史はささやかにもてなした。「これという話はなく、先輩としての父となごやかにはなしているだけでした。お茶やお菓子を運びながら、現役時代に帰ったような気がしました。父はいつも若い人達が好きだったのでございます」（同前）
　こうした日々を送りつつ、史の心には何かしら影がさすようになった。暗雲たちこめる国際情勢、困窮する国の経済、政党政治の信頼失墜、陸軍における幕僚と軍閥の専横的支配といった現実に直面して、彼らが懊悩していることはわかっている。軍人の娘、将軍の娘である。国家改造や革新について子細はわからないとしても、その大事なものに対して青年たちは命をかけているということはわかっていた。このまま閉塞した状況が続いたなら、彼らは何を決心するのだろう。それは、自分たちの生命を投げ出しての何かであろう。ときどき史の心を陰らせるものとは、当たってほしくない予感であった。

そんな折りに意外な出来事があった。坂井直が結婚の報告にやってきたのである。聞けば相手は史の夫、堯夫の姪だというので驚いたが、にこにこと「わたくしたち親類です。史姉さん」と屈託なく挨拶する坂井を見て、史はすっかり安心したのである。昭和十一年正月のことである。

「何の疑いも迷いも浮べない無邪気なまでの顔を見ていますと、わたくしの内部に日頃きざしている不安は、杞憂にすぎないのだ——と思えて来るのでした。何事も起りはしないのだ。何かが始まるのなら、結婚をいそぐはずは無いのだから——」（同前）

史がそう考えるのも無理はない。ごく当たり前の見方である。いったい誰が寡婦にするために嫁をもらおうとするだろうか。しかし、そんな当たり前とか常識とかを有無を言わさず打ち壊す力がはたらく。それもまた人間世界の現実である。坂井と妻の孝子は新婚十七日で蹶起の日を迎えたのだった。

第一師団の満洲行きが発表されたのが十年十二月、その頃から〈蹶起前夜〉と呼んでも差し支えはないと思うのだが、栗原安秀や磯部浅一ら中心グループの指揮者が実行計画を練るために会合を始めたのは、年を越して二月の声を聞いてからである。元旦から三々五々、年賀に齋藤家を訪ねてきた青年たちを史は楽しく迎えている。笑いもまじえ賑やかに過ごしていたが、史は彼らの視線や表情に時々、何かを思い詰めているときの陰影を見のがさなかった。
「日を追って何かが煮えつまってゆくような重い予感がわたくしにも濃くなってゆきました。しかし、どんな形で、いつあらわれるのかは、全くわかりません。あたりはかえって以前よりもしずかな感じさえあるのです」(同前)

一方、父の瀏は正月以降、最も近い栗原を通じて、中心メンバーの意思や動向をつぶさに把握していたかというとそうではなく、抱いていた〝重い予感〟は史と変わらぬものであった。ただ、或ることが、いつあらわれても、受け容れる覚悟はできていた。そのときが来れば、自分は彼らに何ができるのか、ということも考えていた。瀏は細やかな実行家である。親友の石原廣一郎は瀏を総選挙に立たせたいと考えていて、瀏がその気になったならすぐ融通できる資金を用意していた。その金が蹶起将校への援助に回ったことは既に触れた通りである。石原は瀏が国事に奔走するときは困らぬようにと日頃から思っていたようである。大きな人物であった。

史の内部にきざしていた不安、煮詰まってゆく重い予感は、とうとう消え去ることはなかった。はっきり形になって顕われたのである。歴史上のあらゆる深刻な事件さえ、大抵は向かいの路地裏に転がっている些事のように見えるものである。まさか、毎日のように顔を見、声を聴き、癖までわかっている幼なじみとその仲間が、この国の根幹を揺り動かす衝撃波の源になるとは考ええない。

史が戦後三十余年を経て、静かに当時の青年将校の心を映して語った次の文章は、齋藤瀏とはちがう深みを帯びていて、一つの鎮魂の詞といってもよいのである。同時に、人間の〈行動の真実〉というものについて史も考え抜こうともがいている。行動には非思量底の秘密がいつも含まれている。史の短歌の深淵に、このトーンが流れていることを知っておかねばならない。「今も、思うことですが、男達が、おのれの利害、生命を超えて一つの事を思いつめ、もちろん幾度も迷い、ためらい考えているうちに、急に、発火点のような時が近づいてきて彼等自身にも予測できない速さと熱さとなって奔り出し、個々の意見をとび越し、それはもう止めようがなく燃え上る――もっとも慎重な人さえも攫《さら》いこまずに置かないのだ――ということ。どこの国の歴史の中にも、人間のこうした火のようなものは、大小、方向、思想のさまざまの場合の違いこそあれ、出来事としてくり返されて来たのではなかったかと、思われるのでございます」(同前)

代々木の刑場

三月四日、緊急勅令によって開かれた東京陸軍軍法会議は「特設軍法会議」という設定からして異例で異様なスタートであった。一審のみ、上告なし、非公開、弁護人なしである。予審に臨んですぐにひどく粗雑な取り調べを受けた齋藤瀏は、大いに困惑し一つひとつ誤りを正そうとしたが、はじめから結論ありきで、向こうが描いた筋書きにかなう事実は採用し、そうでない事柄は全部排除して進められた。ある嫌疑にいたっては人違いで罪を追及された。

内容は一切明かされぬまま七月五日判決が下った。将校の死刑十三名、民間人の死刑二名。

判決後、七日で執行された。陸軍は実際に演習を行ったのだが、あえて執行の日に当てて装ったのだろう、七月十二日は早朝から代々木練兵場に轟いていた銃声を予審中の瀏は監房で聞いた。翌年の八月十九日、民間人の北一輝と西田税に、免官軍人であった村中孝次と磯部浅一の四名が処刑された。

将校たちの最期について史は父からも聞いたにちがいない。それは、つぶさであるかどうかは分からない。断片だとしても禁錮五年の刑に服し二年余で仮出獄し、関係者の話を集めるまである程度時間を要したであろう。何しろ瀏自身が長い間、情報を得られる身ではなかったのだから。ただ、獄中の手記にもあったように、齋藤少将を尊敬する看護係など世話人が黙って瀏を助けていた。幼なじみの栗原安秀、坂井直の挨拶は一片の紙に走り書きしたものだった。この話を聞いて史は胸をつまらせて涙しただろう。こう書いている。

「彼等に死刑の判決が下ったと聞いた日の夕方、予審中の父は自分の監房で小さい紙屑を拾ったそうです。

お世話になりました。ほがらかに行きます　坂井

また

おわかれです。おぢさんに最後のお礼を申します。史さん、おばさんによろしく　クリコ

彼は最後の通信に、少年時代からのわが家での呼び名を書きました。父は、保存することも、捨てることもできない二つの紙片を、口に含んで眼を閉じた——と書いて居ります」（同前）

一般に、事件の経験が歌人齋藤史の生涯にわたっての文学的テーマになったと評されている。

その通りであろう。その人の肉体と生に依らないテーマなど書く当てとならないものである。

それなら史の場合、遭遇した事件が忘れられず、死んだ栗原たちへの哀悼の念も愈々募ったため、以来、作歌に反映されたという程度のことだろうか。歌のあゆみを辿るとてもそうは考えられない。史と事件に距離はなく、史と栗原の死にも距離はない。史は事件の当事者であり、栗原の死は史のひとたびの死でもあったのである。昭和十一年七月十二日に齋藤史は一旦死んだのだと理解したら、たとえば彼女の歌に出てくる花が、しばしば異界の色調に染められて現れる秘密がわかりそうな気がするのである。晩年に歌った「君は死者われは老いたる生者にてその距離他よりいささか近き」の一首は、かけがえのないものの喪失がおのれの死と分かちがたく刻まれてきたことを教えている。

史は死刑の日の一日を、代々木の刑場で起きた全ての瞬間を、漏らさずに心に刻み込み、記憶するのだという恐ろしい決意をしたのではないだろうか。いや、史にしてみれば、恐ろしい決心などというのは事件を遠巻きに眺める者の言葉だというかもしれない。少なくとも、この世に起きることは目をそらさないで見てやると決心したのだろう。歌もそのようにして歌い続けている。

詳細なその日の記録は某看守の手記によるもので、その端書きには「國の危急を思ひ、彼の様な大犠牲となられた人々の眞精神を後世歴史に残さるべきときの好参考事ならんことを望んで、蔭の同志たらんと半生の名誉たる職務を投げて決意した」と記した。彼はフリーハンドで刑場とその周囲の見取図を描いていた。それを瀏が模写したものが、回顧録『二・二六』に挿入されているのだが、処刑者が僅かな日数を暮らした監房棟や浴場なども描き込まれ、看守の感情がみえるようで写真より真に迫ってくる。刑場は公判廷につながる通用門に近い北西の平地にあり、近くに北見張やぐらが立っている。史はこの刑場の見取図を眺めながらひたすら追憶したのである。死刑執行（銃殺）順序、執行の情況、遺体の処置に至るまで、つらい事実の追認作業を厭わずに。

「将校十三名と民間人二人を三回に分け、五名ずつ。時間は、七時、七時五十四分、八時三十分。

刑場は刑務所の西北角に、五条の壕を掘り下げ、各人の両側及び背後に土嚢を積み上げ、其の後方に煉瓦塀、約十メートル（一説に十五メートル）の正面位置に土嚢上に小銃二挺ずつを固定し、一挺は前頭部、一挺は心臓部に照準し、即死しないときは更に心臓部を射撃する。職務上の立会人の他、関係者などもいたのでしょうか――かなりの人数がそこに居たといいます」（同前）

午前七時（第一回執行）は香田清貞、安藤輝三、竹嶌継夫、對馬勝雄、栗原安秀の五人、七時五十四分（第二回）は丹生誠忠、坂井直、中橋基明、田中勝、中島莞爾の五人、八時三十分（第三回）は安田優、高橋太郎、林八郎、渋川善助、水上源一の五人であった。

看守の報告に基づいた史の記述を続けよう。

「射手十人、指揮官は大尉で、直射手は将校、副射手は下士。

護送の看守が一人に対し二名付添い、途中炊事場建物のうしろで眼隠しをしてから、壕内に誘導、十字架に縛り、両腕を伸ばさせて二か所ずつ、第一関節と第二関節を縛りました。顔は、目を覆ってから、腹迄の長さ（巾八寸ほど）の白布でかくし（射手にわからせないため）ました。更に、頭をみけんの照準点を黒点で印した布を当ててしばり、胸、正座した膝をしばったのは、落命後も姿勢の崩れないための処置であったのでしょう。

縛られ終って、――天皇陛下万歳――」（同前）

看守が立った最後（三回目）の時は、通用門に近い東から渋川、水上、林、高橋、安田氏の順序で位置につき、渋川の発声で「天皇陛下万歳、大日本帝国万歳」を叫んでいる。そして、それが終わると渋川が「国民よ、皇軍を信頼するな」とはっきり叫んだという。看守は「その意味は相当、複雑味があります。お察しを願います」と言葉を添えている。

こうした子細な報告にはつくづく感心させられるが、間近に将校たちの最期を見届けた看守の感懐はさらに胸に迫るものがある。『二・二六』から引用する。

「皆の態度は全く立派だつたと言つてます。少しも恐れる様な風は見られず、むしろ誇りとする様な態度に見られました。我々が晴の刑場に進むにその足を妨げる石や木片でもあれば、けちらしても進むぞと言ふ勢ひで監房を出て行かれたのです。そしてその道筋に見送るべく立つて居る看手（ママ）や、録事（書記）や、その他法務官達に一々御世話になりました、御健康でやつて下さいと各自に挨拶されて引導處へ向はれたのですが、全く私は頭部がしびれる様でした」

将校たちは第四号監十七房に収監されていた。瀏の模写見取図では煉瓦塀から南の第一号監までしか描かれておらず、全長の距離感がつかめないが、「この点線は最後の通路」と示しているところを辿ると、百メートル程度あったのではないか。第一号監の横を通り拘置監の玄関を左に折れ、植え込みに沿って真直ぐな道を進むと浴場が現われる。これをぐるりと回り込むと刑場である。看守はさらりと「引導處」という言葉を使っているが、所内のスラングであろうか、何とも言えない呼び名である。看守はその引導處における将校の最期も伝えていて、史が他の資料と合わせて「余談」に書き留めている。

「第二回の中の中橋基明中尉のとき、第一発ののち、射手はそれを中橋と知り、第二弾を命ぜられても直ぐ応じられず、補助射手が第二弾、これも正確ではなく、射手将校が心を取り直して照準をし直し第三弾を射ったとのこと。射手の所属は、歩兵一連隊及び近衛ですから、死刑者をよく知っている者もあったわけです」(同前)

一発目を撃った射手将校は、「その苦しみの声と身の風を見て」中橋だと気づいたのである。将校は近衛歩兵第三連隊附で、同僚の中橋の声、身のこなしや癖がわからないわけがない。二発目を撃った補助の彈道もはずれた。自失している場合ではない、彼は第三弾を急いだ。心の中で「許せ、斯くなる上は長く苦しますを忍びん」と語って引き金をひいたそうである。これは立ち会った別の看守から聞いて手記に加えたもので、近衛の射手将校の名は刑務所職員には一切わからないように配慮されていたという。

史は当然、栗原安秀の最期を知りたかった。栗原については、看守ではなく立ち会った予審官から瀏が聞いたという情報に基づいている。瀏は書いている。「私と関係のふかかつた栗原の様子に就いては、私の予審官が――一発で絶命せず、二発目が発射されたが、立派であつたと言つて聞かせた。これは私が最後の様子が心配だつたので尋ねたのに對する答である」(『二・二六』)

時を経て栗原の最期は、補足するように別の証言も出てきた。『人物往来』(昭和四十年二月号)に所載されたところでは、第二回の執行を指揮した山之口甫大尉が栗原をしっかり見届けていた。

「皆が息をのむ一瞬、所長の合図を受けた射撃指揮官の手がふりおろされた。と、同時に五つの銃口が火を吹き、処刑者の額から、鮮血がほとばしった」。予審官はここからの状況を端折っているので、一発目の後の栗原の様子が見えてこない。しかし、山之口大尉は詳述している。「被弾しながらも、栗原は押し出すように何かを言った。指揮官の合図で、第二弾が栗原に発射された。待機していた衛生部員が、絶命確認のため走り寄るのが、高速度撮影のフィルムを見るように思えた。絶命まで数分かかった。屍体は、担架で、後方の屍体処理場へ運ばれていった」

ちなみに、時代が降って判明したことだが、中橋中尉に「許せ」と心中で叫んだ射手将校とはこの山之口大尉だったのである。

光彩放つモダニズム短歌の群

齋藤史の歌を語らなければならないのに、流れのままに蹶起将校の最期の情景描写が長くなりすぎた。それは理由のあることで、史のその後の作歌人生は事件のこの部分の記憶と深く結びついてくるからである。生きることと歌うことが等価であるなら、史は絶えずこの地点に立ち返らなければならなかった。どれほど悲しかろうと、どんなに残酷であろうと、鉛筆書きのメモを残して別れを告げた、家族同然の幼なじみの最期を漏れることなく見つめることは史の義務であった。

『おやじとわたし——二・二六事件余談』に掲げた「史のうた抄」から数首を拾いだしてみた。

羊歯《いだ》の林に友ら倒れて幾世経ぬ視界を覆ふしだの葉の色
春を断《き》る白い弾道に飛び乗つて手など振つたがつひにかへらぬ
銃座崩れことをはりゆく物音も闇の奥がに探りて聞けり
額《ぬか》の眞中《まなか》に弾丸をうけたるおもかげの立居《たちゐ》に憑きて夏のおどろや
まなこさへかすみて言ひしひとことも風に逆らへば聞えざりけむ
銃殺の音ならねども野の上に威銃ひびけば眼の前くらむ

言ってみれば絶命した五条の壕のモメントである。しかし、これに止まらない。在りし日の遠い景色が重なってくるとき、史は居住まいを正してもう一つの歌をうたった。それは悲運に泣くためではなく、運命に申し立てをするためであった。

あかつきのどよみに答へ嘯《うそぶ》きし天《あめ》のけものら須臾《しゆゆ》にして消ゆ
弾痕がつらぬきし一冊の絵本あり　ねむらむとしてしばしば開く

ほろびたるわがうつそ身をおもふ時くらやみ遠くながれの音す
わが頭蓋の罅《ひび》を流るる水がありすでに湖底に寝ねて久しき
手を振つてあの人もこの人もゆくものか我に追ひつけぬ黄なる軍列

これらの歌を収めた第一歌集『魚歌』（ぐろりあ・そさえて刊）が昭和十五年七月に発表されると、歌壇の境界を越えて大いに注目を浴びた。萩原朔太郎はモダニズムの新境地に到達した作風を激賞し、また保田與重郎は日本浪漫派の旗頭らしく、齋藤瀏と史を平安末期の武将、源頼政と二條院讃岐の父娘に擬して褒めたたえた。ちなみに装丁は保田にも近しい棟方志功が担当している。保田と棟方は史とじかに付き合った人たちではないが、保田は相当に史の作品に魅せられたという跡が見られる。

述べたように、処女歌集には〈二・二六事件〉をわが身に引き受けてうたった短歌の群がある。一方でそれとは別の、意匠を言えば西欧趣味的な、しかし画布の中の事物はすべて夢寐とは言えぬ光彩を放ち、歌に触れた者をただちにその異界に連れ去るほどの力量のモダニズム短歌の群がある。路地の石壁、港の船の錆び、花降る道にはしっかり質感は付与されている。史が命名して存在をゆるした物たちである。かつて病的感覚に幻想を交錯させる独自の詩風を打ち立てた萩原朔太郎が、齋藤史のみずみずしい才能をよろこんだのは自然のなりゆきと思われる。

飾られるシヨウ・ウインドウの花花はどうせ消えちやうパステルで描く

フランスの租界は庭もかいだんも窓も小部屋もあんずのさかり
南仏にミモザの花が咲き出せば黄のスカーフをわれも取出す
敷石道は春のはなびらでもういつぱいパイプオルガンが聞えるそうな
出帆の笛はあんまりかなしくて山の手街の窓は閉ぢてある
てのひらをかんざしのやうにかざす時マダム・バタフライの歌がきこえる
指先にセント・エルモの火をともし霧ふかき日を人に交れり
手風琴ひきが帽子を廻すひるさがり巷《ちまた》の雲は白く疲れぬ
消える華火今日もどこかに上げられて人形は窓に首をかしげる
切符とか着物とか人の髪とかに觸れて來た掌《て》よ今さし合す
たそがれの鼻唄よりも薔薇よりも悪事やさしく身に華やぎぬ
定住の家をもたねば朝に夜にシシリイの薔薇やマジヨルカの花
遠い春湖《うみ》に沈みしみづからに祭りの笛を吹いて逢ひにゆく

『魚歌』は「魚は深淵な水の心を知らず、好い加減な歌をよむ」という〈魚歌水心〉の成語からきているそうだが、翌十六年の歌誌『日本歌人』では、『魚歌』と、続いて発表した『歴年』とを合わせた特集が組まれ、朔太郎のほか亀井勝一郎、神保光太郎、加藤武雄ら詩人、小説家が新しい才能に対して熱い批評を誌面に展開した。歌壇の外からこうした視線が注がれるのは異例で、史の仕事の重みを証明するものであった。

「詩人はその初期詩集によって着せかけられた栄光を担いながら創作をし続けなければならぬものであるが、齋藤史の場合は『魚歌』がそれであった。『魚歌』はいわば昭和初期におけるモダニズム、あるいは日本浪漫派などにふれるものであったかもしれないが、そこにあったデカダンスに互することなく、いまも燦然として光芒を放っている」というのは、歌集『ひたくれなゐ』（短歌新聞社文庫刊）の解説に綴られた對馬恵子氏の言葉だが、齋藤史を深く理解したうえで、簡明に本質を衝いている。

齋藤の家の客人であった北原白秋は早くから詩才を著わしていた。口語自由詩を書き短歌を詠んだ。やがて童謡、民謡、小唄でも名作を残した国民的詩人であることに説明を要しない。処女歌集『桐の花』には近代的感覚に異国的幻想も出入しており、デカダンの影もしのばせており、ここにいくつかを掲げてみる。歌集前半から無造作に選出した。

春の鳥鳴きそ鳴きそあかあかと外《と》の面《も》の草に日の入る夕
いやはてに鬱金《うこん》ざくらのかなしみのちりそめぬれば五月はきたる
南風モウパツサンがをみな子のふくら脛《はぎ》吹くよき愁《うれひ》吹く
寝てきけば春夜《しゆんや》のむせび泣くごとしスレエト屋根に月の光れる
ナイフとりフオクとる間もやはらかに涙ながれしわれならなくに
そぞろあるき煙草くゆらすつかのまも哀しからずやわかきラムボオ
病める兒はハモニカを吹き夜に入りぬもろこし畑《ばた》の黄なる月の出

かかる時地獄を思ふ、君去りて雲あかき野邊に煙渦巻く
しみじみと人の涙を流すときわれも泣かまし鳥のごとくに

『桐の花』は刊行が大正二年だから、昭和初期の人々の吸った空気と同じではないが、すでにデカダンスへの沈溺を誘う流れは出来ていた。白秋をデカダンの代表選手のように言うのは失当で、この思潮を論ずるには別の人たちを立てなくてはならない。白秋のそれは「自身を噛みほろぼすほどの切実感がなく、もっと情緒的な、気分としてのデカダンにすぎない。もしくは美意識としてのデカダン——酒や薬品の匂いのそそる哀傷、都会の装いのあたらしい生活に身を投げ入れて情緒の惑溺を味わう近代人の憂愁など、そういう意味でのデカダンであり、耽美的な趣味性としてのデカダンだった」と書いた伊藤信吉の「北原白秋・三木露風・日夏耿之介入門」（講談社『豪華版　日本現代文學全集14』）解説はよく真実を衝いている。ただ、北原白秋が成し遂げた仕事が古典的形式主義に固められた美学の価値を転換させたことを思えば、この創作も自ら唱えた〈官能解放の表現〉に向けた追求であり自覚的な試みであった。人間の醜悪を晒してこそ〈人間真実〉に迫れるというような自然主義の主張に対して、官能の美を文学的に見出した意義は大きかった。耽美派、享楽派、頽唐派などと呼ばれたが、詩人では白秋や木下杢太郎、歌人ではやはり白秋と「明星」の流れを汲んだ「スバル」の吉井勇などもその人であった。

齋藤史の歌の姿を明らめるために、白秋の初期作品が必要であるというのではないが、白秋にある〈湿潤〉が史にはなく、史にある〈乾燥〉が白秋にはないことが示されればそれで構わ

ないのである。白秋は歌集の序に「わがこの哀れなる抒情歌集を誰にかは献《ささ》げむ」と書いた。涙やかなしみを他の語句を借りずにそのまま歌いこんだ。何かを暗示させるでもなく惑溺や哀傷は、横溢させた。〈過剰〉である分、涙は少年の悲しみを出でず、哀しみは多くの場合、恋愛の傷みや煩悶にとどまっている。青春の詩抄なのである。人は陶酔することは赦されているし、感傷ということも認められている。耽美派が退廃の美に酔う一派だといわれる一端も理解されよう。この時代にそのような美が要求せられていたということである。

しかし指摘したいのはその点ではない。齋藤史が「出帆の笛はあんまりかなしくて」と歌うとき、白秋が「かなしみ」にむせぶその悲しみとは大いに異なるのである。むしろ史の歌では、過去に負ったかもしれぬ悲しみという悲しみはすべて〈前後裁断〉されてしまっている。〈悲痛〉というものに抗うことも浸ることも拒否をしている。あえて言えば「かなし」から〈湿潤〉ということを抜き去ると、史だけの「かなし」が残るというものである。そこには勿論、涙はない。

如何なる歌もただ味わうべきである、穿鑿《せんさく》してもはじまらないと一定の評者は言うであろう。抽象的観念語の「知的謎」を追究しても永遠に解けないことを、誰もが知悉しているはずである。それでも愛誦家は、史は次はどのように歌うのかと、それだけが無性に気になったのである。

彼女は小我の感情を棄て去って〈憤怒〉さえも放棄したかったのかというと全くそうではない。「いきどほり深きにありてよむ歌の平和（やはらぎ）の歌は鳩と共に翔べ」である。この歌は奇妙に軽みを帯びている。自分の深淵にあるところのものは、どう逆立ちしたって「いきどほり」なんぞという言葉では表わせない、と言うときに唯一「いきどほり」という語が使えるのである。史はいつでも、「正しく倒錯させねばおかない」という気概を持っている。

「暴力のかくうつくしき」


ところで『魚歌』にある、〈事件〉ではない西欧の光景をうたった歌は時にまぶしいほど色鮮やかである。史は心から西欧の文化、それもモダンな様式の生活や品々に正直に憧れたにちがいない。映画や小説・詩、絵画を通して史も、フランスやイタリアの街を歩き、川面を吹きすぎる風を感じ、広場の向こうの手風琴の音を聴いていたのである。

「太陽神《ジュピター》がとはうもない節《ふし》の鼻歌をうたひ出すともう春であつた」は、いかにも陽光を体いっぱいに浴びながら世界を愛でているし、「街角の道しるべ圖を読んで居ればオルゴールの歌聞え日の昏れ」は、史があまり書かない〈淡い感傷〉が夕暮れどきに漂っていることを見のがす人はいないだろう。切実な憧憬がなければこうはならない。

　幼い頃から史を身近に見てきた文藝評論家で歌人の樋口覺氏が書いている。

「齋藤史には与謝野晶子や岡本かの子などの女流歌人のようにパリに遊ぶ余裕はどこにもなかったが、山の手生まれのこの歌人は他のどの歌人よりも、ジャン・コクトーやポール・モーランなどのモダニズムを単に真似るのではなく、自家薬籠中の心理表現として、その微妙な呻きと屈折を千年以上の歴史をもつ伝統詩型の中に見事に定着した」（「齋藤史の詩的履歴書」『齋藤史歌

〈微妙な呻きと屈折〉とはすぐれた捉えかたである。真似たり真似そこなったりした人はいたし、モダニズムと呼ばれる歌、そのジャンルに括られる歌はたくさんあった。が、ただ単に言葉を不正使用し不調和をきたして悦に入るような歌もないではない。

氏は続けている。「若き日の西洋の文物への傾斜と、象徴言語による錬金術は、実は『濁流』にみられるきわめて堅固な抽象的語法と通底していて、生半可な解釈を拒絶する厳しい構えをもっている」と。やや難解ではあるが、齋藤史においてのみ造立された、他者にはたやすく授受することさえできない抽象的語法の境位。そういうものであるなら研究はまだ緒に就いたばかりで本格的な作品の評価と〈齋藤史論〉が必要になることだろう。のちの現代短歌の傾向には史の存在が契機となって生まれた詩作の痕跡が認められる。

西欧詩はもとよりギリシャ以来、実に様々な詩型を有しているが、それぞれ抑揚や音律の交錯を規定する厳密な作詩法を規範としてきた。その規範に従いつつ、言語配列の微妙な〈ずれ〉や〈くいちがい〉、つまり参差錯落《しんしさくらく》を生かすことによって、生の現実から遊離しつつ、微かにそれを視影させることで、観念的に抽象的なイメージを放射するのに適していたのである。これに対して大和言葉は、大自然の生命に随順して、きわめて受動的で感性的に応答しようとする柔らかな構造をもっていて、超現実のイメージを付与することは不向きであり不得手なのである。

齋藤史が登場したとき、予想したとおり「短歌は詩ではない」との批判が向けられた。なかには「邪道短歌」と片付ける人間もいたが、史は振り向かずにうたった。近代詩人としてではなく歌人として、象徴言語を駆使する道を進んだ。不向きかつ不得手であるがゆえに、抽象芸術への限られた方途を探り、語法の首尾一貫性を達成させた稀少な言語芸術家として称賛されたともいえる。

『魚歌』に語り継がれるもっとも代表的な歌が、樋口氏も瞠目した次の歌である。

濁流だ濁流だと叫び流れゆく末は泥土か夜明けか知らぬ

この歌は昭和十五年七月に参加した「新風十人」に発表された。「朱天」として収録した中の一首であるが、表題は付けず「題を伏す」とした。筆者はその歌誌を手にすることが叶わず確かめ得なかったが、前掲の二・二六事件の一連の歌を発表したはずである。いずれも昭和十一年の作である。同年八月の第一歌集『魚歌』には、「額の真中に彈丸をうけたるおもかげの立居に憑きて夏のおどろや」だけを収録し、他の事件の歌は外したと伝わっている。版を重ねてから『魚歌』に初めて「濁流」という章題で収録したらしい。したがって史の作品で「濁流」というときは、この一首を指すのだが、同時に「濁流」を題にして発表した一連の作品を示す場合がある。

そして「濁流」以上に衝撃を与えた歌、今もなお齋藤史を讃えてやまない評者たちが第一に掲げる歌は次の一首である。

この歌に出会ったときの印象は、調べが実に女らしいということであった。女でなくてはこう鮮烈な修辞は用いない。「わが子守歌」の句で結んでいるからではない。「暴力」と「うつくしき」を、逆手を取るようにして繋げる斬新を男は得意がることはできない。本能的な取捨が心ではたらくからだ。

それはそうと、史は「うつくしき」を現代の用法で「美しい」と歌ったのだろうか。それとも「かわいい」と古語の意で使ったのだろうか。筆者ははじめ前者の意味を拾って、「暴力がこれほどに美しいとされる世の中で」と真直ぐに読んでみる。その場合一つの解釈として、叛乱将校という汚名を着せて、さっさと処刑場に送り込んだ上の暴力に対する歌になる。樋口氏が「暴力に抗するかのように乳を飲ますうら若き母の姿の対照は鮮やかである」と評している、その解釈概念である。しかし、それでは「うつくしき」が強烈なアイロニーでないといけないし鋭い非難でなければならない。「そうよ、美しいと言ってやりたいほど、当たり前に暴力は使われて」と史が心の中で呟いていていなければいけない。

だが、もう一つの解釈も可能である。「うつくしき」は、蹶起した栗原たちの行動を讃えて使っているというものだ。暴力は、ことに非合法の暴力の行使は責められて然るべきである。許されるとするなら、唯一暴力によってのみ道義が貫かれるという場合や、亡国の淵にある国がそれによってのみ救われるというような場合ではないか。そのように解釈してみると「暴力のかくうつくしき」は違和感をおぼえずに読みくだせるのである。蛇足だが、「子守をしている私の前に、貴方たちはもういないけれども」という含みも生きるのである。

そして、もし古語なら「うつくし」は「慈（いつく）し」であろうから、暴力はこよなく「健気でかわいく愛らしい」という意味が込められる。維新のために自らの命を捧げて蹶起したその暴力、栗原たちの暴力の〈健気さ〉を含めなければならない。象徴歌の宿命ではあるが、史の歌にはこうした〈謎〉が埋め込まれていることが多い。この歌は古語の意を取るほうがいっそう史の気持ちに近づけるようである。

しかし、ここで断っておきたいのだが、一般論として抽象詩や抽象歌には必然的に〈知的謎〉が含まれているのであるから、解釈しようと腐心することは時に大いに愚かな努力である。作者は往々にして、異なる場所から自分だけが知る秘密を抱きながら、鑑賞者の謎解きの苦労を笑っていることがある。解釈に泥せずに感取すべきである。

実のところ、この「暴力」の短歌の感想を綴ってから、事件の他の方面に関心を移して草稿を放置していたのだが、時を経て齋藤史がこの歌について語った生の声の記録に遭遇したのである。迂闊にも以前読んだはずの、工藤美代子氏の名著『昭和維新の朝』の終章に収められた数行を失念していた。それは史が晩年、雑誌のインタビューに答えたものである。

「オヤジはね、民間人や御皇室を巻き込むなって、責任はみんなこっちが取るんだからそれだけは止めろって栗原たちに言っていたわ。だから、北さんも西田さんも気の毒なような気がしてね。西田税には何回か会っていますけど、綺麗な目をした方でね、礼儀正しくて、命あぶないところで生きていた男たちはみんな綺麗な目をしていたものね」

「『暴力のかくうつくしき……』で『うつくしき』を使うか使うまいかで随分考えた。だって、暴力がうつくしいわけはないいんですからね。困りましたよ」

「バカでしょ、命なげうってあんなことするなんて。それをまた応援して、活動資金を血眼になって集めたオヤジも『おかしな男』というほかありません」

前段と後段の発言はこの短歌の真実とは、直接関わりのない意見のようにみえるが、「暴力」の歌を生むための重要な動機が含まれていることがわかるだろう。彼らのためにこの歌は歌い切らなくてはならなかった。史はやはりこの人たちの人間に感動したのである。告白しているように、(語句をどうしようかと)十分困ったにはちがいないが、インスピレーションに押され、口をついて出た「うつくしき」を大事にしたかったということだろう。正直なところ、これを読んだ筆者は「うつくしき」の語についてあれこれと思索したことが不毛ではなかったと安堵したのである。現代語であっても古語であってもかまわない。史の「うつくしき」の一語がこうして悩んで生み出されたことを確かめ得たからである。

「濁流」も「暴力」も哀傷歌ではない。刑場のリアリズムをまどろみの間に映し込んだとしても、それによって悲しみにひさぐ姿はない。齋藤史は挽歌をやめたのである。

事実でなく真実をうたう

〈子守歌〉の句を入れて歌った史だが、長女章子が生まれたのは事件の三か月後、父が収容される数日前のことであった。風雲急を告げる、その最中にあって史は赤子を育て、禁固刑に処せられる父を送り出し、母キクを助けて家をささえた。かけがえのない人たちは死に急かされていなくなり、大陸では事変の火が吹いた。史の歌人として船出は荒れる波濤に漕ぎ出でたものだったが、櫓をにぎる腕は確かであって、逆境でも順境でも構わない、全部引き受けて創作の燃焼に資するといったふうであった。第一歌集から一級の詩人たちの注目を集めたことは述べた。

戦中には、文学報国会の分科会として女流文学者会（吉屋信子委員長）が結成され、史は常任委員に就いたりしたが、戦況が激化しやがて活動も休止している。昭和二十年三月末、父の故郷である長野県に疎開。父母は北安曇郡池田町へ、史の一家は長野市の親戚の家に入るが、夏には再び移動して市内の赤沼というところの林檎倉庫に引っ越した。終戦はそこで迎えたわけだが、東京生まれの気丈な史も外来者であり、土地人との〈水〉の相違などで当たり前に苦労したことを『遠景近景』に綴っている。

戦後の創作の歩みは力強く、衰えを知らない作歌精神が周囲の目を見張らせた。二十一年には「短歌人」を復刊。以降、歌文集『やまぐに』、小説『過ぎて行く歌』を書いてのち、歌集『うたのゆくへ』『密閉部落』『風に燃す』などを出版し、五十一年には凝然とおのが生の行跡をみつめて焔の内奥をさらした『ひたくれなゐ』を発表した。第八歌集である。古希を前にした人生の刻印と言ってしまうと軽きにすぎる。作品には鬼気に挽かれた歌もあり、そこに〈死者のさわ立ち〉を感じないという人はいないだろう。史は「人間の責任を果してのち、なにほどの時間がわたくし自身のために残されているかはわかりません」とあとがきに添えた。

死の側より照明せばことにかがやきてひたくれなゐの生ならずやも

『ひたくれなゐ』の「ひた」とは、〈いちずに〉とか〈ただちに〉とかに用いる「直」であろう。死の側からみれば、どのような生であっても煌いて見える「ひたくれなゐの生」ではないか、と歌ったのである。これを悲惨で痛ましい人生をくぐり抜けたものだけが辿りついた達観の境地だという人がいる。そんなものだろうか。おのれの安心立命をもともと蹴飛ばしている人間が達観なぞしたいとも思わないだろう。達観も悟りも業火の中にくべて前に進むのではないか。ただ、様々なことがあったし、様々なことをやってきたが、死者にまみえるなら、自分は人間の責任を果そうとして生きてきたということだけは言える。史はこの歌でそう語っているようにみえる。

齋藤史は挽歌を歌うのをやめて戦ったと書いた。戦意を心に据えて、〈死の側〉に立った生き方はずっと若い頃、事件からそう遠くない時期に始まっていたとも言える。晩《おそ》い歌集の『ひたくれなゐ』にも「処刑忌」を題にして歌を供している。歳月をかさねて迎えた夏の一日は万感の思いが湧いてくるのか、自然と時のながれを汲んでいる。

さすらひてやまぬことばを追ひゆけば　七月まひる　炎天の黒き蝶
演習の機関銃音にまぎれしめ人を射ちたる真夏がありき
過ぎてゆく日日のゆくへのさびしさやむかしの夏に鳴く法師蝉

長い〈とむらいいくさ〉であった。死んでいった栗原や坂井の靈を慰めうるものは史の歌であった。他に代われる人や手立てはなかった、と言ってよいかもしれぬ。執念とか意地とか、史自身はそんな野卑なことを考えてもいないが、事実、戦いの献歌が続けられた。史の歌うべき対象は、すべて〈おのが身の具現〉と評したのは對島氏であったが、その峻厳な意志が鎮魂につながっていると信じさせるものがある。そして右三首の、どこか宿命を静思したような心境にいたるまで、生爪をはがす痛恨の激情は繰り返し生起したことであろう。

白きうさぎ雪の山より出でて来て殺されたれば眼を開き居り

昭和二十三年の作で『うたのゆくへ』に収録された有名な一首だが、銃で撃たれ絶命したあとも、かっと眼を見開いていた栗原安秀を、白いうさぎに言寄せてうたった暗喩であることは見当がつく。しかし、史は朗詠するために敢えて仮託のイメージを作り込んだわけではない。不意に、唐突に、幾度もそうした心象が現われて困っていたと、歌人の佐伯裕子との対談（『ひたくれなゐに生きて』）で告白している。〈白きうさぎ〉だけではない。「かなしみの遠景に今も雪降るに鐔下げてゆくわが夏帽子」の〈夏帽子〉もそうだという。史は「もう出さないでおこう、歌にしないでおこうと思うのに、年月をおいて突然出てきちゃうの」と語っている。或る心象が史のどういう生の経験から生起したのか、史自身がこう語っているのだから大抵の場合、読者にはわからないが仕方のないことである。史は事実ではなく真実をうたっているのだと、断っている。

第十二章　敬神尊皇とルサンチマン

闇に焰をかざして

父娘二人を論じてきたが、片づいていない宿題がある。それは齋藤史のルサンチマンについてである。史の内部にさまざまな心象が襲い来ったことは縷々述べてきた。その胸底に起伏するのは残恨の念であった。史は作品を編年にしたがって発表した歌人なのだが、事件直後から相当の年月を経てもなお、捨て去ることのできなかった憤りの感情は、陸軍首脳にではなく軍閥にでもなく腐敗政治家にでもなく、天皇に向けられていった。そのことは精緻な取材と検証によって物された『昭和維新の朝』（工藤美代子著）からも、また『ひたくれなゐの人生』（齋藤史・樋口覚の対談）の本人の談話からも汲み取れる事実である。天皇を歌に詠んだ最も直截的なものは昭和五十九年の『渉りかゆかむ』に収録された次の作であろう。

ある日より現神《あきつかみ》は人間《ひと》となりたまひ年号長く長く続ける昭和

三島由紀夫の『英霊の声』を想起する人もあろうが、ここで共通項をさがしたり事件と小説との親近距離をはかったりすることはしない。昭和二十一年の元旦に発せられた詔書、後に「人間宣言」と呼ばれるようになった勅語に、史が驚き決定的に失望したということをはっきりさせておけば足りるのである。そして父の瀏も「陛下の人間宣言を栗原たちが聞かないでよかったなあ」と史に声をかけているから、瀏にしてもその落胆は敗戦の辛さに倍加して到来したことだろう。史のこの歌は、あの宣言の年から約四十年の歳月を経ているが、まだ昭和は延々と終わらずにいるのだと、これは歎息とも取れるし不快とも非難とも取れるものである。この歌の背後には、天皇の事件収束に向けての裁断を今まで一日たりとも忘れてはいない、という深いルサンチマンがあることを読まなければならない。
　事件に遭ったとき史は二十七歳であった。その年から〈二・二六〉を歌にした。当然、事件に対して明け透けな発言ができるような立場や状況にはない。史は題を伏せて発表したし、発表を見合わせた短歌もあった。象徴語や抽象の語法を用いたのも、いわゆる写実歌では世間に示すことが難しいと考えたからかもしれない。発表を控えていた事件から間もない歌四首は晩年の歌集『風翩翻以後』に載せられた。こんなストレートな歌では当局は黙っていないだろうとも思われ、当時の複雑な事情は呑み込める。

奉勅命令と何なりし伝はらず　途中に消えて責任者無し
知らぬうちに叛乱の名を負はされしわが皇軍の蹶起部隊は
幻の命令の行方聞く手段《てだて》さへあらず　弁護人持たぬ軍法会議
死刑を含む千四百八十三名思はざる罪名をもて処刑されたり

　おしなべてこれらの歌が天皇に対する抗議の念や遺恨であるとはいえないが、怒りはしっかり貫かれている。終戦を迎え父瀏の最期を看取って、さらに戦後相応の時間を過ごした史は、事件に立ち会った人間として偽らざる思いを何でも語っておこうという気持ちになったのだろう。随想にも綴りラジオにも登場して、当時を振り返る機会が多くなった。

平成七年出版の『ひたくれなゐの人生』に収録された対談「歌と死と生と」では、次のようなやりとりがある。

齋藤　私が村にいる頃に大西巨人がまだ九州にいて、なんか書けと言ってきて、短編のようなものを書いたんです。それとは全然別に「天皇をどう思うか」と、すぱっと聞いてきたことがあるの。その時に私は「天皇は日本の中にいる限り食べるに困らないだろう。ここで身をお引きになることが当然ではないのか。そしてお好きな植物でも研究をなさるがいいと思っています」とはっきり返事したんですよね。

今だってそう思っています。あのとき引っ込むほうが本当だと思っていたから、だけど、そんなこと私などだから言えるんで、もっとお偉い方は言えなかったでしょう、思ってもね。あるいは思わない人もあったかしら。わかんない。

樋口　思っているとしても、今度その言い方が難しいですね。

齋藤　だから、人間宣言された時は「ああ、宮内庁うまく逃げたなあ」と思った。人間というのは錯誤もあればミスもいっぱいあるの。ある程度許さなきゃならない。神という名前のものは絶対に間違えてはいけないものなんですよね。「それが人間です」といったらもう、責められなくなっちゃってね。「あ、うまく逃げられた」と思いましたけどねえ。

樋口　南朝吉野辺りにこもって、明治天皇みたいにうまい歌をつくるとか、それが本来の天皇なのではないでしょうか。

齋藤　本来の天皇のありかたかもね。だけど、ああいうふうに育てられた方というのは、やっぱり自信もあるでしょう。「自分でなきゃあ」というのが非常に強い方だったようです。戦争の末期に高松宮さんの意見も入れませんでしたしね。

二・二六の時も秩父宮さんの意見も全然聞こうとなさらない。それは自信か過信か知りませんよ。だけどそういうふうに育て上げた、ということにわれわれ全部の責任があるんですよ。そんなこと言えなかったけれども。

齋藤史が事件と将校の死を作歌活動の核にすえてからは、西欧象徴詩的な創作を措いて戦争や前線兵士や大日本帝国を歌わなかったのかというと、やはり歌っているのである。但し史の場合、進んで歌ったのではないと漏らしている。平成十年の対談集『ひたくれなゐに生きて』では、歌人の佐伯裕子氏とこんな話をしている。

佐伯　前川佐美雄さんは、戦後、戦犯歌人ということでかなり叩かれていましたでしょう。そういうなかで、『朱天』というのを、隠蔽せずにこれも私だというふうにしてお出しになっていらっしゃる。

齋藤　歌壇というところもいろいろありまして、それより後に出た方、葛原妙子さんにしても、生方たつゑさんにしても、表面に出ていない方は、隠そうと思えば戦争歌は引っ込められる。私はなまなか、珊瑚海海戦もうたわされてしまっている。あわてて隠してみたってごまかしですよね。どこか掘れば出てきます。だから隠すまいと思った。もし、百年とか五百年とかいう視線で見たら、国がああいうふうになってきたときは、われわれ程度の人間は巻き込まれるよりしかたがないという姿もさらけ出してしまおう。そこで気取って偉そうなふりをしてみたってしょうがないんだ、と思ったから、そのまま出した。戦争協力の歌もあるわけ。

史の表現の中心課題となった二・二六事件。繰り返すが、親しき将校の死は史にとって非業としか映らなかった。不当な裁判であり、筋の通らない判決であり、暴虐の処刑であった。因果律でいうところの正因による正果ではないとしたら、史は闇に焔をかざして彼らのために復讐しなければならない。数々の事件歌は褪せることのないその刻印であった。もちろん精察したなら、もっと繊細な心の動きがあっただろう。栗原の無念に付き添って歌い、彷徨する魄に呼びかけてもいる。昭和を越えて平成の世に及んでも、時を約《つづ》めて昨日のことのように事件の歌を歌った。いろいろな見方ができるけれど齋藤史という歌人は一心に覚悟を固めて、胸中には義憤の火を絶やさずに生き進んだのである。

尊皇愛国の情揺らがず

しかし、齋藤瀏は違っていた。娘の史とは異なる精神の標を打ち立てていた。このことは非常に重要な問題である。齋藤瀏の生涯を辿っていく過程で、彼がどのように事件に関わり、どのように刑に服したのかという事跡は実はそれほど大事なことではない。人間を知るために必要なのは、自分の行為によって引き寄せられた絶対的なくびきに対して、行為の奥底に湛えていた精神の水塊がどうであったのか、という視点である。湖底が揺らいで水は流れ出したのか、湖面に浪は立ったものの元の姿は変わらなかったのか、古い水は排出されて新しい水の住処となったのか。

つまり、事件の前と後とでは思想精神というべきものの根本が変わったのか、それとも変わらなかったのか。筆者にとっては、それこそ最も注意深く探らなければならない関心事であった。大袈裟にいえば、それを確かめたいがために息を呑んで、齋藤瀏の発言や著述を一行一句追って見るのだった。結論から言うと、彼が志操を変えたという跡はとうとう見つからなかった。もし、変わったならそれは大変な驚きだが、変わらなかったこともまたこの人間に対する敬意という意味で大きな驚きであった。

「史とは異なる精神の標を打ち立てていた」と書いたが、打ち立てたのは真新しい標ではない。内部に〈常住〉していたものを更めて掲げたにすぎない。瀏は曲げなかったのだ。揺らぐことのなかった尊皇愛国の情について、ここで多少なりとも傍証しなければならないだろう。同時にその追究の過程で、互いに絶対の信頼をおくこの父娘にも、微妙な差異のあることを直視しなければならない。車輛の両輪を載せたレールが平行ではなくなる地点があったとも感じられるが、それは筆者の斜視的見解であろうか。

めくるめく悲喜動乱の歩みの中で注視すべきものは、齋藤瀏のいくつかの局面における態度であり感想であった。凝り固めて動かない信念などではなく、生来の心のはたらきが現われる、諸事情に遭遇して発せられるふつうの態度や感想であった。

回顧録の『二・二六』は戦後に書かれたものだが、時々の自身の思いには糊塗がなく、激越に気持ちを委ねることはなく、自己主張は後回しにし、事実関係の記述には引用の手続きを正しく踏んで慎重が期せられている。公正さが保たれた精確な記録として残されるものである。そして、それ以上にこの記録は齋藤瀏の淳朴な短歌と同様、彼の心の在りようが見える好資料である。

齋藤瀏が事件の収拾局面で「天皇と兵」について懊悩したのは必然であった。

二月二十九日、ラジオから「兵に告ぐ」の悲痛な声が聴こえたとき、瀏は胸に迫るものがあり涙している。「私はこの愛情のこもった諭告に泣かされた」と戒厳司令官の香椎浩平の心くばりに感激したのである。心くばりとは言うまでもない、配下にいる兵卒には直接罪はないと告げたことだ。正しいと思ってしてきたのだろうが間違いだと悟ったなら、それを正して原隊に復帰せよ、そうすればこれまでのことはゆるされるという内容である。

だが、同時にこの兵への呼び掛けが、建軍の精神を根本から破壊する危険をはらんでいることを瀏が分からないわけがない。上官の命令の適否を部下が勝手に判断し去就を決することになるのだから、軍の組織は成り立たない。大いに戸惑ったが「かゝる場合でもさうしたことは許されまい。是には特別の見解があるに決まっている。(略)これは恐らく私の杞憂に過ぎまい」

と瀏は自らを執りなして、兵とその家族の気持ちを思いやり、当時の心境を明かしている。「まことに、将校は兎も角、その部下兵卒をして逆賊叛徒たらしめては、父兄に對して濟まぬことである。父兄はその愛する子弟を青年将校に捧げたのではない。天皇陛下に捧げたのだ」

襲撃から四日目、占拠した現場は包囲され将校たちに打つ手はなく極限の精神状態に追い込まれていた。瀏も彼らと別人格ではない。蹶起後、ただちに首相官邸に入り、岡田首相とみられる遺体を栗原と検分し、数々の忠告を送って陸軍省にも乗り込んだ。先頭を切って陸軍首脳に直言したのは齋藤瀏予備少将である。言わば蹶起将校と志を一にする後見の長といってもよい。その当事者の言として、この感想には違和感をおぼえる人がいても不思議ではない。部隊長の意にかかわらず、部隊長の意に背いてでもそこから脱出せよ、という戒厳司令官の告知に理解を示しているからである。そうであるなら、将校たちは取りもなおさず逆賊であり叛徒である。瀏はこの時点でそれを受け容れたのだろうか。

ここは立ち止まって考えなければならない。

最期まで戦い抜くと決めて磯部浅一や村中孝次の説得を突っぱねた安藤輝三の「逆賊の汚名がなんだ！　将校も下士官兵も大義の前には分け隔てはない。一心同体である」という絶叫の根底にあるものと、齋藤瀏の「部下兵卒をして逆賊叛徒たらしめては」ならぬという心情とは、真っ向から対立しているように見える。だが、本当にそうだろうか。これを行動した人間と、それを見守った人間との熱意の差であるというような解釈は卑俗にすぎる。

瀏の感想の重心は「天皇陛下に捧げたのだ」という点にあるのである。そして、安藤の叫びも同じであって、「大義の前には分け隔てはない」というとき、その大義とは天皇に一切を捧げることにほかならない。事件前、蹶起を渋っているとして、栗原たちから非難されたときも「兵は自分の私兵ではなく、まぎれもなく陛下の軍隊である。それを、たとえ国のためとはいえ勝手に使う責任は大きい」と堂々と切り返した安藤の姿勢を忘れてはならない。二人は同じことを違う目で見て語っているのである。安藤がこのあと、「幸楽」の庭に部下兵卒を集めて語りかけ原隊復帰を命じ、自ら顎に銃口を当て引き金をひいたことは既に書いたとおりである。

　同日午後三時に戒厳司令部は「ここに鎮定を見るに至れり」と通告を出し、すべての帰順が終わったと宣言した。瀏は素直に「よかった」と心中で声を上げながら複雑な気分に包まれた。「安心といふか、よろこびといふか、私の心は、何とも説明のしやうがなかつた」。そのときの歌は「よかりきと言に出でね頽《くづほ》れて傍《かたへ》の椅子に身は重く落つ」というものであった。

　皇軍相撃つという事態が避けられたこと、無辜の兵を死なせずに済んだことは救いであった。しかし、自分が助けた青年将校は今、宙ぶらりんの顚末へと追いやられ、最も望ましくない形で終結を迎えようとしていた。瀏は何を考えていたかというと、ただ、きちんと彼らを死なせてやりたかったのだ。終わりを遂げさせてやれなかった悔いがある。

「彼等将校はどうしたか、二十七日夜、栗原は訣別の電話をかけて來た。自決はしなかつたか。死は既に蹶起を決心した時に覺悟して居た。今更ら死を恐れる筈はない。栗原は確かに自決を期して居た。然しこれを知った部下が、軍刀と拳銃を奪つてこれを阻止した。安藤も自決を圖つたが、部下がその瞬間彼を制したので手許が狂つて、命を斷つことが出来なかつた」

たしかに山下奉文から宮中の厳しい反応を知らされた栗原は自決を決めていた。瀏も電話の声が最後であって、二十八日にも栗原がこの世を去るか去らないかの境目だと覚悟していた。しかし、人は自死も含めて「死」は自由にできないものである。栗原も安藤も自決し損なったのだ。瀏の死生観を続ける。

「彼等は自決の一念を貫く為めには恵まれなかつた。彼等の部隊はあの際、戒厳司令官の指揮下に入れられ、彼等の行動が是認された感を抱き、自決覺悟は鈍らされて死に損ねた」

栗原の辞世は「君が為捧げて軽きこの命早く捨てけん甲斐のある中」であった。本人としては宸襟を悩ませ奉ったという理由でさっさと往くつもりでいたらしい。瀏の見立てはほぼ正しかったようだ。

「私は矢張り叛乱といふ語が強く私を刺激するを覚えたが、もう仕方の無い事である。これは是として、以後一體どうなるであらうかに注意した」と瀏は心境を書いている。その後、軍法会議という名の闇裁判に憤り、すべての責任を蹶起青年将校になすりつけて幕引きをはかった軍閥幕僚に対する怒りは鎮めようがなかったが、瀏には「すべてを捧げたにもかかわらず」といった天皇陛下への恨み言は、齋藤瀏の著作手記などの文献からはどこを探しても出てこない。ちいさな愚痴や繰り言はあるだろうか、と調べてみると、前述の「人間宣言」を聞いた日に史に洩らした「栗原が知らなくてよかったな」という一言しか思い当たらない。

松陰の「神勅を疑ふの罪」を読む

史が事件のあとに栗原たちの最期や弔いの戦を歌いはじめた頃、瀏は獄中で次のような短歌を詠んでいた。

おほ君の恵みかしこし囚人の吾等の牢に暖爐焚かるる

五月二十九日に衛戍刑務所の拘置生活に入った瀏は、七月十二日に不規則な銃声によって将校たちの処刑を知り、その後はひたすら不自由で窮屈な囚人としてのサイクルになった。蚊帳が差し入れられ、秋風が小窓から訪れ、早くも木枯らしの季節になった。当然のことながら夏の暑さも冬の寒さも遠慮のない厳しさだった。心臓の持病がある瀏にとっては、暖爐など「夢想だにして居らなかつた」贈り物であった。

また次のような歌もうたった。入牢のとき、自分に誓った気持ちだという。

高光る大き帝の臣われの矜持《ほこり》は保《も》たむ獄舎《ひとや》にありても
大海の湛へて深き心もち豊けくぞあらむ獄舎に在りても

しかし、ある時は自分は気が狂ったのかと思うほど心は乱れ、いらだちが続く日もあった。独房で「馬鹿」とつぶやいたり大声で怒鳴ったりもしている。それと前後するが、苦しみのなかで幻を見ている。「私は嘗て拝謁を辱《かたじけな》うした明治天皇の龍顔が、今眼の前に現れ、莞爾として私を見そなはし遊ばれた、と思つた瞬間に歸つて居た。涙がしきりに頬を傳つた」と語り、そのときの歌はこうである。

牢の内に心迫りて叫びたり大き御帝わが明治の御帝

叛乱幇助罪で審判されている自分を呪いたくなることがあった。それでも、思い直して悔いはないのだと、国の彌栄を思う歌が「囚はれてここに死ぬとも大皇国さかゆく思へば安けくぞある」である。やはり『獄中の記』に「神勅を疑ふ罪」という項がある。来し方を見つめて卑力だった自分を責めたり、同道の友を思い出したりして、この頃、瀏は涙を流してばかりいる。「心は最初から決まつて居た私だ。思ひ返せば数年以来の焦慮熟考の結果此處まで來た歎きも悲しみもある筈がない。それが時に、裏切つた友、身をかはした先輩などを思ひ浮べると涙が流れ出るのをどうすることも出來ぬ」

そこで詠んだ歌は「國つひに如何になるとも退きて身を保つ人を賢しと言ふか」で、信じていた人間の離反を悲しんだ。

「自分の今の姿を見、今の所遇を思ふ時、私の心は砕けざるを得ぬ。この心を自ら勵まし、自ら叱つて行く生活は決して樂ではなかつた」

身を捨てて國護りしと言強くいひや貫く裁かれて後も

自身を問い直していると、先人たちがどう生きたのかが気になった。
「かうした心が時に南洲に、象山に、松陰に、左内に向って走り、此の人々の言動を書籍に發見し得た時、私は之を何回となく繰り返して讀んだ。そして、許されて私の左右にある、箴言録に記入した。箴言録は一月に一冊の購入を許されて居た。大学ノート風の帳面である。此の箴言録には扉に次のやうなことが書いてある。

箴言録

お話を聞いたり、書籍を讀んだりする中に、一生涯私心とするに足るものが澤山ある。それをそのまゝ忘れて終ふのは惜い事である。人生行路の用意のためにその一つ一つを留め置く事は最も意義のあることである。」

何処かに述べたことだが、齋藤瀏は実にこまやかに自己を内省する人である。それは畢竟、弱さでもあろう。しかし、弱さがあったら武人とは呼べなくなるのか。居丈高に振る舞うのが武人ではない。強要して人を驚かすのが武人ではない。『葉隠』に「調子静かなる所に威あり。詞寡き所に威あり。禮儀深き所に威あり。行儀重き所に威あり。奥歯噛みして眼差尖なる所に威あり」（聞書第二・二九二）と言っているのは、わざわざ慰めのためではないようだ。

瀏はこのとき、長州萩の野山獄から江戸に送られた吉田松陰の手紙に目が止まった。これから打首になろうというとき、学弟に宛てて書いたのは、皇国の根本義を為すところの神勅についてであった。

「天照神勅に、日嗣之隆與天壌無窮と有之の所、神勅相違なければ、日本は未だ亡びず。日本未だ亡びざれば、正氣重て発生の時は必ずある也。只今の時勢に頓著（ママ）するは神勅疑の罪軽かざる也」と記して、松陰はその思いを歌にして二首を掲げた。「皇神《すめかみ》の誓ひおきたる國なれば正しき道のいかで絶《たゆ》べき」「道守る人も時には埋もれどもみちしたへねばあらはれもせめ」

余程心を動かされたのだろう、瀏は自分を励ますように「私は之を記した後に、只今の時勢に頓著するは神勅を疑ふ云々の語味ふべきかな」と書き留めている。

刑が決まって豊多摩刑務所に移されたのは十二年一月二十六日だった。約一年後の紀元節に減刑の沙汰があり、看取がそっと「御目出度う」と声をかけてきた。瀏はこれを歌にして皇恩を感謝している。

天地にい照りかゞやくおほみ日の光及べり獄舎の吾にも
恩赦減刑のみ沙汰賜ひぬ罪の子の奮ひ起たずば人と言ふべしや
奮ひたち臣の男子の名にいきむ今日し減刑の恩命下る

また『獄中の記』のなかに「更生」と題した項がある。いずれの囚人も望まれていることは、過去を清算し心を入れかえて社会復帰することである。しかし、瀏は自分に更生の要はないと考えていた。堂々と信じるまま胸を張って開陳した部分を掲げておく。

私は何よりも此處に来たものに、日本國民、陛下の赤子てふ自尊心を失はせず、若し之を失つて居るものには速に之を恢復させることが更生の根本と信じて居る。人格を自ら傷つけた人々の人格を尊重する必要はないといふ如き處遇を考へねばならぬと思つて居た。

殊に私は何にも更生すべきものの無いやうにも考へた。私は私の信念に殉じて茲に來た。此の信念は今も之を是認して居る。此の後出獄しても此の信念で生活する。私は皇国の民であり、皇国を熱愛して居る。皇国の為には死も敢て辭せぬ覺悟で居る。私の心の根本には將來更めねばならぬ何物もないやうな氣がする。

私は下獄によつて私の生命は亡びたと思つて居らぬ。從つて產れ變つて社會に出るといふ心持もない。

無定見、無見識で妄擧妄動したのでもない。私は此處に居ても自己の尊さを知り、之を心から失つて居らぬ。出獄しても此の尊さを持つて生活するつもりだ。

齋藤瀏のこうした心情を知って、社会から途絶した禁錮生活をしているうちに、国家主義の妄念が醸成されて後戻りできなくなったのだろう、というような推断をする人々は戦後も長くあったし今もある。郷土史の文献などに登場する人物紹介欄で、齋藤史には特に備考はなくても、齋藤瀏に関しては「戦前の一時期、時代の空気に相まって皇国史観、国粋主義的な思想にのめり込んだ歌人」といったプロフィールを加えているのを読むことがあるが、何をかいわん、齋藤瀏は戦後も皇国をずっと敬い続けていたはずで、民主主義者になったという変節を聞いたことはない。

日本人らしい日本人

「戦争を始めたら絶対に負けてはならない」という信念は家中でも語っていたらしく、史の随想にも出てくる。国家総動員で国家が戦争をしているときに国家主義でなく何々主義を信奉するのかということになるが、すぐれて戦後的なその議論は当時に当てはめてみても何ら意味を持たない。

支那事変がはじまった昭和十二年頃に綴った「歌論」が『悪童記』に収録されている。この論文は獄中の手記とは較べものにならぬほど、あふれる愛国心を吐露したものだ。ちなみに「短歌報国」という小論では、「国策に役立つ短歌」があってしかるべきだと主張している。

短歌報国などと口で云つても、相も變らず花鳥風月の歌をよんで、さて歌人で候は、この時局がら少々浅間しくも哀れなやうに思はれる。国策に順應した短歌などと云つたら或はとんでもないと眞正面から反對するものもあらうが、國民精神総動員のそれに役立つやうな歌があつてもよいのではないか。（中略）吾々は人ではあるが、家庭人であり、社會人であり、國家人でもある。家庭人としての短歌もあるとともに國家人の短歌もあるべきである。或は戦場の將士を、或は銃後の國民を鼓舞激勵し、又は感奮興起せしめ、この重大難關を突破せしむるに與つて力あるやうな短歌が、出來ぬまでもあるべく努むべきではないか。

その短歌とはどういうものか。齋藤瀏の持論によると、短歌は日本民族の〈三種の神器〉に対する憧憬から生まれたものだという。「劒」「鏡」「璽」にはそれぞれ三者に象徴される内容を持ち、徳目的にいえば「劒の武」「鏡の智」「璽の情」があらわれるのだが、三者が一体となった憧憬が「短歌の内容を支持して居る」と言っている。吾々の祖先が尊崇してきたように、この器物の象徴する精神を尊崇して、皇道の本である「誠」に帰ること、それが短歌の根本精神であり指導原理だというのである。

そして、そこに出てくるのが小論「短歌は日本国民の所有」にあらわした瀏の民族的短歌観である。「萬葉時代は既に専門歌人の所有となりかゝつて居るが、その以前には正にかく専門人の所有でなく國民全部の所有であつたと思ふ。あの萬葉集中の古歌を見れば明にその傾向がある。恐らく民謡的な存在であつて傳唱されて居たのであらう」と書いたが、民族の歌であるという見識は、瀏の渾身の書『防人の歌』の出版動機といってもよい。第九章で触れた防人への思慕の深さを示す次の一文を掲げておく。

これを疑ふものはあの東歌を検討して欲しい。あれは帝都を離れた偏隔《へんかく》の農漁村民の間に産れたものである。関東殊に函嶺《かんれい》以東東奥羽地方にさへある事を思へば是が所謂中央文化人の所産物でない事は判る。或はものは言ふであらう。都より此の地方へ旅したもの、或は役を以て滞留した智識者が作って傳唱させたらう、恰もその土地の人の口吻を藉りて、之が傳唱に容易なる如くにと。夫れ或は然らむ、否、然る作物もあらう。然し夫れに習って地方人の作ったものもあらう。よし夫が前者の如きものが作ったとしても、之を受け入れ之に共鳴し、之を理解して傳唱したとしたら、この作品の今に存する生命は作者よりその傳唱したる地方人により附與されたと見てよく、その地方民の所有と見てよいと思ふ。

『防人の歌』を激賞した文芸評論家に吉村貞司がいた。瀏の民族的短歌論に理解を示して次のような批評を送っている。

「齋藤氏は、従來の短歌の因襲による藝術主義的評價を一擲して短歌の表現技巧に價値の根據を置かない。かへつて國の危難に殉じ、又は最善の努力をつくした人たちの憂國の至情、誠實から迸り出たものであるが故に尊いとする。國に殉ずる人の行為そのものが、もつとも激しくきびしく潔らかな短歌である。もつとも大きい意味の和歌である、とするのである。知識以前、藝術以前に民としての志がなければならない。志あれば國學と呼び得たものが、志を喪つて國文學の名で叫ばるゝに至る」

最大の理解者、最大の讃辞だといえよう。時勢に乗って歌壇では愛国歌が数々うまれたが、瀏は衷心から日本精神を鼓舞し戦っていたことがわかる。房において支那事変の勃発を知って数首の歌をよんだ。題は「空しき歓喜」とし、「我は一布衣となりてありき」と添えた。布衣とは「ぬのきぬ」のことであり・無位無官の身分をいう。

「わが念願《ねがひ》とどきてあがる勝鬨を奈落の底にわれは喜ぶ」「皇御国《すめらみくに》亜細亜を興す秋《とき》は來てよろこぶ吾や為す術もなく」「わが日本大に興るこの歳に還暦を祝ふ私事《わたくしごと》も可し」

勇ましい皇軍の快進撃が伝わって来、すぐにでも前線に飛んで行きたいが、独房にある自分はただの一布衣の存在で、何の位もなく役にも立たない。けれど、ひたすら祈っているぞ、という気持ちが題に納められている。

齋藤瀏の愛国の至情の中心には、言うまでもない、天皇があった。北一輝の「国民は天皇のためにではなく、国家の目的のためにだけ奉仕すべき」(『国体論及び純正社会主義』)のような新式の器用な国家像を抱くような言動をしたことはなかった。その点で、栗原安秀や西田税に北一輝の理論を奉じてはならぬと忠告したのは、軍人が国家理論を振り回すなといった意味のほかに、微動だにしない根本的信念があったからだと理解すればすべてが氷解してくる。齋藤瀏の背骨には「国民は天皇のためにではなく」という文言は通っていかなかった。彼は純粋な、古い日本人らしい日本人であった。

齋藤瀏の人となりを知るのに、工藤美代子氏の名著『昭和維新の朝』は不可欠な書物である。齋藤瀏だけではない、史も栗原も、それ以前にこの事件を理解するための必読の書である。鳥居民氏はこう感歎した。「当時の人を驚倒させ、現在の人をなおも困惑させ、そして、あるノスタルジアを抱かせずにはおかない昭和十一年二月の大事件とそれにかかわった齋藤瀏、栗原安秀、坂井直、齋藤史を工藤美代子氏は見事に描ききった」。読了して大きな息を吸って感動の余韻を味わった。

ただ一つ、筆者は齋藤瀏の愛国主義について、工藤氏の推察に随っていくことが出来なかった。それは第十章「終戦、天皇の『人間宣言』——栗原たちが聞かないでよかった」にある記述である。

出獄以来の齋藤瀏の文業をみると、軍人であった時代をはるかに凌ぐ強烈な言辞をもって日本主義を唱える傾向が顕著になっている事実が分かる。軍服を脱ぎ、予備役少将となってからも、齋藤が皇軍精神を説くことでは人後に落ちることは無かった。明倫会がその舞台でもあった。

だが、そこには天皇の股肱としてという大前提の枠があり、あくまで天皇親政を目指す中での発言だった。

だが、齋藤は二・二六事件で一敗地にまみれ、天皇から逆賊の扱いを受けたために明らかに変わった。

どう変わったかといえば、より激越な言辞をもって、より天皇の股肱である証しを体現しようと必死になったのである。

そして、工藤氏はその齋藤瀏がとった態度の奥には何らかの〈埋め合わせ〉があるというのである。「『何か』への過剰な埋め合わせ、英語でよく言われるオーバー・コンペイセイションとしか思えない言辞が戦時中の齋藤の口から、著作から発せられた」とし、その「何か」とは、「天皇に見捨てられたことへの埋め合わせである」と理解するのである。材料として重要な文章があるという。やや長いがその部分を引用したい。

その激越な筆の例は枚挙にいとまがないが、その一部を挙げておく。一つは『名婦評伝』の序文である。

「隠忍久しかりし我国が蹶然起って米英と戦を開くや、皇軍の向ふ所、陸に海に空に敵なく、忽ちにして皇威八紘を掩ふ。この間わが将兵の忠実武勇、死生の一路を常に道として淡々として往き、壮烈鬼神を泣かしむるものがあった一方、此の子を捧げこの夫を捧げた日本婦人の真姿が開顕され讃歎を禁じ得ざらしめた。そして日本の母、日本の妻の尊さを一層尊くすることが日本を建設する所以であることが明らかにされた。

私は日本婦人は日本精神の護持者行者だと信ずるが故に、日本婦人に期待するところが最も高い。それ故日本婦人によくその伝統を究め、皇道、国体、肇國の精神具現の真日本婦人たることを要望して止まぬものである。

　これを読めば、高揚する彼の筆先が実は一般婦人にではなく、天皇に向って書いているように思えてならないのである。

昭和十八年四月　」

筆者はこの齋藤瀏の評伝を何度も読みかえしてみた。だが、どう読んでも、この文章は齋藤瀏が銃後にいる日本の母、妻に呼びかけているもので、「天皇に向って書いている」とはとても思えないのであった。そして、短歌においてご下問があった明治天皇は夢にまで見るほど篤く尊崇し、しかし、昭和天皇は二・二六事件で誤判断されたからどうしても遠ざけてしまうというような、どこか含みのある意識というものも齋藤瀏の場合、発見できないのである。

　瀏は、「叛徒」というラジオの声を聞いて大いに苦しんだ。そのことを率直に書いている。また、「人間宣言」についても述べたとおり落胆したであろう。

　だが、瀏がもしも天皇個人（本来、そのような日本語はないのだが）の人格の差異をもって、尊崇の度合いが変化するというのであれば、前述した「神勅を疑ふ」の項で、松陰の手紙に感動したことが嘘になってしまう。「只今の時勢に頓著するは神勅疑の罪軽かざる也」という松陰が発した箴言が薄っぺらになってしまい、瀏がわざわざノートに書き込むこともなかった。そうでなく齋藤瀏は実は、「必無の事」を書いた松陰、天皇の退位を迫った藤原基経を猛批判した本居宣長の信仰に近いのである。思うに素朴な忠魂義胆の人なのである。非近代人なのである。

天皇への憤恨の念を抱きながら、過剰に忠君愛国を説く。齋藤瀏にとって、それほど苦痛なことはない。笑おうとして顔がゆがむような所作である。それなら赤手を以て死んだ方がましだと彼は言うであろう。筆者はそう信じる。

最終章　瀏と史の晩年

泥をかぶって歌人仲間を救う

位階勲功を剥奪された元軍人に何ができたというのだろう。独房で支那事変の先行きを心配していた齋藤瀏は、国民が知る程度に南京陥落を知り、また同様に武漢占領の報に接し、昭和十三年九月に出獄した後も内外の急激な変化を孤独に見守るだけで、軍部や政府に何かを具申するという立場でもなく、ただ日本の勝利を念じて一国民として処していくという生活を送っていた。

彼は敗者の悲惨を身に滲みてしっている。「負けないためには、意見の異なる軍部にも、言うことをやめ、懸命になりました」（『おやじとわたし——二・二六事件余談』）と娘の史はその頃の父の心情を思い返している。世間は元陸軍少将の知見に期待していて、講演会の講師に呼ばれては、現下の戦況や時局について分析を加え、来るべき日本を展望した。また空襲というものの実感がない時期だったが、防空壕の重要性を人々に説いて、実際に造ってみせた。銃後の国民を救いたいからである。

一方、歌人としては新しい道が開かれようとしていた。出獄翌年の昭和十四年に、自ら主宰する『短歌人』を創刊したのである。これは師の佐佐木信綱が紆余曲折のあった瀏のために考えていた慈愛のアイデアかもしれなかった。「心の花」の門下の錚々たる人たちが、瀏の新天地に集まり同人として名を連ねた。鵜木保、小宮良太郎、木下立安、山川柳子といった人たちである。久しく編纂されずにいた歌集『波濤』も世に出すことができた。

この頃の言論の自由について史がふりかえっている。滅多なことは言えないし書けないという言論統制の強化を、庶民が膚で感じるようになったのは十五年からである。「歌誌も廃刊か統合。それも軍部の思うほど早速には進まず、焦りはいよいよ強権の形につながっていくようでした」(同前)とあり、単に口をつつしみ歌や文章の表現には気をつけろというレベルではなく、大規模な留置収容の計画や、留置場の増築が始まっているとの情報が耳に入ってきていた。これには瀏も敏感に反応せざるを得なかった。瀏自身の言論や表現活動を懸念したからではない、瀏の周辺にいる多くの歌人の身の上を考えたのである。

瀏は歌人が組織する全国規模の団体「日本歌人協会」の理事を務めていた。名誉会員に太田水穂がおり、古い同人の吉植庄亮がいた。あるとき瀏は、当局が目をつけている歌人の名簿、すなわち近々検挙者となりうる関係者の極秘リストを偶然見て驚いた。政治的思想的に頓着しない自由人、若いころに多少は或る思想に偏した芸術家タイプと様々であったが、当局の網にかかった対象は予想以上に広く、そのまま実行されれば短歌芸術をになう歌人とその組織が根こそぎやられてしまう虞れがあった。実際、地方の短歌グループでは長野、神奈川などで検挙され、歌人が囚われの身となっていた。

瀏は水穂と庄亮を呼んで相談した。といっても方法は一つしかない。一網打尽にされる前に、こちらが先手を打って国策に添った文化活動をするための抜本的改革を断行した、と態度で示せばよい。生半可の改革ではだめで、つまりここはいったん解散である。三人は連名で「新体制に即応し思想的誤謬を是正するため同会を解散すべし」との勧告状を提出し、十五年十一月の臨時総会で〈発展的解消〉を決議させた。当然、総会は揺れにゆれ、揉めにもめた。史はこう書いている。「果して、瀏はさんざんの立場になりました。御自分が第一番にマークされているとも知らぬ当人が、瀏を激しく面罵し、大家は怒りをあびせ、会は騒然となり、以後、父は、歌人からも孤立したかたちになりました」(同前)。ともかく瀏の果断な行動によって、多くの歌人は検挙を免れたのである。

何かの苦境に遇うとき、齋藤瀏は天から「お前が泥をかぶれ」と指名されているのだろうか。いつもながら、このような損な役回りがあるだろうか。けれど、これが瀏の人生行路だった。彼は愚痴をこぼさなかった。家ではさっぱりと洗いながして明るい顔をしている。それが瀏の大きさだった。

ちなみに十六年には、新たに「大日本歌人会」が結成され、全国数万人の歌人の中から時局をよく認識していると評価される約七百名が会員に選ばれ、再出発したという。十七年五月には「日本文学報国会」が誕生、短歌部会が設けられた。瀏は「愛国百人一首」の選定委員に就任している。万葉集研究を中心として書き温めてきた原稿を、一挙に形にした時期でもあった。講演と執筆、そして作歌にいそしむ戦時下の日々が続いた。

こう綴ると、齋藤瀏は支那事変のあともずっと言論活動を能くし、精力的に短歌もよんで、為すべき仕事を次々とこなしていたようにみえる。また、そうしなければならなかっただろう。

囹圄《れいぎょ》の身となり軍人でなくなった時点で、国家からの俸給も恩給も零になっている。本人も書かず、史も随想などでそれほど触れてはいないが、痩せた身を風にさらす困窮の日もあったにちがいない。一連の書籍を出版しても、家計を潤すだけの糧にはならなかっただろう。

ただ、そんな経済生活の浮沈の話題は齋藤瀏には向かないものだ。どのような事態も乗り越えて魂は衣食住のそこにはないからである。

東京の大部分が焼け尽くされ、瀏は歩いていてすぐ近くに爆弾を見舞われたことがある。五発が炸裂したがかすり傷一つなかったと、史は報告している。いよいよ日本が追い詰められた時期だった、というから二十年三月の大空襲を迎えた頃だろう。この老いた父と母と、それに病気で除隊した夫と幼い子供二人を連れて史は疎開を決意したが、瀏は東京を離れるのを嫌がった。説得してようやく故郷の長野県に帰ることになった。瀏夫妻は北安曇郡池田町、史の家族は長野市に引っ越した。

二十年八月に終戦を迎え、その前後の父娘の感情については、すでに前の章に書いておいた。二十四年には再び、長野市の史の家に老父母が同居するようになるが、その間に、東京のGHQから召喚されている。齋藤瀏は旧陸軍の高級将官であり当然の措置である。占領軍の戦争犯罪に対する追及の厳しさは今さら言うまでもないが、瀏に関して戦犯容疑はかけられなかった。GHQは二・二六事件を詳細に調査したうえで、「天皇を奉ずる民主革命だった」という結論を与えている。青年将校たちが趣意書に〈軍閥排除〉を掲げていたことも大きく作用し、真崎甚三郎はじめ事件関係者はすべて戦犯者からはずれたことは銘記しておきたい。

古希が近づいて、瀏は少しずつ衰えが始まっていた。本人もそれを自覚していたが、やり残した仕事が一つあった。二・二六事件の回顧録を書いておくことである。事件の当事者として、どうしても語っておかねばならない事柄がある。それは、歴史の真実を残しておくというような高尚な目的とは異なる。何も語れずに刑場の露と消えた青年将校たちの代弁をすることである。

年老いてこの一首

二十六年四月、ようやく改造社から『二・二六』が刊行されたが、それまで三度の不許可にあって待たされたという。印税が入れば、青年たちの菩提や遺族のために使えると期待していたが、倒産寸前の同社には一銭の印税も支払う余力はなく、落胆した。

寂しい長野の晩年だったが、嬉しい出来事もあった。二十五年に、上山田温泉の千曲川堤に万葉歌碑が建てられることになり、佐佐木信綱、香取秀真の師友が来訪したのである。建立をきっかけに佐藤春夫や大木惇夫とも逢うことができた。また別の機会に、終生の友、石原廣一郎が訪ねてきてくれた。言いようのない幸福な邂逅であった。

二十七年に最後の歌集『慟哭』を自費出版した。以前から瀏はこの歌集の完成をもって人生の締め括りと考えていたようだ。深い安堵があったはずだ。

軍人が戦場で死ぬのは何ら不思議ではない。現に、陸軍大学校同期の寺内寿一（元帥）は外地で死んだ。それにひきかえ、何もかもなくした自分は畳の上で死ぬ。「おかしなものだね」

と瀏は史に話したりしていた。この世から旅立つ数日前のことである。

昭和二十八年七月五日、瀏は長野市東鶴賀の家で息を引き取った。最期を看取った史によると、言葉が出なくなり少し体を起こしてやると、左手の掌に、右の人差指で文字を書きはじめた。「サ、ヨ、と書き、次のナの字の横棒を引いた手が下り、かろうじて立ての線、ラ、は文字になりませんでした。七十四歳」（同前）と小さな身振りも洩らさずに伝えている。

齋藤瀏の生涯は、とりわけ後半生は「悔恨」を背負って歩いたのではないかという印象を筆者は述べてきた。ふりかえって、それがあやまりだったとは思えない。ただ、晩年に詠じた次の一首は、どうであろう。あらゆる苦悶も絶望もどこかの時点で身からはなれて、一幅の絵の中の点景として納まったかのようではないか。これは深呼吸の歌である。

明治大正昭和三代を夢とせば楽しき夢かわが見たりけり

史が歌会始の召人に

瀏が逝き、長い戦後を経て昭和は終焉した。平成の世に変わり九年一月、齋藤史は思いがけぬ機会にめぐりあう。宮中の新年儀式、御歌会始に召人として招かれたのである。召人とは天皇にただ一人召されて御題を歌う者をいう。女性の召人は明治以来、史で三人目だった。召歌は「野の中にすがたゆたけき一樹あり風も月日も枝に抱きて」で、格調高く朗詠されたあと、皇族方、皇太子妃、皇太子、そして皇后陛下の歌が滞り無く披講され、天皇陛下の御製が講じられて終了した。

ほどなくして侍従の紹介によって天皇陛下、皇后陛下が、齋藤史の前にお立ちになった。毎年、召人にねぎらいの言葉をおかけになるのである。

「お父上は瀏さん、でしたね……」

天皇陛下はそう声をかけられ何度もうなずいておられたという。

時が結晶して光をはなつようなこの場面があったことを、筆者は工藤美代子氏の『昭和維新の朝』を捲って初めて知ったのだが、ぞくぞくするような感動を覚えたことを告白する。歴史はときどき、このような決まりのつけかたをするのだろうか。史の心情を写したところを引用しないではおれない。

「史は父の名を覚えていてくだされればもう何もいうことはないと思えた。今、陛下はきっと六十年もの長い時間を洗ってすすいで流しておられるのだと、史は感じた。自分では決して流せなかったものを、今、陛下が代わって流してくださったのかもしれない。これで胸につかえた濁流が流れたのだと合点がいった」

実はその三年前に、史は日本芸術院新会員として宮中の午餐会に招かれ、天皇陛下から初めて声を掛けられている。歌についてのご下問があったあと、「お父上は、齋藤瀏さんでしたね、軍人で……」との言葉をいただいている。史はそのとき、平静ではいられなかったのか、「初めは軍人で、おしまいはそうではなくなりまして。おかしな男でございます」と斜に構えたような返事をしてしまい、額から汗を流している。

そうした記憶も手伝ってか、前年の平成八年夏に宮内庁から召人の話が届いたとき、自問していったんは辞退していた。しかし、繰り返し説得されて、史は受けたのである。天皇陛下は、二・二六事件について自らよく調べておられ、理解を深めている方であるということは伝わっていた。召人として務めをはたし、あらためて言葉を賜わった史の感慨はいかばかりであろう。

二・二六事件と齋藤瀏の生涯を辿っている最中に、筆者は何度か、〈昭和天皇と提灯〉の逸話を思い出していた。逸話は時を経て、多少、人々の想像で膨らんでいるかもしれない。

事件の翌年、昭和十二年夏が訪れ、天皇は中島鉄蔵侍従武官に提灯を所望された。幾つご用意いたしますか、と尋ねると「十五個ほど」と仰せになられた。それで、十五個の提灯を注文しお届けしたのだが、侍従武官は御盆になって、それらが人目に付かぬ軒先にそっと吊るされているのを偶然見つけた。十五個の提灯の意味はわからない。しかし、前年の七月十二日に死刑執行された蹶起将校が十五名であり天皇が側近の誰に仰せになるということもなく、お一人で鎮魂なさっていたのではないか、という噂が静かに伝えられている。

筆者が四十年前にある人から聞いた話の中には、たしか「岐阜提灯」が出てきた。岐阜の伝統工芸品に提灯があることを、そのとき初めて知って、記憶しているのである。

齋藤瀏　略年譜

明治十二年（一八七九年）０歳　四月十六日、長野県北安曇郡七貴村（現・安曇野市）に旧松本藩士・三宅政明の
として生まれる。

明治二十二年（一八八九年）十歳　造酒屋横澤家（白馬村）へ奉公に出される。

明治二十四年（一八九一年）十二歳　医者・漢学者の齋藤順（星軒）が主宰する晩翠塾に入る。

明治二十七年（一八九二年）十三歳　軍人志望を明らかにする。

明治二十八年（一八九五年）十六歳　旧制松本中学三年で中途退学、陸軍中央幼年学校に入校。齋藤順（星軒）の養子となる。

明治三十一年（一八九八年）十九歳

明治三十二年（一八九九年）二十歳　陸軍士官学校（十二期）入校。畑俊六、小磯國昭、柳川平助、杉山元らと同期。

内外の時局

大日本帝国憲法発布（二月）

第一次山県内閣総辞職（五月）
大津事件（五月）

日清戦争（八月）

下関条約調印、三国干渉による遼東半島還付同意（四月）

佐佐木信綱主宰の竹柏会『心の華』創刊（二月）

明治三十三年（一九〇〇年）二十一歳　陸軍士官学校卒業。	伊藤博文、立憲政友会を組織し大命降下（十月）
明治三十四年（一九〇一年）二十二歳　近衛歩兵第一連隊第一中隊少尉に任官。	日露間に緊張高まる（十月）
明治三十七年（一九〇四年）二十五歳　中尉として日露戦争に従軍。戦地より手紙を送り佐佐木信綱に短歌の教えを乞う。養父・齋藤順死す。	対露宣戦布告、日露戦争（二月）
明治三十八年（一九〇五年）二十六歳　奉天会戦で負傷し帰国。金鵄勲章を授与される。	旅順要塞開城（一月） 日本海海戦（五月）
明治三十九年（一九〇六年）二十七歳　陸軍大学校（二十一期）入校。寺内寿一、古荘幹郎、香椎浩平、建川美次、秦真次らと同期。村瀬キクと結婚。	米英、満洲の門戸開放を日本に要請（三月） ロシアから南樺太領を受領（六月）
明治四十二年（一九〇九年）三十歳　陸軍大学校卒業。長女・史生まれる。佐佐木信綱が主宰する竹柏会の歌誌「心の花」に寄稿。	伊藤博文、ハルビン駅頭で射殺される（十月）
明治四十三年（一九一〇年）三十一歳　教育総監部勤務。	大逆事件（五月） 日韓併合、朝鮮総督府設置（八月）
大正三年（一九一四年）三十五歳	第一次世界大戦（七月）
大正四年（一九一五年）三十六歳　旭川第七師団へ少佐参「	対華二十一カ条要求（五月）

謀として転任。以降、数年間は千島列島踏査、満洲駐留、ロシア領への軍事偵察などの任務にも就く。
大正七年（一九一八年）三十九歳
大正九年（一九二〇年）四十一歳　第三師団下の連隊区司令官として三重県の津に赴任。
大正十年（一九二一年）四十二歳
大正十一年（一九二二年）四十三歳　北九州小倉に連隊区司令官として赴任。
大正十二年（一九二三年）四十四歳
大正十三年（一九二四年）四十五歳　再び旭川第七師団に赴任。大佐参謀長。
大正十四年（一九二五年）四十六歳
大正十五年・昭和元年（一九二六年）四十七歳　「旭川歌話会」をつくる。
昭和二年（一九二七年）四十八歳　少将に任官、第六師団歩兵第十一旅団長として熊本に転ずる。
昭和三年（一九二八年）四十九歳　済南居留民を保護するため山東省に出動。支那人が蛮行をふるう済南事件を処

シベリア出兵（八月）、米騒動勃発（八月）
尼港（ニコライエフスク）事件（三月）
バーデンバーデンの密約（十月）
シベリア出兵終了（十月）
関東大震災（九月）
日ソ基本条約調印（一月）
若山牧水、齋藤史に歌を勧める（十月）
第一次山東出兵（五月）
済南事件（四月）
張作霖爆死（六月）

理し革命軍と交戦。その責を問われて待命となる。

昭和四年（一九二九年）五十歳　『霧華』（竹柏会心の華叢書）刊行。

昭和五年（一九三〇年）五十一歳　予備役となり軍職を解かれる。東京・渋谷の大和田に仮寓する。

昭和六年（一九三一年）五十二歳　大森区池上町に移住する。

昭和七年（一九三二年）五十三歳　明倫会の理事に就任。

昭和九年（一九三四年）五十五歳
昭和十年（一九三五年）五十六歳

田中義一内閣総辞職、浜口雄幸首班に（七月）
ニューヨーク株価大暴落（十月）
大蔵省、金解禁を断行（十一月）
ロンドン海軍軍縮条約締結（一月）
橋本欣五郎ら「桜会」結成（九月）
濱口首相、狙撃される（十一月）
三月事件（三月）
柳条湖鉄道爆破事件、満洲事変勃発（九月）
十月事件（十月）
第一次上海事変（一月）
五・一五事件（五月）
永田鉄山、軍務局長就任（三月）
士官学校事件（十一月二十日事件）
「天皇機関説」が問題となり国体明徴運動が活発化する（二月）
真崎教育総監罷免事件（七月）
永田軍務局長を斬殺した相澤事件（八月）

昭和十一年（一九三六年）五十七歳　二・二六事件。反乱幇助の故をもって位階勲功を剥奪され、禁錮五年の刑を受ける。五月、衛戍刑務所に収監。
昭和十二年（一九三七年）五十八歳
昭和十三年（一九三八年）五十九歳　九月、出獄（仮出所）す。
昭和十四年（一九三九年）六十歳　師佐佐木信綱の理解のもと、瀏が主宰する「短歌人」創刊。同人に鵜木保、小宮良太郎、木下立安、山川柳子ら。歌集『波濤』（人文書院）刊行。
昭和十五年（一九四〇年）六十一歳　太田水穂、吉植庄亮と共に「日本歌人協会」を解散させる。『悪童記』（三省堂）、『獄中の記』（東京堂）刊行。
昭和十六年（一九四一年）六十二歳
昭和十七年（一九四二年）六十三歳　『萬葉のこゝろ』（朝日新聞社）、『萬葉名歌鑑賞』（人文書院）、『防人の歌』（東京堂）刊行。『愛国百人一首』選定委員、大日本言論報

日独防共協定締結（十一月）
盧溝橋で日支事変勃発（七月）
第二次上海事変（八月）
ノモンハン事件（五月）
ドイツ軍、ポーランドに侵攻（九月）
日独伊三国同盟締結（九月）
大政翼賛会発会式（十月）
真珠湾を攻撃し日米開戦（十二月）
シンガポール占領（二月）
ラングーン、ジャワ占領（三月）
ミッドウエー海戦にて甚大な打撃（七月）

国会理事に就任。

昭和十八年（一九四三年）六十三歳　『無縫録』（那珂出版）刊行。

昭和十九年（一九四四年）六十四歳　戦時下、しばしば講演を依頼される。『名婦評伝』（人文書院）刊行。

昭和二十年（一九四五年）六十五歳　三月末、長野県北安曇郡池田町に疎開。史一家は長野市へ。歌集『光土』（八雲書店）刊行。

昭和二十一年（一九四六年）六十六歳　四月、「短歌人」を復刊。
昭和二十二年（一九四七年）六十七歳　『自然と短歌』（人文書院）刊行。
昭和二十三年（一九四八年）六十八歳
昭和二十四年（一九四九年）六十九歳　瀏夫婦、池田町か

ガダルカナルの激戦始まる（八月）
山本五十六連合艦隊司令長官、戦死（四月）
アッツ島玉砕（五月）
インパール作戦失敗（七月）
グァム島、テニアン島玉砕（九月）
神風特別攻撃隊編成（十月）
硫黄島玉砕（三月）
米軍、沖縄上陸（四月）
ドイツ無条件降伏（五月）
ポツダム宣言（七月）
広島・長崎原爆投下、ソ連対日宣戦布告（八月）
八月十五日玉音放送
極東国際軍事裁判開廷（五月）
公職追放令、範囲拡大（一月）
東京裁判結審（十一月）

ら長野市に移転し史一家と同居す。

昭和二十五年（一九五〇年）七十歳　千曲川堤に万葉歌碑を建てるにあたり佐佐木信綱、香取秀真と会う。

昭和二十六年(一九五一年)七十二歳　『二・二六』(改造社)、歌集『慟哭』刊行。

昭和二十八年（一九五三年）七十四歳　長野市東鶴賀町の家に転居。七月死去。

サンフランシスコ講和条約締結（九月）

参考文献一覧

齋藤瀏『二・二六』改造社　一九五一年
齋藤瀏『悪童記』三省堂　一九四〇年
齋藤瀏『獄中の記』東京堂　一九四〇年
齋藤瀏『無縫録』那珂書店　一九四三年
齋藤瀏『防人の歌』東京堂　一九四二年
齋藤瀏『萬葉名歌鑑賞』人文書院　一九四二年
齋藤瀏『萬葉のこゝろ』朝日新聞社　一九四二年
齋藤史『齋藤史歌文集』講談社文芸文庫　二〇〇一年
齋藤史『ひたくれなゐに生きて』河出書房新社　一九九八年
齋藤史・樋口覚『ひたくれなゐの人生』三輪書店　一九九五年
齋藤史歌集『風翩翻以後』短歌新聞社　二〇〇三年
齋藤史『遠景近景』大和書房　一九八〇年
『文藝春秋』（平成二年十二月号）一九九〇年
『三島由紀夫文学論集』講談社　一九七〇年
工藤美代子『昭和維新の朝』ちくま文庫　二〇一〇年
陸軍省報道部監修『陸軍への道』旺文社　一九四四年

松下芳男編『陸軍省沿革史』日本評論社　一九四二年
陸軍中将大村有隣述『和漢洋統帥余談』偕行社　一九三五年
野島博之監修『図解日本史』成美堂出版　二〇〇六年
今東光『極道辻説法』集英社　一九七六年
吉屋信子『私の見た人』朝日新聞社　一九七九年
白川静『初期万葉論』中公文庫　二〇〇二年
末松太平『私の昭和史』（上）中公文庫　二〇一三年
末松太平『私の昭和史』（下）中公文庫　二〇一三年
児島襄『史説山下奉文』文春文庫　一九七九年
香椎研一編『香椎戒厳司令官　秘録二・二六事件』千代田永田書房　一九八〇年
小林秀雄『考えるヒント3』文春文庫　一九七六年
佐々木信綱『萬葉漫筆』改造社　一九三七年
松本清張『昭和史発掘6』文春文庫　二〇〇五年
中田整一『盗聴二・二六事件』文春文庫　二〇一〇年
矢次一夫『昭和動乱私史』（上）経済往来社　一九七一年
大谷敬二郎『日本憲兵史』みすず書房　一九七九年
『北一輝著作集　第一巻』（「国体論及び純正社会主義」）みすず書房　一九六九年
山田輝彦『明治の精神』国文研叢書　一九八二年

酒井鎬次『戦争指導の實際』改造社　一九四四年
山口富永『二・二六事件の偽史を撃つ』国民新聞社　一九九〇年
澤地久枝『妻たちの二・二六事件』中公文庫　一九七五年
石原莞爾将軍遺稿『戦争史大観の説明』協和實業社　一九五三年
高橋治『派兵』（第一部シベリア出兵）朝日新聞社　一九七三年
中村一幸『満州独立守備隊忘備』信毎書籍出版センター　一九八九年
正岡子規『歌よみに与ふる書』国民文化研究会　一九六四年
『日夏耿之介全集　第四巻』河出書房新社　一九七六年
『北原白秋・三木露風・日夏耿之介集』講談社　一九六九年
太平洋戦争研究会編・平塚柾緒著『図説2・26事件』河出書房新社　二〇〇三年
『歴史と旅』臨時増刊号38「近代日本戦史総覧」秋田書店　一九九〇年
文藝春秋編『「文藝春秋」にみる昭和史』第一巻　一九八八年
産経新聞連載・川瀬弘至『ふりさけみれば―昭和天皇の87年』二〇一五～一六年
『漫画明治大正史』現代漫画大観3　中央美術社　一九二八年

あとがき

二・二六事件に連座した齋藤瀏と娘の史について書いてみませんか、と誘ってくださったのは以前から敬慕していた小川哲生さんであった。小川さんと私は共に、西尾幹二先生が主宰する「坦々塾」の塾生で、編集者として著名な思想家、作家、知識人との親交も深く、沢山のすぐれた仕事をしてこられたことを知っていた。私も僅かの間、編集者の名刺をもって生きていたことがあるが、私は名刺の上での編集者で彼は本物の編集者である。

しかし、小川さんが差し出したテーマに私は後ずさりして当初、返事が出来なかった。得手不得手などという問題ではなく、私はそのテーマを書く分際ではないと思ったのである。評伝は、主人公とする人間に触れ得ないで書けるものではない。たとえ誤解をしながらでも内部に分け入ってその人を知り、胸内の声が聞こえるようでなければ書くことができない。私にとって、その人物は遠いと思われた。

自分は戦前の事柄について知識が乏しい。ひとえに不勉強のゆえであるが、結核患者で服役できなかった父をはじめ、身近な家族親族に戦争をくぐった人間がいなかったこともあろうか。私には膚で軍隊や戦争、それを軸として明治、大正、昭和の時代を追憶する感覚がどこか欠けている。本来、「分かる」というのは「この体で分かる」ことである。頭で分かってもだめだ。

そんな私が一転して書きたいと思うようになったのは、齋藤瀏という人が少しずつ好きになったからである。心中で対話が始まったのである。生い立ちを眺めていると、懐かしい日本人に逢ったような気持ちになり、時代を約めて一緒に呼吸している感じがあった。軍人になると決め養父と別れる頃の話を調べていると、ありきたりの〈梅檀は双葉より芳し〉という諺しか思い浮かばないのが情けないが、好感は、仰望の気持ちに変わっていた。偉い人間がここにいるんだという感じがした。

また、齋藤瀏の短歌には素直に惹かれた。明るく濁りなく技巧のない真っ直ぐな歌は、心をきれいにしてくれる。

齋藤瀏の古い歌集は見つからなかったが、戦前の一連の著作を手にし、齋藤史についても歌集と著作を可能なかぎり集め、繋がりのある二・二六事件の関連資料を探し求めてみた。相当の古書・資料の量になった。そして手許のものを或る段階まで読み込んだところで初めて、工藤美代子さんが書かれた『昭和維新の朝――二・二六事件を生きた将軍と娘』（ちくま文庫）を手にして読んだのである。

私は感動させられ一気に読み終えて、ぼんやりしてしまった。そして小川さんに会いにいった。「これほどの作品があるのだから、もう誰が書くといっても、書くことは何もないではありませんか。まして僕が」と。すると立案者に「いや、あなたが感じた、あなたの齋藤瀏と史があるはずです」と切り返されてしまった。最初に話をしてから二年ほどの時が経っていた。実質的な草稿の着手はそれからであった。

分を越えた仕事をしたのではないかという思いが今もある。そして、私の長考遅筆の渋滞によって、ここに辿りつくまで沢山の人にご面倒をおかけしたという思いがとても強い。言い開きではなくて謝意を伝えるには、自分の格闘の変遷を少しでも語っておかねばならないと思ったのである。

一つ加えておきたい。齋藤瀏や史が「二・二六事件に翻弄されて生きた」という見方をする人が案外と多いのである。私は反対である。翻弄されていなかったなら、もっと他の生き方があったとでもいうのだろうか。磯部浅一風にいうと、瀏が義挙の人であり、義人である。その外ではない。史はその血族である。

事件については戦後夥しい数の本が書かれ、やや大げさだが〈二・二六産業〉という名の出版ブームがあったと聞いている。昭和史の専門家と呼ばれる人たちも精緻な目を輝かせ、様々な視点で、国家を揺り動かしたクーデター事件の人物と行動を捉えてきた。疾うの昔に全貌が解き明かされ、今に至っては隅々まで検証し尽くされたという歴史的案件なのかもしれない。

しかし、私は素人であるがゆえに別の感想を抱いてしまう。事件の全ては解明されても、事実関係の枝葉が把握されても、それらは歴史の出来事の表皮にすぎない。狂気として断罪することも、勇士として絶賛することも、どちらも瑕疵を伴った解答かもしれないのである。表皮を剥がしてみたとき、われわれが気づいていない日本人の意識がそこにあるのかもしれないのである。そうすると、事件の本質が分かったとは、とても言えないのではないか。

戦後の人間の眼で戦前を見ても、戦前の本当の姿はあらわれてこない。戦前の人の気持ちも分からない。

「私の父が『日本人が桜を愛するのは散りぎわがいさぎよいからだ』と小さな私に教えたが、

日支事変の始まったころの若人たちの死に方は、まるで桜の花が散るようにきれいでした。私はそれが惜しくてたまらず、こんなことをしていると、たとえどのようなよいことがあるにせよ、次の代はよい人から先に死んでいくことになるが、その損失に比べると、他のどのようなことでもとるに足りないほど小さいのではないか、と思えたのです」（岡潔著『春の草』）

この岡潔さんらしい脱俗の文章を読んでいると、こちらの目が澄んでくる。その日支（支那）事変の始まる一年前に、「このままでは日本は亡びます」と言っていた栗原安秀らが先に散っている。そうやって見ると、長い戦争は始まっていたのであり、その頃の日本人は凄いなと、やはり思わざるをえない。

執筆のきっかけを与えてくれた小川哲生さんは、なかなか腰を上げずに渋滞する私を見限らず、評伝の人物像についての議論を深めて、草稿をあるべき方向に導き、お体の不調を抱えながら並走してくださった。畏友、藤井貢氏の助言に救われたことも添えておきたい。

啓文社の比留間誠司氏は、熟達しない執筆者の意も汲んで本書をかたちにしてくださった。帝国陸海軍の知識、二・二六事件の人と思想について豊富なアドバイスをくださり、かなり内容が補強された。出版に向けて多大な尽力を頂いた漆原亮太氏、旧仮名・旧漢字も混用する煩雑な原稿を完成に導いてくださった永井由紀子氏に深く感謝し御礼を申し上げる。

平成三十一年一月

伊藤悠可

著者　プロフィール
伊藤悠可（いとう・ゆうか）

昭和26年（1951）兵庫県生まれ。法政大学経済学部経済学科卒業。政府広報紙、英字誌の編集記者を経て、コンピュータ関連出版社でビジネス書籍、一般書籍の編集を担当。全国紙ＰＲ紙面の編集制作に携わってのち、フリーで執筆活動に入る。
『歴史と旅』（秋田書店）に神道、道教、仏教方面の記事を連載したほか、地域情報誌の誌面を受け持ってきた。20年余り周易の研究家を集めた「汲古塾」を主宰し易学教室を開いている。共著に『帝都物語異録』（原書房）などがある。

もう一人の昭和維新　歌人将軍・斎藤瀏の二・二六

■発行日　平成31年2月26日
■発行人　漆原亮太
■カバーデザイン　谷元将泰
■ＤＴＰ　宮崎総哉
■発行所　啓文社書房
〒160-0022　東京都新宿区新宿1-29-14 パレドール新宿7階
電話　03(6709)8872
■発売所　啓文社
■印刷・製本　シナノ印刷

ISBN978-4-89992-058-8 C0021　Printed in Japan

啓文社書房の本

『歴史にとって美とは何か』

―宿命に殉じた者たち―

井尻千男著　定価　本体2000円＋税

歴史における「美学」の系譜を辿りながら
メタフィジカル・ヒストリーの本質に迫る
『発言者』『表現者』にも寄稿していた亡き評論家の遺稿著作集

ISBN:978-4-89992-011-3

『学徒出陣とその戦後史』

久野潤・但馬オサム編　定価　本体2000円＋税　四六判並製　290p

学徒出陣とは何だったのか？　多くの若者が自ら志願し戦場へ。
生還した学徒たちが見た戦場、そして彼らは戦後をどう生きたのか。
語られることが多くなかった貴重な証言集。

ISBN 978-4-89992-022-9